JavaScript

.

Stefan Koch ist Diplom-Kaufmann und arbeitet bei Sanofi-Aventis. Bei Netscape Communications Corp. in Mountain View, Kalifornien, konnte er die Anfangszeit von JavaScript vor Ort mitverfolgen.

Stefan Koch

JavaScript

Einführung, Programmierung und Referenz

6., aktualisierte und erweiterte Auflage

 dpunkt.verlag

Lektorat: René Schönfeldt
Copy-Editing: Ursula Zimpfer, Herrenberg
Herstellung: Birgit Bäuerlein
Umschlaggestaltung: Helmut Kraus, www.exclam.de
Druck und Bindung: M.P. Media-Print Informationstechnologie GmbH, 33100 Paderborn

Bibliografische Information Der Deutschen Bibliothek
Die Deutsche Bibliothek verzeichnet diese Publikation in der Deutschen Nationalbibliografie;
detaillierte bibliografische Daten sind im Internet über <http://dnb.ddb.de> abrufbar.

ISBN 978-3-89864-731-1

6., aktualisierte und erweiterte Auflage 2011
Copyright © 2011 dpunkt.verlag GmbH
Ringstraße 19 B
69115 Heidelberg

5 4 3 2 1 0

Inhaltsübersicht

Inhaltsverzeichnis

1 Einleitung

Es sind vierzehn Jahre seit der ersten Auflage dieses Buches vergangen. Damals hätte wohl niemand geglaubt, dass das Thema JavaScript in der schnelllebigen Internetwelt so lange aktuell bleibt. Doch heute ist JavaScript aus dem Internet nicht mehr wegzudenken. Viele große Anbieter setzen diese Sprache konsequent ein. Ich freue mich, dass mein Buch die Entwicklung von JavaScript begleiten konnte und dass es so positiv aufgenommen wurde. Ich hoffe, Sie auch mit der neuen Auflage bei der Erstellung Ihrer Webapplikationen unterstützen zu können.

JavaScript ist in der Anfangszeit zwischen all den neuen Technologien beinahe untergegangen. Ich kann mich noch gut daran erinnern, dass JavaScript am Anfang sogar etwas belächelt wurde. Die Fähigkeiten und damit auch die Einsatzzwecke der Sprache waren zu Beginn noch recht bescheiden.

Die Zeiten haben sich geändert. Viele der hoffnungsvollen Technologien von gestern sind in der Bedeutungslosigkeit verschwunden. In der gleichen Zeit konnte JavaScript kontinuierlich an Fähigkeiten hinzugewinnen und ist so zu einem Grundpfeiler der Webprogrammierung geworden.

Auch jetzt entwickeln sich die Sprache und die angrenzenden Gebiete weiter. So eröffnen sich beispielsweise mit der neuen HTML-Version HTML5 derzeit ganz neue Möglichkeiten zur Entwicklung von Webapplikationen. Ein weiteres spannendes Feld sind mobile Applikationen für Smartphones, die auf die bewährten Webstandards setzen.

Die Entwicklung von Webapplikationen geht mit großen Schritten voran. JavaScript leistet hierbei einen wichtigen Beitrag. Also genau der richtige Zeitpunkt, um sich mit dieser tollen Sprache zu beschäftigen!

1.1   Ziel dieses Buches

Standards

Dieses Buch soll Ihnen zeigen, wie JavaScript-Anwendungen für eine große Anzahl von Anwendern geschrieben werden können. Es stehen also nicht spezielle Fähigkeiten der einzelnen Browser im Vordergrund, sondern die Frage, wie man Skripte schreibt, die möglichst in allen gängigen Browsern funktionieren. Der Schlüssel hierzu sind insbesondere die Standards HTML, ECMAScript, DOM und CSS.

Gängige Browser

Im Mittelpunkt dieses Buches stehen die *gängigen Browser*. Dies sind die Browser, die heutzutage eingesetzt werden und einen Großteil des Browsermarktes darstellen. Wichtig dabei ist, nicht auf die neuesten Funktionen zu setzen, sondern eine breite Basis für die Webapplikationen zu schaffen. Zu den gängigen Browsern zählen insbesondere die Browser Internet Explorer 6+, Mozilla Firefox 1+, Chrome 1+, Safari 1+ und Opera 7+.

Die aufgeführten Browserversionen sind nicht die neuesten Versionen. Einige dieser Versionen sind bereits viele Jahre auf dem Markt. Daran zeigt sich, dass es mittlerweile eine große Basis von Browsern gibt, die mit den hier gezeigten JavaScript-Beispielen umgehen können.

Viele Bücher setzen den Schwerpunkt auf nette Effekte, die mit JavaScript erzielt werden können. Häufig werden dabei die Sprachelemente nur oberflächlich beschrieben. Mir kommt es jedoch darauf an, dass die einzelnen Bausteine verständlich werden. Nur so kann man später anspruchsvolle eigene Skripte schreiben. Natürlich lernen Sie auch hier, wie der ein oder andere Effekt in eine Webseite eingebaut wird. Darüber hinaus soll dieses Buch aber zeigen, dass JavaScript für wesentlich komplexere Problemstellungen geeignet ist.

HTML5

Im Moment wird viel über die neue HTML-Version HTML5 gesprochen. HTML5 bringt viele neue Möglichkeiten, auf die ich in diesem Buch eingehen möchte. Da Sie hierfür aber die neueste Browsergeneration benötigen und zudem diese neue HTML-Version noch nicht komplett unterstützt wird, werde ich auf diese Themen separat hinweisen.

1.2 Aufbau dieses Buches

1.2.1 ECMAScript

Nach einem allgemeinen Überblick (Kapitel 2) beschreiben die ersten Kapitel (Kapitel 3 bis 10) dieses Buches die wesentlichen Elemente von ECMAScript und bilden damit die Grundlage für die Programmierung mit JavaScript. Zwar werden die Beispiele im Webbrowser gezeigt, jedoch lassen sich die Ausführungen auch leicht auf andere Einsatzzwecke der Sprache übertragen.

ECMAScript

Reguläre Ausdrücke (Kapitel 15) gehören zwar auch zum ECMAScript-Standard, jedoch wurde dieses Thema aus didaktischen Gründen hinter das Formular-Kapitel gelegt.

1.2.2 JavaScript im Browser

Im zweiten Teil (Kapitel 11 bis 16) wird speziell auf die Anwendung von JavaScript im Webbrowser eingegangen. Dabei wird zunächst erläutert, wie sich ein HTML-Dokument aus JavaScript-Sicht darstellt. Dies ist wichtig, damit wir später auf die einzelnen Elemente einer Webseite zugreifen und diese mit JavaScript verändern können. Von großer Bedeutung ist hierbei das Document Object Model (DOM). Weiterhin wird im Kapitel über Ereignisse gezeigt, wie Sie mit JavaScript auf Eingaben des Anwenders reagieren können.

DOM

In diesem Zusammenhang wird auch dargestellt, wie Skripte für verschiedene Browser programmiert werden können, selbst wenn es zwischen den einzelnen Browsern Unterschiede gibt.

Browserunabhängige Programmierung

1.2.3 Webapplikationen

Nachdem die grundlegenden Elemente einer Webseite und die dazugehörigen Standards eingehend behandelt wurden, werden wir auf weiterführende Themen zu sprechen kommen (ab Kapitel 17). Hier steht der Aufbau einer Webapplikation im Mittelpunkt. Neben Fragen, wie Daten zwischen den einzelnen Seiten ausgetauscht werden können, ist hier insbesondere das Thema Ajax von Bedeutung. An dieser Stelle wird gezeigt, wie man aufbauend auf den vorhergehenden Kapiteln mit dem Server kommunizieren und Daten in eine bestehende Seite integrieren kann. Anschließend wird beschrieben, wie eine Webapplikation mit Offlinemodus realisiert werden kann und welche Besonderheiten im Zusammenhang mit mobilen Webapplikationen zu beachten sind.

Ajax

1.2.4   Referenz

Eine Referenz über die wichtigsten Objekte, die in den gängigen Browsern zur Verfügung stehen, schließt das Buch ab.

1.2.5   Beispieldateien

Beispielprogramme zum Herunterladen

Die Website zu diesem Buch finden Sie unter *http://www.dpunkt.de/javascript/*. Dort werden die Quellcodes der hier gezeigten Beispiele zur Verfügung gestellt, damit Ihnen die Tipparbeit erspart bleibt.

1.3   Danksagungen

An dieser Stelle möchte ich mich bei allen bedanken, die mir bei der Erstellung dieses Buches geholfen haben. Die zahlreichen Anregungen und Kritiken, die ich zu den ersten Auflagen dieses Buches erhalten habe, waren sehr hilfreich. Andrew Wooldridge bin ich in vielfacher Hinsicht zu Dank verpflichtet. Für die Korrektur danke ich Patrick Ben Koetter, Harald Nikolaus und Michael Krutwig, ebenso Ursula Zimpfer für das Copy-Editing. Besonders möchte ich mich bei Erik Behrens, Jürgen Dufner, Andreas Henke, Christian Jäger, Nadine und Alexander Mackert, Claire Masson, Marc Oetterich, Karsten Schulmann, Judith Lehmann, Peter Koch und meinen Eltern bedanken. Beim dpunkt.verlag, insbesondere bei René Schönfeldt und Dr. Michael Barabas, möchte ich mich auch diesmal für die sehr gute Zusammenarbeit bedanken.

2   Überblick

Bevor wir uns auf die Erstellung der ersten JavaScript-Programme stürzen, sollten wir uns zunächst einen allgemeinen Überblick über das World Wide Web und die zugrunde liegenden Technologien verschaffen. Neben anderen Diensten wie E-Mail stellt das World Wide Web, das auch WWW oder Web genannt wird, einen wesentlichen Teil des Internets dar.

Das World Wide Web

2.1   Ablauf einer Abfrage im Web

Als Erstes begeben wir uns auf eine kleine Reise. Wir wollen mit Google eine einfache Suche im Internet durchführen, um die einzelnen Abläufe zu verstehen. Dies soll nur ein Beispiel sein. Suchdienste von anderen Anbietern funktionieren nach dem gleichen Schema.

2.1.1   Geräte und Internetzugang

Zunächst stellt sich die Frage, welches Gerät wir für unsere Abfrage verwenden wollen. Hierfür gibt es mittlerweile eine ganze Reihe von Möglichkeiten. Ganz klassisch ist natürlich der Desktop-Computer zu Hause oder im Büro mit einem Festnetzanschluss. Genauso üblich sind Notebooks, die über eine WLAN-Verbindung drahtlos mit dem Internet verbunden sind. In den letzten Jahren werden Handys mit Internetverbindung, die häufig Smartphones genannt werden, immer beliebter. Damit können Sie über Ihren Mobilfunkanbieter mobil ins Internet gehen. Der neueste Trend sind Tablet-Computer, die je nach Sichtweise wie große Smartphones oder Notebooks ohne Tastatur sind.

Die Art und Weise, wie aus technischer Sicht die Verbindung zum Internet hergestellt wird, ist je nach gewähltem Weg natürlich unterschiedlich. Steht diese Verbindung, so können wir darauf aufbauen und unsere Webapplikationen verwenden, ohne uns darüber Gedanken machen zu müssen, wie die Verbindung genau funktioniert. Die Möglichkeit, als Webprogrammierer von den technischen Details der Datenübertragung abstrahieren zu können, stellt eine erhebliche Reduktion der Komplexität dar und ist eine große Errungenschaft der letzten Jahrzehnte.

2.1.2   Webbrowser

Der Anwender verwendet ein spezielles Programm, den Webbrowser oder kurz Browser, um Webseiten abzurufen. Der Browser ist also dafür zuständig, Abfragen loszuschicken, die resultierenden Webseiten anzuzeigen und mit dem Anwender zu interagieren.

Es kommt zum Abrufen einer Webseite immer ein Browser zum Einsatz, egal ob wir einen Desktop-Computer, ein Notebook, ein Smartphone oder einen Tablet-PC verwenden. Es gibt viele verschiedene Browser, die unterschiedliche Fähigkeiten haben. Die bekanntesten sind Mozilla Firefox, Chrome, Safari, Opera und Internet Explorer.

Gerade in der Anfangszeit gab es große Unterschiede zwischen den Browsern. Mittlerweile verfügen die gängigen Browser über vergleichbare Fähigkeiten, da es im Laufe der Jahre zu einer Angleichung kam. Die gängigen Browser, die einen Großteil des Gesamtmarktes abdecken, stehen in diesem Buch im Vordergrund (siehe *Ziel dieses Buches*, S. 2).

Zum Erstellen von Webseiten und JavaScript-Anwendungen ist es sinnvoll, verschiedene Browser zum Testen zu haben. Am Ende dieses Buches finden Sie einige Links zu Browseranbietern (siehe *Online-Ressourcen*, S. 441). Die meisten Browser können auf Ihrem Computer problemlos nebeneinander installiert werden (auch wenn einige Browser auf dem Desktop einen Kleinkrieg darum führen, welcher Browser als Standardbrowser konfiguriert sein darf ...).

Da mobile Anwendungen immer wichtiger werden, ist es auch ratsam, zu testen, ob eine Webapplikation auch auf Smartphones und Tablet-Computern zu verwenden ist. Aufgrund der Vielzahl der Geräte und Systeme ist dies leider kein leichtes Unterfangen. Selbst wenn man eine spezielle mobile Version der Applikation erstellt, lässt sich dieses Problem nicht komplett lösen. Es ist zu hoffen, dass in den nächsten Jahren gemeinsame Standards und Vorgehensweisen dafür sorgen, dass die Programmierung für mobile Anwendungen einfacher wird.

Um die Vielfalt im Internet zu verdeutlichen, zeigen die Abbildungen in diesem Buch unterschiedliche Browser auf verschiedenen Betriebssystemen.

2.1.3 Aubrufen einer Webseite

Nun möchte der Anwender die Google-Startseite abrufen und gibt dafür die Adresse *http://www.google.com/* ein oder wählt ein vorher gespeichertes Lesezeichen aus. Der Client, wie in diesem Fall der Computer des Anwenders genannt wird, initiiert eine Anfrage und richtet diese an die angegebene Adresse.

Client

Die Webadresse gibt die Website an, die das gewünschte Dokument enthält. In unserem Beispiel handelt es sich um die Google-Website. Eine Website umfasst viele verschiedene Dokumente, die Webseiten, die einzeln abrufbar sind. Da nach dem letzten Schrägstrich keine weiteren Angaben gemacht wurden, will der Anwender die Startseite von Google sehen.

Eine Website wird durch einen Server zur Verfügung gestellt. Ein Server kann dabei ein einzelner Computer sein oder eine ganze Farm leistungsfähiger Computer. Die notwendige Größe und Leistungsfähigkeit des Servers ist natürlich davon abhängig, wie viele Anfragen die Website anzieht und wie aufwendig diese in der Verarbeitung sind.

Server

Es gibt eine riesige Anzahl an Servern im Internet, die über die ganze Welt verteilt sind. Schickt der Client die Abfrage los, muss diese an die richtige Stelle weitergeleitet werden. Diese Aufgabe übernehmen im Internet spezielle Computer, die Router genannt werden und die sozusagen den Verkehr regeln. Die Abfrage wird von Router zu Router weitergegeben, bis sie beim Server ankommt.

Router

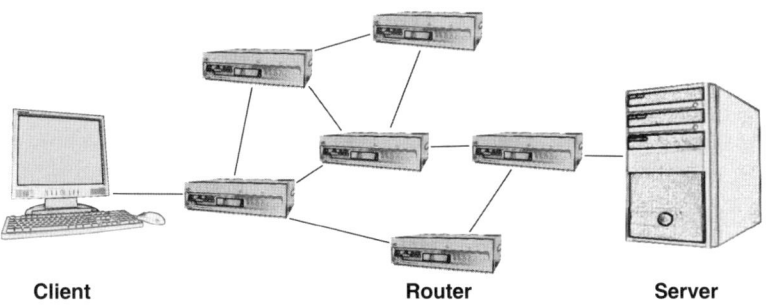

Abb. 2–1
Client, Server und Router

| Client | Router | Server |

Sowohl die Abfrage des Clients als auch die anschließende Antwort des Servers wird über diesen Weg geschickt. Die Daten werden dabei in Form von Datenpaketen versendet. Umfangreiche Daten werden in mehrere Pakete aufgeteilt.

Da zur Programmierung von Webanwendungen im Normalfall nur interessiert, was auf dem Computer des Anwenders und dem Server passiert, wird das Internet in Schaubildern häufig als direkte Verbindung gezeigt. Auch wenn wir wissen, dass zwischen Client und

Server einige Computer hängen, können wir so tun, als ob eine unmittelbare Verbindung besteht.

Abb. 2–2

Vereinfachte Darstellung

einer Internetverbindung

Client   Server

2.1.4   Die Antwort des Servers

Nun erhält der Server die Abfrage. Als Resultat erwartet der Client normalerweise ein HTML-Dokument. Der Server muss also ein HTML-Dokument zurückschicken, das der Browser dann anzeigen kann.

HTML   HTML steht für *HyperText Markup Language* und bezeichnet die Sprache, in der Webseiten aufgebaut sind. HTML ist damit ein wichtiger Pfeiler des Webs. Tim Berners-Lee entwickelte diese Sprache im Jahr 1990 und legte damit den Grundstein für das World Wide Web.

Sobald die Datei auf dem Computer des Anwenders angekommen ist, sorgt der Webbrowser dafür, dass diese richtig dargestellt wird. Das HTML-Dokument enthält Vorgaben, wie die Seite anzuzeigen ist, z.B. welche Überschrift oder welche Links zu anderen Dokumenten dargestellt werden sollen. Die Struktur der HTML-Seite wird über sogenannte Tags (engl. für *Etikett, Marke*) festgelegt. So gibt es spezielle Tags für Überschriften, Links usw.

Bilder sind nicht Teil des HTML-Dokuments selbst, sondern die HTML-Datei enthält nur einen Verweis auf die Stelle im Internet, wo das anzuzeigende Bild zu finden ist. Es ist nun Aufgabe des Webbrowsers, dieses zu holen. Das bedeutet also wieder eine Anfrage an den Server mit der Bitte, auch noch das Bild zu schicken. Statt mit einem HTML-Dokument antwortet der Server in diesem Fall mit dem Versenden einer Bilddatei. So werden nach und nach alle Elemente geladen, bis die Seite komplett dargestellt wird.

Sobald das HTML-Dokument angezeigt wird, kann der Anwender beispielsweise ein Formular ausfüllen und abschicken oder auf einen Link klicken. Der Client tritt dann wieder mit dem Server in Verbindung und fordert eine neue HTML-Seite an. Damit beginnt der Prozess von vorne.

2.1.5 Verarbeitung auf dem Server

In dem soeben beschriebenen einfachen Fall fordert der Anwender eine Webseite an, die als HTML-Datei bereits fertig auf dem Server liegt, sodass der Server diese nur noch verschicken muss. Das ist aber nur in wenigen Fällen der Fall. Meistens bastelt der Server nach Erhalten der Anfrage ein spezielles HTML-Dokument zusammen, das dann exklusiv an einen einzelnen Nutzer geschickt wird. Kommt die nächste Anfrage, wird wiederum eine neue Seite zusammengebaut.

Warum macht man sich diese Mühe? Nur so kann die Seite individualisiert werden. Jemand aus Deutschland erhält so z.B. bei vielen Seiten deutschsprachige Werbung, mit der ein Amerikaner normalerweise wenig anfangen könnte. Oder vielleicht ist der Anwender regelmäßiger Besucher und hat sich eine Startseite speziell konfiguriert. Es gibt viele Gründe, warum man bei komplexen Webseiten normalerweise nicht mit statischen HTML-Dokumenten hantiert, sondern diese im Moment der Anfrage (man sagt *on the fly*) erstellt.

Ganz offensichtlich wird dies, wenn der Anwender in unserem Beispiel einen Suchbegriff eingibt und damit eine Suchanfrage losschickt. Es wäre schlichtweg unmöglich, für alle erdenklichen Suchbegriffe fertige HTML-Dokumente bereitzuhalten (und zu pflegen) und diese bei Bedarf zu verschicken. Stattdessen sind alle Informationen in einer Datenbank gespeichert. Die Datenbank ist nach Stichworten organisiert und liefert als Resultat einer Abfrage eine Liste von passenden Links. Der Server generiert aus dieser Liste dann ein HTML-Dokument und schickt dieses an den Anwender.

Datenbanken

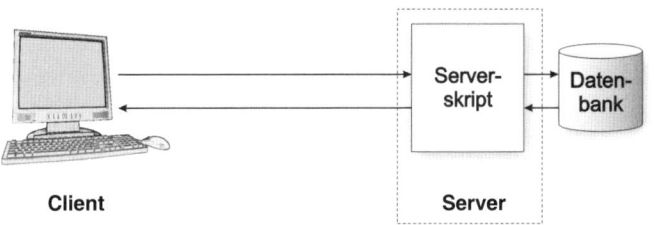

Abb. 2–3
Serverseitige Verarbeitung mit Anbindung einer Datenbank

Es findet also häufig eine Verarbeitung auf dem Server statt. Es gibt zahlreiche Programmiersprachen, die auf dem Server zum Einsatz kommen. Sehr beliebt sind die Sprachen PHP, Perl und Java. Java ist dabei nicht mit JavaScript zu verwechseln. Es handelt sich um eine eigenständige Sprache. Es gibt auch die Möglichkeit, JavaScript auf dem Server einzusetzen, was sich aber nicht wirklich durchgesetzt hat.

Je nach Einsatzzweck hat jede Sprache Vor- und Nachteile. Das grundlegende Prinzip ist jedoch, dass basierend auf einer Anfrage bestimmte Aktionen durchgeführt werden und als Resultat normalerweise ein HTML-Dokument zurückgeliefert wird.

Während bei einer Suchanfrage das Resultat aus der Datenbankabfrage in einer HTML-Datei verpackt werden muss, kommt es natürlich auch vor, dass neue Informationen in der Datenbank auf dem Server gespeichert werden sollen. Dies ist z.B. beim Buchen eines Tickets bei einer Fluggesellschaft der Fall.

Vom Prinzip ist dies eigentlich recht einfach, aber wenn man bedenkt, dass auf Websites wie Google innerhalb kürzester Zeit Millionen von Anfragen einprasseln und jeder sofort eine Antwort erwartet, ist das schon irgendwie beeindruckend!

2.1.6   Verarbeitung auf dem Client

Das HTML-Dokument gibt zwar vor, wie die Seite aufgebaut ist, z.B. wie die Überschrift lautet, welcher Text eingebunden ist usw. Aber die Seite ist starr, wenn man sich auf HTML beschränkt, da HTML nur die Struktur der Seite vorgibt. Wollen wir den Anwender bei einer Formulareingabe unterstützen, auf Benutzereingaben reagieren oder dem Besucher mit lustigen Bildchen, die über den Bildschirm fliegen, gehörig auf die Nerven gehen, kommen wir um eine clientseitige Verarbeitung nicht herum.

Bei reinem HTML findet lediglich eine Anzeige der übertragenen Daten statt. Mit JavaScript werden Befehle in Form eines ausführbaren Programms über das Internet übertragen, die dann beim Client ausgeführt werden. Wollen Sie etwa Ihren Namen auf Ihrer Webseite anzeigen lassen, geben Sie diesen als Text in der HTML-Datei ein. Soll sich dieser von rechts nach links über den Bildschirm bewegen, müssen Sie dem Computer diesen Befehl geben, was in JavaScript erfolgen kann.

Abb. 2–4
Clientseitige Verarbeitung

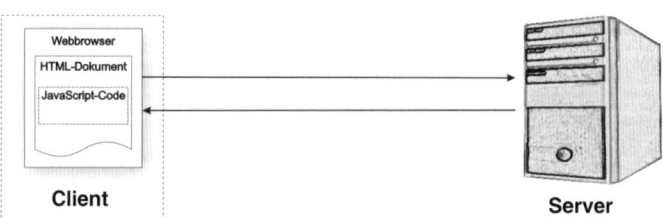

Bleiben wir bei unserem Beispiel: Google macht Vorschläge für den Suchbegriff, sobald Sie ein paar Zeichen eingegeben haben. Je nach Einstellung werden auch die ersten Suchergebnisse angezeigt. Diese Unterstützung des Anwenders erreicht Google durch den Einsatz von JavaScript auf der Clientseite.

Die Art und Weise, wie Google JavaScript einsetzt, ist ein gutes Beispiel für eine aktive Unterstützung des Anwenders, ohne dabei aufdringlich zu sein.

Der herkömmliche Ansatz des Webs ist, die Webseiten nacheinander aufzurufen und anzuzeigen. Es gibt jedoch auch die Möglichkeit, Teile einer angezeigten Webseite nach und nach zu aktualisieren. Für diese Vorgehensweise wird der Begriff Ajax verwendet. Ajax ist keine *Ajax* neue Technologie, sondern baut u.a. auf JavaScript auf.

Neben JavaScript gibt es weitere Möglichkeiten einer clientseitigen Verarbeitung. Hier ist insbesondere Flash zu nennen. Flash ist ein For- *Flash* mat von Adobe (ursprünglich war es von Macromedia, diese Firma wurde jedoch von Adobe gekauft). Zur Anzeige von Flash-Dateien benötigt der Anwender einen Plugin. Ein Plugin ist eine Art Browsererweiterung, die es aber nicht für alle Browser gibt. Bei vielen Browsern wird ein Flash-Plugin mitgeliefert. Während Flash im Internet sehr populär ist, ist es ein wesentlicher Nachteil, dass einige Anwender gar kein entsprechendes Plugin installiert haben. Weiterhin ist vor allem in kleineren Projekten von Bedeutung, dass das Programm zur Erstellung von Flash-Dateien nicht kostenlos ist.

Java kommt im Web zwar hauptsächlich auf dem Server zum Einsatz, sogenannte Java-Applets lassen sich aber auch in eine HTML- *Java-Applets* Seite einbinden. Auch hier findet eine clientseitige Verarbeitung statt.

2.2 JavaScript

2.2.1 Entstehungsgeschichte

JavaScript wurde im September 1995 von Netscape Communications Corp. erstmals der Öffentlichkeit vorgestellt. Zunächst hieß die Sprache *Mocha* und dann *LiveScript*. Der Name wurde jedoch schnell in *Netscapes JavaScript* *JavaScript* geändert. Mittlerweile ist JavaScript eine Marke des Unternehmens Oracle.

Brendan Eich von Netscape wird als Vater dieser Skriptsprache gesehen. Die Einbindung von JavaScript in Netscapes damals sehr populären Webbrowser Netscape Navigator führte auch zu einer großen Popularität von JavaScript.

Microsoft brachte im Internet Explorer schnell eine eigene JavaScript-Version auf den Markt. Aus Lizenzgründen durfte Microsoft jedoch nicht den Namen *JavaScript* verwenden, weshalb Microsofts *Microsofts JScript* Sprache *JScript* heißt.

Seit der Einführung wurde JavaScript ständig erweitert und verbessert. Auch heute noch setzt sich die Entwicklung fort, wenn auch nicht mehr ganz so rasant wie in den ersten Monaten und Jahren.

2.2.2   ECMAScript

Standardisierung der Sprache

Damit sich JavaScript und JScript nicht zu sehr auseinander entwickeln, wurde die Sprache von der europäischen Organisation ECMA standardisiert. Offiziell heißt die Sprache seither *ECMAScript*.

JavaScript und JScript sind als spezielle ECMAScript-Implementationen anzusehen. Im allgemeinen Sprachgebrauch wird jedoch weiterhin die Bezeichnung *JavaScript* verwendet, ohne dass dabei Microsofts Implementation des ECMAScript-Standards ausgeschlossen wird. Ich möchte mich diesem Sprachgebrauch anschließen.

Der Standard wurde im Juni 1997 unter ECMA-262 verabschiedet, gefolgt von dem internationalen Standard ISO/IEC 16262 im April 1998. Neben ECMA-262 gibt es den Standard ECMA-357, der den Einsatz von ECMAScript im Zusammenhang mit XML-Dokumenten – dem sogenannten E4X – beschreibt.

ECMAScript 3 und 5

Mittlerweile gibt es verschiedene Versionen des ECMAScript-Standards. Die aktuelle Version ist ECMAScript 5, jedoch auch die Version 3 hat noch eine große Bedeutung. Unter dem Stichwort ECMAScript Harmony soll die Entwicklung der Sprache weitergehen.

ECMAScript 3 wurde im Dezember 1999 verabschiedet und bildet die Grundlage für alle gängigen Browser. Diese Version ist auch der Ausgangspunkt für dieses Buch.

Die Version 5 erschien im Dezember 2009 nach langer Diskussion. In der Tat konnte man sich nicht auf die vorgeschlagenen Änderungen für die Version 4 einigen, sodass man kurzerhand diese Versionsnummer übersprang und mit ECMAScript 5 einen neuen Versuch startete.

Die Version 5 bietet interessante Elemente, die in diesem Buch thematisiert werden. Da jedoch einige Elemente der Sprache noch nicht von allen Browsern unterstützt werden und weiterhin viele Browserversionen in Verwendung sind, die ECMAScript 5 gar nicht kennen, beschreibe ich hier grundsätzlich ECMAScript 3 und weise darauf hin, wenn es sich um Befehle der Version 5 handelt.

2.2.3   JavaScript-Versionen

Die Browserhersteller verwenden eigene Nummerierungen Ihrer JavaScript-Versionen. So hat Netscape mit JavaScript 1.0 angefangen. Mittlerweile heißt der Browser Mozilla Firefox 4 und die aktuelle Version ist JavaScript 1.8.5. Microsoft ist beim Internet Explorer 9 angelangt und verwendet JScript 9.0.

Die einzelnen Versionen unterstützen einige Befehle, die nicht dem ECMAScript-Standard entsprechen. Solange diese zusätzlichen Befehle nicht in den ECMAScript-Standard eingeflossen sind, würde ich davon abraten, diese in Ihren Programmen zu verwenden, da die meisten anderen Browser damit Probleme haben dürften.

Für uns entscheidend sind die ECMAScript-Versionen. Die Basis bildet ECMAScript 3, das ungefähr JavaScript 1.5 und JScript 5.5 entspricht. Diese Versionen gibt es bereits seit dem Jahr 2000, sodass damit eine breite Basis im Internet gewährleistet ist und die gängigen Browser auch diese Version unterstützen. ECMAScript 5 spiegelt sich in JavaScript 1.8 und JScript 9.0 wider, ist also erst mit den neuesten Browserversionen verfügbar.

2.2.4   Verwandte Standards

Es ist wichtig zu verstehen, dass sich der Standard ECMAScript nur auf die grundlegenden Sprachelemente bezieht. Wie JavaScript im Webbrowser verwendet werden soll, wird damit nicht standardisiert. Dafür gibt es weitere Standards wie das Document Object Model (DOM) und das Ereignismodell. Diese Standards sind für uns in diesem Buch von zentraler Bedeutung. Wenn es in den Browsern Unterschiede gibt, liegen diese meistens hier und nicht bei der Definition der grundlegenden Sprachelemente durch ECMAScript.

DOM und Ereignismodell

Bei der Standardsetzung im Web spielt das W3C eine wichtige Rolle, beispielsweise im Zusammenhang mit dem DOM. Auf der Webseite des W3C finden Sie viele wichtige Informationen zu den einzelnen Standards (siehe *Online-Ressourcen*, S. 441).

W3C

Für die wichtigsten Neuerungen der letzten Jahre sorgt die neue HTML-Version HTML5. Die bisher gültige Version 4.01 war in die Jahre gekommen. Wie Sie in diesem Buch sehen werden, hat HTML5 eine ganze Reihe neuer Dinge gebracht, die für die Webprogrammierung sehr interessant sind. An diesem neuen Standard arbeitet das W3C zusammen mit der Web Hypertext Application Technology Working Group (WHATWG).

HTML5

WHATWG

2.2.5   Frameworks und Funktionsbibliotheken

Damit Sie das Rad nicht jedes Mal neu erfinden müssen, gibt es Frameworks und Funktionsbibliotheken, die Sie zum Aufbau einer Webapplikation nutzen können. Dazu zählen u.a. Prototype, script.aculo.us, Dojo und jQuery, die Sie im Internet finden.

Diese Hilfsmittel können die Programmierung mit JavaScript vereinfachen. Ich denke jedoch, dass ein gutes Verständnis von JavaScript wichtig ist, um diese Funktionsbibliotheken und Frameworks effektiv einzusetzen. Deshalb erkläre ich hier in diesem Buch die Grundlagen von JavaScript und verweise nicht auf fertige Lösungen, die Sie auf diese Art und Weise einbinden können. Für Ihre Projekte kann aber der Einsatz dieser Hilfsmittel durchaus von Vorteil sein.

2.2.6   Andere Einsatzgebiete von JavaScript bzw. ECMAScript

JavaScript eignet sich auch für andere Einsatzzwecke. So können beispielsweise *pdf*-Dateien mit JavaScript umgehen. Oder Sie können mit dem Windows Script Host Prozesse unter Windows mit JScript automatisieren.

ActionScript   In Flash-Dateien kommt die Sprache ActionScript zum Einsatz. Diese Sprache basiert auf ECMAScript, sodass JavaScript-Programmierer leicht ActionScript erlernen können.

JavaScript-Engine   JavaScript wird noch in vielen anderen Zusammenhängen verwendet. Da die Browserhersteller ihre JavaScript-Engines (das ist der Teil des Browsers, der für JavaScript zuständig ist) für andere Einsatzzwecke zur Verfügung stellen, setzen viele Softwareentwickler JavaScript in anderen Applikationen ein.

Leider kann in diesem Buch nicht auf alle erdenklichen JavaScript-Varianten eingegangen werden. Durch den ECMAScript-Standard, der sozusagen den gemeinsamen Nenner jeder JavaScript-Variante darstellt, sollten Sie mit diesem Buch jedoch schnell in der Lage sein, JavaScript-Programme für neue Umgebungen zu schreiben. Das Ziel der ersten Kapitel ist es deshalb, Ihnen ein fundiertes Verständnis des ECMAScript-Standards zu vermitteln.

2.3   Weiterentwicklung und zusätzliche Informationen

Die Entwicklung von JavaScript geht weiter voran. So wird JavaScript auch in Zukunft neue interessante Fähigkeiten erhalten, genauso wie sich die gesamte Webprogrammierung weiterentwickeln wird.

Wichtige Links   Im Internet gibt es zahlreiche Quellen zu JavaScript und zur Webprogrammierung allgemein. Am Ende dieses Buches finden Sie einige Links zu Websites zu Themen rund um JavaScript (siehe *Online-Ressourcen*, S. 441).

Newsgroups   Bei Fragen zu JavaScript findet man in einer JavaScript-Newsgroup schnell Hilfe (die im Web z.B. über *http://groups.google.com/* aufgerufen werden können). Es gibt die englische Newsgroup *comp.lang.javascript* und die deutsche Newsgroup *de.comp.lang.javascript*.

3 Erste Schritte in JavaScript

Nun ist es Zeit für ein paar einfache Beispiele in JavaScript. Dieses Kapitel zeigt die grundlegenden Schritte für die Erstellung und Ausführung eines JavaScript-Programms. Dabei ist vor allem von Interesse, wie JavaScript-Code in eine Webseite eingebunden wird.

Ein Programmierer gibt mit Befehlen einem Computer Anweisungen, was dieser machen soll. Ein solcher Befehl kann z.B. sein, dass der Computer das Wort *Hallo* auf dem Bildschirm ausgeben soll. Da man meist nicht nur einen einzigen Befehl ausführen möchte, werden mehrere Befehle in einem Programm zusammengefasst. Ein Programm könnte den Computer etwa anweisen, dass das Ergebnis aus 17+5*3 berechnet und auf dem Bildschirm ausgegeben werden soll. *Befehle*

Damit der Computer Ihre Befehle ausführen kann, müssen Sie diese in einer Art und Weise eingeben, die für den Computer verständlich ist. Die Sprache des Computers besteht eigentlich nur aus 0 und 1, der sogenannten Maschinensprache. Diese Sprache ist für die menschliche Denkweise viel zu abstrakt. Aus diesem Grund gibt es unterschiedliche Programmiersprachen. Durch eine Programmiersprache kann der Programmierer dem Computer Befehle in einer der menschlichen Denkweise angepassten Form geben. Der Computer übersetzt das dann für sich in Maschinensprache. Dadurch bleibt es Ihnen erspart, selbst in Nullen und Einsen denken zu müssen. *Maschinen- und Programmiersprachen*

Um einem Computer Befehle in einer bestimmten Programmiersprache zu geben, muss man sich strikt an die vorgegebene Schreibweise und Befehlsfolge halten. Ein Italiener wird Sie ja auch nur verstehen, wenn Sie sich (mehr oder weniger) an die Regeln der italienischen Sprache halten. Der Unterschied ist, dass der Computer keine Intelligenz besitzt, um Ihre möglicherweise falsch gegebenen Befehle umzudeuten. Ein Italiener wird Sie vielleicht auch noch verstehen, wenn Sie mit Händen und Füßen reden. Beim Computer funktioniert dies jedoch nicht. Geben Sie dem Computer einen falschen Befehl, führt der Computer stur diesen Befehl aus, auch wenn er noch so sinnlos ist.

3.1   Erstellung eines HTML-Dokuments mit JavaScript-Code

JavaScript wird normalerweise direkt in ein HTML-Dokument einge-bunden. Deshalb wollen wir uns zunächst eine einfache HTML-Datei anschauen, die noch keine JavaScript-Befehle enthält. Danach werden wir diesem HTML-Dokument JavaScript-Befehle hinzufügen. Die meisten Beispiele in diesem Buch sind nach diesem Schema aufgebaut.

3.1.1   Die grundlegende HTML-Datei

HTML-Tags Eine HTML-Datei ist durch sogenannte Tags aufgebaut, die die Struk-tur des Dokuments festlegen. HTML-Tags bestehen aus bestimmten Schlüsselwörtern, die in spitzen Klammern geschrieben werden, z.B. `<html>` oder `<body>`. Mithilfe der Tags erfährt der Browser den Aufbau der Seite und leitet daraus ab, wie diese darzustellen ist. Die folgenden Zeilen zeigen eine einfache HTML-Datei:

hallo1.html

```
<!DOCTYPE html>
<html>
<head>
    <title>HTML-Beispiel</title>
</head>
<body>
    <p>
        Das ist HTML!
    </p>
</body>
</html>
```

Abb. 3–1
Anzeige des
HTML-Dokuments

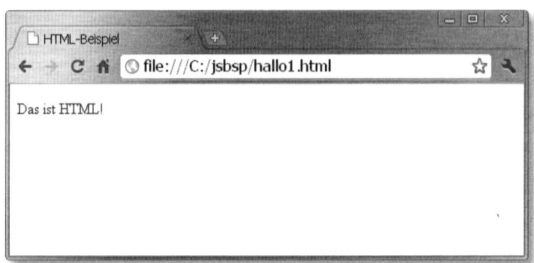

Wie die Abbildung (in Form eines sogenannten *Screenshots*) zeigt, wird durch diese HTML-Seite der Text *Das ist HTML!* ausgegeben. Wenn Sie die obige HTML-Datei anschauen, werden Sie diesen Text zwischen den Tags `<p>` und `</p>` finden. In der Titelleiste des Browsers erscheint der Text *HTML-Beispiel*. Dies wird in unserer HTML-Datei durch den Text zwischen den `<title>`- und `</title>`-Tags festgelegt.

Von manchen Tags gibt es Anfangs- und Endtags, wie in unserem Beispiel <body> und </body>. Nicht für jedes Tag gibt es auch ein Endtag, so lässt sich z.B. durch ein einfaches
-Tag ein Zeilenumbruch erzielen.

Doch wie erstellt man eine HTML-Datei grundsätzlich und wie wird diese in einem Webbrowser geöffnet? Da hier die gleichen Schritte notwendig sind wie später bei den JavaScript-Programmen, sei bereits an dieser Stelle die grundlegende Vorgehensweise dargestellt.

Bearbeiten und Anzeigen einer HTML-Datei

Auch wenn Sie vorhaben, Ihre Werke später im Internet zu veröffentlichen, benötigen Sie zum Testen noch keine Internetverbindung oder Platz auf einem Webserver, sondern Sie können alles lokal auf Ihrem eigenen Computer erstellen und testen.

Zunächst benötigen Sie einen einfachen Texteditor. Es gibt auf allen Computern ein solches Programm, mit dem man sogenannte ASCII-Dateien erstellen kann. Unter Windows können Sie das Programm mit dem Namen *Editor* verwenden (manchmal heißt es auch *Notepad*). Textverarbeitungsprogramme wie *Word* eignen sich nicht besonders gut, da diese Programme zur Formatierung verschiedene Steuerzeichen hinzufügen, was Ihre HTML-Datei verändern würde. Ein guter Texteditor unter Windows ist *Textpad*, der unter *http://www.textpad.com/* heruntergeladen werden kann. Wie gesagt reicht aber auch der normale Windows *Editor*. Unter Unix und Linux gibt es zahlreiche Texteditoren, so z.B. *emacs* oder *vi*. Auf dem Mac können Sie das Programm *Text Edit* verwenden.

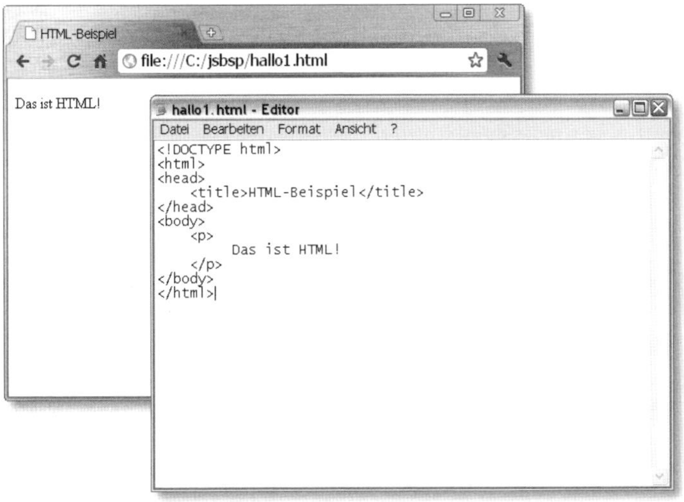

Texteditor

Abb. 3–2
Erstellen eines HTML-Dokuments

In Abbildung 3–2 ist der *Editor* unter Windows zu sehen. Dort wird der HTML-Code wie gezeigt eingegeben. Zeilenumbrüche haben in

HTML-Dateien normalerweise keinen Einfluss auf das spätere Resultat, sodass Sie zwecks Übersichtlichkeit beliebig viele Leerzeilen einfügen können. Danach speichern Sie die Datei – am besten in einem eigenen Ordner, damit Sie diese später leicht wiederfinden. Der Dateiname muss die Endung *html* oder *htm* haben. Dadurch weiß der Computer, dass es sich um eine HTML-Datei handelt. In unserem Beispiel heißt die Datei *hallo1.html*.

Öffnen eines HTML-Dokuments

Nun können Sie diese Datei in Ihrem Webbrowser öffnen. Dafür gibt es zahlreiche Möglichkeiten. Eine Möglichkeit ist, den Webbrowser zu starten und über das Menü *Datei–>Öffnen* oder die Tastenkombination *Strg-o* die HTML-Datei zu öffnen. Dies ist in Abbildung 3–3 im Chrome-Browser dargestellt.

Abb. 3–3
Öffnen eines HTML-Dokuments

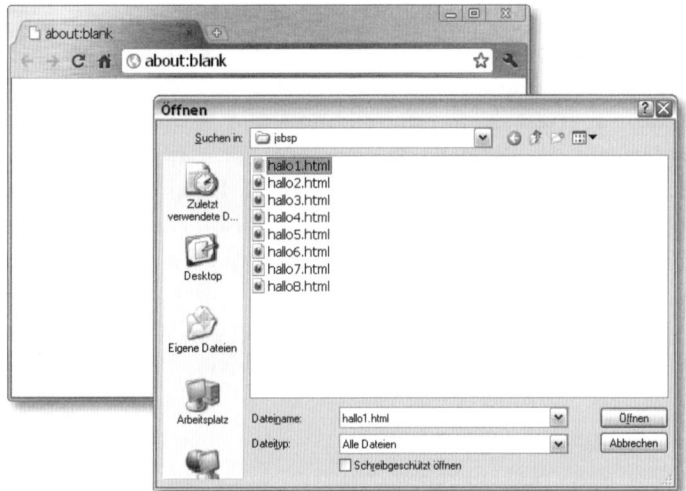

Alternativ können Sie auch den Ordner, der die HTML-Datei enthält, im Dateimanager anzeigen und die HTML-Datei mit einem Doppelklick im Webbrowser öffnen. Haben Sie mehrere Browser installiert, öffnet sich der Browser, den Sie als Standardbrowser definiert haben. Je nach Betriebssystem und verwendetem Browser gibt es verschiedene andere Möglichkeiten, die HTML-Datei zu öffnen.

Das HTML-Dokument aktualisieren

Am besten halten Sie den Texteditor und den Browser gleichzeitig geöffnet. Machen Sie eine Änderung im HTML-Dokument, müssen Sie die Datei erneut speichern und im Webbrowser auf *Aktualisieren* (manchmal heißt es auch *Reload* oder *Refresh*) klicken. Dann werden Ihre Änderungen sichtbar.

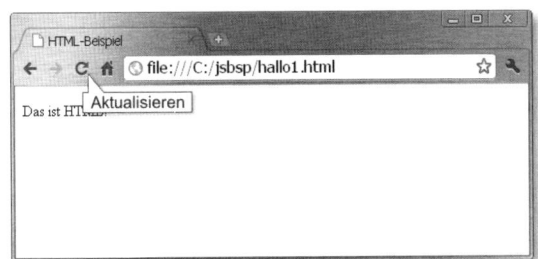

Abb. 3–4
*Das HTML-Dokument
aktualisieren*

3.1.2 Grundaufbau eines HTML-Dokuments

Werfen wir nun noch einmal einen Blick auf die HTML-Datei. Die
erste Zeile legt mit `<!DOCTYPE html>` fest, um welche Art von HTML-
Dokument es sich handelt. Die gezeigte Schreibweise gibt dem Browser
zu erkennen, dass es sich um ein HTML5-Dokument handelt. Es ist
schön, dass diese Angabe kurz und knapp ist. Das war bei älteren
HTML-Versionen nicht der Fall. Sie brauchen jedoch keine Sorge
haben, dass ältere Browser mit der neuen Doctype-Angabe nicht
umgehen können, da diese Browser dadurch in den Standardmodus
versetzt werden.

*Den Typ des Dokuments
festlegen*

Eine HTML-Datei sollte neben der Doctype-Angabe zumindest aus
den Tags `<html>`, `<head>`, `<title>` und `<body>` (und den entsprechenden
Endtags) bestehen. Wenn Sie diese Tags weglassen, werden Sie zwar
feststellen, dass die meisten Browser das Dokument dennoch darstellen können. Jedoch sollte man nicht auf die Großzügigkeit der Browser
setzen, die auch teilweise mit weniger Tags auskommen. Zumal man
dann ja nicht mehr weiß, ob auch alle Browser die Seite richtig darstellen. Im Internet gibt es jedoch viele Seiten, die sich nicht an die Grund-
struktur eines HTML-Dokuments halten.

Grundsätzlich teilt sich das HTML-Dokument in einen `<head>`- und
einen `<body>`-Teil auf. Der `<head>`-Teil gibt dem Browser Auskunft über
ein Dokument. Diese Angaben werden vom Browser im Normalfall
nicht ausgegeben. Im `<body>`-Teil hingegen stehen generell die Elemente, die im Browserfenster angezeigt werden sollen.

3.1.3 JavaScript-Code einfügen

Jetzt kommt der JavaScript-Code hinzu. Wir wollen den Text *Hallo
Welt! Das ist JavaScript.* in einem Hinweisfenster ausgeben. Zugegebenermaßen ist dies noch nicht besonders anspruchsvoll. Momentan ist
jedoch nur der grundlegende Aufbau eines JavaScript-Programms von
Interesse.

Geben Sie die folgenden Zeilen in einem Texteditor ein, genauso wie Sie das bei der Erstellung der ersten HTML-Datei getan haben:

hallo2.html

```
<!DOCTYPE html>
<html>
<head>
  <title>Hallo Welt!</title>
</head>
<body>
  <p>
  Das ist HTML.
  </p>
  <script type="text/javascript">
    alert("Hallo Welt! Das ist JavaScript.");
  </script>
</body>
</html>
```

Speichern Sie diese Datei danach unter dem Namen *hallo2.html* auf Ihrem Computer ab. Genauso wie vorher muss die Datei die Endung `html` oder `htm` haben, da es sich ja nach wie vor um eine HTML-Datei handelt – nun jedoch mit integriertem JavaScript-Code. Die Befehle *Quellcode* eines Computerprogramms werden üblicherweise als Quellcode (auch Programm- oder Sourcecode) bezeichnet. Die Datei *hallo2.html* beinhaltet also den Quellcode für unser erstes Beispiel.

Damit Sie nicht sämtliche Beispielprogramme abtippen müssen, hier nochmals der Hinweis, dass Sie diese unter *http://www.dpunkt.de/javascript/* herunterladen können.

Öffnen Sie das erzeugte Dokument *hallo2.html* nun in einem Java-Script-fähigen Browser (siehe *Webbrowser*, S. 6). Die Abbildung 3–5 zeigt das Ergebnis.

Abb. 3–5
Ausgabe des ersten
JavaScript-Programms

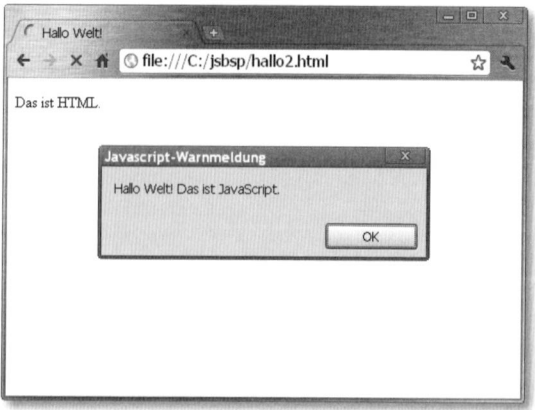

Schauen Sie sich nun den Quellcode in *hallo2.html* etwas näher an. Im Vergleich zu unserer ersten HTML-Datei sind die Tags `<script>` und `</script>` hinzugekommen. Zwischen diesen beiden Tags steht der JavaScript-Code. Wir werden später noch eine andere Möglichkeit kennenlernen, wie JavaScript-Code eingebunden werden kann. Das `<script>`-Tag kommt jedoch häufig zum Einsatz.

Das <script>-Tag

Sie können in einem HTML-Dokument beliebig zwischen HTML und JavaScript hin- und herspringen. Das heißt, Sie können so viele `<script>`-Tags verwenden, wie Sie wollen.

Alles, was innerhalb der `<script>`-Tags steht, wird als JavaScript interpretiert. Wir haben hier lediglich einen Befehl angegeben, den der Browser ausführen soll. Dieser Befehl lautet:

```
alert("Hallo Welt! Das ist JavaScript.");
```

In Worten ausgedrückt heißt dieser Befehl: *Erzeuge ein Hinweisfenster mit dem Inhalt »Hallo Welt! Das ist JavaScript.«*. `alert()` ist ein JavaScript-Befehl, der den Computer dazu veranlasst, ein Hinweisfenster zu generieren, das auch häufig als Popup-Fenster bezeichnet wird. Der Text, der angezeigt werden soll, wird in Anführungszeichen in die Klammern von `alert()` geschrieben. Die Anführungszeichen werden dabei nicht mit ausgegeben. Sie dienen als Abgrenzung, damit der Computer weiß, welcher Teil ausgegeben werden soll. Sie können in JavaScript sowohl doppelte (") als auch einfache (') Anführungsstriche verwenden.

Hinweisfenster mit alert()

Hinweisfenster, die mit `alert()` erzeugt werden, sieht man im praktischen Einsatz sehr selten, da sie meistens störend wirken. Für den Einstieg in JavaScript ist dieser Befehl allerdings nützlich, da man damit leicht ausgeben kann, was der Computer gerade macht. Wir werden diesem Befehl hier also häufiger begegnen, auch wenn wir wissen, dass wir damit im wahren Leben sparsam umgehen müssen.

In dem `<script>`-Tag sehen Sie `type="text/javascript"`. Damit geben Sie die Skriptsprache an, in der der nachfolgende Programmcode geschrieben ist. Diese Information benötigt der Browser, da es auch andere Skriptsprachen gibt, die wie JavaScript in HTML-Dokumente eingebunden werden können, z.B. die Skriptsprache VBScript. Viele Browser definieren JavaScript zwar als Standard-Skriptsprache, aber davon sollten Sie als Programmierer nicht ausgehen. Deshalb ist es ratsam, immer die Eigenschaft `type` anzugeben.

Festlegen der verwendeten Skriptsprache

Früher wurde `<script language="JavaScript">` geschrieben. Dies werden Sie in älteren Skripten noch häufig sehen. Der HTML-Standard gibt die Schreibweise mit `<script type="text/javascript">` vor, sodass in Zukunft nur noch diese verwendet werden sollte. Alle gängigen Browser unterstützen diese Schreibweise.

An dieser Stelle sei angemerkt, dass JavaScript-Code am besten im `<head>`-Teil des Dokuments untergebracht wird. Die ersten Beispiele in diesem Buch verwenden das `<script>`-Tag im `<body>`-Teil, um die Beispiele einfach zu halten und die Funktionsweise zu demonstrieren. Eigentlich ist dies kein guter Stil, da so der JavaScript-Code mit dem HTML-Teil zu stark vermischt wird.

3.1.4 Mehrere JavaScript-Befehle

Innerhalb der `<script>`-Tags wird man meist nicht nur eine einzige Anweisung unterbringen. Beispielsweise kann man veranlassen, dass der Computer mehrere `alert()`-Befehle ausführt. Dies kann etwa so aussehen:

hallo3.html

```
<!DOCTYPE html>
<html>
<head>
  <title>Hallo Welt!</title>
</head>
<body>
  <script type="text/javascript">
    alert("Hallo Welt!");
    alert("Das ist JavaScript.");
    alert("Eine tolle Skriptsprache.");
  </script>
</body>
</html>
```

Wenn Sie diesen Code ausführen, sehen Sie an einem eindrucksvollen Beispiel, warum mit `alert()` vorsichtig umgegangen werden sollte. Man kann dem Anwender damit ziemlich auf die Nerven gehen. Aber hier geht es ja zunächst nur darum, anhand dieses einfachen Befehls die Funktionsweise von JavaScript zu demonstrieren.

Abarbeitung der Befehle von oben nach unten

Um eine HTML-Seite darzustellen, arbeitet der Browser die Quelldatei von oben nach unten durch. Genauso wird der JavaScript-Quellcode, der in der HTML-Datei integriert ist, behandelt. Das heißt, dass der Befehl

```
alert("Hallo Welt!");
```

zuerst ausgeführt wird. Nachdem der Anwender das erste Hinweisfenster geschlossen hat, wird der nächste `alert()`-Befehl ausgeführt.

Semikolon

Sie sehen, dass die drei `alert()`-Befehle jeweils mit einem Semikolon bzw. Strichpunkt abgeschlossen werden. Ein Semikolon wird dazu verwendet, Befehle voneinander zu trennen. Während in anderen Sprachen das Semikolon Pflicht ist, wird dieses in JavaScript nicht immer benötigt. JavaScript schreibt das Semikolon nur vor, wenn mehrere Befehle in einer Zeile stehen. Häufig wird das Semikolon dennoch verwendet, auch wenn nur ein Befehl pro Zeile angegeben wird.

Die Einrückung der Zeilen hat keine Bedeutung für die Ausführung von JavaScript-Programmen. Durch die Einrückung erzielt man einen optischen Eindruck von zusammengehörenden Befehlen. Man findet sich in einem Programm leichter zurecht. Dies ist vor allem bei großen Programmen von Bedeutung. Das Programm läuft aber genauso, wenn Sie die Einrückung weglassen. Damit ist dies nur für die eigene Orientierung wichtig. Das Gleiche gilt für Leerzeilen, die Sie beliebig einfügen können.

Einrückung der Zeilen

Leerzeilen

Später werden Sie sehen, dass Computerprogramme recht unübersichtlich werden können. Strichpunkte, Einrückungen und Leerzeilen helfen dabei, den Quellcode zu strukturieren und so für etwas Klarheit zu sorgen.

3.1.5   Einfache Berechnungen

Mit JavaScript können auch mathematische Berechnungen durchgeführt und das Ergebnis mit `alert()` auf dem Bildschirm ausgegeben werden. Das folgende Programm berechnet das Ergebnis aus 17+5*3 (der Stern steht in der Computerwelt für eine Multiplikation):

```
<!DOCTYPE html>
<html>
<head>
   <title>Berechnungen</title>
</head>
<body>
   <script type="text/javascript">
      alert(17 + 5 * 3);
   </script>
</body>
</html>
```

hallo4.html

Der Befehl

```
alert(17 + 5 * 3);
```

bedeutet dabei in Worten: *Berechne 17+5*3 und gib das Ergebnis in einem Hinweisfenster aus.* Der Computer hält sich dabei an die mathematischen Regeln und berechnet die Multiplikation vor der Addition. Das Ergebnis ist also 32.

Ihnen ist vielleicht aufgefallen, dass die Berechnung nicht in Anführungszeichen steht. Würden Sie hier Anführungszeichen verwenden, würde der Computer die Formel *17+5*3* wie normalen Text direkt ausgeben, ohne eine Berechnung durchzuführen. Die fehlenden Anführungszeichen signalisieren dem Computer also, dass es sich hier um eine Berechnung handelt, die er durchführen muss. Setzen Sie die Formel einmal in Anführungstriche und Sie werden den Unterschied sehen.

3.2   Auf Benutzereingaben reagieren

In den ersten Beispielen wurde der JavaScript-Code beim Laden des HTML-Dokuments sofort ausgeführt. Zwar kann dies manchmal gewünscht sein. Häufig soll JavaScript jedoch erst als Reaktion auf eine Benutzereingabe ausgeführt werden. Stellen Sie sich beispielsweise eine Schaltfläche vor, auf die der Benutzer klicken kann, um dann als Reaktion darauf ein Hinweisfenster zu erhalten.

Ereignisse   Benutzereingaben lösen sogenannte Ereignisse aus, auf die wir mit JavaScript reagieren können (siehe *Ereignisse*, S. 175). Zwar werden wir Ereignisse erst später genau untersuchen, jedoch soll das Grundprinzip bereits hier vorgestellt werden, da dies ein zentraler Mechanismus für die JavaScript-Programmierung ist und wir damit in den ersten Kapiteln bereits arbeiten wollen.

Hier sei gezeigt, wie ein Skript erfährt, dass der Anwender auf eine Schaltfläche geklickt hat. Der folgende Code demonstriert dies:

hallo5.html
```
<!DOCTYPE html>
<html>
<head>
   <title>Ereignisse</title>
</head>
<body>
   <form>
      <input type="button" value="Test" onclick="alert('Hallo!')">
   </form>
</body>
</html>
```

Die Schaltfläche wird über die Tags `<form>` und `<input>` erzeugt. Wie dies genau funktioniert, erfahren wir später (siehe *Formulare*, S. 201). Im `<input>`-Tag sehen Sie die Eigenschaft `onclick`. Damit wird ein sogenannter Event-Handler definiert, mit dem Sie festlegen, was passieren soll, wenn der Benutzer auf die Schaltfläche klickt.

Hinter `onclick` steht der JavaScript-Code, der beim Eintritt des Ereignisses ausgeführt werden soll. Bitte beachten Sie, dass dieser Code in Anführungsstrichen stehen muss, da wir uns hier ja eigentlich im HTML-Teil des Dokuments befinden. Es sind generell sowohl einfache als auch doppelte Anführungsstriche möglich. In den Klammern benötigen wir auch Anführungsstriche. Damit der Browser nicht durcheinander kommt, dürfen wir an beiden Stellen nicht die gleiche Art von Anführungsstrichen verwenden.

Mit `onclick` wollen wir den Befehl `alert('Hallo!')` ausführen. Wie Abbildung 3–6 zeigt, wird also ein Hinweisfenster generiert, sobald auf die Schaltfläche mit der Aufschrift *Test* geklickt wird.

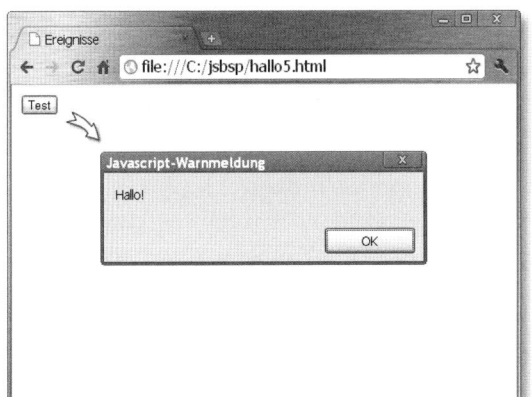

Abb. 3–6

Reaktion auf Ereignisse

3.3   Kommentare

Kommentare sind Anmerkungen des Programmierers im Quellcode, die vom Computer ignoriert werden. Diese sollen in erster Linie die Lesbarkeit des Quellcodes erhöhen, was insbesondere bei größeren Programmen die Übersichtlichkeit verbessert. Wenn mehrere Personen an einem Programm arbeiten, ist die Verwendung von Kommentaren sehr wichtig. Für einen Außenstehenden ist es besonders schwierig, den Quellcode eines anderen nachzuvollziehen. Aber auch wenn man sich die eigenen Programme nach ein paar Monaten selbst wieder anschaut, können Kommentare sehr hilfreich sein.

Lesbarkeit des Quellcodes

Zu unterscheiden sind ein- und mehrzeilige Kommentare. Für einzeilige Kommentare benutzt man zwei Schrägstriche //. Der Kommentar steht rechts davon. Links können ganz normal JavaScript-Befehle stehen. Der Computer beachtet die Zeichen hinter den beiden Schrägstrichen nicht:

Einzeilige Kommentare

```
alert("Hallo"); // Dies ist ein Kommentar
```

Mehrzeilige Kommentare werden mit /* eingeleitet und enden mit */, wie es das folgende Beispiel zeigt:

```
alert("Befehl 1");

/* Dies ist ein mehrzeiliger Kommentar.
Befehle, die innerhalb eines Kommentars stehen,
werden vom Browser nicht beachtet.
Der Kommentar endet nach diesen Zeichen. */

alert("Befehl 2");
```

3.4 Darstellung mit einem nicht JavaScript-fähigen Browser

Nicht jeder verwendet einen Browser, der JavaScript versteht. Außerdem schalten einige Leute die Ausführung von JavaScript-Code in ihrem Browser aus. Aus diesem Grund muss man sich immer fragen, wie eine HTML-Seite mit JavaScript-Teil auf anderen Browsern aussieht.

Das <noscript>-Tag Es gibt ein <noscript>-Tag, das vom Browser nur beachtet wird, wenn kein JavaScript ausgeführt werden kann. Hierin lässt sich beispielsweise ein Hinweis unterbringen, dass für die Betrachtung einer Seite JavaScript vorausgesetzt wird. Besser wäre natürlich ein Link auf eine alternative Seite, die die Bedienung auch ohne JavaScript ermöglicht.

hallo6.html
```
<!DOCTYPE html>
<html>
<head>
  <title>noscript-Beispiel</title>
</head>
<body>
  <p>
  Das ist HTML.
  </p>
  <script type="text/javascript">
    alert("Hallo Welt! Das ist JavaScript.");
  </script>
  <noscript>
    <p>Diese Seite benötigt JavaScript.</p>
  </noscript>
</body>
</html>
```

Ist JavaScript in dem verwendeten Browser verfügbar, so wird der Inhalt des <noscript>-Tags ignoriert.

Der eben gezeigte Weg ist bei Browsern, die das <noscript>-Tag kennen, nützlich. Was passiert aber, wenn ein Browser weder das <script>- noch das <noscript>-Tag kennt? In HTML werden unbekannte Tags einfach übergangen. Allerdings gilt dies nur für das Tag an sich. Die Zeilen, die innerhalb des Anfangs- und des Endtags stehen, werden trotzdem beachtet. Der Browser weiß in diesem Fall nicht, was er mit den JavaScript-Befehlen innerhalb der `<script>`-Tags anfangen soll, d.h., die JavaScript-Befehle werden von dem Browser nicht als solche erkannt. Aus der Perspektive eines solchen Browsers sind die JavaScript-Befehle nichts anderes als normal darzustellender Text. Aus diesem Grund werden die Befehle in diesem Fall wie normaler HTML-Code ausgegeben. Die Ausgabe unseres obigen Beispiels sieht in solch einem Browser so aus:

```
Das ist HTML.
alert("Hallo Welt! Das ist JavaScript.");
Diese Seite benötigt JavaScript.
```

Ausgabe in einem nicht JavaScript-fähigen Browser

Dies kann mit Sicherheit nicht beabsichtigt sein. Um zumindest zu verhindern, dass der `alert()`-Befehl mit ausgegeben wird, wurden früher häufig HTML-Kommentare eingesetzt. So kann man den Skriptteil vor einem Browser, der das `<script>`-Tag nicht kennt, verbergen. HTML-Kommentare werden mit `<!--` eingeleitet und enden mit `-->`. Damit JavaScript in einem JavaScript-fähigen Browser wiederum nicht über das `-->` stolpert, setzt man davor einen JavaScript-Kommentar, sodass man insgesamt `// -->` schreibt.

HTML-Kommentare

Das folgende Beispiel demonstriert die Verwendung von HTML-Kommentaren:

```
<!DOCTYPE html>
<html>
<head>
   <title>noscript-Beispiel</title>
</head>
<body>
   <p>
   Das ist HTML.
   </p>
   <script type="text/javascript">
   <!--

       alert("Hallo Welt! Das ist JavaScript.");

   // -->
   </script>
   <noscript>
       <p>Diese Seite benötigt JavaScript.</p>
   </noscript>
</body>
</html>
```

hallo7.html

Mit diesem Trick haben wir den Quellcode vor Browsern versteckt, die das `<script>`-Tag nicht kennen. Diese Vorgehensweise wurde früher sehr häufig verwendet. Man sieht es auch heute noch in vielen Seiten, weshalb ich es Ihnen hier zeige. Da diese Schreibweise jedoch nicht dem HTML- bzw. XHTML-Standard entspricht, sollte man sie in Zukunft nicht mehr benutzen. Die Verwendung einer Bibliotheksdatei, die wir uns im Folgenden anschauen, ist der bessere Ansatz.

3.5   js-Bibliotheksdatei

JavaScript-Code kann man nicht nur in einem HTML-Dokument, sondern auch in einer js-Bibliotheksdatei unterbringen. Damit lagern Sie den gesamten JavaScript-Code in eine separate Datei mit der Endung js aus. In der HTML-Datei geben Sie dann im <script>-Tag nur noch an, wo die js-Datei zu finden ist. Ein JavaScript-fähiger Browser holt die Datei und führt den JavaScript-Code entsprechend aus. Ein Browser, der JavaScript nicht kennt, lädt auch nicht die js-Datei und gibt somit auch nicht den Quellcode aus.

Ein weiterer Vorteil ist, dass eine js-Datei von mehreren HTML-Dateien eingebunden werden kann. So erreicht man eine Trennung des HTML- und JavaScript-Codes und erspart sich außerdem das Hin- und Herkopieren des JavaScript-Codes zwischen den Dokumenten. Insbesondere im Zusammenhang mit Funktionen, die wir später behandeln werden, können wir den JavaScript-Code so allgemein formulieren, dass dieser in verschiedenen HTML-Dokumenten einsetzbar ist. Vor allem wenn unsere Beispiele später komplexer werden, dürfte es einleuchten, dass dies von großem Nutzen sein kann.

Hier wollen wir anhand eines einfachen Beispiels demonstrieren, wie js-Dateien verwendet werden. Dazu nehmen wir das obige Beispiel *hallo4.html* und gliedern den JavaScript-Code in eine Datei mit dem Namen *test.js* aus. Dies ist eine ganz normale Textdatei wie unser HTML-Dokument auch. Wie Sie sehen, enthält die js-Datei jedoch keine Tags:

test.js   `alert(17 + 5 * 3);`

Um diese js-Datei in ein HTML-Dokument einzubinden, verwenden wir wieder das <script>-Tag:

```
<!DOCTYPE html>
<html>
<head>
   <title>Berechnungen</title>
</head>
<body>
   <script type="text/javascript" src="test.js">
   </script>
</body>
</html>
```

hallo8.html

Das <script>-Tag enthält nun die Eigenschaft src (kurz für *source* – engl. für *Quelle*). Damit geben Sie die Adresse der js-Datei an. Da wir die js-Datei im gleichen Ordner speichern wie die HTML-Datei, reicht die Angabe des Dateinamens. Sonst müssten wir die komplette Adresse mit *http://*... angeben.

src

3.6 Quellcode anzeigen

Die meisten Browser bieten die Möglichkeit, das zugrunde liegende HTML-Dokument einer Seite anzuzeigen. Im Firefox ist dies beispielsweise über das Menü *Ansicht–>Seitenquelltext anzeigen* möglich. Dies funktioniert auch bei fremden Seiten im Internet, wie z.B. Google oder Yahoo.

Aber nicht erschrecken! Wenn Sie sich den HTML-Code einiger Seiten im Internet anschauen, dürfen Sie sich von der Komplexität nicht überwältigen lassen. Auf den ersten Blick mag die Struktur mancher Seite recht verwirrend aussehen, da der HTML-Code häufig nicht schön formatiert ist. Wenn Sie jedoch die einzelnen Bausteine in HTML und JavaScript kennen, werden Sie schnell hinter die Kulissen blicken können. In diesem Zusammenhang werden Sie jedoch auch feststellen, dass viele Seiten leider kein sauberes HTML verwenden.

4 Variablen

Bisher haben wir nur einfache Ausgaben getätigt. Selbst das Ergebnis einer Berechnung haben wir sofort ausgegeben. Der Computer kann sich jedoch auch das Ergebnis einer Berechnung merken und dieses später weiterverwenden. Oder der Computer kann den Anwender auffordern, seinen Namen einzugeben, um ihn später direkt ansprechen zu können. Hierfür verwenden Sie Variablen. Eine Variable ist eine Speicherstelle im Computer, in der Sie unterschiedliche Werte festhalten können. Dieses Kapitel zeigt, wie Sie Variablen einsetzen können.

Speicherstellen

4.1 Variablen einsetzen

Angenommen Sie wollen ein Programm schreiben, mit dem eine Temperaturangabe in Fahrenheit in Celsius umgerechnet werden kann. Dazu benötigen Sie zunächst die Formel, mit der die Umrechnung erfolgt. Diese Formel lautet:

```
Fahrenheitwert = 9/5 * Celsiuswert + 32
```

Der Schrägstrich steht in der Computerwelt für eine Division, das Sternchen für eine Multiplikation. Nach dieser Formel sind 100 °C gleich 212 °F (= 9/5 * 100 + 32). Wie wir bereits gesehen haben, kann der Computer solche Berechnungen durchführen. Das folgende Programm gibt das Ergebnis der Berechnung in einem Popup-Fenster aus, wie das im vorhergehenden Kapitel gezeigt wurde:

```
<!DOCTYPE html>
<html>
<head>
<title>Variablen</title>
</head>
<body>
  <script type="text/javascript">
```

variablen1.html

```
alert(9/5 * 100 + 32);

</script>
</body>
</html>
```

Für jeden Temperaturwert, den Sie umrechnen möchten, müssten Sie nach dieser Vorgehensweise den Inhalt des alert()-Befehls ändern und das JavaScript-Programm neu ausführen. Eleganter wäre es natürlich, wenn Sie dem Computer nur die Umrechnungsformel vorgeben und diese dann mit unterschiedlichen Werten füttern könnten.

Der Celsiuswert lässt sich in einer Variablen speichern. Um das Ergebnis der Berechnung festzuhalten, verwenden wir eine weitere Variable. Nennen wir die Variable für unseren Celsiuswert celsius und für das Ergebnis in Fahrenheit fahrenheit. Damit sieht der Skriptteil unseres Beispielprogramms wie folgt aus:

variablen2.html
(Auszug)

```
var celsius = 100;
var fahrenheit = 9/5 * celsius + 32
alert(fahrenheit);
```

In der ersten Zeile wird festgelegt, dass wir eine Variable celsius definieren möchten, die den Wert 100 haben soll. In der folgenden Zeile steht auf der rechten Seite die Formel zur Berechnung des Fahrenheitwerts. Wie Sie sehen, wird in dieser Formel die Variable celsius verwendet, die im Moment der Ausführung den Wert 100 hat. Der Computer berechnet also an dieser Stelle das Ergebnis aus 9 / 5 * 100 + 32. Auf der linken Seite steht die Variable fahrenheit. Ihr wird das Resultat aus unserer Berechnung zugewiesen, also der Wert 212.

Um den Inhalt der Variablen fahrenheit in der dritten Zeile auszugeben, müssen wir nur den Namen der Variablen im alert()-Befehl angeben.

Noch immer ist das Programm sehr starr. Für jeden Temperaturwert, den man umrechnen will, muss der Quellcode abgeändert werden. Später werden wir verschiedene Möglichkeiten kennenlernen, mit denen der Anwender selbst Daten eingeben kann. Diese Eingaben lassen sich in Variablen speichern und mit JavaScript verarbeiten. Man könnte unser Programm also so abändern, dass der Anwender einen Temperaturwert in ein Formular eingeben kann und dann auf Knopfdruck das Ergebnis unserer Formel erhält. In diesem Fall kommen Sie um die Verwendung einer Variablen nicht herum, da Sie zum Zeitpunkt der Programmierung ja nicht wissen können, welchen Wert der Anwender eingeben wird. In dem gezeigten Beispiel habe ich dies alles weggelassen, um nur die grundlegende Funktionsweise von Variablen zu demonstrieren.

4.2   Variablen definieren

In unserem Temperatur-Beispiel wurden die Variablen celsius und fahrenheit mit dem Schlüsselwort var definiert. Für jede Variable muss ein Computerprogramm Speicherplatz reservieren, um den Inhalt der Variablen speichern zu können. Dies findet im Arbeitsspeicher des Computers statt. Spätestens nach der Beendigung des Programms kann der Inhalt der Variablen gelöscht und auch der Speicherplatz wieder freigegeben werden. *var*

JavaScript besteht nicht darauf, dass Variablen explizit mit var definiert werden müssen, bevor sie verwendet werden. Das heißt, in unserem Beispiel kann das Schlüsselwort var weggelassen werden. Andere Programmiersprachen sind in diesem Zusammenhang strenger und verweigern die Ausführung, wenn nicht alles vorher schön definiert wurde. JavaScript sieht das nicht so eng. Variablen werden einfach dann angelegt, wenn sie benötigt werden. Sobald JavaScript auf eine bisher unbekannte Variable stößt, wird der Speicherplatz automatisch reserviert.

Obwohl die Verwendung des Schlüsselworts var nicht zwingend ist, sollte nicht unbedingt darauf verzichtet werden. Mit var signalisieren Sie, dass eine Variable das erste Mal verwendet wird. Dem Schlüsselwort var kommt außerdem eine besondere Bedeutung bei der Definition von sogenannten globalen und lokalen Variablen zu, wie wir später sehen werden (siehe *Globale und lokale Variablen*, S. 75). In ECMAScript 5 können Sie den Browser in einen besonderen Modus – den Strict Mode – versetzen. Dann achtet der Browser u.a. darauf, dass alle Variablen mit var definiert werden (siehe *Der Strict Mode*, S. 102).

Was kann man nun alles in einer Variablen speichern? Wie wir bereits gesehen haben, lassen sich darin Zahlen speichern und verarbeiten. Es lassen sich dabei nicht nur ganze Zahlen speichern, sondern auch Kommazahlen. Hierbei ist zu beachten, dass statt eines Kommas in der amerikanischen Schreibweise ein Punkt verwendet wird. JavaScript arbeitet deshalb zur Darstellung einer Kommazahl mit einem Punkt. Möchte man also 17,5 in einer Variablen x speichern, schreibt man: *Ganze Zahlen und Kommazahlen*

```
var x = 17.5;
```

In einer Variablen lassen sich aber auch Texte speichern (sogenannte Zeichenketten oder Strings). Strings werden in JavaScript in einfachen oder doppelten Anführungsstrichen angegeben: *Strings*

```
var name = "Fred";
```

Boolesche Werte

Neben Zahlen und Strings können außerdem die Werte true (engl. für *wahr*) und false (engl. für *falsch*) in Variablen gespeichert werden. Man spricht in diesem Fall von booleschen Variablen. Dieser Begriff geht auf den englischen Mathematiker George Boole zurück, der mit seiner Forschung den Grundstein für die formale Logik legte. Wie wir später sehen werden, kommen boolesche Variablen häufig im Zusammenhang mit Abfragen zum Einsatz. Mit der folgenden Zeile erhält die Variable fertig den Wert true:

```
var fertig = true;
```

Datentypen

In anderen Programmiersprachen muss man gewöhnlich festlegen, wofür eine Variable verwendet werden soll. Soll darin eine ganze Zahl, eine Kommazahl oder ein Text gespeichert werden? Wie viel Speicherplatz soll dafür reserviert werden? JavaScript ist etwas flexibler und ermöglicht die Speicherung ganz unterschiedlicher Werte in ein und derselben Variablen.

Dies ist für den Programmierer natürlich bequem, bringt aber auch Nachteile mit sich. Woher weiß der Computer z.B., wie viel Speicherplatz für eine Variable zu reservieren ist? Wenn eine Variable nur Werte zwischen 1 und 10 annehmen soll, reicht wesentlich weniger Speicherplatz, als wenn ein Wert von 2 Milliarden gespeichert werden soll.

JavaScript macht es sich da einfach und vergibt relativ großzügig Speicherplatz. Natürlich wird dadurch Speicherplatz verschwendet. Die einfache Programmierung steht bei JavaScript aber im Vordergrund, auch wenn dadurch etwas an Effizienz verloren geht.

Ganz anders sieht die Situation natürlich aus, wenn man ein Programm schreibt, das mit großen Datenmengen umgehen muss, wie etwa ein Filmbearbeitungsprogramm. In diesem Fall muss man sich über die Verwendung des verfügbaren Speichers genau Gedanken machen. Hierfür werden andere Programmiersprachen wie C, C++ oder Java verwendet, die dem Programmierer unterschiedliche Datentypen zur Verfügung stellen, mit denen die Speichernutzung gesteuert werden kann.

loose typing und strong typing

Die Art und Weise, wie JavaScript mit Datentypen umgeht, wird *loose typing* genannt, im Gegensatz zum *strong typing* in anderen Programmiersprachen, bei denen man die verwendeten Datentypen konkret festlegen muss.

Neben der Ineffizienz kann es beim loose typing in einigen Fällen zu Problemen kommen. Dies ist etwa der Fall, wenn mehrere Variablen unterschiedlichen Typs miteinander in Verbindung gebracht werden. Der Computer kann etwas anders interpretieren, als es der Programmierer eigentlich beabsichtigt hat. Wenn Sie beispielsweise die Variablendeklarationen

```
var x = "5";
var y = 12;
```

vornehmen und diese beiden Variablen addieren, kann der Computer nicht eindeutig entscheiden, was Sie eigentlich bezwecken. Soll z=x+y eine Verknüpfung von Textstrings sein, oder wollen Sie das Ergebnis aus 5+12 berechnen? Im Zweifelsfall behandelt JavaScript alle Variablen wie Strings. Das heißt, in diesem Beispiel würde der Computer y in einen String umwandeln und die beiden Strings verketten, sodass das Ergebnis der String "512" wäre. Aber vielleicht wollten Sie die Zahlen addieren und erwarten deshalb den Wert 17 als Ergebnis.

Es ist dringend davon abzuraten, Variablen mit unterschiedlichem Datentyp miteinander zu verbinden. Im Allgemeinen lässt sich das recht gut verhindern. Beispielsweise kann ein String in einen Zahlenwert umgewandelt werden, bevor dieser in einer Addition verwendet wird. Dafür werden wir später die Funktionen parseInt() und parse-Float() kennenlernen (siehe *Vordefinierte Funktionen*, S. 78).

4.3 Ausgangswert einer Variablen

Wenn eine neue Variable angelegt wird, weist man dieser normalerweise sofort einen Wert zu, z.B.:

```
var x = 17;
```

Mit dieser Zeile wird die Variable x definiert und darin der Wert 17 gespeichert. Man kann auch sagen, dass die Variable x mit dem Wert 17 initialisiert wird.

Welchen Wert hat eine Variable, wenn man ihr zu Beginn keinen Wert zuweist? JavaScript verwendet hierfür den Wert undefined. Dies ist ein spezieller Wert, der angibt, dass in der Variablen nichts gespeichert ist. Nach der Zeile

undefined

```
var y;
```

hat y also den Wert undefined.

Häufig wird auch der Wert null verwendet, wenn Sie explizit festlegen wollen, dass in einer Variablen nichts gespeichert ist:

```
var y = null;
```

Da der Wert null in JavaScript eine wichtige Rolle spielt, werden wir im Laufe dieses Buches häufig darauf stoßen. null ist jedoch nicht zu verwechseln mit dem Zahlenwert 0. Der Wert null gibt an, dass die

null

Variable leer ist, während eine Variable, in der die Zahl 0 gespeichert ist, ja tatsächlich einen Wert enthält. Die Notwendigkeit und Bedeutung dieser Unterscheidung ist im Moment vielleicht nur schwer zu erkennen, wird aber in den folgenden Kapiteln wahrscheinlich etwas klarer.

4.4   Variablennamen

Bisher haben wir ganz unterschiedliche Namen für Variablen verwendet. Sie sind in der Wahl der Variablennamen relativ frei. Es gibt jedoch einige Dinge, die Sie beachten müssen.

Zunächst sollten Variablennamen so gewählt werden, dass man leicht auf den Inhalt schließen kann. Das vereinfacht die Arbeit wesentlich, wenn viele verschiedene Variablen in einem Programm definiert werden.

Variablennamen können sowohl groß- als auch kleingeschrieben werden. Sie müssen sich jedoch an die einmal gewählte Schreibweise halten. So sind in JavaScript `celsius`, `Celsius` und `CELSIUS` drei verschiedene Variablen, die nichts miteinander zu tun haben. Im Englischen sagt man dazu, dass JavaScript *case-sensitive* ist (HTML beispielsweise ist nicht case-sensitive, da es keine Rolle spielt, ob Sie Tags groß- oder kleinschreiben).

Das ist natürlich eine potenzielle Fehlerquelle. Schreibt man am Anfang eines Programms immer `celsius` (mit kleinem *c*) und plötzlich am Ende `Celsius` (mit großem C), behandelt JavaScript dies als zwei verschiedene Variablen. Das Ergebnis ist am Ende wahrscheinlich falsch, und der Programmierer muss den Fehler suchen.

Deshalb sollten Sie sich eine einheitliche Schreibweise angewöhnen. Ich schreibe Variablennamen gewöhnlich klein. Wenn mehrere Wörter zusammengesetzt werden, schreibe ich dies so:

```
diesIstEineVariable
```

Diese Schreibweise wird als *Camelcase* bezeichnet, da die Großbuchstaben an die Höcker eines Kamels erinnern. Es gibt natürlich auch andere Schreibweisen. Beliebt ist auch die Verwendung des Unterstrichs:

```
dies_ist_eine_Variable
```

Es gibt ein paar sogenannte reservierte Wörter, die Sie für Variablennamen nicht benutzen dürfen. Dies sind meist Befehle oder Schlüsselwörter der Programmiersprache, wie z.B. var zum Definieren von Variablen. Die folgende Tabelle zeigt die reservierten Wörter, die Sie nicht benutzen dürfen:

break	enum	interface	this		
case	export	let	throw
catch	extends	new	try
class	finally	package	typeof
const	for	private	var
continue	function	protected	void
debugger	if	public	while
default	implements	return	with
delete	import	static	yield
do	in	super	
else	instanceof	switch	

Tab. 4–1
Reservierte Wörter

Nicht alle Wörter, die hier aufgelistet sind, werden von ECMAScript bzw. JavaScript in der momentanen Version benutzt. Einige der reservierten Wörter sind erst für spätere ECMAScript-Versionen vorgesehen.

In einem Variablennamen (und anderen Bezeichnern) dürfen alle Buchstaben, Zahlen und der Unterstrich (das Zeichen _ – engl. *underscore*) vorkommen. Es dürfen keine Satzzeichen oder Sonderzeichen wie +, - (Minus und Bindestrich), $, %, (,), Leerzeichen usw. benutzt werden. Zusätzlich darf das erstes Zeichen einer Variablen keine Zahl sein.

Verwendbare Zeichen

Wir werden im Verlauf dieses Buches weitere Bezeichner kennenlernen, wie z.B. die Namen von Funktionen oder Objekten. Für diese Bezeichner gelten die gleichen Regeln, wie sie hier für Variablennamen besprochen wurden.

4.5 Berechnungen

Der Computer geht bei Berechnungen nach mathematischen Regeln vor. Es gibt jedoch einige Besonderheiten, die es zu beachten gilt.

Mathematische Regeln

Hoffentlich werden Sie durch den Begriff *Mathematik* nicht abgeschreckt. Keine Sorge, dies ist kein gut getarntes Mathematikbuch. Nach allgemeiner Erkenntnis halbiert sich die Leserzahl eines Buches mit jeder Formel. Es ist leicht einzusehen, dass es schon aus diesem Grund nicht in meinem Interesse liegt, in die Tiefen der Mathematik vorzudringen. Aber vielleicht bekommen Sie über die Programmierung erst den richtigen Einstieg in die Mathematik. Sie wären bestimmt nicht die/der Einzige.

Der Befehl x=2 weist der Variablen x den Wert 2 zu. Dies ist wahrscheinlich noch leicht einzusehen. Der Befehl x=2+3 bedeutet: *Berechne die Summe aus 2 und 3 und speichere das Ergebnis (=5) in der Variablen x*. Auf der rechten Seite steht grundsätzlich der zu berechnende

Ausdruck. Auf der linken Seite steht die Variable, die das berechnete Ergebnis entgegennimmt. Sie können nach dieser Definition niemals etwas wie 2=x oder 2+3=x schreiben. Hier liegt ein entscheidender Unterschied zur Schulmathematik. Mathematisch gesehen ist 2+3=x vollkommen korrekt. Die Variable x nimmt in der Mathematik wie zuvor den Wert 5 an.

Für den Computer ergibt der Befehl 2+3=x jedoch keinen Sinn. Der Befehl würde bedeuten: *Nimm den Wert von x und speichere diesen in der Variablen '2+3'*. Es ist einfach vorgegeben, wie Sie Berechnungen durchführen müssen. Wenn Sie gegen diese Regeln verstoßen, läuft Ihr Programm nicht.

x=x+1   Das Paradebeispiel für den Unterschied zwischen der Schulmathematik und der Computermathematik ist x=x+1. Betrachtet man x=x+1 von der mathematischen Seite, sieht das geübte Auge, dass man auf beiden Seiten x subtrahieren kann. Die vermeintliche Lösung ist 0=1, was jedem Mathematiklehrer die Haare zu Berge stehen lässt. Auch wenn dieses *Ergebnis* in einer Vielzahl von Mathematik-Klassenarbeiten zu finden ist, ist dies kein Hinweis auf die Richtigkeit.

Aus der Sicht des Computers sieht es jedoch etwas anders aus. Der Unterschied ist, dass x=x+1 gar keine Gleichung im mathematischen Sinne darstellt. Hier handelt es sich um eine Zuweisung. Auf beiden Seiten x zu subtrahieren, ist somit nicht zulässig. Streng nach unserer Regel berechnet der Computer zuerst das Ergebnis aus x+1. War x vorher 16, so ist x+1 gleich 17. Dieses Ergebnis wird nun der Variablen x zugewiesen. Dass die Variable x dabei auf beiden Seiten vertreten ist, stört den Computer wenig, da die Reihenfolge der Berechnung und Zuweisung für den Computer eindeutig ist.

Berechnungen mit   An dieser Stelle soll ein Problem im Zusammenhang mit Komma-
Kommazahlen   zahlen angesprochen werden. Als Ergebnis aus der folgenden Berechnung würde man 0.3 erwarten:

```
var x = 0.1 + 0.2;
alert(x);
```

Das Ergebnis ist jedoch 0.3000000000000004. Diese Ungenauigkeit hängt mit der Art und Weise zusammen, wie JavaScript intern mit Kommazahlen rechnet. Dieses Problem kann man mit der Methode Math.round() in den Griff bekommen (siehe *Das Math-Objekt*, S. 107).

4.6 Operatoren

4.6.1 Rechenoperatoren

Einige Rechenoperatoren haben wir in diesem Kapitel bereits kennengelernt. Die folgende Tabelle gibt einen Überblick über die verfügbaren Rechenoperatoren

Rechenarten	Zeichen
Addition	+
Subtraktion	-
Multiplikation	*
Division	/
Modulo	%

Tab. 4–2

Rechenoperatoren

Vielleicht ist es etwas seltsam, für die Multiplikation einen Stern und für die Division einen Schrägstrich (statt eines Doppelpunkts) zu benutzen. Dies ist jedoch die für den Computer übliche Schreibweise.

JavaScript kennt außer den Grundrechenarten den sogenannten Modulo-Operator, mit dem der Rest einer Ganzzahldivision ermittelt werden kann. In JavaScript wird dafür das Prozentzeichen % benutzt. Der Befehl

Modulo-Operator

```
x = 17 % 5;
```

(sprich: 17 modulo 5) bewirkt, dass x den Wert 2 erhält, da der Rest aus der Ganzzahldivision 17 durch 5 gleich 2 ist.

4.6.2 Inkrement- und Dekrement-Operatoren

Sehr oft muss man eine Variable um eins erhöhen oder um eins verringern. Da Programmierer im Allgemeinen recht schreibfaul sind, gibt es dafür in JavaScript eine Kurzschreibweise. Um eine Variable um eins zu erhöhen, schreibt man lediglich den Variablennamen, gefolgt von zwei Pluszeichen, z.B.:

Operatoren ++ und --

```
x++;
```

Dieser Befehl ist gleichdeutend mit x=x+1. Entsprechend kann eine Variable mit zwei Minuszeichen um eins verringert werden. Diese Schreibweise ist vor allem aus den Sprachen C und C++ bekannt (die Sprache C++ hat sogar ihren Namen vom Inkrement-Operator – C++ ist demnach der Nachfolger von C).

Man kann diese Schreibweise auch im Zusammenhang mit einer Zuweisung verwenden:

```
y = x++;
```

Wenn x vorher den Wert 2 hatte, ist klar, dass x nach diesem Befehl den Wert 3 speichert. Welchen Wert bekommt allerdings y zugewiesen? Die Pluszeichen stehen nach dem x. Der Befehl lautet für den Computer: *Weise der Variablen y den Wert von x zu und erhöhe danach x um eins.* Die Variable y nimmt demnach den Wert 2 an.

Es funktioniert auch Folgendes:

```
y = ++x;
```

Dies bedeutet, dass die Variable x zuerst um eins erhöht werden soll. Danach wird der Wert von x der Variablen y zugewiesen. Hat x zu Beginn einen Wert von 2, würden beide Variablen x und y nach diesem Befehl den Wert 3 annehmen.

4.6.3 Zuweisungsoperatoren

Soll der Wert einer Variablen um 5 erhöht werden, kann man Folgendes schreiben:

```
x = x + 5;
```

Dies geht allerdings auch kürzer. Man schreibt dafür lediglich:

```
x += 5
```

Der Operator += bedeutet also, dass ein Wert zu einem bestehenden Wert addiert werden soll. Einen entsprechenden Operator gibt es für die restlichen Grundrechenarten sowie für einige andere Operatoren.

Tab. 4–3

Zuweisungsoperatoren

Zeichen	Beispiel	Gleichbedeutend mit
+=	x += 5	x = x + 5
-=	x -= 5	x = x - 5
*=	x *= 5	x = x * 5
/=	x /= 5	x = x / 5
%=	x %= 5	x = x % 5
&=	x &= 5	x = x & 5
|=	x |= 5	x = x | 5
^=	x ^= 5	x = x ^ 5
<<=	x <<= 5	x = x << 5
>>=	x >>= 5	x = x >> 5
>>>=	x >>>= 5	x = x >>> 5

Wenn Sie sich mit diesen Operatoren nicht anfreunden können, müssen Sie sie nicht selbst anwenden. Die normalen Schreibweisen sind nicht falsch. Allerdings kann man sich etwas Tipparbeit sparen.

Die unteren sechs Einträge in der Tabelle 4–3 sind bitweise Operatoren, die am Ende dieses Kapitels dargestellt werden.

4.6.4 Der typeof-Operator

Mit typeof kann man feststellen, von welchem Typ eine Variable ist. Mit typeof bekommen Sie eines der folgenden Resultate:

- undefined
- boolean
- function
- number
- object
- string

Wenn Sie beispielsweise Folgendes schreiben, dann bekommt typ den Wert "number" zugewiesen, da in x ein Zahlenwert gespeichert ist:

```
var x = 17;
var typ = typeof x;
```

Das folgende Beispiel weist der Variablen typ den Wert "string" zu:

```
var text = "Dies ist ein String.";
var typ = typeof text;
```

Da typeof gegebenenfalls den Wert undefined zurückliefert, kann man leicht überprüfen, ob eine Variable überhaupt definiert ist, ohne eine Fehlermeldung zu riskieren.

Prüfen, ob eine Variable definiert ist

4.6.5 Bitweise Operatoren

Bitweise Operatoren spielen in JavaScript eine eher untergeordnete Rolle. Zwecks Vollständigkeit werden diese Operatoren hier aufgeführt, ohne dass jedoch auf die Details eingegangen wird.

Operator	Bedeutung
&	Bitweises UND (AND)
|	Bitweises ODER (OR)
^	Bitweises ausschließendes ODER (XOR)
~	Bitweises NICHT (NOT)
<<	Bitweise Linksverschiebung
>>	Bitweise Rechtsverschiebung
>>>	Bitweise Rechtsverschiebung Vorzeichen ignorierend

Tab. 4–4

Bitweise Operatoren

Bitweise Operatoren wirken auf die einzelnen Bits einer Ganzzahl. So kann man die Bits eines Werts gezielt verändern. Beispielsweise dreht der bitweise Negationsoperator (NICHT-Operator) sämtliche Bits um. Wenn an einer Stelle zuvor eine 1 stand, steht dort nach der Anwendung des NICHT-Operators eine 0. Bitweise Operatoren haben im Vergleich zu anderen Operatoren einen Geschwindigkeitsvorteil. Allerdings lohnt sich der Aufwand meist nur bei zeitkritischen Anwendungen.

5 Verzweigungen

Bisher hat der Computer alle Befehle, die ihm aufgetragen wurden, stur nacheinander ausgeführt. Man kann die Ausführung eines Befehls jedoch auch von einer Bedingung abhängig machen. Der Computer entscheidet dann im Moment der Ausführung, welcher Befehl ausgeführt werden soll. Beispielsweise kann man zwei Variablen miteinander vergleichen und abhängig davon, welcher Wert größer ist, einen bestimmten Text ausgeben. Später werden wir dies etwa benötigen, wenn wir prüfen wollen, ob eine Formulareingabe des Anwenders korrekt ist oder nicht. Dieses Kapitel zeigt die grundlegenden Befehle für die Umsetzung solcher Verzweigungen.

5.1 if-Abfragen

Als Erstes wollen wir zwei Variablen miteinander vergleichen. Die beiden Variablen heißen tim und tom und sollen das Alter von Tim und Tom als Zahlenwert enthalten. Je nachdem wer älter ist, soll ein entsprechender Text ausgegeben werden.

Zuerst wollen wir prüfen, ob Tim älter als Tom ist. Das wäre etwa der Fall, wenn die Variable tim den Wert 12 und tom den Wert 10 enthält.

Einfache Abfragen werden in JavaScript mit einer if-Abfrage verwirklicht. Diese wird mit dem Schlüsselwort if (engl. für *wenn*) eingeleitet. Danach wird die zu prüfende Bedingung angegeben, gefolgt von dem auszuführenden Befehl, falls die Bedingung zutrifft.

Der folgende Quellcode enthält eine einfache if-Abfrage:

```
var tim = 12;
var tom = 10;

if (tim > tom) {
    alert("Tim ist älter.");
}
```

if01.html

(Auszug)

Wenn Sie dieses Beispiel ausführen, erhalten Sie die Ausgabe *Tim ist älter*. Ändern Sie die Zahlenwerte der beiden Variablen, sodass tom größer als tim ist, so erhalten Sie keine Ausgabe.

Die Bedingung in unserer if-Abfrage lautet (tim>tom). Im Gegensatz zu anderen Programmiersprachen muss in JavaScript die Bedingung einer if-Abfrage in Klammern stehen. Die Bedingung prüft, ob der Wert der Variablen tim größer als tom ist. Ist dies der Fall, wird der alert()-Befehl hinter der Bedingung ausgeführt. Wenn nicht, wird dieser Befehl übersprungen, d.h., wenn die Bedingung nicht zutrifft, passiert in unserem Beispiel gar nichts.

Abb. 5–1

Die if-Abfrage

| wenn | Tim älter als Tom ist | dann gib "Tim ist älter." aus |

Geschweifte Klammern

Der Befehl nach der if-Abfrage wurde in unserem Beispiel in geschweiften Klammern geschrieben. Wenn man nur einen Befehl ausführen möchte, falls die Bedingung zutrifft, werden die geschweiften Klammern nicht benötigt. In unserem Beispiel könnte also auch Folgendes stehen:

```
if (tim > tom) alert("Tim ist älter");
```

Sollen mehrere Befehle ausgeführt werden, wenn die Bedingung zutrifft, sind die geschweiften Klammern jedoch zwingend.

Mit der Abfrage (tim>tom) haben wir nur geprüft, ob Tim älter als Tom ist. Es kann jedoch auch sein, dass Tom der Ältere ist. Möchten wir auch das noch prüfen, können wir eine zweite if-Abfrage formulieren, wie der folgende Code zeigt:

if02.html

(Auszug)

```
if (tim > tom) alert("Tim ist älter.");
if (tim < tom) alert("Tom ist älter.");
```

5.1.1   Vergleichsoperatoren

Jetzt haben wir geprüft, ob Tim oder Tom der Ältere ist. Was passiert jedoch, wenn beide gleich alt sind? In diesem Fall hätten die beiden Variablen tim und tom den gleichen Wert, und unsere bisherigen Beispiele würden nichts ausgeben. Wir wollen ein Skript schreiben, das diesen Fall prüft. Um zu testen, ob zwei Variablen gleich groß sind, verwendet man den Vergleichsoperator ==, wie es dieses Beispiel zeigt:

if03.html

(Auszug)

```
if (tim == tom) alert("Beide sind gleich alt.");
```

Bitte beachten Sie, dass hier in der Bedingung nicht ein einzelnes Gleichheitszeichen benutzt wird. Das einzelne Gleichheitszeichen wird in JavaScript für die Zuweisung von Werten verwendet. Beispielsweise bedeutet x=2, dass x den Wert 2 zugewiesen bekommt. Wenn Sie aber x==2 schreiben, soll der Computer überprüfen, ob x gleich 2 ist. Wird in einer if-Abfrage nur ein Gleichheitszeichen benutzt, bekommt man eine Fehlermeldung, da der Computer keine Bedingung finden kann, die er überprüfen soll.

= und ==

Soll überprüft werden, ob zwei Werte ungleich sind, verwendet man den Vergleichsoperator !=. Das folgende Beispiel gibt einen Text aus, wenn Tim und Tom nicht gleich alt sind:

!=

```
if (tim != tom) alert("Beide sind nicht gleich alt.");
```

if04.html

(Auszug)

Die folgende Tabelle zeigt die in JavaScript verfügbaren Vergleichsoperatoren, die im Zusammenhang mit if-Abfragen verwendet werden können.

Operator	Bedeutung
==	gleich
!=	ungleich
===	strikt gleich
!==	strikt ungleich
<	kleiner
>	größer
<=	kleiner oder gleich
>=	größer oder gleich

Tab. 5–1

Vergleichsoperatoren

Die Operatoren === und !== sind im Zusammenhang mit unterschiedlichen Datentypen von Bedeutung. Bei der Verwendung unterschiedlicher Datentypen wandeln die beiden Operatoren == und != die zu vergleichenden Werte zunächst um; anschließend vergleicht man die umgewandelten Werte. Wenn str gleich "3" und zahl gleich 3 ist, dann trifft die Bedingung (str == zahl) zu, da JavaScript in diesem Fall beide Werte vor dem Vergleich in Zahlen umwandelt. Möchte man verhindern, dass die Werte vor dem Vergleich umgewandelt werden, verwendet man ===. In unserem Beispiel würde (str === zahl) nicht zutreffen.

=== und !==

5.1.2   Die else-Anweisung

Wenn wir uns die folgenden Zeilen anschauen, stellen wir fest, dass die zweite if-Abfrage genau das Gegenteil der ersten überprüft. Nur eine der beiden Bedingungen kann wahr sein.

```
if (tim == tom) {
    alert("Beide sind gleich alt.");
}
if (tim != tom) {
    alert("Beide sind nicht gleich alt.");
}
```

Diese zwei if-Abfragen können auch zu einer zusammengefasst werden, indem eine else-Anweisung verwendet wird, wie es die folgenden Zeilen demonstrieren:

if05.html
(Auszug)

```
if (tim == tom) {
    alert("Beide sind gleich alt.");
} else {
    alert("Beide sind nicht gleich alt.");
}
```

Hängt man an eine if-Abfrage eine weitere Anweisung mit else (engl. für *sonst*) an, wird diese ausgeführt, falls die Bedingung nicht zutrifft. Das folgende Schaubild veranschaulicht die Funktionsweise einer if-else-Abfrage.

Abb. 5–2
Eine if-else-Abfrage

Auch hinter else können mehrere Befehle angegeben werden. In diesem Fall sind auch hier geschweifte Klammern zwingend.

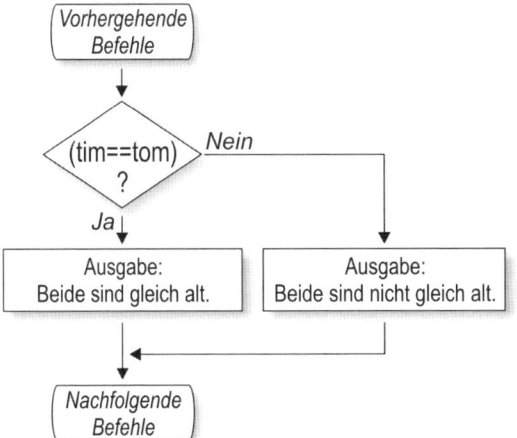

Abb. 5–3

*Flussdiagramm einer
if-else-Abfrage*

5.1.3   Boolesche Variablen überprüfen

Die Bedingung in einer if-Abfrage muss entweder wahr oder falsch sein. Im vorhergehenden Kapitel wurden bereits boolesche Variablen angesprochen. Dies sind Variablen, die entweder true (=*wahr*) oder false (=*falsch*) sein können. Diese Variablen können in Verbindung mit if-Abfragen eingesetzt werden, wie das nächste Beispiel zeigt:

```
var bool = true;

if (bool) alert("Die Variable bool ist true.")
    else alert("Die Variable bool ist false.");
```

if06.html

(Auszug)

Dieses Beispiel zeigt nur den grundlegenden Aufbau einer solchen if-Abfrage und lässt den praktischen Einsatzzweck noch nicht wirklich erkennen. Solche if-Abfragen werden jedoch häufig eingesetzt. Ein Beispiel könnte ein Fragebogen sein, in dem der Anwender angeben soll, ob er Sport treibt. Für die Speicherung der Antwort kann eine boolesche Variable verwendet werden, die sich dann mit einer if-Abfrage auswerten lässt.

Später werden wir Funktionen bzw. Methoden kennenlernen, die bestimmte Befehle ausführen und danach einen Ergebniswert zurückgeben (siehe *Funktionen*, S. 65). Als Vorgriff auf dieses Kapitel soll hier erwähnt werden, dass auch Funktionen im Zusammenhang mit if-Abfragen eingesetzt werden können. Liefert eine Funktion einen booleschen Wert zurück, kann diese direkt in eine if-Abfrage eingebaut werden. Im folgenden Beispiel zeigt confirm() ein kleines Auswahlfenster und liefert je nach Antwort des Anwenders entweder true oder false:

if07.html

(Auszug)

```
if (confirm("Abfrage"))
    alert("Es wurde auf OK geklickt.");
else alert("Es wurde auf Abbrechen geklickt.");
```

5.1.4 Geschachtelte if-Abfragen

Mehrere if-Abfragen können ineinander geschachtelt werden. So kann man lange Ketten von if-Abfragen erstellen, was aber leicht unübersichtlich werden kann.

Wenn wir beispielsweise wissen, dass Tim und Tom gleich alt sind, müssen wir nicht mehr testen, wer älter ist. Dies müssen wir nur tun, wenn wir wissen, dass sie nicht gleich alt sind. Eine geschachtelte if-Abfrage für diesen Zweck könnte so aussehen:

if08.html

(Auszug)

```
if (tim != tom) {
    if (tim > tom) {
        alert("Tim ist älter.");
    } else {
        alert("Tom ist älter.");
    }
} else {
    alert("Beide sind gleich alt.");
}
```

Da bei solchen Anweisungen oftmals die Übersichtlichkeit etwas leidet, sollte die Einrückung der Zeilen entsprechend gewählt werden, damit der Quellcode leichter zu lesen ist. Das ist natürlich nicht zwingend, erleichtert aber die Programmierung und die eventuelle Fehlersuche.

In unserem Beispiel könnte man auf die geschweiften Klammern verzichten, da wir immer nur einen Befehl angeben. Hier wurden die geschweiften Klammern jedoch nicht weggelassen, da auch das zur Übersichtlichkeit beiträgt.

5.1.5 Der Negationsoperator

! Durch den Negationsoperator, der durch ein einfaches Ausrufezeichen dargestellt wird, wird der Wahrheitswert einer Bedingung umgekehrt. Im folgenden Beispiel trifft die Bedingung also nicht zu, da bool den Wert true hat und !bool dadurch false ist.

if09.html

(Auszug)

```
var bool = true;

if (!bool) alert("Die Variable bool ist false.")
    else alert("Die Variable bool ist true.");
```

5.1.6   Boolesche Operatoren

Wie wir gesehen haben, können mit zwei ineinander geschachtelten if-Abfragen zwei Bedingungen geprüft werden:

```
if (a > 0) {
   if (b > 0) {
      // hier sind a und b groesser 0
   }
}
```

Einfacher geht dies mit booleschen Operatoren. Mit dem booleschen Operator && sieht dieser Code so aus:

```
if ((a > 0) && (b > 0)) {
   // hier sind a und b groesser 0
}
```

Es handelt sich um eine *UND*-Verknüpfung, d.h., dieses Beispiel prüft, ob a größer als 0 ist *und* ob b größer als 0 ist. Beide Bedingungen müssen erfüllt sein, damit die nachfolgenden Befehle in den geschweiften Klammern ausgeführt werden.

UND-Verknüpfungen

a	b	(a>0) && (b>0)
0	0	-
1	0	-
0	1	-
1	1	+

Abb. 5–4

Eine UND-Verknüpfung

mit Beispielwerten

Mit dem booleschen Operator || kann eine *ODER*-Verknüpfung realisiert werden. Es muss mindestens eine der Bedingungen erfüllt sein. Dies sieht z.B. so aus:

ODER-Verknüpfungen

```
if ((a > 0) || (b > 0)) {
   // hier ist a oder b groesser 0
}
```

Diese if-Abfrage ist erfüllt, wenn a *oder* b größer als 0 ist. Die Bedingung ist aber auch erfüllt, wenn beide Variablen größer als 0 sind.

a	b	(a>0) || (b>0)
0	0	-
1	0	+
0	1	+
1	1	+

Abb. 5–5

Eine ODER-Verknüpfung

mit Beispielwerten

JavaScript kennt kein Entweder-oder, d.h., es gibt keinen booleschen Operator, bei dem man prüfen kann, ob entweder a oder b größer als 0 ist.

5.2   Der Konditional-Operator ?:

if-else-Ersatz   Es gibt eine Kurzschreibweise, die sich anstelle einer if-else-Abfrage einsetzen lässt. Dazu verwendet man den Konditional-Operator, der allgemein folgenden Aufbau hat:

```
(Bedingung) ? TrifftZu : TrifftNichtZu
```

Dies entspricht folgender if-Abfrage:

```
if (Bedingung) TrifftZu
    else TrifftNichtZu
```

JavaScript prüft zunächst die Bedingung. Trifft die Bedingung zu, wird der Befehl nach dem Fragezeichen augeführt. Ist dies nicht der Fall, kommt der Befehl nach dem Doppelpunkt zum Zug. Ein Beispiel wäre:

if10.html
(Auszug)

```
(tim == tom) ?
    alert("Beide sind gleich alt.") :
    alert("Beide sind nicht gleich alt.");
```

Man kann jedes ?:-Gebilde durch eine if-else-Abfrage ausdrücken. Wer sich an ?: nicht gewöhnen möchte, kann deshalb bei if-else bleiben. Zugegebenermaßen kann der Konditional-Operator oft etwas kryptisch aussehen. Der Vorteil ist, dass der Programmcode kompakt bleibt. Jedoch kann die Lesbarkeit des Quellcodes darunter leiden.

Im Gegensatz zu einer if-Abfrage kann der Konditional-Operator auf der rechten Seite einer Zuweisung stehen. Damit kann man einer Variablen in Abhängigkeit einer Bedingung unterschiedliche Werte zuweisen:

```
z = (x > y) ? 10 : 17;
```

Diese Zeile entspricht der folgenden if-else-Verzweigung:

```
if (x > y) z = 10;
    else z = 17;
```

5.3   switch-Anweisungen

Kann eine Variable unterschiedliche Werte annehmen, die man mit if abfragen will, kann dies recht mühselig und unübersichtlich werden.

Die switch-Anweisung kann eingesetzt werden, wenn mehrere Fälle eintreten können, die unterschiedlich behandelt werden sollen. Folgendes Beispiel gibt zu einer eingegebenen Schulnote einen Kommentar ab:

```
var note = 2;

switch (note) {
   case 1:   alert("Hervorragend!");
             break;
   case 2:   alert("Super.");
             break;
   case 3:   alert("Ok.");
             break;
   default:  alert("Naja.");
}
```

switch.html
(Auszug)

Hier wird geprüft, welchen Wert die Variable `note` hat. Die zu überprüfende Variable schreibt man hinter das Schlüsselwort `switch` (engl. für *Schalter, Weiche*) in Klammern. Die zu unterscheidenden Fälle werden mit `case` (engl. für *Fall*) aufgelistet. Tritt einer dieser Fälle ein, wird der dahinter stehende Code ausgeführt. Es können auch mehrere Befehle angegeben werden. Hierzu braucht man ausnahmsweise mal keine geschweiften Klammern.

Es können beliebig viele `case`-Anweisungen verwendet werden. Für den Fall, dass keine der Bedingungen passt, kann man eine `default`-Anweisung (engl. für *Standardeinstellung*) einfügen, dies entspricht also der `else`-Anweisung einer `if`-Abfrage.

default

Bitte beachten Sie die Verwendung von `break`. Um zu verstehen, was `break` tut, sollten Sie in dem oben gezeigten Beispiel versuchsweise alle `break`-Anweisungen entfernen. Sie werden sehen, dass alle `alert()`-Befehle außer dem ersten nacheinander ausgeführt werden. Dies liegt daran, dass sobald eine `case`-Anweisung zutrifft (in unserem Fall ist dies `case 2`), die restlichen Befehle in der `switch`-Anweisung ausgeführt werden, es sei denn, Sie verwenden `break`, um vorzeitig aus der `switch`-Anweisung *auszubrechen*. Die `break`-Anweisung vergisst man schnell. Ich kann nicht verheimlichen, dass mir das ständig passiert.

Obiges Beispiel hat den Nachteil, dass nur ganze Zahlen eingegeben werden können. Möchte man auch »halbe« Noten abdecken, kann man dafür zusätzliche `case`-Anweisungen einfügen oder vor der `switch`-Anweisung die Note mit `Math.round()` auf eine ganze Zahl runden (siehe *Das Math-Objekt*, S. 107). Mit der `switch`-Anweisung lassen sich leider keine Wertebereiche abfragen, sodass man in diesem Fall wieder auf `if`-Abfragen zurückgreifen muss.

Es lassen sich nicht nur Zahlen, sondern auch Strings im Zusammenhang mit der `switch`-Anweisung verwenden.

6 Schleifen

Schleifen kommen immer dann zum Einsatz, wenn Sie in einem Computerprogramm eine Aktion mehrmals durchführen wollen. Als Beispiel kann man sich die Ausgabe einer Umrechnungstabelle für verschiedene Temperaturwerte in Celsius und Fahrenheit vorstellen. Angenommen wir zeigen auf der linken Seite der Tabelle die Celsius-Werte von 10° und 100° Celsius in 10-Grad-Schritten. Um die Fahrenheit-Werte auf der rechten Seite anzeigen zu können, müssen wir die Formel aus dem letzten Kapitel auf jede Zeile anwenden. Der Parameter (der Celsius-Wert) ist zwar in jeder Zeile ein anderer, aber es handelt sich immer um die gleiche Formel.

JavaScript kennt unterschiedliche Arten von Schleifen. Die üblichsten sind `for`- und `while`-Schleifen. Jedoch kennt JavaScript auch do-while- und `for..in`-Schleifen. Dieses Kapitel geht auf `for`-, `while`- und `do-while`-Schleifen ein und zeigt, wie diese eingesetzt werden können. *Verschiedene Arten von Schleifen*

`for..in`-Schleifen sind im Zusammenhang mit Objekten nützlich. Wir werden in einem späteren Kapitel auf diese Schleifenform eingehen (siehe *for..in-Schleife*, S. 86).

Bisher haben wir in unseren Beispielen den `alert()`-Befehl verwendet, um die Resultate unserer Skripte anzuzeigen. Um die Funktionsweise von Schleifen zu veranschaulichen, wollen wir nun die Beispiele so schreiben, dass jeder Schritt zu einer Ausgabe im Browserfenster führt und wir somit genau sehen, was die einzelnen Befehle machen. Dazu verwenden wir folgenden Grundaufbau der HTML-Datei: *Grundaufbau der Beispiele*

```
<!DOCTYPE html>
<html>
<head>
  <title>Schleifen</title>
</head>
<body>
  <div id="ausgabe"></div>
  <script type="text/javascript">
```

```
      var ausgabe = document.getElementById("ausgabe");
      // Hier wird der Beispielcode eingefügt
    </script>
  </body>
</html>
```

Ausgabebereich

Sie sehen, dass im <body>-Teil ein <div>-Tag verwendet wird. Wir werden uns später dieses nützliche Tag im Detail ansehen (siehe S. 162). An dieser Stelle sei nur gesagt, dass wir damit den Ausgabebereich für unser Skript festlegen. Im <script>-Teil wird der Befehl getElement-ById() verwendet, um auf den Ausgabebereich zuzugreifen. Wir definieren auf diese Weise eine Variable ausgabe, sodass wir mit dem folgenden Befehl einen Text ausgeben können:

```
ausgabe.innerHTML += "Test";
```

Die Funktionsweise der Ausgabe ist an dieser Stelle nicht so wichtig, da wir darauf später genauer eingehen werden.

6.1   Die for-Schleife

for-Schleifen werden verwendet, wenn bereits vorher feststeht, wie oft eine Befehlsfolge ausgeführt werden soll. Die Erstellung einer Temperaturtabelle mit zehn unterschiedlichen Celsiuswerten wäre solch ein Beispiel. Zu der for-Schleife gehört ein Anweisungsblock, der sogenannte Schleifenrumpf, der bei jedem Schleifendurchgang abgearbeitet wird. In unserem Beispiel wäre das die Formel zur Berechnung des Fahrenheitwerts und die Ausgabe einer Tabellenzeile.

6.1.1   Grundaufbau der for-Schleife

Schleifenvariable, Index

Zur Steuerung der for-Schleife wird zu Beginn eine Variable definiert. Diese Schleifenvariable, die auch als Index bezeichnet wird, hat am Anfang gewöhnlich den Wert 0 und wird bei jedem Schleifendurchgang um eins erhöht. Erreicht die Schleifenvariable den vorher festgelegten Endwert, wird die Schleife beendet und das Programm wird mit dem nächsten Befehl fortgesetzt. Die Schleifenvariable wird üblicherweise i oder j genannt, was allerdings nicht zwingend ist.

Das Schaubild veranschaulicht den Aufbau einer for-Schleife.

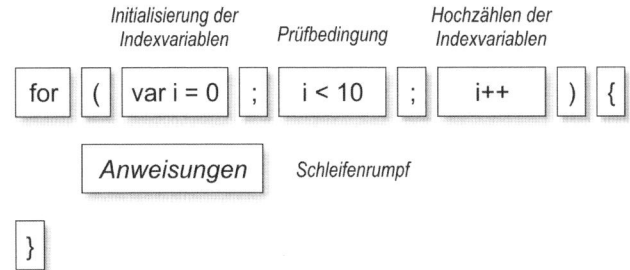

Abb. 6–1

Aufbau einer for-Schleife

Möchte man beispielsweise zehn Mal einen Text ausgeben, kann man in der Datei, die am Anfang dieses Kapitels dargestellt wurde, Folgendes schreiben:

```
for (var i = 0; i < 10; i++) {
    ausgabe.innerHTML += "Diese Seite ist toll.<br>";
}
```

schleife1.html
(Auszug)

Als Erstes wird die Schleifenvariable i deklariert und mit 0 initialisiert. Danach wird die Prüfbedingung bzw. Testbedingung mit i<10 angegeben, d.h., die Schleife wird ausgeführt, solange i kleiner als 10 ist. Mit i++ wird festgelegt, dass i nach jedem Schleifendurchgang um eins hochgezählt werden soll.

Die Schleife wird abgebrochen, wenn die Prüfbedingung nicht mehr erfüllt ist. In unserem Beispiel ist dies der Fall, wenn i den Wert 10 annimmt. Beim ersten Schleifendurchgang ist i gleich 0, beim letzten Durchgang ist i gleich 9. Das ergibt insgesamt zehn Schleifendurchgänge.

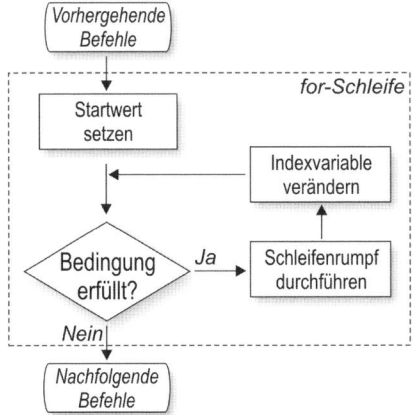

Abb. 6–2

Flussdiagramm einer for-Schleife

6.1.2   Die Schleifenvariable selbst einsetzen

Die Schleifenvariable kann in dem Schleifenrumpf selbst benutzt werden. Sie können somit immer feststellen, bei welchem Element die
Schleife sich gerade befindet. Mit den folgenden Befehlen werden zehn
durchnummerierte Zeilen dargestellt:

schleife2.html

(Auszug)

```
for (var i = 0; i < 10; i++) {
    ausgabe.innerHTML += "Text Nr. " + i + "<br>";
}
```

Abb. 6–3

for-Schleife mit Ausgabe
der Schleifenvariablen

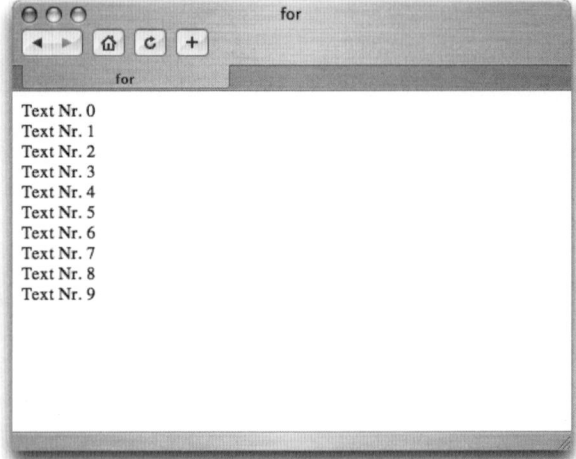

6.1.3   Die Schrittweite festlegen

Durch die dritte Angabe im Schleifenkopf wird die Schrittweite festgelegt. In unseren bisherigen Beispielen wurde mit i++ angegeben, dass i
bei jedem Schleifendurchgang um eins hochgezählt werden soll, d.h.,
die Schrittweite beträgt 1.

In JavaScript kann die Schrittweite beliebig festgelegt werden. So
kann man genauso eine Schrittweite von 2, 3 oder 2.5 wählen. In der
folgenden Schleife werden mithilfe einer Schrittweite von 2 alle gera-
den Zahlen von 0 bis 100 addiert:

```
var summe = 0;
for (var i = 0; i <= 100; i += 2) {
    summe = summe + i;
}
```

Auch negative Schrittweiten sind möglich. In diesem Fall wird die
Schleifenvariable nicht hochgezählt, sondern heruntergezählt. Dabei
ist zu beachten, dass man auch die Prüfbedingung entsprechend wählt,

damit die Schleife zu einem Ende kommt. Eine for-Schleife, in der i von 10 bis 1 rückwärts gezählt wird, sieht so aus:

```
for (var i = 10; i > 0; i--) {
    ausgabe.innerHTML += "Text Nr. " + i + "<br>";
}
```

Zur Erstellung unserer Tabelle mit Temperaturwerten können wir folgenden Codeabschnitt verwenden:

```
for (var i = 10; i <= 100; i += 10) {
    ausgabe.innerHTML += "Celsius: " + i +
        " - Fahrenheit: " + (9/5 * i + 32) + "<br>";
}
```

schleife3.html
(Auszug)

Da wir die Celsiuswerte 10 °C, 20 °C, ... 100 °C umrechnen wollen, hat i zu Beginn der Schleife den Wert 10 und wird bei jedem Schleifendurchgang um 10 hochgezählt, bis die Bedingung i<=100 nicht mehr zutrifft. Wie Sie sehen, wird hier der Operator <= verwendet, damit die Schleife als Letztes den Wert 100 °C umrechnet.

6.1.4 Endlosschleifen

Es kann vorkommen, dass die Testbedingung nie falsch wird. Das bedeutet, dass die Schleife endlos fortgesetzt wird. Im Normalfall sind Endlosschleifen nicht gewollt, sondern meistens wird einfach nur die Testbedingung falsch angegeben. Die folgende Schleife wird beispielsweise nie abgebrochen, da i immer kleiner als 100 ist und damit die Prüfbedingung immer wahr ist:

```
var summe = 0;
for (var i = 0; i < 100; i--) {
    ausgabe.innerHTML += "Text Nr. " + i + "<br>";
}
```

Endlosschleifen sind nicht auf for-Schleifen begrenzt und können genauso bei den anderen Schleifenarten auftreten.

6.1.5 Sofortiger Abbruch

Ein weiterer häufiger Fehler ist, dass der Schleifenrumpf nie ausgeführt wird. Das kann passieren, wenn die Testbedingung gleich zu Beginn falsch ist. Die folgende Schleife bricht sofort ab, da i nicht größer als 100 ist:

```
var summe = 0;
for (var i = 0; i > 100; i++) {
    summe = summe + i;
}
```

6.2   Die while-Schleife

Die while-Schleife ist der for-Schleife ähnlich. Viele Dinge lassen sich in der Tat sowohl mit einer for- als auch mit einer while-Schleife umsetzen. Im Gegensatz zur for-Schleife besitzt die while-Schleife keinen Initialisierungs- und Aktualisierungsteil. Es wird lediglich bei jedem Schleifendurchgang ein Testausdruck auf Wahrheit überprüft. Das Schaubild zeigt den generellen Aufbau einer while-Schleife.

Abb. 6–4

Aufbau einer while-Schleife

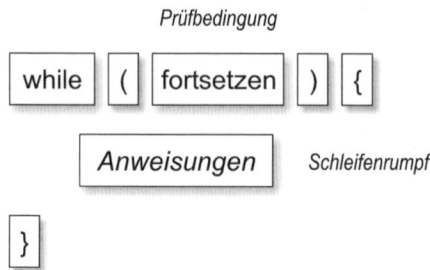

Ist die Prüfbedingung wahr, wird der Schleifenrumpf ausgeführt. Dies wird so lange wiederholt, bis die Prüfbedingung irgendwann falsch wird. Möchten Sie wie bei einer for-Schleife eine Schleifenvariable einsetzen, können Sie Folgendes schreiben:

schleife4.html

(Auszug)

```
var i = 0;
while (i < 100) {
    ausgabe.innerHTML += "Text Nr. " + i + "<br>";
    i++;
}
```

Wie Sie sehen, sind alle Elemente, die wir bei der for-Schleife angeben mussten, auch vorhanden. Zunächst definieren wir die Schleifenvariable i und setzen diese auf 0. Die Testbedingung stellt sicher, ob i kleiner als 100 ist. Ist dies der Fall, wird die Schleife durchgeführt und i am Schluss um eins hochgezählt.

Genau wie bei der for-Schleife kann es vorkommen, dass eine while-Schleife gar nicht durchlaufen wird. Wenn die Bedingung gleich zu Beginn falsch ist, wird die Schleife erst gar nicht angefangen. Dies liegt daran, dass die Bedingung *vor* jedem Schleifendurchlauf überprüft wird.

Ein einfaches Beispiel für eine while-Schleife könnte so aussehen:

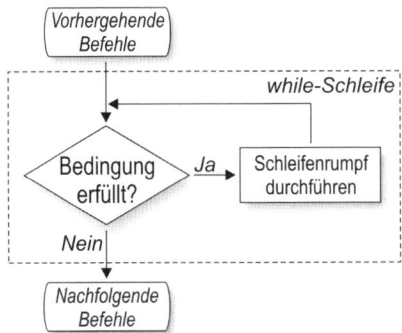

Abb. 6–5

Flussdiagramm einer while-Schleife

```
var fortsetzen = true;
var x = 0;

while (fortsetzen) {
    x++;
    fortsetzen = confirm("x hat den Wert " + x +
        "\nSchleife fortsetzen?");
}
```

schleife5.html

(Auszug)

confirm() erzeugt ein kleines Fenster, in dem auf *OK* oder *Abbrechen* geklickt werden kann (siehe *Dialogfenster*, S. 140). Wird auf *OK* geklickt, erhält fortsetzen den Wert true, ansonsten den Wert false (s. Abb. 6–6).

Abb. 6–6

Variable Anzahl von Schleifendurchgängen

Der wichtigste Unterschied zu einer for-Schleife ist, dass die Anzahl der Schleifendurchgänge vorher nicht feststehen muss. In unserem Beispiel bricht die while-Schleife erst ab, wenn die *Abbrechen*-Schaltfläche des *confirm*-Fensters gedrückt wird. In diesem Beispiel liegt es im Ermessen des Anwenders, wie oft die Schleife durchlaufen werden soll.

Mögliche Fehlerquellen

Möchte man eine while-Schleife benutzen, ist an zwei Dinge zu denken. Als Erstes muss dafür gesorgt werden, dass die Testbedingung irgendwann falsch wird. Ansonsten erzeugt man eine Endlosschleife. Zweitens wird oft vergessen, einen Startwert zu setzen. So kann es sein, dass die Schleife erst gar nicht angefangen wird, da die Bedingung von vornherein falsch ist. Würde man in unserem Beispiel vergessen, der Variablen fortsetzen den Wert true zuzuweisen, wäre die Bedingung gleich zu Beginn falsch.

Wir können dieses Beispiel zu einem kleinen Zahlenratespiel ausbauen. Der Anwender soll eine Zahl zwischen 1 und 100 erraten. Der Computer gibt an, ob die geratene Zahl zu hoch oder zu niedrig war. Der Spieler muss so lange raten, bis die richtige Zahl gefunden wurde.

Abb. 6–7

Zahlenraten

raten.html

(Auszug)

```
function zahlenRaten() {
    var zahl = Math.round(Math.random() * 100 + 0.5);
    var fehler = 0;
    var fertig = false;

    while (!fertig) {
        eingabe = prompt("Bitte erraten Sie die Zahl:","");
        if (!eingabe) {
            fertig = true; // Abbruch durch den Anwender
        } else {
            if (eingabe == zahl) {
                alert("Gewonnen!");
                fertig = true; // Zahl wurde erraten
            } else {
                fehler++;
                if (eingabe < zahl)
```

```
        alert("Geratene Zahl zu klein!\n" +
            "Fehler: " + fehler)
      else alert("Geratene Zahl zu gross!\n" +
            "Fehler: " + fehler);
      }
    }
  }
}
```

Unser Skript besteht aus einer Funktion `zahlenRaten()`. Am Anfang dieser Funktion wird eine Zufallszahl mit `Math.random()` ermittelt. Auf diese Methode wird in dem Kapitel über vordefinierte Objekte näher eingegangen. Die verwendete Befehlszeile erzeugt eine ganze Zahl zwischen 1 und 100 (siehe *Zufallszahlen*, S. 108).

Unsere Funktion `zahlenRaten()` besteht großteils aus einer `while`-Schleife. Die Prüfbedingung ist die boolesche Variable `fertig`. Diese Variable wird am Anfang auf `false` gesetzt. Die Schleife wird unterbrochen, wenn `fertig` den Wert `true` annimmt. Dies ist der Fall, wenn die Zahl richtig geraten wurde oder wenn der Spieler das Spiel abbricht.

Abbruch, wenn die Variable fertig true wird

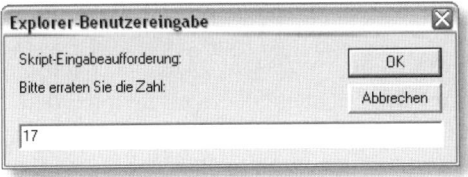

Abb. 6–8
Eingabe der Zahl

Die Zahlen werden in einem `prompt`-Fenster eingegeben (siehe *Dialogfenster*, S. 140). Klickt der Spieler in diesem Fenster auf die *Abbrechen*-Schaltfläche, gibt `prompt()` den Wert `false` zurück. Ist dies der Fall, wird `fertig` auf `true` gesetzt. Wird im *prompt*-Fenster jedoch eine Zahl eingegeben und auf *OK* geklickt, wird überprüft, ob die Zahl richtig geraten wurde. Der eingegebene Wert wird in der Variablen `eingabe` festgehalten.

Eingabe der Zahlen

Wurde die richtige Zahl eingegeben, wird ein Glückwunsch ausgesprochen und die Variable `fertig` auf `true` gesetzt. Damit ist das Spiel zu Ende. Wurde falsch geraten, wird die Variable `fehler` um eins hochgezählt und angezeigt, ob die geratene Zahl zu groß oder zu klein war.

Überprüfen der Eingabe

6.3 break

Wir haben bereits die `break`-Anweisung im Zusammenhang mit `switch` kennengelernt. Mit `break` kann man auch die Ausführung einer Schleife abbrechen. Der Browser setzt dann mit den nachfolgenden Befehlen fort. In dem folgenden Beispiel wird nach der Ausgabe der fünften Zahl abgebrochen:

break.html

(Auszug)

```
for (var i = 1; i <= 10; i++) {
    if (i == 6) break;
    ausgabe.innerHTML += "Nummer " + i + "<br>";
}
```

Abb. 6–9

Abbruch einer Schleife

mit break

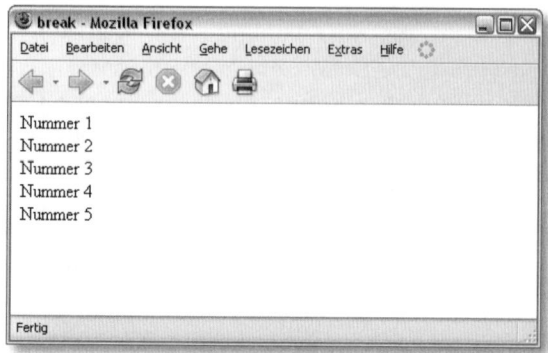

6.4   continue

Die continue-Anweisung verursacht, dass die nachfolgenden Befehle im Schleifenrumpf einer Schleife übersprungen werden. Der Computer setzt die Schleife mit dem nächsten Schleifendurchgang fort. In dem folgenden Beispiel wird die Ausgabe der fünften Zahl übersprungen:

continue.html

(Auszug)

```
for (var i = 1; i <= 10; i++) {
    if (i == 5) continue;
    ausgabe.innerHTML += "Nummer " + i + "<br>";
}
```

Abb. 6–10

Überspringen des fünften

Elements mit continue

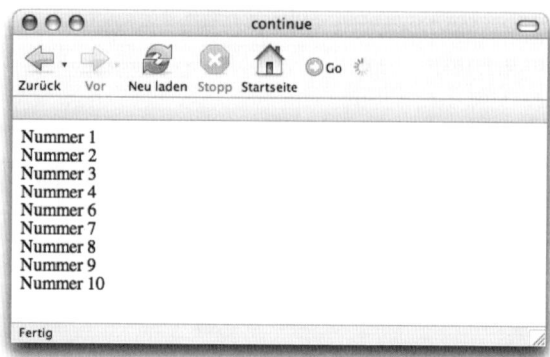

6.5 Die do-while-Schleife

Die do-while-Schleife ist vergleichbar mit der while-Schleife. Der Unterschied ist, dass die Überprüfung, ob die Schleife beendet werden soll, am Ende der Schleife stattfindet, d.h. *nach* dem Schleifenrumpf. Bei einer while-Schleife geschieht dies *vor* der Durchführung des Schleifenrumpfs. Daraus folgt, dass der Schleifenrumpf einer do-while-Schleife immer mindestens einmal durchgeführt wird. Das Schaubild zeigt den Aufbau einer do-while-Schleife.

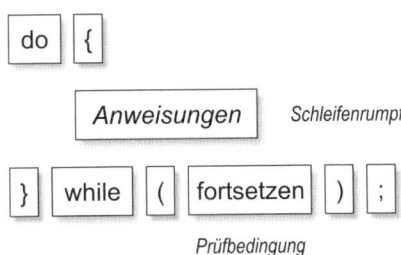

Abb. 6–11

Aufbau einer do-while-Schleife

Hier ein Beispiel zur Verwendung der do-while-Schleife:

```
var i = 0;

do {
    ausgabe.innerHTML += i + "<br>";
    i++;
} while (i < 10);
```

schleife6.html

(Auszug)

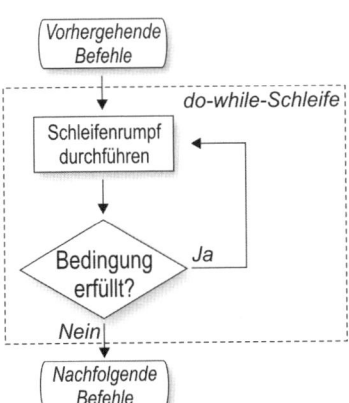

Abb. 6–12

Flussdiagramm einer do-while-Schleife

7 Funktionen

Beim Programmieren stößt man immer wieder auf ähnliche Problemstellungen. Statt jedes Mal das Rad neu zu erfinden und mehrfach den
gleichen Codeabschnitt schreiben zu müssen, kann eine Befehlsfolge in
einer sogenannten Funktion verpackt werden. Die Funktion lässt sich
immer wieder verwenden und kann an unterschiedlichen Stellen im
Programm aufgerufen werden. Neben der Wiederverwendung von
bereits geschriebenem Code dienen Funktionen auch der Übersichtlichkeit. Gerade etwas größere Programme gewinnen dadurch an Struktur.

In den vorhergehenden Kapiteln wurden einige vordefinierte
Befehle benutzt. Diese erledigten irgendeine Aufgabe, ohne dass man
sich fragen musste, wie sie das tun. Beispielsweise mussten wir uns nie
fragen, wie alert() arbeitet. Wir mussten lediglich wissen, wie wir
damit umzugehen haben. Zwar handelt es sich bei alert(), wie wir
später sehen werden, um keine Funktion im eigentlichen Sinne, jedoch
ist die Arbeitsweise vergleichbar.

JavaScript definiert eine Reihe von Funktionen, die der Programmierer einfach verwenden kann. Wir werden ein paar nützliche Funktionen im Laufe dieses Kapitels kennenlernen. Zunächst wollen wir
uns jedoch ansehen, wie man Funktionen selbst definiert.

7.1 Funktionen definieren und aufrufen

7.1.1 Aufbau einer Funktion

Funktionen werden mit dem Schlüsselwort function definiert. Eine
Funktion hat im Normalfall einen eigenen Namen, mit dem diese auf-
gerufen werden kann. Eine einfache – zugegebenermaßen sinnfreie –
Funktion könnte so aussehen:

```
function schreibeText() {
    var ausgabe = document.getElementById("ausgabe");
    ausgabe.innerHTML += "Diese Seite ist toll! ";
    ausgabe.innerHTML += "Man kann es nicht oft genug " +
        "wiederholen... <br>";
}
```

Funktionsnamen

Diese Funktion hat den Namen schreibeText. Der Name einer Funktion kann nach den gleichen Regeln festgelegt werden wie der Name einer Variablen (siehe *Variablennamen*, S. 36). Im Unterschied zu Variablen sehen Sie jedoch, dass hinter dem Funktionsnamen Klammern angegeben werden. Die Bedeutung dieser Klammern werden wir später kennenlernen. Wenn ich von Funktionen spreche, gebe ich normalerweise die Klammern mit an, damit man diese nicht mit Variablen verwechselt.

Befehlsblock

Im Anschluss an den Funktionsnamen und die runden Klammern stehen in geschweiften Klammern die Befehle, die zu der Funktion gehören. Die geschweiften Klammern bilden einen Befehlsblock. In unserem Fall wird bei jedem Funktionsaufruf ein Text im Ausgabebereich, der wie im letzten Kapitel durch ein <div>-Tag definiert wird, ausgegeben.

7.1.2   Eine Funktion aufrufen

Eine Funktion wird über den Namen aufgerufen. Dazu müssen die runden Klammern mit angegeben werden. In unserem Beispiel können wir mit dem Befehl schreibeText() also die Funktion aufrufen und letztendlich die darin enthaltenen Befehle ausführen.

Im folgenden Beispielcode sehen Sie, wie die Funktionsdefinition eingebunden wird und die Funktion drei Mal aufgerufen wird:

funktion01.html

```
<!DOCTYPE html>
<html>
<head>
<title>Funktionen</title>

<script type="text/javascript">

function schreibeText() {
    var ausgabe = document.getElementById("ausgabe");
    ausgabe.innerHTML += "Diese Seite ist toll! ";
    ausgabe.innerHTML += "Man kann es nicht oft genug " +
        "wiederholen... <br>";
}

</script>
</head>
```

```
<body>

    <div id="ausgabe"></div>

    <script type="text/javascript">

    // 3 Funktionsaufrufe
    schreibeText();
    schreibeText();
    schreibeText();

    </script>
</body>
</html>
```

Sie sehen, dass hier zwei <script>-Blöcke definiert werden. Dies ist nicht unbedingt notwendig. Allerdings sollte man Funktionen möglichst im <head>-Teil des Dokuments unterbringen, sodass hier eine Aufteilung des JavaScript-Teils gewählt wurde.

Wie wir wissen, geht der Computer prinzipiell den Code von oben nach unten durch und führt die Befehle nacheinander aus. In unserem Beispiel stößt er zunächst auf die Definition der Funktion schreibe-Text() mit dem Schlüsselwort function. Der Code in der Funktionsdefinition wird an dieser Stelle nicht ausgeführt, da dies erst beim Aufruf der Funktion passiert. *Reihenfolge der Ausführung der Befehle*

Im <body>-Teil unseres Dokuments findet der Computer nun den ersten Funktionsaufruf schreibeText(). Der Computer springt bildlich gesprochen hoch in die Funktion und führt dort die entsprechenden Befehle aus. Nachdem dies passiert ist, springt der Computer wieder an die vorhergehende Stelle zurück und geht zum nächsten Befehl über. In unserem Fall ist dies der zweite Aufruf von schreibeText().

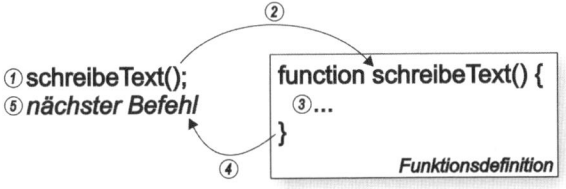

Abb. 7–1

Ablauf eines Funktionsaufrufs

Funktionen selbst können wiederum Funktionsaufrufe enthalten. Das macht den Befehlsfluss natürlich etwas komplexer, aber das Prinzip, dass nach Beendigung einer Funktion wieder an die Stelle des Funktionsaufrufs zurückgesprungen wird, bleibt erhalten.

7.1.3   Eine Funktion als Reaktion auf Benutzereingaben aufrufen

Es wurde bereits gezeigt, wie JavaScript auf Benutzereingaben reagieren kann (siehe *Auf Benutzereingaben reagieren*, S. 24). In diesem Zusammenhang bietet sich der Einsatz von Funktionen an. So muss man nicht alles in ein HTML-Tag quetschen, sondern kann eine entsprechende Funktion definieren. Das HTML-Tag enthält dann nur noch den Funktionsaufruf. Ein Funktionsaufruf könnte folgendermaßen aussehen:

funktion02.html

```html
<!DOCTYPE html>
<html>
<head>
<title>Funktionen</title>

<script type="text/javascript">

function test() {
   alert("Dies ist ein Test.");
}

</script>

</head>
<body>

   <form>
      <input type="button" value="Test" onclick="test()">
   </form>

</body>
</html>
```

7.2   Übergabewerte

Funktionen zeigen ihre Stärke erst richtig bei der Verwendung von Übergabewerten. Damit lassen sich Funktionen allgemein definieren. Beim Aufruf einer Funktion können so Werte mitgegeben werden, die von der Funktion verarbeitet werden können.

7.2.1   Feste Anzahl von Argumenten

Stellen Sie sich vor, Sie wollen eine HTML-Seite erzeugen, auf der verschiedene Schaltflächen zu sehen sind. Auf jeder Schaltfläche steht ein Name. Die erwarteten Besucher sollen sich anhand der Schaltflächen identifizieren. Danach soll ein Popup-Fenster mit einer entsprechenden Begrüßung erscheinen. Wird nur ein bestimmter Besucher erwartet, würde man vielleicht Folgendes schreiben:

```
function begruessung() {
    var name = "Fred";
    var text = "Hallo " + name + "!";
    alert(text);
}
```

Diese Funktion sorgt für die Begrüßung von Fred, wenn die entsprechende Schaltfläche gedrückt wird. Soll eine zweite Person begrüßt
werden, könnte man eine weitere Funktion schreiben. Die beiden
Funktionen würden einander jedoch sehr ähneln. Schließlich ist nur
der Name unterschiedlich. Kommen jetzt mehrere Personen dazu, wird
der Programmtext erheblich länger, ohne dass Sie etwas spektakulär
Neues hinzugefügt haben.

Wäre es nicht wesentlich sinnvoller, eine Funktion für alle Perso- *Allgemeine Funktionen*
nen zu definieren? Der Funktion muss dabei nur der jeweilige Name
mitgeteilt werden. Genau dies erledigen Übergabewerte. Schauen wir
uns die Funktion an, wie sie mit einem Übergabewert aussieht:

```
function begruessung(name) {
    var text = "Hallo " + name + "!";
    alert(text);
}
```

Wie Sie sehen, ist die Definition des Namens aus der Funktion verschwunden. Wir wollen ja schließlich eine allgemeine Funktion schreiben, die sich nicht auf einen speziellen Namen festlegt.

Als zweite Veränderung steht nun name in den Klammern hinter
dem Funktionsnamen. Dies ist im Prinzip die Definition einer Variablen name, die innerhalb der Funktion Gültigkeit hat. Beim Aufruf der
Funktion begruessung() kann ein Wert übergeben werden, der dann in
der Variablen name gespeichert wird.

Dies hat zur Folge, dass wir unseren Funktionsaufruf etwas umfor-
mulieren müssen. Wir müssen in den Klammern des Funktionsaufrufs
nun einen Wert angeben. In diesem konkreten Beispiel würde unser
Funktionsaufruf begruessung("Fred") lauten. Es erscheint jetzt also der
Name der Person, die wir begrüßen wollen, in den Klammern des
Funktionsaufrufs.

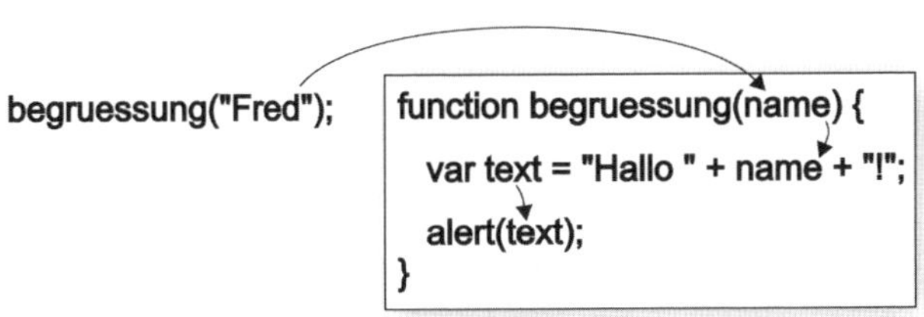

Abb. 7–2

Funktionsaufruf mit
Übergabewert

Wenn der Funktionsaufruf `begruessung("Fred")` lautet, bekommt die Variable name den Wert "Fred". Die Funktion verarbeitet diesen Namen dann weiter. Die Funktion ist nun so flexibel, dass wir beim Aufruf der Funktion unterschiedliche Namen angeben können, z.B. `begrues-sung("Barney")`. Es wird jeweils der Name, der der Funktion übergeben wird, mit `alert()` ausgegeben. Der Ausdruck, der an eine Funktion übergeben wird, wird auch als Argument oder Parameter bezeichnet. Unsere Funktion erwartet demnach die Angabe eines Arguments.

Argumente, Parameter

Hier das komplette Programm:

funktion03.html

```
<!DOCTYPE html>
<html>
<head>
<title>Funktionen</title>

<script type="text/javascript">

function begruessung(name) {
   var text = "Hallo " + name + "!";
   alert(text);
}

</script>
</head>
<body>
   <p>Bitte identifiziere Dich:</p>
   <form>
      <p>
      <input type="button" value="Fred"
         onclick="begruessung('Fred')">
      <input type="button" value="Wilma"
         onclick="begruessung('Wilma')">
      <input type="button" value="Barney"
         onclick="begruessung('Barney')">
      <input type="button" value="Betty"
         onclick="begruessung('Betty')">
      </p>
   </form>
</body>
</html>
```

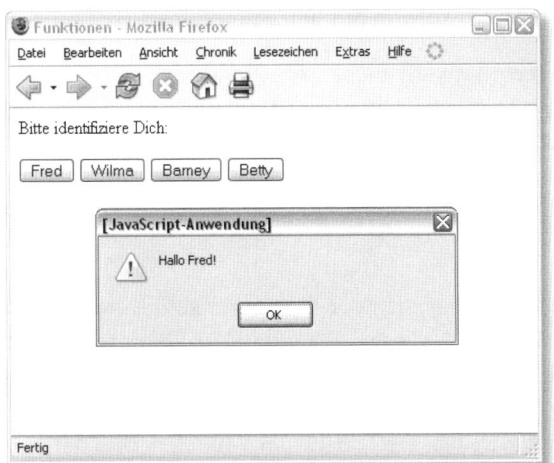

Abb. 7–3
Übergabewerte

Bitte beachten Sie die Verwendung der Anführungsstriche beim Aufruf der Funktion. Da wir unseren Funktionsaufruf innerhalb von onclick angeben und in diesem Zusammenhang doppelte Anführungsstriche verwendet werden, können wir beim Übergabewert nicht noch einmal doppelte Anführungsstriche benutzen. JavaScript kann sowohl mit einfachen als auch mit doppelten Anführungsstrichen umgehen. Damit der Computer nicht durcheinander kommt, werden hier beim Funktionsaufruf einfache Anführungsstriche verwendet.

Anführungsstriche

Es können auch mehrere Argumente an eine Funktion übergeben werden. Die einzelnen Argumente werden durch Kommata getrennt. Die folgende Funktion addiert die beiden übergebenen Argumente und gibt das Ergebnis in einem *alert*-Fenster aus:

Mehrere Argumente

```
function addition(x, y) {
    alert(x + y);
}
```

funktion04.html
(Auszug)

Der Funktionsaufruf geschieht dann z.B. mit addition(12, 5). Ein Popup-Fenster erscheint daraufhin mit der Zahl 17.

Die Anzahl der Argumente, die beim Funktionsaufruf an eine Funktion übergeben werden, muss normalerweise immer gleich der Anzahl der von der Funktion erwarteten Argumente sein. Hiervon gibt es eine Ausnahme, wie wir später sehen werden.

7.2.2   Funktionsaufrufe mit Variablenübergabe

Übergabewerte müssen nicht unbedingt fest vorgegebene Werte wie 10, -5 oder "Hallo Welt!" sein. Man kann auch den aktuellen Wert einer Variablen an eine Funktion übergeben. Es lässt sich z.B. Folgendes schreiben:

```
var text = "Hallo Welt!";
ausgabe(text);
```

Den Funktionsaufruf, den der Computer schließlich ausführt, ist ausgabe("Hallo Welt!"), da der Wert der Variablen text eingesetzt wird. Oft steht es während des Schreibens eines Programms noch gar nicht fest, mit welchem Wert die Funktion letztendlich aufgerufen wird. Man könnte sich z.B. ein Programm vorstellen, bei dem jemand einen Namen eingeben soll. Der eingegebene Name wird in einer Variablen gespeichert. Mit dieser Variablen kann der Programmierer genauso arbeiten wie mit einem von vornherein fest vorgegebenen Wert. So lassen sich sehr flexible Programme schreiben, die unterschiedliche Eingaben verarbeiten können.

Call by Value   Man spricht in diesem Zusammenhang von *Call by Value*, da bei einfachen Datentypen nur der Wert der Variablen übergeben wird und nicht die Variable selbst. Das heißt, der Inhalt der ursprünglichen Variablen bleibt erhalten, auch wenn innerhalb der Funktion der Wert verändert wird. Dies lässt sich am besten an einem Beispiel verdeutlichen:

```
function meineFunktion(x) {
    // 2. x bekommt den Wert 10 uebergeben

    x += 5;
    // 3. x wird um 5 erhoeht und hat nun den Wert 15
}

// 1. xyz hat zu Beginn den Wert 10
var xyz = 10;

meineFunktion(xyz);

// 4. xyz hat nach der Bearbeitung der Funktion immer
// noch den Wert 10
```

Vor dem Funktionsaufruf meineFunktion(xyz) hat die Variable xyz den Wert 10. Dieser Wert wird an die Funktion übergeben. Dort wird der übergebene Wert in der Variablen x gespeichert. Der Wert der Variablen x wird innerhalb der Funktion um fünf erhöht. Nachdem die Funktion beendet ist, kehrt der Computer wieder an die vorherige Stelle zurück. Obwohl sich der Wert x innerhalb der Funktion geändert hat, ändert sich nicht der Wert der Variablen xyz, mit der die Funktion aufgerufen wurde.

Call by Value wird in JavaScript bei einfachen Datentypen wie Zahlen verwendet. Im Zusammenhang mit Objekten wird in Java-Script *Call by Reference* verwendet (siehe *Call by Reference*, S. 87).

Call by Reference

7.2.3 Variable Anzahl von Argumenten

JavaScript kann im Gegensatz zu vielen anderen Programmiersprachen mit einer variablen Anzahl von Übergabewerten umgehen. Eine Funktion lässt sich mit mehr Argumenten aufrufen, als die Funktion eigentlich verlangt. Dies hat natürlich nur einen Sinn, wenn die aufgerufene Funktion diese zusätzlichen Parameter auch auswerten kann. Um die einzelnen Argumente auszulesen, verwendet man innerhalb der Funktion folgende Schreibweise:

```
funktionsName.arguments[index]
```

Der Funktionsname wird dabei ohne runde Klammern angegeben. index steht für die Nummer des Übergabewertes, auf den Sie zugreifen möchten. Die Nummerierung beginnt dabei mit dem ersten Argument, das die Nummer 0 bekommt. Wenn Sie also beispielsweise eine Funktion summe() haben und auf den dritten Übergabewert zugreifen wollen, schreiben Sie innerhalb der Funktion:

```
summe.arguments[2]
```

Die Gesamtzahl der Übergabewerte erfährt man mit:

```
summe.arguments.length
```

Als Beispiel soll die Funktion summe() geschrieben werden, die eine beliebige Anzahl von Zahlenwerten aufaddiert:

```
function summe() {
    var ergebnis = 0;
    for (var i = 0; i < summe.arguments.length; i++) {
        ergebnis += summe.arguments[i];
    }
    alert(ergebnis);
}
```

funktion05.html
(Auszug)

Mit einer for-Schleife werden hier alle Übergabewerte nacheinander ausgelesen und zusammenaddiert. Diese Funktion können wir nun z.B. folgendermaßen aufrufen:

```
var x = summe(23, 33, 53, 12)
var y = summe(87, 23, 12, 43, 64, 120, 32, 12)
var z = summe(12, 5)
```

In manchen Browsern können Sie statt summe.arguments[2] auch summe[2] schreiben. Diese Schreibweise entspricht jedoch nicht dem ECMA-Script-Standard, sodass Sie sie nicht verwenden sollten.

7.3 Rückgabewerte

Funktionen können nicht nur Werte entgegennehmen, sie können auch einen Wert zurückliefern, z.B. das Ergebnis einer Berechnung. Den zurückgelieferten Wert einer Funktion nennt man Rückgabewert.

Stellen Sie sich vor, Sie möchten eine Funktion quadrieren() schreiben, die das Quadrat einer Zahl berechnet. Die Funktion soll jedoch nur für die Berechnung zuständig sein. Die Ausgabe soll an einer anderen Stelle stattfinden. Ein Grund für diese Vorgehensweise könnte sein, dass Sie das Ergebnis weiterverarbeiten wollen, bevor es ausgegeben wird. Hier bietet sich an, das Resultat der Funktion als Rückgabewert festzulegen.

Rückgabewerte funktionieren im Prinzip wie Übergabewerte. Während eine Funktion mehrere Übergabewerte entgegennehmen kann, kann sie jedoch nur einen Rückgabewert haben. Es gibt zwar ein sogenanntes Destructuring, mit dem mehrere Rückgabewerte möglich sind. Das wird aber nur von wenigen Browsern unterstützt und hat es nicht in den ECMAScript-Standard geschafft, sodass ich hierauf nicht näher eingehe.

Die Funktion quadrieren() sieht nun so aus:

```
function quadrieren(x) {
    var y;
    y = x * x;
    return y;
}
```

Kürzer lässt sich die Funktion folgendermaßen schreiben:

funktion06.html

(Auszug)

```
function quadrieren(x) {
    return x * x;
}
```

Rückgabe mit return

Mit dem Schlüsselwort return wird ein bestimmter Wert zurückgegeben. Wie empfängt das Programm jedoch diesen Rückgabewert? Der Funktionsaufruf sieht nun so aus:

```
var quadrat = quadrieren(2);
```

Sie sehen, dass quadrieren() mit dem Wert 2 aufgerufen wird. Vor dem Funktionsaufruf steht jetzt quadrat=. Die Variable quadrat bekommt den Rückgabewert, also in unserem Fall das Ergebnis der Berechnung, zugewiesen. Die Funktion quadrieren() berechnet das Quadrat und liefert als Ergebnis den Wert 4 zurück. Dieser Wert wird in der Variablen quadrat gespeichert.

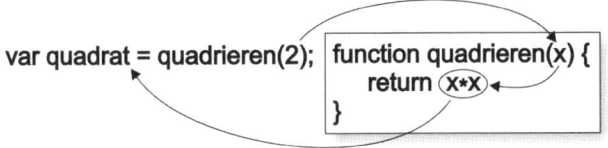

Abb. 7–4
Rückgabewert

7.4   Globale und lokale Variablen

JavaScript kennt, wie die meisten anderen Programmiersprachen, sowohl globale als auch lokale Variablen. Unter globalen Variablen versteht man Variablen, die im ganzen Programm verfügbar sind. Im Gegensatz dazu sind lokale Variablen nur innerhalb eines bestimmten Bereichs definiert.

7.4.1   Globale Variablen

Generell erzeugen Sie eine globale Variable dadurch, dass Sie eine Variable außerhalb einer Funktion oder Schleife mit dem Schlüsselwort var definieren. Damit ist die Variable und deren Inhalt für alle Programmteile verfügbar.

In dem folgenden Beispiel wird die Variable x global definiert. Die Funktion ausgabe() kann darauf problemlos zugreifen. Bitte beachten Sie, dass x nicht durch einen Übergabewert der Funktion überreicht wird. Vielmehr wird innerhalb der Funktion auf die globale Variable x zugegriffen.

```
<!DOCTYPE html>
<html>
<head>
<title>Globale Variablen</title>

<script type="text/javascript">

// x global definieren
var x = 17;

function ausgabe() {
   alert("Der Wert von x ist " + x);
}
```

global1.html

```
    </script>
  </head>
  <body>
    <form>
      <p>
        <input type="button" value="Test" onclick="ausgabe()">
      </p>
    </form>
  </body>
</html>
```

7.4.2   Lokale Variablen

Definieren Sie eine Variable mit var innerhalb einer Funktion, dann erzeugen Sie eine lokale Variable, die nur in dieser Funktion Gültigkeit besitzt. Außerhalb dieser Funktion ist die Variable nicht bekannt. Nach Beendigung der Funktion kann man demnach nicht auf eine lokale Variable dieser Funktion zugreifen.

lokal.html
(Auszug)

```
function funktion1() {
    // wird lokal definiert!
    var y = 17;
}

function funktion2() {
    // Fehler, da die lokale Variable y hier nicht
    // bekannt ist
    alert("Der Wert von y ist " + y);
}

// Funktionsaufrufe
funktion1();
funktion2();
```

Sie können in diesem Beispiel von funktion2() aus nicht auf die Variable y zugreifen, da diese lokal in funktion1() definiert und damit außerhalb dieser Funktion nicht zugänglich ist.

Gültigkeit innerhalb eines
Anweisungsblocks

Eine Variable ist generell nur in dem Anweisungsblock gültig, in dem sie definiert wurde. Ein Anweisungsblock kann z.B. eine Funktion, eine Schleife oder eine if-Abfrage sein. Sind in dem Anweisungsblock weitere Anweisungsblöcke definiert, gilt die lokale Variable auch dort. Das könnte z.B. eine Funktion sein, die eine Schleife oder eine if-Abfrage enthält.

Wird eine Variable innerhalb einer Funktion lokal definiert und versucht man auf diese Variable außerhalb der Funktion zuzugreifen, hat das nicht immer eine Fehlermeldung zur Folge, obwohl natürlich ein Fehler vorliegt. Da Variablen in JavaScript oftmals automatisch deklariert werden, wenn sie nicht bekannt sind, können Sie so außerhalb der Funktion möglicherweise eine neue Variable erzeugen. Solche Fehler sind sehr schwer zu finden. Sie sollten deshalb stets den Überblick haben, welche Variablen global und welche lokal definiert sind.

7.4.3   Globale oder lokale Variablen?

Auch wenn es zunächst sinnvoll erscheinen mag, alle Variablen global zu definieren, kann von dieser Vorgehensweise nur abgeraten werden. Ein Programm, das nur globale Variablen benutzt, wird schnell unübersichtlich und schwer verständlich.

Möglichst lokale Variablen verwenden

Funktionen sind als separate Einheiten mit nur wenigen Berührungspunkten zu dem restlichen Programm zu sehen. Mit lokalen Variablen lassen sich Funktionen recht eigenständig machen, sodass damit die Komplexität im gesamten Skript reduziert werden kann. Dies hilft auch anderen, die versuchen, sich in den Quellcode eines anderen einzulesen.

Leider ist die Art und Weise, wie JavaScript globale und lokale Variablen definiert, teilweise etwas seltsam. Es gibt nämlich einen Unterschied, ob bei der Variablendeklaration var verwendet wird oder nicht. Wenn man innerhalb einer Funktion eine Variable deklariert und das var weglässt, wird diese Variable global definiert und nicht lokal, wie vielleicht angenommen werden könnte. In einer Funktion sollten nur lokale Variablen definiert werden, d.h., Sie sollten bei Variablendefinitionen innerhalb von Funktionen stets var verwenden.

Globale Definition beim Weglassen von var

Der folgende Programmcode demonstriert, wie globale Variablen innerhalb von Funktionen definiert werden, wovon allerdings abzuraten ist.

```
function funktion1() {
    // wird global definiert!
    y = 17;
}

function funktion2() {
    // kein Fehler, wenn funktion1()
    // vorher aufgerufen wurde
    alert("Der Wert von y ist " + y);
}

// Funktionsaufrufe
funktion1();
funktion2();
```

global2.html (Auszug)

Dieses Beispiel ist genauso aufgebaut wie die Datei lokal.html. Der einzige Unterschied ist das fehlende var in der Funktion funktion1(). Dieses Programm funktioniert problemlos. Diese Unterscheidung zwischen Variablendeklaration mit und ohne var ist etwas unglücklich gewählt.

Es ist leicht einzusehen, dass in dem obigen Beispiel die Variable y nur definiert wird, wenn die Funktion `funktion1()` auch aufgerufen wird. Löschen Sie beispielsweise den Funktionsaufruf von `funktion1()`, bekommen Sie eine Fehlermeldung. Erst nach dem Funktionsaufruf von `funktion1()` ist y global zugänglich.

Sie sehen, dass diese Vorgehensweise der globalen Variablendefinition einige Probleme bereitet. Deshalb ist davon im Normalfall abzuraten.

7.5   Vordefinierte Funktionen

JavaScript kennt ein paar vordefinierte Funktionen. Dazu zählen u.a.:

- `parseInt()`
- `parseFloat()`
- `eval()`

In Wahrheit sind dies Methoden, die zum `Global`-Objekt zählen. Deshalb finden Sie eine Beschreibung der vordefinierten Funktionen in der Referenz unter dem `Global`-Objekt.

7.5.1   parseInt()

String in Ganzzahl umwandeln

Mit der Funktion `parseInt()` können Sie einen String, der eine Zahl enthält, in eine Ganzzahl konvertieren. Dies kann z.B. praktisch sein, wenn ein Benutzer eine Zahl eingeben soll. Jetzt kann es passieren, dass der Benutzer außer einer Zahl noch Buchstaben und andere Zeichen eingibt. Dies sollte ein gutes Programm nicht durcheinanderbringen. Der Anwender könnte z.B. auch eine Kommazahl eingeben, obwohl das Programm nur eine Ganzzahl annehmen soll. Für all diese Zwecke eignet sich die Funktion `parseInt()`. Der folgende Funktionsaufruf liefert z.B. die Zahl 17 zurück:

parseInt.html
(Auszug)

```
x = parseInt("17xyz");
```

Die Zahl muss dabei links in dem String stehen. Ansonsten bekommen Sie keine Zahl als Ergebnis. Wenn in einem String mehrere Zahlen vorkommen, wird nur die Zahl am Anfang des Strings zurückgeliefert. Der folgende Funktionsaufruf liefert z.B. den Wert 123 zurück:

```
x = parseInt("123xyz17");
```

Sie können auch Kommazahlen von den Nachkommastellen befreien:

```
x = parseInt(10.7);
```

Dies liefert den Wert 10 zurück. Wir werden später das Objekt Math kennenlernen, mit der sich u.a. Kommazahlen runden lassen. Dieses Objekt eignet sich besser, um aus einer Kommazahl eine Ganzzahl zu machen (siehe *Zahlen runden*, S. 107).

Wenn die Konvertierung nicht gelingt, wird der Wert NaN (das steht für *Not a Number*, was auf Deutsch so viel wie *keine Zahl* bedeutet) zurückgegeben. Um zu überprüfen, ob dies der Fall ist, verwendet man die Funktion isNaN(). Liefert isNaN(x) im obigen Beispiel false, so ist die Konvertierung gelungen.

Fehlschlagen der Konvertierung

Als zweites Argument können Sie in parseInt() das gewünschte Zahlensystem angeben. Die Zahlen 2, 8, 10 und 16 stehen jeweils für das Binär-, Oktal-, Dezimal- und das Hexadezimalsystem. Folgender Befehl kann zu einem unerwarteten Ergebnis führen:

```
x = parseInt("09");
```

Zahlen mit einer führenden Null interpretiert JavaScript als Oktalzahlen. Da eine 9 jedoch im Oktalsystem nicht vorkommt (dort gibt es nur die Ziffern 0 bis 7), ist der Wert, der in x gespeichert wird, gleich 0. Sie vermeiden dieses Problem und erhalten den Wert 9, wenn Sie explizit angeben, dass Sie das Dezimalsystem verwenden möchten (oder indem Sie die führende 0 weglassen):

```
x = parseInt("09", 10);
```

7.5.2 parseFloat()

parseFloat() ist vergleichbar mit der Funktion parseInt(). Der Unterschied liegt darin, dass parseFloat() eine Kommazahl zurückliefert. Beispielsweise könnte man den Anwender veranlassen, einen Preis in Euro einzugeben. Einige werden vielleicht *Euro* an das Ende der Kommazahl hängen. In diesem Fall bietet sich parseFloat() an, um die Zahl von den Buchstaben *Euro* zu befreien.

Strings in Kommazahlen umwandeln

```
var eingabe = "17.50 Euro";
var preis = parseFloat(eingabe);
alert(preis);
```

parseFloat.html (Auszug)

Die Ausgabe in dem Programm lautet 17.5. Bitte beachten Sie, dass diese Funktion nur Kommazahlen erkennt, wenn Sie einen Punkt benutzen. Das in Deutschland übliche Komma zur Trennung der Nachkommastellen von dem Ganzzahlanteil wird nicht erkannt. Sie können also nicht 17,50 statt 17.50 schreiben.

Möchten Sie ein Skript schreiben, das auch die Eingabe mit einem Komma ermöglicht, kommen Sie mit parseFloat() nicht weiter. Eine Möglichkeit wäre, mit regulären Ausdrücken zu arbeiten, um das Komma durch einen Punkt zu ersetzen (siehe *Reguläre Ausdrücke*, S. 243).

7.5.3   eval()

Die eval()-Funktion ist in der Lage, JavaScript-Code, der in einem String enthalten ist, zu interpretieren. Wenn Sie beispielsweise x=eval("12+5") schreiben, wird x gleich 17. Dieses Beispiel führt also zu dem gleichen Ergebnis wie x=12+5.

7.6   Fortgeschrittene Themen im Zusammenhang mit Funktionen

An dieser Stelle werden fortgeschrittene Themen im Zusammenhang mit Funktionen diskutiert, die für den Einstieg nicht unbedingt notwendig sind. Wir werden auch auf die folgenden Kapitel vorgreifen, sodass Sie viele Dinge hier erst verstehen werden, wenn Sie etwas tiefer in der Materie stecken. Sie können deshalb gegebenenfalls diesen Abschnitt überspringen und später zurückkommen.

7.6.1   Das Function-Objekt

Eine Funktion muss nicht unbedingt mit dem Schlüsselwort function definiert werden. Sie können auch das Function-Objekt verwenden:

funktion07.html
(Auszug)

```
var addieren = new Function("x","y","return x + y");
alert(addieren(12, 5));
```

Die mit dem Konstruktor Function() erzeugte Funktion nimmt die Argumente x und y entgegen und liefert als Ergebnis die Summe der beiden Zahlen. Wie Sie in der zweiten Zeile sehen, können Sie eine so erstellte Funktion ganz normal aufrufen.

Bitte beachten Sie, dass Sie den Konstruktor mit großem F schreiben müssen. Ansonsten erwartet JavaScript eine *traditionelle* Funktionsdefinition, da Sie das Schlüsselwort function benutzen.

7.6.2   Anonyme Funktionen

In bestimmten Zusammenhängen ist ein Funktionsname überflüssig.
Dies ist beispielsweise bei Event-Handlern häufig der Fall. Dort will
man nur festlegen, dass ein bestimmter Codeabschnitt ausgeführt
wird, wenn ein Ereignis eintritt. Hier bieten sich anonyme Funktionen
an. Üblicherweise schreibt man etwas wie:

```
function init() {
   alert("Fertig.");
}
window.onload = init;
```

Mit einer anonymen Funktion sieht das so aus:

```
window.onload = function() { alert("Fertig."); }
```

funktion08.html
(Auszug)

7.6.3   Innere Funktionen

Funktionen können in anderen Funktionen enthalten sein, wie es der
folgende Codeabschnitt demonstriert:

```
function test() {
   function test1(x, y) {
      return x + y;
   }

   return test1(8, 15);
}

alert(test());
```

funktion09.html
(Auszug)

Die Funktion test1() ist auf diese Weise nur innerhalb von test() verfügbar.

   Die innere Funktion kann auf Variablen der äußeren Funktion
zugreifen. Man spricht in diesem Zusammenhang von *Closures*. Das
folgende Codebeispiel zeigt dies:

```
function test() {
   var z = 3;
   function test1(x, y) {
      return x + y + z;
   }

   return test1(7, 2);
}

alert(test());
```

funktion10.html
(Auszug)

7.6.4 Rekursive Funktionen

Sich selbst aufrufende
Funktionen

Funktionen können sich selbst aufrufen, auch wenn dies zunächst vielleicht etwas verwundert. Man spricht in diesem Fall von rekursiven Funktionen. Es erfordert etwas mehr Aufwand, sich in den Programmablauf einer rekursiven Funktion hineinzudenken.

Das typische Beispiel für Rekursion ist die Berechnung der Fakultät einer Zahl. Die Fakultät von 5 ist gleich 5*4*3*2*1. In der Mathematik wird dies als 5! geschrieben (sprich: 5 Fakultät). Die Fakultät ist also die Multiplikation aller natürlichen Zahlen von 1 bis zu einer anderen positiven, natürlichen Zahl. Wenn Sie sich 5!=5*4*3*2*1 näher anschauen, stellen Sie fest, dass in 5! auch 4! enthalten ist. Genauso wie 3!, 2! und 1!. 5! ist also gleich 5*4!, da 4!=4*3*2*1 ist. 4! ist jedoch wiederum 4*3! usw.

Wir definieren im folgenden Beispiel eine Funktion fakultaet(), die als Argument eine Zahl entgegennimmt. Wie soeben festgestellt, entspricht der Aufruf von fakultaet(5) gleich der Berechnung von 5*fakultaet(4). Die Funktion fakultaet() ruft sich im folgenden Beispiel also selbst auf, indem vom Übergabewert immer 1 abgezogen wird. Das wird so lange fortgesetzt, bis wir beim Wert 1 angekommen sind. Die Fakultät von 1 ist gleich 1.

fakultaet.html
(Auszug)

```
function fakultaet(n) {
    if (n != 1) {
        // Aufruf von sich selbst
        return n * fakultaet(n - 1);
    }
    else {
        // Fakultaet von 1 ist gleich 1
        return 1;
    }
}

var x = fakultaet(10);
```

Dieses Beispiel demonstriert den Umgang mit rekursiven Funktionen. Die Fakultät einer Zahl lässt sich jedoch auch ohne Rekursion berechnen. Das ist in diesem Fall sogar vorzuziehen, da man hierfür nur eine einfache Schleife braucht.

8 Objekte

Objekte spielen in JavaScript eine zentrale Rolle. Jedes Element einer Webseite ist ein eignes Objekt. Daneben gibt es noch zahlreiche weitere Objekte, mit denen wir uns in den nächsten Kapiteln beschäftigen werden.

Dieses Kapitel erläutert die Grundlagen für den Umgang mit Objekten. Dies mag an manchen Stellen etwas theoretisch erscheinen, soll Ihnen aber ein tieferes Verständnis der grundlegenden Mechanismen vermitteln.

Für einfache JavaScript-Programme müssen Sie normalerweise lediglich mit vordefinierten Objekten umgehen können. Hierfür genügt es, den ersten Teil dieses Kapitels zu lesen, um zu erfahren, was Objekte sind und wie Sie damit arbeiten können.

8.1 Was sind Objekte?

Gegenstände der realen Welt haben verschiedene Eigenschaften und Fähigkeiten. Ein Auto hat beispielsweise eine bestimmte Farbe (Eigenschaft) und kann Sie von A nach B bringen (Fähigkeit).

Eine objektorientierte Programmiersprache wie JavaScript stellt Objekte zu Verfügung, die genauso über Eigenschaften und Fähigkeiten verfügen. Das Browserfenster, Eingabefelder und Bilder sind aus der Sicht von JavaScript alles Objekte. Daneben gibt es noch viele andere Objekte. Dies müssen nicht unbedingt Dinge sein, die wir direkt sehen können. Beispielsweise ist auch eine Zeichenkette ein Objekt.

Die Objekte haben ganz unterschiedliche Eigenschaften und Fähigkeiten. Das Browserfenster hat beispielsweise eine bestimmte Größe (Eigenschaft) und kann auf dem Bildschirm verschoben werden (Fähigkeit). Eine Zeichenkette hat eine bestimmte Länge (Eigenschaft) und kann nach einer Zeichenfolge suchen (Fähigkeit).

Eigenschaften   Eine Eigenschaft ist wie eine Variable, die einem Objekt zugeordnet ist. So kennt ein Eingabefeld beispielsweise die Eigenschaft `value`, in der der aktuell enthaltene Text gespeichert ist. Wenn wir wissen, wie das Objekt heißt, können wir nun diese Eigenschaft auslesen und damit arbeiten, wie mit einer Variablen auch.

Statt *Eigenschaften* werden oft auch die Begriffe *Elemente* oder *Attribute* verwendet. Bei dem Begriff *Element* muss man jedoch aufpassen, da hiermit manchmal auch das *Objekt* an sich bezeichnet wird, wie z.B. bei *Formularelementen*.

Methoden   Fähigkeiten eines Objekts werden Methoden genannt. Methoden sind einfach gesagt Funktionen, die in Bezug zu einem bestimmten Objekt stehen. So kennt jedes Browserfenster etwa eine Methode `moveTo()`, mit der das jeweilige Fenster an eine neue Position verschoben werden kann.

Im Gegensatz zu herkömmlichen Variablen und Funktionen muss bei Eigenschaften und Methoden also immer der Bezug zu einem Objekt vorhanden sein. In einer Variablen würden wir beispielsweise einfach nur den Wert `"rot"` speichern. Geht es um die Eigenschaft eines Objekts, würden wir sagen, dass *dieses eine Auto* die Farbe `"rot"` hat.

Objekte stehen häufig in Beziehung zueinander. Ein Eingabefeld wird etwa in einem Browserfenster dargestellt und ist damit von die-
Abhängigkeit von sem abhängig. Verschiebt oder schließt der Anwender das Browser-
Objekten fenster, ist davon auch das Eingabefeld betroffen. Die Abhängigkeit zwischen Objekten wird uns im Weiteren noch oft beschäftigen und ist für das Programmieren mit JavaScript essenziell.

8.2   Mit Objekten arbeiten

Nachdem wir nun grob wissen, was Objekte sind, müssen wir uns anschauen, wie wir damit arbeiten können.

8.2.1   Den Konstruktor aufrufen

Einige Objekte wie das Browserfenster existieren bereits automatisch. Sie müssen sich also nicht darum kümmern, diese zu erzeugen. Andere Objekte müssen Sie selbst erstellen. Hierbei kommt der sogenannte Konstruktor zum Einsatz. Dies ist eine spezielle Methode, die ein Objekt erzeugt.

Als Beispiel soll uns eine Zeichenkette dienen, wofür JavaScript das `String`-Objekt definiert. Um ein `String`-Objekt mit dem Inhalt `"JavaScript"` zu erzeugen, schreiben wir:

```
var str = new String("JavaScript");
```

Der Konstruktor hat den gleichen Namen wie das Objekt. In unserem Fall heißt der Konstruktor String(). Der Aufruf des Konstruktors erfolgt mithilfe des Schlüsselworts new. Dieser Aufruf erzeugt ein neues String-Objekt und liefert eine Referenz auf dieses Objekt zurück, die wir in unserem Fall in der Variablen str speichern.

new

Bisher haben wir Zeichenketten anders erzeugt. Wir hätten den String auch so erstellen können:

```
var str = "JavaScript"
```

Das ist lediglich eine Kurzschreibweise und ein Sonderfall im Zusammenhang mit dem String-Objekt.

8.2.2   Auf Eigenschaften zugreifen

Nun können wir mit diesem Objekt arbeiten. Zunächst wollen wir wissen, wie viele Zeichen unsere Zeichenkette enthält. Durch einen Blick in den Referenzteil dieses Buches wissen wir, dass das String-Objekt die Eigenschaft length kennt, die genau diese Information wiedergibt.

Um auf diese Eigenschaft zuzugreifen, nehmen wir unsere Variable str, die ja auf das String Objekt zeigt, und ergänzen einen Punkt sowie den Namen der Eigenschaft. Das sieht dann so aus:

```
var laenge = str.length;
```

Die Variable laenge ist nach diesem Befehl gleich 10, da der String "JavaScript" zehn Zeichen enthält. Alternativ können wir Folgendes schreiben:

```
var laenge = str["length"];
```

8.2.3   Methoden verwenden

Nun möchten wir wissen, ob eine bestimmte Zeichenfolge in unserem String vorkommt. Wir verwenden die Methode indexOf(), um nach dem Teilstring "Script" zu suchen.

Auch den Methodennamen hängen wir mit einem Punkt an unsere Variable str:

```
var pos = str.indexOf("Script");
```

Findet indexOf() den angegebenen Teilstring in dem String "JavaScript", dann liefert die Methode die Position des ersten Buchstabens zurück. In unserem Beispiel bekommt die Variable pos also den Wert 4 zugewiesen, da das *S* an der fünften Position steht (der erste Buchstabe im String hat die Position 0).

8.2.4 for..in-Schleife

Im Zusammenhang mit Objekten bietet sich die for..in-Schleife an, wenn man alle Eigenschaften eines Objekts durchwandern will. Die folgende Schleife gibt alle Eigenschaften des window-Objekts aus (das ist das Objekt, das das Browserfenster repräsentiert):

forin.html
(Auszug)

```
for (i in window) {
    alert(i + " - " + window[i]);
}
```

i nimmt im Verlauf der Schleife die jeweiligen Namen der einzelnen Eigenschaften an. Mit window[i] greifen wir auf die Werte dieser Eigenschaften zu, da wir statt window.document genauso window["document"] schreiben können. Da das window-Objekt viele Eigenschaften definiert, bekommen Sie mit dieser Schleife eine ganze Reihe von Hinweisfenstern.

8.2.5 Der instanceof-Operator

Mit dem instanceof-Operator können Sie überprüfen, welchen Typ ein bestimmtes Objekt hat. Da instanceof entweder true oder false zurückgibt, eignet es sich gut für die Verwendung in if-Abfragen:

```
if (x instanceof String) ...
```

Wenn x ein String-Objekt ist, ist die Bedingung erfüllt.

8.2.6 with

Wenn Sie mehrere Male hintereinander auf ein Objekt zugreifen wollen, können Sie with verwenden, um den Code kurz zu halten. Mit with sagen Sie, dass die nachfolgenden Befehle im Zusammenhang mit einem bestimmten Objekt stehen. Wenn Sie ein Objekt obj mit den Eigenschaften a und b haben, können Sie statt

```
obj.a = 12;
obj.b = 5;
```

Folgendes schreiben:

with.html
(Auszug)

```
with (obj) {
    a = 12;
    b = 5;
}
```

Die Befehle innerhalb der geschweiften Klammern werden dadurch im Zusammenhang mit dem Objekt obj ausgeführt.

Ich selbst verwende with nie, da es doppeldeutige Fälle geben kann. Dies wäre der Fall, wenn Sie in dem obigen Beispiel gleichzeitig noch eine Variable a oder b definiert hätten.

8.2.7 Call by Reference

Wir haben im Kapitel über Funktionen gesehen, dass beim Aufrufen einer Funktion einfache Variablen als Wert übergeben werden (siehe *Funktionsaufrufe mit Variablenübergabe*, S. 72). Es hat also keinen Effekt auf die übergebene Variable, wenn innerhalb der Funktion der Wert verändert wird.

Hier gibt es einen wichtigen Unterschied zu Objekten. Übergibt man ein Objekt an eine Funktion, so wird nur eine Referenz auf dieses Objekt an die Funktion übergeben und nicht eine Kopie des Objekts. Das Ganze nennt sich Call by Reference im Gegensatz zum vorher diskutierten Call by Value.

Das hat zur Folge, dass Änderungen am Objekt innerhalb einer Funktion das Objekt dauerhaft verändern. Ein Beispiel soll dies verdeutlichen:

```
function f(obj, x) {
    obj.a = "xyz";
    x = 12;
}

var obj = { a: "abc" };
var x = 17;

f(obj, x);
alert(obj.a + " - " + x); // xyz - 17
```

fkt.html

(Auszug)

Wir definieren eine Funktion f(), die zwei Übergabewerte erwartet. Wir rufen diese Funktion in der zweitletzten Zeile des Quellcodes auf und übergeben ihr ein Objekt obj und eine Variable x, die einen einfachen Zahlenwert enthält.

Wie das Objekt definiert wird, erfahren wir später. Hier ist nur wichtig zu verstehen, dass obj ein Objekt ist, das die Eigenschaft a kennt. Diese Eigenschaft bekommt vor dem Funktionsaufruf zunächst den Wert "abc" zugewiesen.

Innerhalb der Funktion werden die beiden Übergabewerte verändert. Nachdem die Funktion beendet ist, geben wir die Werte mit alert() aus. Und siehe da! Die Änderung des Objekts war dauerhaft, die Änderung der Variablen jedoch nicht. Das liegt daran, dass beim Aufruf der Funktion für das Objekt eine Referenz übergeben wird, bei der Variablen aber nur der Wert.

Man kann sich das so vorstellen, dass die Referenz angibt, an welcher Stelle im Hauptspeicher das Objekt gespeichert ist. Wenn ich jetzt mithilfe dieser Referenz eine Veränderung vornehme, ändere ich ja tatsächlich das ursprüngliche Objekt und nicht irgendeine Kopie davon. Deshalb bleiben die Änderungen bestehen.

8.3   Objekte definieren

Jetzt werden wir eigene Objekte definieren. Hierzu gibt es verschiedene Vorgehensweisen, die ich Ihnen im Folgenden vorstellen will.

8.3.1   Das Object-Objekt

Wir möchten ein Objekt definieren, das einen Namen speichern und eine Begrüßung ausgeben kann. Zunächst erzeugen wir ein Objekt des Typs Object:

obj1.html
(Auszug)

```
var person1 = new Object();
```

Object ist ein ganz einfaches Objekt, das der Ausgangspunkt für jedes JavaScript-Objekt ist (selbst wenn es nicht explizit mit new Object() erzeugt wurde).

Wir definieren eine Variable person1, in der eine Referenz auf das mit new erzeugte Objekt gespeichert wird. Wir können nun also mit person1 auf unser neues Objekt zugreifen. Dies tun wir auch als Nächstes und weisen der Eigenschaft name den Wert "Fred" zu:

```
person1.name = "Fred";
```

Aber wo haben wir definiert, dass es eine Eigenschaft name geben soll? Dies wird in diesem Beispiel nirgends explizit definiert, sondern JavaScript erzeugt die Eigenschaft automatisch. Das ist also genauso wie bei Variablen, die JavaScript von selbst anlegt, wenn es sie vorher noch nicht gab.

Nun haben wir ein Objekt, das die Eigenschaft name kennt und auf das wir etwa so zugreifen können:

```
alert("Hallo " + person1.name + "!");
```

Wir möchten eine Methode definieren, die eine solche Begrüßung vornimmt:

```
person1.begruessung = function() {
   alert("Hallo " + this.name + "!");
}
```

Wenn Sie diesen Code in Ihrem Browser ausführen, sehen Sie erst einmal nichts. Diese Zeilen legen lediglich fest, dass es eine Methode
begruessung() geben soll. Hierzu wird function() verwendet, um eine
anonyme Funktion zu erzeugen (siehe *Anonyme Funktionen*, S. 81).
Mit person1.begruessung geben wir an, wie unsere Methode heißen
soll. Hier dürfen wir keine Klammern verwenden, da es sich ja nicht
um den Aufruf einer Methode handelt, sondern nur um die Definition
der Methode.

Einen wichtigen Aspekt im Zusammenhang mit der Methodendefinition müssen wir uns genauer ansehen. Die Methode ruft wie
gewohnt alert() auf, um ein Hinweisfenster zu generieren. Darin
sehen Sie aber die Verwendung des Ausdrucks this.name. Mit this grei-   *this*
fen Sie immer auf das aktuelle Objekt zu.

Da wir uns innhalb der Methode des Objekts person1 befinden,
greifen wir mit this auf das Objekt person1 selbst zu. this.name sagt
hier also aus, dass wir die Eigenschaft name des Objekts person1 auslesen wollen. Diese Eigenschaft haben wir vorher definiert und ihr den
Wert "Fred" zugewiesen, sodass dieser Wert nun per alert() ausgegeben werden kann. this ist sehr wichtig und wird uns im Folgenden
noch häufig begegnen.

Jetzt können wir die Methode wie gewohnt aufrufen:

```
person1.begruessung();
```

Alternativ können wir eine Methode auch ohne den Einsatz einer anonymen Funktion erzeugen. Der Quellcode sieht dann folgendermaßen
aus:

```
function begruessung() {                          obj2.html
    alert("Hallo " + this.name + "!");            (Auszug)
}

var person1 = new Object();

person1.name = "Fred";
person1.begruessung = begruessung;

person1.begruessung();
```

begruessung() wird hier als ganz normale Funktion definiert und in der
zweitletzten Zeile dem Objekt person1 zugewiesen.

Diese Schreibweise wird häufig verwendet, hat jedoch den Nachteil, dass man an der Funktionsdefinition begruessung() nicht direkt
sieht, dass es sich um eine Methodendefinition handelt (außer an der
Verwendung von this) und zu welchem Objekt es gehört. Man könnte

in Versuchung geraten, die Methode als normale Funktion aufzurufen, also indem man den Bezug zum Objekt weglässt (begruessung() statt person1.begruessung()).

8.3.2   Einen Konstruktor definieren

Die oben gezeigte Möglichkeit erzeugt zuerst ein Objekt vom Typ Object und ergänzt nachträglich die Eigenschaften und Methoden. Häufiger wird jedoch ein Konstruktor definiert, der sich um die Erzeugung des Objekts kümmert. Dies soll das folgende Beispiel zeigen:

obj3.html
(Auszug)

```
function Person() {
    this.name = "Fred";
    this.begruessung = begruessung;
}

function begruessung() {
    alert("Hallo " + this.name + "!");
}

var person1 = new Person();
person1.begruessung();
```

Der Konstruktor Person() wird wie eine ganz normale Funktion definiert. Es ist üblich, die Bezeichnung mit einem Großbuchstaben zu beginnen, um zu signalisieren, dass es sich um einen Konstruktor handelt. Das ist aber nicht zwingend notwendig.

Wie Sie sehen, wird innerhalb des Konstruktors mit this sowohl die Eigenschaft name als auch die Methode begruessung() definiert.

Nun können wir mit new Person() ein neues Objekt erzeugen und in person1 eine Referenz auf dieses Objekt speichern. Mit diesem Objekt können wir jetzt genauso arbeiten wie in dem ersten Beispiel.

Auch hier kann für die Methode begruessung() eine anonyme Funktion verwendet werden. Der Konstruktor würde dann so aussehen:

obj4.html
(Auszug)

```
function Person() {
    this.name = "Fred";
    this.begruessung = function() {
        alert("Hallo " + this.name + "!");
    }
}
```

Das finde ich persönlich eine gute Lösung, da so alles an einer Stelle steht. Um noch eine weitere Schreibweise ins Spiel zu bringen, können wir auch für den Konstruktor selbst eine anonyme Funktion verwenden:

```
var Person = function() {
  // ...
}
```

8.3.3   Konstruktor mit Übergabewert

Die Festlegung des Namens der zu begrüßenden Person im Konstruktor macht unser Objekt sehr unflexibel. Viel besser wäre es, wenn wir den Konstruktor im Zusammenhang mit unterschiedlichen Namen verwenden könnten. Hier können wir genauso wie bei normalen Funktionen mit Übergabewerten arbeiten. Dies sieht dann so aus:

```
function Person(n) {
  this.name = n;
  this.begruessung = function() {
    alert("Hallo " + this.name + "!");
  }
}
```

obj5.html

(Auszug)

Jetzt können wir beim Aufruf des Konstruktor einen Namen eingeben, also z.B.:

```
var person1 = new Person("Fred");
person1.begruessung();

var person2 = new Person("Wilma");
person2.begruessung();
```

Damit dieses Beispiel etwas einfacher zu verstehen ist, habe ich den Übergabewert n genannt. Häufig nimmt man hierfür aber die gleiche Bezeichnung wie für die Eigenschaft. Das würde dann so aussehen:

```
function Person(name) {
  this.name = name;
  // ...
}
```

Das funktioniert ohne Probleme, da this.name und name unterschiedliche Bedeutungen haben. this.name ist die Eigenschaft name des aktuellen Objekts und name der Übergabewert, also im Prinzip eine lokal definierte Variable.

8.3.4   Die Kurzschreibweise JSON

Wie Sie sehen, gibt es viele Schreibweisen, um das Gleiche zu erreichen. Das kann es ja aber noch nicht gewesen sein ... Es gibt noch eine Kurzschreibweise, die JavaScript Object Notation bzw. JSON (sprich: *Jason*) genannt wird.

Unser Beispiel sieht in der Kurzschreibweise so aus:

obj6.html
(Auszug)

```
var person1 = {
    name: "Fred",
    begruessung: function() {
        alert("Hallo " + this.name + "!");
    }
};

person1.begruessung();
```

Sie sehen, dass das Objekt person1 ohne Verwendung von new erzeugt wird. Die Eigenschaften und Methoden werden in geschweiften Klammern aufgeführt. In unserem Beispiel definieren wir zunächst eine Eigenschaft name. Es folgt ein Doppelpunkt. Dann kommt der Wert der Eigenschaft. Genauso werden Methoden definiert. Die einzelnen Einträge werden durch Kommata getrennt.

Zu JSON gehört auch eine Kurzschreibweise für Arrays, die wir uns später ansehen werden (siehe *Kurzschreibweise für Arrays*, S. 119).

In ECMAScript 5 gibt es ein vordefiniertes JSON-Objekt, das die

parse() und stringify()

Methoden parse() und stringify() kennt. Mit parse() können Sie ein Objekt auf Basis eines Strings, der eine Objektdefinition nach obigem Schema enthält, erstellen. Mit stringify() können Sie umgekehrt ein bestehendes Objekt in einen String umwandeln.

8.3.5 Objekte ineinander schachteln

Objekte können auch andere Objekte enthalten. Hierzu ein kurzes Beispiel:

obj7.html
(Auszug)

```
var person1 = {
    name: "Fred",
    begruessung: function() {
        alert("Hallo " + this.name + "!");
    },

    adresse: {
        strasse: "Hauptstrasse 17",
        ort: "12345 Musterstadt",
        ausgabe: function() {
            alert(this.strasse + ", " + this.ort);
        }
    }
};

person1.adresse.ausgabe();
```

Unser Objekt enthält jetzt das Objekt adresse, das die Strasse und den Ort festhält und diese Information mit der Methode ausgabe() anzeigen kann. Die Eigenschaften strasse und ort gehören zum Objekt adresse, genauso wie die Methode ausgabe().

Da die Methode ausgabe() zum Objekt adresse gehört, können wir nicht person1.ausgabe() schreiben, sondern müssen zuerst auf adresse zugreifen, um dann die Methode aufrufen zu können:

```
person1.adresse.ausgabe();
```

In diesem Beispiel wurde die Kurzschreibweise JSON verwendet, aber natürlich können auch mit der normalen Schreibweise Objekte ineinander geschachtelt werden.

8.4 Kapselung

Ein Ziel der objektorientierten Programmierung ist die Aufteilung des Quellcodes in eigenständige Objekte, um so die Komplexität zu reduzieren. Diese Reduktion der Komplexität erreichen wir aber nicht, wenn die einzelnen Objekte stark mit dem restlichen Quellcode verstrickt sind.

Die Idee ist, die Interaktion mit einem Objekt auf wenige Punkte zu beschränken. So soll es ein paar Eigenschaften und Methoden geben, die als Schnittstelle zum restlichen Quellcode dienen. Häufig wird gefordert, dass es lediglich Methoden geben soll und Eigenschaften nur basierend auf Methodenaufrufen ausgelesen und verändert werden sollen. Diese Vorgehensweise nennt sich Datenkapselung oder kurz Kapselung.

In unserem obigen Beispiel haben wir von außen einfach auf die Eigenschaft name zugegriffen. Genauso haben wir die Methode *Öffentlich* begruessung() aufgerufen. Man sagt, dass name und begruessung() *öffentlich* sind (engl. *public*).

Um den direkten Zugriff von außen zu verhindern, können Eigen- *Privat* schaften und Methoden als *privat* definiert werden. Dies soll folgendes Beispiel verdeutlichen:

```
function Abc() {
    this.a = 1;
    var b = 4;

    this.f = function() {
        alert(this.a + quadrat(b));
    }
    function quadrat(x) { return x*x; }
}
var obj = new Abc();

obj.f(); // Zugriff auf oeffentliche Methode
alert(obj.a); // Zugriff auf oeffentliche Eigenschaft
```

kapselung.html
(Auszug)

```
alert(obj.b); // 'undefined' da b privat
alert(obj.quadrat(4)); // nicht moeglich da Methode privat
```

Wir erzeugen ein Objekt Abc mit den Eigenschaften a und b sowie den Methoden f() und quadrat(). b wird hier im Gegensatz zu a nicht mit dem Schlüsselwort this definiert, sondern als gewöhnliche Variable innerhalb des Konstruktors. Damit ist a als öffentliche und b als private Eigenschaft definiert.

Innerhalb der Methode f() wird sowohl auf a als auch auf b zugegriffen. Dies ist möglich, da f() als Methode des Objekts auf alle Eigenschaften zugreifen kann, unabhängig davon, ob sie öffentlich sind oder nicht. Außerhalb des Objekts können wir auf b jedoch nicht zugreifen.

Die Methode f() wird so definiert, wie wir es weiter oben gesehen haben. quadrat() hingegen wird einfach als Funktion innerhalb des Objekts angegeben, also ohne die Verwendung von this. Wie Sie anhand der Methode f() sehen können, kann das Objekt selbst quadrat() aufrufen. Es handelt sich dabei jedoch um eine private Methode, die wir außerhalb des Objekts nicht direkt aufrufen können.

8.5   Objekte erweitern

Sie können Eigenschaften und Methoden zu bestehenden Objekten hinzufügen. Das wollen wir uns etwas genauer anschauen.

8.5.1   Eigenschaften hinzufügen

Wir haben bereits gesehen, wie Eigenschaften zu einzelnen Objekten hinzugefügt werden können. Im folgenden Quellcode sehen Sie, wie das Objekt a eine zusätzliche Eigenschaft name erhält:

prototype1.html
(Auszug)

```
var X = function() {};

var a = new X();
var b = new X();

a.name = "abc";

alert(a.name); // abc
alert(b.name); // undefined
```

Wie die alert()-Aufrufe am Ende zeigen, kennt nur das Objekt a die neue Eigenschaft, jedoch nicht das Objekt b. Soll die neue Eigenschaft für alle Objekte gelten, die mit dem Konstruktur X() erstellt werden, müssen wir mit der Eigenschaft prototype arbeiten, wie unser nächstes Beispiel zeigt:

```
var X = function() {};

var a = new X();
var b = new X();

X.prototype.name = "abc";

alert(a.name); // abc
alert(b.name); // abc
```

Zum vorhergehenden Beispiel hat sich nur eine Zeile verändert. Nun kennt nicht nur das Objekt a, sondern auch b die Eigenschaft name. Mit der Angabe von prototype haben wir das X-Objekt um die Eigenschaft name erweitert. Jedes Objekt, das wir mit new X() erstellen, kennt nun diese Eigenschaft.

8.5.2 Methoden hinzufügen

Die soeben gezeigte Vorgehensweise funktioniert auch bei Methoden. Der folgende Code definiert eine neue Methode umdrehen() für das String-Objekt, mit der die Zeichen eines Strings in umgekehrter Reihenfolge ausgegeben werden können. Wie Sie sehen, können wir auch vordefinierte Objekte auf diese Art und Weise ergänzen.

```
String.prototype.umdrehen = function() {
    var str = "";
    for (i = this.length-1; i >= 0; i--) {
        str += this.charAt(i);
    }
    return str;
}

var s = new String("JavaScript");
alert(s.umdrehen());
```

Innerhalb der Methode umdrehen() verwenden wir this, um auf das String-Objekt zuzugreifen. Die Methode charAt() des String-Objekts liefert einzelne Buchstaben der Zeichenkette zurück.

8.6 Vererbung

Objekte können von anderen Objekten abstammen. Jedes Objekt erhält die Eigenschaften und Methoden des Objekts, von dem es abstammt. Dieser Mechanismus wird Vererbung genannt. Da JavaScript dafür die prototype-Eigenschaft verwendet, spricht man von einer prototypenbasierten Vererbung.

8.6.1 Die Prototypkette

Mit folgendem Code sagen wir, dass Y alle Eigenschaften und Methoden von X erben soll:

```
Y.prototype = new X();
```

Was das bedeutet, sehen wir im nächsten Beispiel:

prototype4.html

(Auszug)

```
function X() { this.a = 123; }
function Y() { this.b = 456; }
function Z() { this.c = 789; }

Y.prototype = new X();
Z.prototype = new Y();

var obj = new Z();

alert(obj.a); // 123
alert(obj.b); // 456
alert(obj.c); // 789
```

Hier definieren wir die drei Objekte X, Y und Z und legen fest, dass Z von Y und Y wiederum von X abstammen soll. Jedes dieser drei Objekte definiert eine Eigenschaft mit einem eindeutigen Namen (a, b und c).

Wie Sie am Ende des Skripts sehen, erzeugen wir ein Objekt des Typs Z und können damit auf alle drei Eigenschaften a, b und c zugreifen. Das funktioniert, weil Z die Eigenschaften a und b von den Objekten X und Y erbt.

Die Abhängigkeit zwischen X, Y und Z nennt man Prototypkette, da die Objekte über die Eigenschaft prototype miteinander verkettet sind. Am obersten Ende der Prototypkette steht immer das Object-Objekt, da alle Objekte letztendlich von Object abstammen.

8.6.2 Überschreiben von Eigenschaften

Was passiert, wenn Eigenschaften in der Prototypkette mehrfach vorkommen? Wenn Sie eine Eigenschaft definieren, die es in einem übergeordneten Objekt bereits gibt, wird diese Eigenschaft überschrieben. Dazu schauen wir uns ein weiteres Beispiel an:

prototype5.html

(Auszug)

```
function X() { this.a = 123; }
function Y() {}
function Z() { this.a = 789; }

Y.prototype = new X();
Z.prototype = new Y();

var obj1 = new X();
var obj2 = new Y();
var obj3 = new Z();
```

```
alert(obj1.a); // 123
alert(obj2.a); // 123
alert(obj3.a); // 789
```

In diesem Beispiel definiert sowohl X als auch Z die Eigenschaft a. Wenn wir ein Objekt mit new X() erzeugen, hat die Eigenschaft a den Wert 123. Wenn wir ein Objekt mit new Z() erzeugen, hat die Eigenschaft a hingegen den Wert 789, obwohl Z indirekt von X abstammt.

In unserem Beispiel sehen Sie, dass Y keinen eigenen Wert für a festlegt. Y erbt die Eigenschaft a des X-Objekts, sodass die Eigenschaft a des Y-Objekts auch den Wert 123 hat.

Der Computer geht so vor, dass beim Zugriff auf eine Eigenschaft zuerst beim Objekt selbst nachgeschaut wird. Existiert dort die gesuchte Eigenschaft nicht, geht der Computer in der Prototypkette einen Schritt nach oben und sucht dort nach der Eigenschaft. Das wird so lange wiederholt, bis die Eigenschaft gefunden ist oder der Computer beim Object-Objekt angelangt ist, ohne die gesuchte Eigenschaft zu finden.

8.6.3 Überschreiben von Methoden

Nicht nur Eigenschaften, sondern auch Methoden lassen sich überschreiben. In unserem nächsten Beispiel definieren X und Z jeweils eine Methode f(). Wie Sie anhand der Ausgabe am Ende des Skripts sehen können, gibt die f()-Methode im Zusammenhang mit dem X-Objekt den Wert der Eigenschaft a aus, also 123. Im Zusammenhang mit dem Z-Objekt erhalten wir die Ausgabe xyz, da das Z-Objekt eine eigene Methode definiert.

prototype6.html

(Auszug)

```
function X() {
    this.a = 123;

    this.f = function() {
        alert(this.a);
    }
}

function Y() {
    this.a = 456;
}

function Z() {
    this.a = 789;

    this.f = function() {
        alert("xyz");
    }

}
```

```
Y.prototype = new X();
Z.prototype = new Y();

var obj1 = new X();
var obj2 = new Y();
var obj3 = new Z();

obj1.f(); // 123
obj2.f(); // 456
obj3.f(); // xyz
```

Obwohl Y keine f()-Methode definiert, können wir diese aufrufen, da es diese Methode vom X-Objekt erbt. Genau wie bei den Eigenschaften sucht JavaScript wieder in der Prototypkette, wenn das Objekt die benötigte Methode nicht selbst definiert. Der Computer wird beim X-Objekt fündig und ruft diese Methode auf.

Ein interessanter Aspekt wird deutlich, wenn wir uns das Ergebnis dieses Methodenaufrufs anschauen. Als Ausgabe erhalten wir 456, also den Wert, den das Y-Objekt für die Eigenschaft a festlegt. Obwohl wir die Methode aufrufen, die Y von X erbt, greift diese wiederum auf Y selbst zu, um die Eigenschaft a auszulesen.

8.7 Erweiterungen in ECMAScript 5

Mit ECMAScript 5 haben Sie größeren Einfluss auf das Verhalten von Objekten. Die neuesten Browser können damit bereits ganz gut umgehen. Allerdings werden noch viele ältere Browser benutzt, die mit den neuen Befehlen nichts anfangen können, sodass Sie bei der Verwendung vorsichtig sein sollten.

8.7.1 Eigenschaften festlegen

Sie können mit ECMAScript 5 festlegen, ob der Wert einer Eigenschaft verändert werden kann oder nicht. Hierzu verwenden wir die neue Methode defineProperty() des Object-Objekts. Das erste Argument ist das Objekt, um das es geht. Das zweite Argument gibt den Namen der Eigenschaft als String an.

Das dritte Argument ist ein Objekt, das verschiedene Attribute besitzen kann. Mit value legen Sie den Wert der Eigenschaft fest. Das Attribut writable (engl. für *schreibbar*) gibt an, ob die Eigenschaft verändert werden kann (true) oder nicht (false). Wie Sie sehen, nimmt der Computer in unserem Beispiel die Änderung der Eigenschaft name nicht an, da wir writable auf false gesetzt haben.

```
var obj = {};

Object.defineProperty(obj, "name",
    { value: "abc",
      writable: false
    });

alert(obj.name); // abc
obj.name = "xyz";
alert(obj.name); // abc
```

ecma5_1.html
(Auszug)

Neben writable können Sie auch enumerable und configurable angeben. Diese Attribute werden wir später näher untersuchen.

Statt mit defineProperty() zu arbeiten, können Sie auch die neue
Methode create() des Object-Objekts verwenden:

```
var X = function() {};

var obj = Object.create(new X(),
    {
        a: { value: "abc", writable: false },
        b: { value: "xyz", writable: true }
    });

alert(obj.a);
```

ecma5_2.html
(Auszug)

8.7.2   Veränderungen des Objekts einschränken

Wir haben soeben gesehen, wie wir verhindern können, dass einzelne
Eigenschaften geändert werden. Wir können aber auch ganze Objekte
vor Veränderungen schützen. Hierfür gibt es die drei neuen Methoden
preventExtensions(), seal() und freeze(). Damit wir auch wissen, in
welchem Zustand sich ein Objekt befindet, gibt es entsprechend die
Methoden isExtensible(), isSealed() und isFrozen(). Alle Methoden
gehören zum Object-Objekt.

Die Methode preventExtensions() verhindert, dass ein Objekt
nachträglich erweitert wird, wie es das folgende Beispiel zeigt:

Erweiterungen
unterbinden

```
var a = new Object();

alert(Object.isExtensible(a)); // true
a.name = "abc";

Object.preventExtensions(a);
alert(Object.isExtensible(a)); // false

a.neueEigenschaft = "def"; // Fehlermeldung
```

ecma5_3.html
(Auszug)

Nach dem Aufruf der Methode seal() (engl. für *versiegeln*) können Sie
das Objekt genau wie bei preventExtensions() nicht mehr erweitern.

Objekte versiegeln

Sie können aber zusätzlich auch keine Eigenschaften mit delete entfernen:

ecma5_4.html
(Auszug)

```
var obj = { a: "abc",
            b: "xyz"
          };

Object.seal(obj);

delete obj.a;

alert(obj.a); // abc
```

Objekte einfrieren

Sie können ein Objekt auch einfrieren. Dafür gibt es die Methode freeze() (engl. für *einfrieren*). Danach können Sie an dem Objekt gar nichts mehr ändern. Es kann nichts ergänzt oder gelöscht werden und auch die Werte der Eigenschaften können nicht mehr verändert werden.

ecma5_5.html
(Auszug)

```
var obj = { a: "abc",
            b: "xyz"
          };

Object.freeze(obj);

obj.a = "def";

alert(obj.a); // abc
```

8.7.3 Zugriffsmethoden definieren

get und set

Die Methode defineProperty() kann auch dafür verwendet werden, um get- und set-Methoden zu definieren, wie im nächsten Beispiel gezeigt wird. Wenn Sie get und set verwenden, können Sie allerdings die anderen Attribute wie writable etc. nicht mehr festlegen.

ecma5_6.html
(Auszug)

```
var obj = {
    zaehler: 0,
    monatWert: 1
};

Object.defineProperty(obj, "monat" , {
        get: function() { this.zaehler++; return this.monatWert; },
        set: function(x) { var wert = parseInt(x);
                           if (wert>0 && wert<=12)
                               this.monatWert = wert;
        }
});
obj.monat = 4;
alert(obj.monat);

alert(obj.zaehler);
```

Hier wird die Eigenschaft monat definiert, für die wir get- und set-Methoden festlegen. Die set-Methode kommt zum Einsatz, wenn der Wert verändert werden soll. In unserem Beispiel wird der Wert monat auf eine ganze Zahl zwischen 1 und 12 beschränkt.

Zum Auslesen der Eigenschaft wird die get-Methode verwendet. Wir definieren hier einen Zähler, sodass wir – wieso auch immer – später sagen können, wie oft auf diese Eigenschaft zugegriffen wurde.

8.7.4 Eigenschaften entfernen

Mit delete lassen sich einzelne Eigenschaften eines Objekts entfernen.

```
var obj = { a: "abc" };

alert(obj.a); // abc
delete obj.a;
alert(obj.a); // undefined
```

ecma5_7.html

(Auszug)

8.7.5 Die Eigenschaften eines Objekts durchlaufen

Wir haben bereits die for..in-Schleife kennengelernt, um alle Eigenschaften eines Objekts zu durchlaufen. ECMAScript 5 führt mit den Methoden keys() und getOwnPropertyNames() zwei weitere Möglichkeiten ein. Alle drei Wege führen jedoch zu unterschiedlichen Ergebnissen.

Wie bereits erwähnt wurde, können wir im Zusammenhang mit defineProperty() auch das Attribut enumerable angeben. Damit legen wir fest, ob eine Eigenschaft bei der Verwendung einer for..in-Schleife oder der Methode keys() sichtbar sein soll (true) oder nicht (false).

Im Beispiel hierzu wird enumerable bei den Eigenschaften b und c explizit definiert. Da wir bei der Eigenschaft a nichts angeben, wird hier enumerable automatisch auf true gesetzt.

```
function X() {
    this.a = 123;
}

var obj = Object.create(new X(), {
    "b": {
        value: 123,
        enumerable: true
    },
    "c": {
        value: 456,
        enumerable: false
    }
});
```

ecma5_8.html

(Auszug)

```
var ausg = [];
for (i in obj) {
   ausg.push(i);
}
alert("for..in: " + ausg.join(", ")); // b, a

alert("keys(): " + Object.keys(obj).join(", ")); // b

alert("getOwnPropertyNames(): " +
      Object.getOwnPropertyNames(obj).join(", ")); // b, c
```

Die for..in-Schleife zeigt alle Eigenschaften, bei denen enumerable true
ist. Dazu gehört auch die Eigenschaft a, die unser Objekt vom X-
Objekt erbt. Die beiden Methoden keys() und getOwnPropertyNames()
beschränken sich auf das Objekt selbst und ignorieren damit die Prototypkette. Bei keys() bekommen Sie alle Eigenschaften, bei denen enumerable true ist. getOwnPropertyNames() liefert hingegen alle Eigenschaften, unabhängig vom enumerable-Attribut.

8.7.6   Der Strict Mode

ECMAScript 5 definiert einen Strict Mode, bei dem strengere Regeln
gelten. Wenn wir beispielsweise versuchen, eine schreibgeschützte
Eigenschaft zu verändern, wird dieser Befehl im normalen Modus einfach ignoriert. Wenn wir den Strict Mode verwenden, erzeugt der
Browser hier eine Fehlermeldung.

So lästig Fehlermeldungen auch sein können, zwingen sie einen zu
einer sauberen Programmierweise. Der Strict Mode wird durch den
String "use strict"; eingeschaltet. Durch diese Schreibweise wird verhindert, dass ältere Browser, die den Strict Mode nicht kennen, über
diesen Befehl stolpern.

ecma5_9.html
(Auszug)

```
"use strict";

var obj = {}

Object.defineProperty(obj, "a",
    { value: "abc",
      writable: false
    });

obj.a = "xyz"; // Fehler, da Strict Mode
```

Der Strict Mode zwingt nicht nur im Zusammenhang mit Objekten zu
einer sauberen Programmierweise, sondern es gibt viele weitere Dinge,
die unterbunden werden. So wird im Strict Mode beispielsweise darauf
geachtet, dass Sie alle Variablen mit var definieren, bevor diese zum
Einsatz kommen.

9 Vordefinierte Objekte

Wir haben bereits ein paar vordefinierte Objekte kennengelernt, wie das `Global`-Objekt (siehe *Vordefinierte Funktionen*, S. 78), das `Function`-Objekt (siehe *Das Function-Objekt*, S. 80) und das `Object`-Objekt (siehe *Das Object-Objekt*, S. 88). Jede ECMAScript-Implementation kennt weitere vordefinierte Objekte, von denen wir uns nun die folgenden anschauen wollen:

- Date
- Math
- String
- Array

Hinzu kommen noch die `Boolean`- und `Number`-Objekte zum Erfassen von booleschen Werten bzw. Zahlen. Darüber hinaus gibt es noch das `RegExp`-Objekt (siehe *Das RegExp-Objekt*, S. 254) und die verschiedenen `Error`-Objekte (siehe *Das Error-Objekt*, S. 129).

Neben den hier genannten Objekten gibt es eine ganze Reihe weiterer Objekte, die z.B. durch den Browser zur Verfügung gestellt werden. Diese Objekte zählen jedoch nicht zu ECMAScript und sind vom jeweiligen Kontext abhängig.

9.1 Das Date-Objekt

Das `Date`-Objekt ermöglicht die Arbeit mit Datumsangaben. Damit können Sie beispielsweise die aktuelle Zeit ausgeben, die Zeit in verschiedenen Zeitzonen ermitteln oder die Zeitspanne zwischen zwei Zeitpunkten berechnen.

Ein Datum wird rechnerintern durch eine sehr lange Zahl repräsentiert. Diese Zahl gibt die Millisekunden an, die seit dem 1.1.1970 um 0:00:00 Uhr verstrichen sind. Klingt kompliziert, braucht Sie aber nicht zu stören, denn um die Details kümmert sich der Computer.

1.1.1970 0:00 Uhr als Bezugspunkt

Die Vorgehensweise hat jedoch den Nachteil, dass man das `Date`-Objekt für Daten vor dem 1.1.1970 nicht verwenden kann. Sie können damit also nicht berechnen, an welchem Wochentag Ihr Urgroßvater geboren ist.

9.1.1   Ein Date-Objekt erzeugen

Wir müssen zunächst mit `new` ein `Date`-Objekt erzeugen, um damit arbeiten zu können:

```
var heute = new Date();
```

Jedes `Date`-Objekt repräsentiert ein bestimmtes Datum und eine bestimmte Uhrzeit. Praktischerweise bekommt `heute` durch den Aufruf des Konstruktors ohne Argumente automatisch die aktuelle Uhrzeit und das aktuelle Datum zugewiesen. Nachdem die oben genannte Zeile ausgeführt wurde, repräsentiert das Objekt `heute` also das aktuelle Datum mit der momentanen Uhrzeit.

Systemuhr Woher bekommt JavaScript jedoch das Datum und die Uhrzeit? Jeder Computer besitzt eine Systemuhr. JavaScript bezieht von dort die aktuellen Werte. Die Uhrzeit ist also nicht irgendeine Uhrzeit aus dem Internet, sondern die lokale Zeit auf dem Computer des Anwenders. Natürlich muss die Systemuhr des Anwenders korrekt gestellt sein, damit die richtige Uhrzeit angezeigt wird.

Die Uhrzeit im `Date`-Objekt läuft übrigens nicht automatisch weiter, auch wenn ein `Date`-Objekt mit der aktuellen Zeit generiert wird. Das `Date`-Objekt repräsentiert eine bestimmte Uhrzeit und ein bestimmtes Datum. Um eine laufende Uhr zu bekommen, kann man einen Timer verwenden (siehe *Verzögerte Ausführung mit Timern*, S. 146).

Das `Date`-Objekt definiert viele Eigenschaften und Methoden, die wir für unsere Zwecke verwenden können. Hier wird nur ein Teil dargestellt. Weitere Informationen über die verfügbaren Eigenschaften und Methoden erhalten Sie in der Referenz.

9.1.2   Das Datum und die Uhrzeit festlegen

Möchten Sie ein spezielles Datum haben, gibt es verschiedene Möglichkeiten, dieses anzugeben. Das `Date`-Objekt definiert eine ganze Reihe von Konstruktoren, mit denen ein `Date`-Objekt erzeugt werden kann:

```
datum = new Date(jahr, monat, tag);
datum = new Date(jahr, monat, tag, std, min, sek);
datum = new Date("monat tag, jahr std:min:sek");
```

Wenn Sie ein Date-Objekt mit dem Datum 11. April 2015 haben möchten, schreiben Sie Folgendes:

```
datum = new Date(2015, 3, 11);
```

Das einzig Tückische hierbei ist, dass dem Monat Januar die Nummer 0 zugeordnet wird und nicht die Nummer 1, wie man zunächst annehmen würde. Deshalb steht im obigen Beispiel eine 3 für April, obwohl es der vierte Monat ist.

9.1.3 Ein Datum ausgeben

Ist das Date-Objekt erstellt, kann die Uhrzeit oder das Datum ausgelesen werden. Es gibt auch Methoden, mit denen man die Uhrzeit oder das Datum verändern kann. Wir wollen uns zunächst ein Programm anschauen, das die Uhrzeit in einem Hinweisfenster ausgibt.

Zunächst erzeugen wir ein Objekt mit der aktuellen Zeit und dem aktuellen Datum. Anschließend wird die Uhrzeit mittels alert() ausgegeben. Um die Anzahl der Stunden zu erfahren, bedient man sich der Methode getHours() des Date-Objekts. Die Minuten erhält man mit getMinutes() usw.

```
heute = new Date();

alert("Jetzt ist es: " +
    heute.getHours() + ":" +
    ((heute.getMinutes()<10) ? "0" : "") +
    heute.getMinutes() + " Uhr.");
```

date1.html
(Auszug)

In der vorletzten Zeile wird geprüft, ob die Minutenzahl einstellig ist und eine führende Null eingefügt werden muss. Um das Datum auszugeben, können Sie Folgendes schreiben:

```
alert("Datum: " +
    heute.getDate() + "." +
    (heute.getMonth() + 1) + "." +
    heute.getFullYear());
```

9.1.4 Zeitdifferenzen berechnen

Das folgende Beispiel zeigt, wie sich mit JavaScript berechnen lässt, wie viele Tage es noch bis zu einem bestimmten Datum sind. Es wird die verbleibende Zeitdifferenz in Tagen bis zum nächsten Weihnachtsfest (24.12.) berechnet:

date2.html
(Auszug)

```
// Date-Objekte erzeugen
var heute = new Date();
var jahr = heute.getFullYear();

var weihnachten = new Date(jahr, 11, 24);

// Ist Weihnachten dieses Jahr schon vorbei?
if (heute.getTime() > weihnachten.getTime())
    weihnachten.setYear(jahr + 1);

// Berechnung der Differenz
var differenz = weihnachten.getTime() - heute.getTime();
var tage = Math.ceil( differenz / (1000 * 60 * 60 * 24));

// Ausgabe
alert("Es sind noch " + tage + " Tage bis Weihnachten.");
```

Das Skript erzeugt zwei Date-Objekte. Das Date-Objekt heute repräsentiert das heutige Datum, während weihnachten für den 24.12. des gleichen Jahres steht. In einer if-Abfrage wird festgestellt, ob Weihnachten dieses Jahr schon vorbei ist. Ist dies der Fall, muss das Datum im Objekt weihnachten um ein Jahr *weitergestellt* werden.

Berechnung von Zeitdifferenzen

Wie berechnen wir nun eine Zeitdifferenz in Tagen? Wir könnten natürlich überlegen, welche Monate betroffen sind, und so die Tage ermitteln. Dabei müssten wir beachten, dass die Monate unterschiedlich lang sind und es schließlich ja auch noch Schaltjahre gibt.

Doch wozu haben wir ein Date-Objekt? Es übernimmt solche Berechnungen für uns. Wenn wir zwei Daten haben, können wir diese in Millisekunden ausgeben. Das wird mit der Methode getTime() gemacht. Jetzt kann man ganz einfach die Differenz aus diesen beiden Werten berechnen. Wir erhalten die Zeitdauer zwischen unseren beiden Daten – zwar noch in Millisekunden, aber das können wir leicht umrechnen. Da wir mit einer Angabe in Millisekunden nicht sehr viel anfangen können, müssen wir diese in Tage umrechnen. Dazu müssen wir die Differenz in Millisekunden durch 86400000 (=1000*60*60*24) teilen, was der Länge eines Tages in Millisekunden entspricht. Da man nicht annehmen kann, dass die Division immer exakt aufgeht (dies ist nur genau zu Mitternacht der Fall), müssen wir das Ergebnis aufrunden. Dafür kennt JavaScript die Methode ceil() des Math-Objekts. Dieses Objekt werden wir weiter unten näher kennenlernen.

Wenn Sie für den Fall, dass heute oder morgen Weihnachten ist, spezielle Texte ausgeben möchten, können Sie am Ende des Skripts eine Verzweigung mit einer if-Abfrage einfügen.

9.2   Das Math-Objekt

Das Math-Objekt ermöglicht dem Programmierer, auf einige wichtige mathematische Funktionen zuzugreifen. Dazu zählen z.B. trigonometrische, Exponential- oder Wurzelfunktionen. Besonders praktisch sind die Methoden zum Runden von Zahlen. Die Referenz am Ende dieses Buches beschreibt die einzelnen Eigenschaften und Methoden.

Um mit dem Math-Objekt zu arbeiten, müssen Sie nicht den new-Operator verwenden. Man sagt dazu, dass die Methoden des Math-Objekts als statische Methoden definiert sind. Um z.B. die Zahl 17.4 mit der Methode round() zu runden, schreibt man:

```
x = Math.round(17.4);
```

9.2.1   Vordefinierte Konstanten

Das Math-Objekt kennt einige vordefinierte Konstanten. Dazu gehört beispielsweise die Kreiszahl Pi. Diese lässt sich wie folgt ausgeben:

```
alert(Math.PI);
```

Beachten Sie, dass Sie PI (und alle anderen Math-Konstanten) mit Großbuchstaben schreiben müssen. JavaScript ist bekanntlich case-sensitive, d.h., es findet eine Unterscheidung zwischen Groß- und Kleinbuchstaben statt.

9.2.2   Zahlen runden

Es gibt drei verschiedene Methoden zum Runden von Zahlen. Die Methode floor() (engl. für *Boden*) rundet Zahlen grundsätzlich ab. Es werden also quasi die Nachkommastellen abgeschnitten. Mit ceil() (*ceil* steht für *ceiling*, das im Englischen *Decke* bedeutet) werden Zahlen grundsätzlich aufgerundet. Verwendet man round(), wird aufgerundet, wenn die erste Nachkommastelle mindestens 5 ist. Ansonsten wird abgerundet. Dies veranschaulicht die folgende Abbildung.

	Math.round(x)	Math.floor(x)	Math.ceil(x)
x = 3.2	3	3	4
x = 3.7	4	3	4

Abb. 9–1

Runden von Zahlen

9.2.3 Zufallszahlen

Mit `Math.random()` erhalten Sie eine Zufallszahl zwischen 0 und 1. Dies ist im Prinzip nicht wirklich eine Zufallszahl. Der Computer *berechnet* Zufallszahlen, da sich ein Computer keine *zufällige* Zahl einfallen lassen kann. Normalerweise wird dazu die Systemzeit als Ausgangswert benutzt.

Um eine Zufallszahl zwischen 1 und 100 ohne Kommastellen zu bekommen, können wir `Math.random()` mit `Math.round()` kombinieren:

zufall.html
(Auszug)

```
var zufall = Math.round(Math.random() * 100 + 0.5);
```

Würden wir am Ende nicht noch 0.5 hinzuaddieren, bekämen wir Zufallszahlen zwischen 0 und 100. Außerdem wären die Zahlen 0 und 100 nicht gleich wahrscheinlich wie die restlichen Zahlen.

9.3 Das String-Objekt

Das `String`-Objekt wird benutzt, um mit Zeichenketten (sogenannten Textstrings) zu arbeiten. Zuerst müssen wir mit new ein neues `String`-Objekt erzeugen. Dies kann z.B. so aussehen:

```
var text = new String("Dies ist ein String");
```

Man kann mit new auch einen leeren String erzeugen und erst danach dem Objekt einen Wert zuweisen:

```
var text = new String();
text = "Dies ist ein String";
```

Für die Definition von Strings gibt es eine abkürzende Schreibweise. Sie können einer Variablen eine Zeichenkette direkt zuweisen. Demnach ist es egal, ob Sie

```
var text = new String("Dies ist ein String");
```

oder

```
var text = "Dies ist ein String";
```

schreiben. In beiden Fällen wird ein `String`-Objekt erzeugt, auf das Sie mit der Variablen text zugreifen können.

9.3.1 charAt()

Möchten Sie feststellen, welcher Buchstabe an einer Position in einem Textstring steht, können Sie charAt() verwenden. Beispielsweise kann man mit

string1.html
(Auszug)

```
var zeichen = "Sein oder Nichtsein".charAt(10);
```

erfahren, welcher Buchstabe an der elften Stelle des Strings "Sein oder Nichtsein" steht.

Die folgenden Schaubilder gehen davon aus, dass die Variable text den String "Sein oder Nichtsein" enthält.

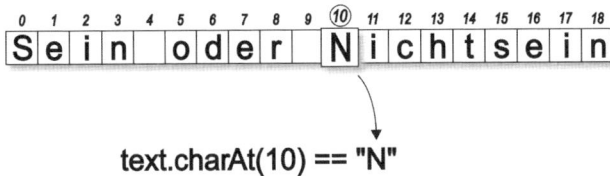

Abb. 9–2

charAt()

Wie bereits erwähnt wurde, gibt es oftmals mehrere gleichwertige Schreibweisen. So bezwecken die folgenden Befehle dasselbe:

```
var text = "Sein oder Nichtsein";
var zeichen = text.charAt(10);

var text2 = new String("Sein oder Nichtsein");
var zeichen = text2.charAt(10);

var zeichen = "Sein oder Nichtsein".charAt(10);
```

Das Ergebnis ist der Buchstabe *N*. Man muss beachten, dass das erste Zeichen des Strings an der Position 0 steht und nicht an der Position 1, wie vielleicht vermutet werden könnte. Folgender Befehl liefert den ersten Buchstaben des Strings zurück:

```
var zeichen = "Sein oder Nichtsein".charAt(0);
```

9.3.2   indexOf()

Möchten Sie feststellen, ob ein bestimmtes Wort oder ein bestimmter Wortteil in einem String vorkommt, bietet sich die Methode indexOf() an. Diese Methode gibt an, an welcher Stelle eine bestimmte Zeichenfolge steht. Der Befehl liefert die Position des ersten Zeichens der gefundenen Zeichenfolge zurück.

```
var pos = "Sein oder Nichtsein".indexOf("oder");
```

string2.html

(Auszug)

Das Ergebnis dieser Zeile ist 5, da das *o* an der sechsten Stelle steht.

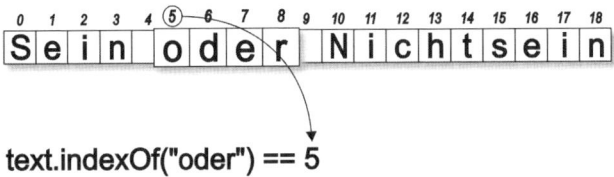

Abb. 9–3

indexOf()

Prüfen, ob eine Zeichenfolge vorkommt

Kommt die Zeichenfolge nicht vor, ist das Ergebnis gleich -1. Um zu prüfen, ob eine bestimmte Zeichenfolge enthalten ist, muss deshalb praktischerweise nur untersucht werden, ob indexOf() ungleich -1 ist.

Wenn die gesuchte Zeichenfolge mehrfach vorkommt

Kommt die Zeichenfolge mehrmals vor, liefert die Methode indexOf() nur die Position der ersten Zeichenfolge zurück. Wird in unserem String beispielsweise nach *ein* gesucht, so erhalten wir mit

```
var pos = "Sein oder Nichtsein".indexOf("ein");
```

den Wert 1, da das erste *ein* an der Position 1 steht. Um die Position des zweiten *ein* herauszubekommen, kennt die Methode indexOf() ein zweites Argument. Dieses gibt an, an welcher Stelle im String die Suche beginnen soll. So können wir beispielsweise ab der Position 5 suchen:

```
var pos = "Sein oder Nichtsein".indexOf("ein", 5);
```

Dieser Aufruf der Methode liefert den Wert 16 zurück, da ab der Position 5 das nächste *ein* an der Stelle 16 gefunden wird.

Abb. 9–4
indexOf()

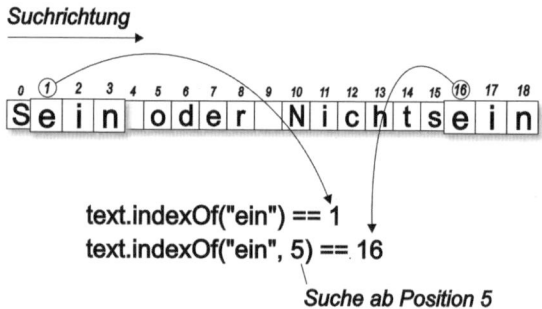

9.3.3   lastIndexOf()

lastIndexOf() funktioniert genauso wie indexOf(), mit dem Unterschied, dass die Suche von hinten begonnen wird. Auch hier kann ein zweites Argument angegeben werden, das die Anfangsposition der Suche kennzeichnet.

Abb. 9–5
lastIndexOf()

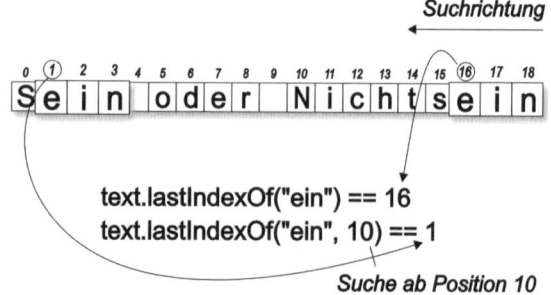

9.3.4 substring()

Mit substring() können Sie einen Teil eines Strings auslesen. Man nimmt sich sozusagen ein Stück aus einem existierenden String heraus. Die beiden Argumente geben dabei die Anfangs- und Endposition an:

```
var teil = "Sein oder Nichtsein".substring(0,9);
```

Die Variable teil nimmt in dem Beispiel den String "Sein oder" auf. Es ist zu beachten, dass das Zeichen, das an der Endposition steht, nicht mitkopiert wird. In unserem Beispiel steht an der Position 9 ein Leerzeichen. Da substring() die Endposition nicht mitkopiert, ist das letzte Zeichen in unserem Ergebnisstring der Buchstabe *r*.

Im folgenden Beispiel wird der Variablen teil der Teilstring "oder" zugewiesen:

string3.html
(Auszug)

```
var teil = "Sein oder Nichtsein".substring(5,9);
```

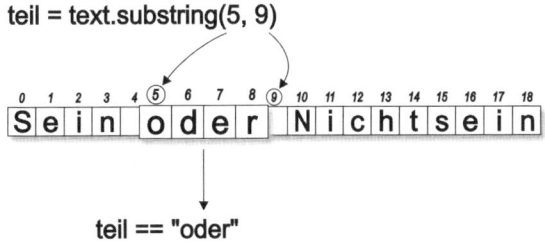

Abb. 9–6
substring()

Sie bekommen keine Fehlermeldung, wenn Sie einen Endwert angeben, der größer ist als die Länge des Strings. Der folgende Aufruf von substring() funktioniert also ohne Probleme und liefert den gesamten String zurück:

```
var teil = "Sein oder Nichtsein".substring(0,100);
```

9.3.5 split()

Die split()-Methode kann dafür verwendet werden, um einen String in mehrere Teilstrings aufzuteilen. Zum Beispiel bedeutet die folgende Zeile, dass der String "Sein oder Nichtsein" an jedem Leerzeichen, das in dem String vorkommt, aufgeteilt wird:

```
var teil = "Sein oder Nichtsein".split(" ");
```

string4.html
(Auszug)

Zurückgeliefert wird ein Array, das die Teilstrings enthält, wie es die Abbildung 9–7 verdeutlicht. Auf Arrays werden wir später in diesem Kapitel näher eingehen. Wir werden außerdem auf die split()-Methode im Zusammenhang mit regulären Ausdrücken zurückkommen (siehe *split(reg)*, S. 258).

Abb. 9–7

split()

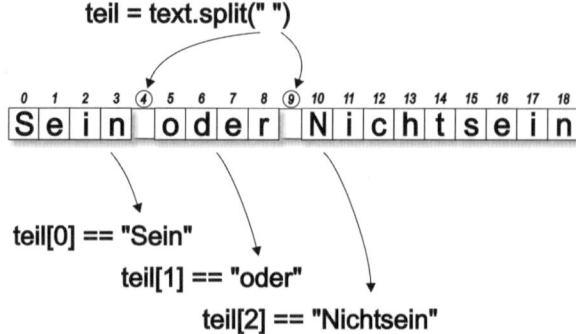

string5.html

(Auszug)

9.3.6 Länge eines Strings

length Die Eigenschaft length gibt die Länge eines Strings an. Dabei werden alle Leerzeichen und Sonderzeichen zu der Länge hinzugerechnet. Bitte beachten Sie, dass es sich bei length um eine *Eigenschaft* des String-Objekts handelt und nicht um eine *Methode*, wie dies in Java der Fall ist. Deshalb werden auch keine Klammern hinter length angegeben. Es ist nicht möglich, die Länge eines Strings zu ändern, indem dem length-Element ein neuer Wert zugewiesen wird. In der folgenden Programmzeile nimmt laenge den Wert 19 an:

```
var laenge = "Sein oder Nichtsein".length;
```

Abb. 9–8

length

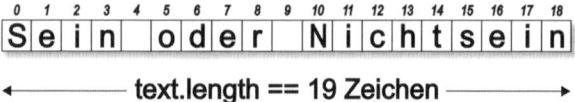

9.4 Das Array-Objekt

Angenommen, Sie möchten 100 verschiedene Werte für spätere Berechnungen in Variablen halten. Es könnte sich z.B. um eine Messreihe von Temperaturwerten handeln, die für die spätere Auswertung gespeichert werden soll. Die Auswertung könnte darin bestehen, dass der Durchschnittswert aus den Messdaten berechnet werden soll.

Es wäre sehr aufwendig, dafür 100 Variablen zu definieren, wie wir das bisher getan haben. Für solche Zwecke gibt es in JavaScript *Felder* Arrays (im Deutschen auch *Felder* genannt), die man sich als eine Ansammlung von durchnummerierten Variablen vorstellen kann. Arrays werden in JavaScript durch das Array-Objekt repräsentiert, das wir im Folgenden genauer untersuchen wollen.

9.4.1 Ein Array erzeugen

Bei der Erzeugung eines Array-Objekts kann die gewünschte Größe des Arrays angegeben werden. Der Befehl

```
var temperatur = new Array(100);
```

erzeugt ein Feld temperatur mit 100 Elementen.

Bei der Erzeugung eines Arrays werden zuerst alle Elemente automatisch auf undefined gesetzt.

undefined

9.4.2 Auf die Elemente eines Arrays zugreifen

Um auf die einzelnen Elemente eines Arrays zuzugreifen, wird der Name des Arrays in Kombination mit einer Laufnummer verwendet. Die Nummer wird dabei in eckige Klammern nach dem Array-Namen geschrieben. Die einzelnen Array-Elemente lassen sich genauso wie Variablen behandeln.

Nummerierung der einzelnen Elemente

Um in unserem Array temperatur auf das zehnte Element zuzugreifen, schreibt man:

```
var wert = temperatur[9];
```

Die Variable wert erhält damit den Wert, der in dem zehnten Element des temperatur-Arrays gespeichert ist. Mit der folgenden Zeile können wir den Wert des zehnten Elements setzen:

```
temperatur[9] = 100;
```

Die Nummerierung beginnt auch bei Arrays immer mit der Nummer 0. Auf das erste Element wird also mit temperatur[0] zugegriffen. Das letzte Element unseres Arrays ist temperatur[99]. Im Gegensatz zu manchen anderen Programmiersprachen ist das erste Element in Java-Script immer an der Stelle 0. Dies kann nicht verändert werden.

Das folgende Beispiel zeigt, wie mit einem Array gearbeitet werden kann:

```
var meinArray = new Array(3);

meinArray[0] = "Jim";
meinArray[1] = "John";
meinArray[2] = "James";

alert(meinArray[1]);
```

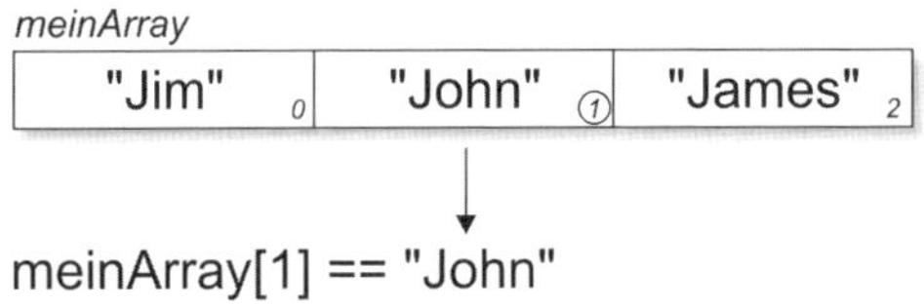

array01.html

(Auszug)

Abb. 9–9

Aufbau eines Arrays

Zuerst wird das Array `meinArray` mit drei Elementen erzeugt. Danach wird den drei Elementen jeweils ein Textstring zugewiesen. Der Inhalt des zweiten Feldes wird anschließend mit `alert()` ausgegeben.

Das obige Beispiel veranschaulicht zwar die Funktionsweise von Arrays, jedoch demonstriert es nicht die eigentliche Stärke von Arrays. Schließlich könnte man im obigen Beispiel auch drei normale Variablen verwenden. Die wahre Stärke von Arrays wird bei der Verwendung von Schleifen deutlich. So kann man mit einer for-Schleife alle Elemente eines Arrays durchlaufen. Dies wird im nächsten Beispiel deutlich, in dem der `alert()`-Aufruf in einer for-Schleife untergebracht wurde. Für den Aufbau der Schleife spielt es keine Rolle, ob das Array drei oder 100 Elemente enthält. Es werden alle Elemente nacheinander durchlaufen.

Arrays und Schleifen

In der for-Schleife wird die Variable `i` von 0 bis 2 durchgezählt. Die Variable `i` wird in den eckigen Klammern nach dem Array-Namen `meinArray` platziert, um auf die einzelnen Elemente des Arrays zuzugreifen.

array02.html
(Auszug)

```
var meinArray = new Array(3);

meinArray[0] = "Jim";
meinArray[1] = "John";
meinArray[2] = "James";

for (var i = 0; i < 3; i++) {
    alert(meinArray[i]);
}
```

Anzahl der Elemente
eines Arrays

Mit der Eigenschaft `length`, die die Anzahl der Elemente eines Arrays angibt, lässt sich die Schleife noch etwas flexibler gestalten. In unserem Beispiel wäre `meinArray.length` gleich 3. Die for-Schleife sieht dann so aus:

```
for (var i = 0; i < meinArray.length; i++) {
    alert(meinArray[i]);
}
```

9.4.3 Ein Array initialisieren

Ein Array kann, wie eine Variable auch, bei der Definition initialisiert werden, d.h., dass jedes Element einen bestimmten Wert zugewiesen bekommt. Dazu werden einfach die Anfangswerte der einzelnen Elemente im `Array()`-Konstruktor angegeben. Das nächste Beispiel zeigt, wie ein Array initialisiert wird:

array03.html
(Auszug)

```
var meinArray = new Array("Jim","John","James");
alert(meinArray[1]);
```

Dieses Beispiel gibt wieder den Inhalt des zweiten Elements in einem Hinweisfenster aus. Ihnen ist sicherlich aufgefallen, dass die Anzahl der Elemente nicht mehr angegeben wird. JavaScript ermittelt dies selbst. Sie können diese Art der Initialisierung nur benutzen, wenn Sie mehr als ein Element haben. Gibt man nur einen Wert in den Klammern an, wird dies als Array-Größe interpretiert und nicht als Array-Element.

9.4.4   Dynamische Arrays

Arrays, die ihre Größe verändern können, werden als dynamische Arrays bezeichnet. Arrays sind in JavaScript immer dynamische Arrays, da sie jederzeit erweitert werden können. Verkleinern kann man diese jedoch nicht. Angenommen, ein Array besitzt zwei Elemente. Obwohl das Element mit der Nummer 3 nicht existiert, kann diesem Element ein Wert zugewiesen werden. JavaScript erweitert das Array automatisch auf vier Elemente (das Element mit der Nummer 3 ist das vierte Element). Das Array wird so erweitert, dass das letzte Element noch hineinpasst. Das Element mit der Nummer 2 bleibt in diesem Fall leer, d.h., es enthält den Wert undefined.

Erweitern von Arrays

Der folgende Quellcode zeigt den Umgang mit dynamischen Arrays. meinArray.length liefert am Anfang den Wert 2 und nach dem Setzen des vierten Elements den Wert 4.

```
// Array mit 2 Elementen erzeugen
var meinArray = new Array(2);
alert(meinArray.length); // Ausgabe 2
// 4. Element setzen
meinArray[3] = "abc";
alert(meinArray.length); // Ausgabe 4
```

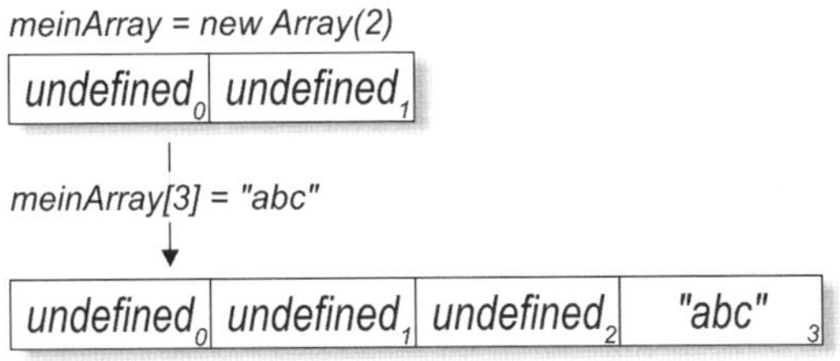

array04.html
(Auszug)

meinArray = new Array(2)

| undefined$_0$ | undefined$_1$ |

meinArray[3] = "abc"

| undefined$_0$ | undefined$_1$ | undefined$_2$ | "abc"$_3$ |

Abb. 9–10
Dynamische Arrays

Ein Array kann von Beginn an als leeres Array definiert werden. Dazu wird der Konstruktor ohne Parameter aufgerufen:

```
meinArray = new Array();
```

Dem Array können dann nach Bedarf neue Elemente hinzugefügt werden.

9.4.5 Unterschiedliche Datentypen in Arrays

Sie können in Arrays alle möglichen Typen von Daten speichern (wie dies auch bei Variablen der Fall ist). Es macht keinen Unterschied, ob Sie Zahlenwerte oder Textstrings speichern. Sie können sogar Datentypen mischen, wie dieses Beispiel zeigt:

array05.html
(Auszug)

```
var meinArray = new Array();
meinArray[0] = 17;
meinArray[1] = 100.5;
meinArray[2] = "John";
```

Abb. 9–11
Unterschiedliche
Datentypen

meinArray

17	100.5	"John"
0	1	2

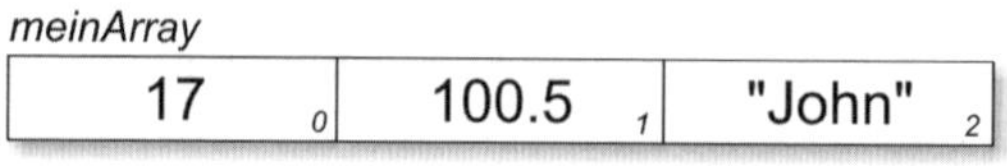

9.4.6 Elemente zu einem String zusammenfügen

Mit der Methode join() eines Array-Objekts können Sie die einzelnen Elemente zu einem Textstring zusammenfügen. Dies kann etwa nützlich sein, wenn alle Elemente eines Arrays ausgegeben werden sollen.

Wenn Sie die Methode join() ohne Argument aufrufen, wird ein Textstring erzeugt, in dem die einzelnen Array-Elemente durch ein Komma getrennt sind. Sie können jedoch auch jeden beliebigen anderen Textstring angeben, der die einzelnen Elemente voneinander trennen soll. Das folgende Skript zeigt den Aufruf von join() mit einem Schrägstrich als Trennungszeichen:

array06.html
(Auszug)

```
var meinArray = new Array();

meinArray[0] = "Jim";
meinArray[1] = "John";
meinArray[2] = "James";

var text = meinArray.join("/");
alert(text);
```

Abb. 9–12
join()

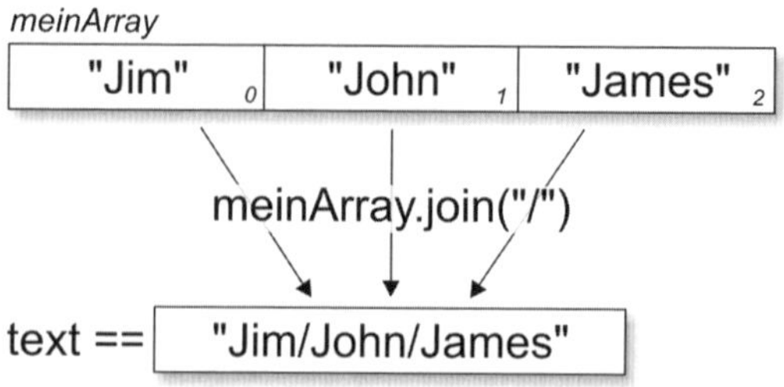

meinArray

"Jim"	"John"	"James"
0	1	2

meinArray.join("/")

text == | "Jim/John/James" |

9.4.7 Die Reihenfolge in einem Array umkehren

Die Methode reverse() wird verwendet, um die Reihenfolge der Elemente innerhalb eines Arrays umzukehren. Das nächste Beispiel erzeugt ein Array mit dem Inhalt 1, 2, 3. Nachdem der Inhalt in einem Hinweisfenster angezeigt wurde, wird die Methode reverse() benutzt. Die darauf folgende erneute Ausgabe des Arrays zeigt, dass sich die Reihenfolge der Elemente geändert hat.

```
var meinArray = new Array(1,2,3);
alert(meinArray.join());

meinArray.reverse();

alert(meinArray.join());
```

array07.html

(Auszug)

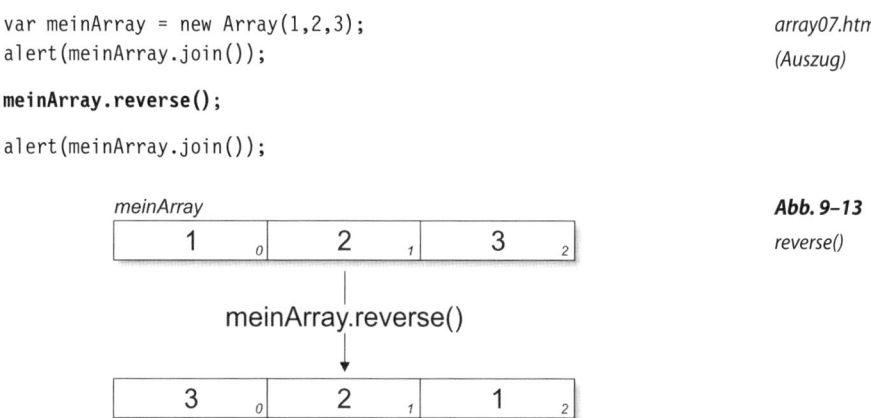

Abb. 9–13

reverse()

9.4.8 Array-Inhalte sortieren

Um die Elemente eines Arrays in JavaScript zu sortieren, gibt es die Methode sort(). Damit werden die Elemente in alphabetische Reihenfolge gebracht. Im folgenden Beispiel wird gezeigt, wie drei Textstrings sortiert werden:

Sortieren nach alphabetischer Reihenfolge

```
var meinArray = new Array();
meinArray[0] = "Elch";
meinArray[1] = "Chamäleon";
meinArray[2] = "Dromedar";
alert(meinArray.join());
meinArray.sort();
alert(meinArray.join());
```

array08.html

(Auszug)

meinArray

"Elch" $_0$	"Chamäleon" $_1$	"Dromedar" $_2$

Abb. 9–14

sort()

meinArray.sort()

"Chamäleon" $_0$	"Dromedar" $_1$	"Elch" $_2$

Sortieren nach Zahlenwerten

Wenn Sie in das obige Beispiel Zahlen einsetzen, werden Sie vielleicht feststellen, dass diese nicht richtig sortiert werden. Das liegt daran, dass alle Elemente in dem Array zu Strings konvertiert werden, bevor der Sortieralgorithmus beginnt. Die Zahlen werden als Strings aufgefasst und alphabetisch sortiert. Möchte man die Zahlen 3 und 17 sortieren, wird die 3 nach der 17 platziert, da 3 größer als 1 ist. Genauso werden Zahlen in einem Lexikon sortiert.

Möchten Sie Zahlen nach ihrem Wert sortieren, müssen Sie das Programm etwas erweitern. Dazu wird eine Sortierfunktion definiert, die die Vorgehensweise bei der Sortierung mit sort() vorgibt. Die Sortierfunktion vergleicht immer zwei Werte miteinander und wird durch sort() mehrfach aufgerufen. Eine Sortierfunktion ist nach folgendem Schema aufgebaut:

```
function vergleiche(a,b) {
    if (a nach einem bestimmten Kriterium kleiner als b)
        return -1
    if (a nach einem bestimmten Kriterium groesser als b)
        return 1
    // a ist gleich b
    return 0
}
```

Wenn die Funktion vergleiche(a,b) einen negativen Wert zurückliefert, wird a vor b sortiert. Wird eine positive Zahl zurückgegeben, kommt b vor a. Der Wert 0 signalisiert, dass die beiden Elemente gleich sind. Das hat zur Folge, dass die beiden Elemente die Position zueinander nicht verändern.

Zur Sortierung von Zahlenwerten dient eine sehr einfache Version der Sortierfunktion:

```
function vergleicheZahlen(a,b) {
    return a - b;
}
```

Ist a größer als b, dann ist der Rückgabewert dieser Funktion positiv. Damit wird a nach b sortiert. Ist a kleiner als b, ergibt a-b einen negativen Rückgabewert. Dies hat zur Folge, dass a vor b sortiert wird.

Damit die Methode sort() die richtige Sortierfunktion auch verwendet, muss der Name der Sortierfunktion (ohne Klammern) beim Aufruf von sort() angegeben werden. Dies kann z.B. so aussehen:

```
meinArray.sort(vergleicheZahlen);
```

Die Funktion `vergleicheZahlen()` wird als Callback-Funktion bezeichnet, da diese von `sort()` selbstständig aufgerufen wird und wir nur eine Referenz auf diese Funktion angeben müssen.

Callback-Funktion

Das nächste Beispiel demonstriert die Sortierung von Zahlen:

```
function vergleicheZahlen(a,b) {
  return a - b;
}

var meinArray = new Array();
meinArray[0] = 3;
meinArray[1] = 17;
meinArray[2] = 0.004;

// Unsortiert
alert(meinArray.join(", "));

// Nach alphabetischer Reihenfolge sortiert
meinArray.sort();
alert(meinArray.join(", "));

// Nach Zahlenwerten sortiert
meinArray.sort(vergleicheZahlen);
alert(meinArray.join(", "));
```

array09.html
(Auszug)

9.4.9   Kurzschreibweise für Arrays

Es gibt eine Kurzschreibweise für die Erzeugung von Arrays. Die einzelnen Elemente eines Arrays werden durch Kommata getrennt in eckigen Klammern aufgeführt. Das folgende Beispiel zeigt dies:

```
var meinArray = [17, 100.5, "John"];
alert(meinArray.join());
```

array10.html
(Auszug)

Zusammen mit der Kurzschreibweise für Objekte, die wir bereits kennengelernt haben, spricht man von der *JavaScript Object Notation* oder kurz JSON (siehe *Die Kurzschreibweise JSON*, S. 91).

JavaScript Object Notation

9.4.10   Erweiterungen in ECMAScript 5

In ECMAScript 5 wurden die Fähigkeiten des `Array`-Objekts weiter ausgebaut. Dazu gehören die beiden Methoden `indexOf()` und `lastIndexOf()`, die genauso wie im Zusammenhang mit `String`-Objekten verwendet werden können:

indexOf() und lastIndexOf()

```
var x = [1, 3, 5];
alert(x.indexOf(3)); // Ausgabe 1
```

array11.html
(Auszug)

Weiterhin gibt es neue Methoden, mit denen die einzelnen Elemente eines Arrays abgefragt bzw. bearbeitet werden können. Mit der *forEach()* Methode `forEach()` kann über jedes Element eines Arrays iteriert werden und eine spezielle Funktion aufgerufen werden:

array12.html
(Auszug)

```
function test(element, index, array) {
    alert(element);
}

var x = [1, 3, 5];
x.forEach(test);
```

Dieses Beispiel produziert für jedes Element des Arrays ein Hinweisfenster. Die Funktion `test()` wird hier als Callback-Funktion definiert. Diese Funktion wird für jedes Array-Element aufgerufen und bekommt als Erstes den Wert des Array-Elements übergeben, dann den Index und als drittes Argument eine Referenz auf das Array-Objekt selbst.

every() Genauso wie bei `forEach()` kann mit `every()` jedes einzelne Array-Element durchlaufen werden. Wenn die Callback-Funktion für jedes Element `true` zurückliefert, gibt auch `every()` den Wert `true` zurück, ansonsten `false`. Das folgende Beispiel prüft, ob jedes Element kleiner als 5 ist:

array13.html
(Auszug)

```
function test(element, index, array) {
    return (element < 5);
}

var x = [1, 2, 3];
if (x.every(test))
    alert("Alle Elemente sind kleiner als 5.")
    else alert("Nicht alle Elemente sind kleiner als 5.");
```

some() Die Methode `some()` liefert `true`, wenn die Callback-Funktion bei mindestens einem Element des Arrays `true` zurückliefert:

array14.html
(Auszug)

```
function test(element, index, array) {
    return (element == 5);
}

var x = [1, 3, 5];
(x.some(test)) ? alert("Ja.") : alert("Nein.");
```

filter() Mit der Methode `filter()` können bestimmte Elemente eines Arrays selektiert werden. Das Ergebnis ist ein neues Array mit den ausgewählten Elementen. Auch hier kommt wieder eine Callback-Funktion zum Einsatz. Je nachdem, ob die Callback-Funktion `true` oder `false` zurückliefert, wird das jeweilige Element in das resultierende Array aufgenommen oder nicht:

```
function test(element, index, array) {                    array15.html
    return (element >= 2);                                 (Auszug)
}

var x = [1, 2, 3];
var y = x.filter(test);
alert(y.join()); // Ausgabe 2,3
```

map() erzeugt auf Basis der zurückgelieferten Werte der Callback-   *map()*
Funktion ein neues Array. Das folgende Array berechnet für jedes Element das Quadrat. Die Ergebnisse werden in dem Array y gespeichert:

```
function test(element, index, array) {                    array16.html
    return element * element;                             (Auszug)
}

var x = [1, 3, 5];
var y = x.map(test);
alert(y[1]); // Ausgabe 9
```

10 Fehlerbehandlung

Beim Programmieren treten hin und wieder Fehlermeldungen auf. Damit Sie mit diesen Fehlermeldungen umgehen können, müssen Sie wissen, welche Fehlerarten existieren. Bevor in diesem Kapitel auf die unterschiedlichen Fehlerarten eingegangen wird, wollen wir uns zunächst anschauen, wie einzelne Browser auf Fehler im Quellcode hinweisen.

Sie können Fehler im JavaScript-Code abfangen und so den Anwender vor Fehlermeldungen bewahren. Als Programmierer können Sie nicht jede Fehlerquelle im Vorfeld ausschließen. Beispielsweise könnten Sie versuchen, auf den Server zuzugreifen, obwohl der Anwender die Internetverbindung unterbrochen hat. Die Verbindung zum Server schlägt fehl und führt im Folgenden zu einem Fehler. Mit JavaScript können Sie darauf reagieren. Dieses sogenannte Exception Handling ist Thema der zweiten Hälfte des Kapitels.

10.1 Fehlermeldungen

In den ersten JavaScript-Browsern wurden Fehlermeldungen in einem Popup-Fenster angezeigt. Das hat zwar den Vorteil, dass der Programmierer schnell erkennt, dass ein Fehler aufgetreten ist. Die Anwender dürften jedoch kaum begeistert sein, wenn sie mit Fehlermeldungen überhäuft werden. Deshalb sind neuere Browser dazu übergegangen, auf Fehler auf dezentere Art und Weise hinzuweisen. Bei manchen Browsern bekommt man überhaupt nicht mit, dass ein Fehler aufgetreten ist. Über das Menü lässt sich eine JavaScript-Konsole bzw. Fehlerkonsole öffnen, in der die Fehlermeldungen aufgelistet werden.

JavaScript-Konsole

Der Internet Explorer zeigt standardmäßig durch ein kleines Symbol (ein Schild mit einem Ausrufezeichen) in der linken unteren Ecke des Browserfensters an, dass ein Fehler aufgetreten ist. Ein Doppelklick auf dieses Symbol öffnet ein Fenster mit der Fehlermeldung. In

Abb. 10–1

Fehlerkonsole in Opera

diesem Fenster können Sie auch angeben, ob zukünftige Fehlermeldungen sofort in einem Popup-Fenster angezeigt werden sollen (siehe Abb. 10–2).

Abb. 10–2

Fehlermeldung im
Internet Explorer

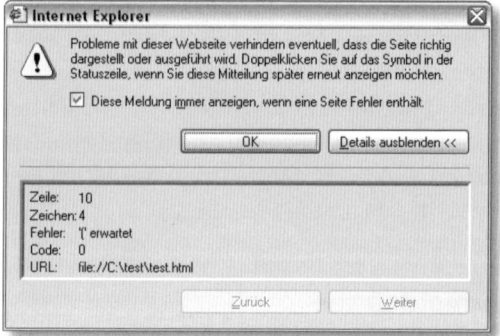

10.2 Fehlerarten

Fehler werden allgemein nach Syntaxfehlern, Laufzeitfehlern und logischen Fehlern unterschieden.

10.2.1 Syntaxfehler

Ein Syntaxfehler tritt auf, wenn Sie einen Befehl anders schreiben, als dies der Computer erwarten würde. Bei der Behandlung von Verzweigungen mit `if` wurde beispielsweise erwähnt, dass die Bedingung immer in Klammern stehen muss. Wenn Sie diese Klammern weglassen, bekommen Sie einen Syntaxfehler. Die vorgeschriebene Syntax lautet:

```
if (Bedingung) ...
```

Der folgende Codeabschnitt stellt wegen der fehlenden Klammern einen Verstoß gegen die vorgeschriebene Schreibweise dar:

```
if x > 17 ...
```

Ein Syntaxfehler ergibt sich auch, wenn Sie einen Funktions- oder Methodenaufruf falsch schreiben. Wenn Sie z.B. `alret()` statt `alert()` schreiben, wird der Browser beanstanden, dass er den Bezeichner `alret` nicht kennt.

Bei JavaScript bemerkt man einen Syntaxfehler erst beim Programmablauf. Der Computer schlägt aber nicht unbedingt sofort beim Laden des Programms bzw. der HTML-Seite Alarm. Wenn eine Funktion durch einen Event-Handler, etwa beim Betätigen einer Schaltfläche, aufgerufen werden soll, wird erst zu diesem Zeitpunkt überprüft, ob die Funktion überhaupt definiert ist. Das heißt, die Fehlermeldung würde bei falsch geschriebenem Funktionsaufruf erst auftreten, wenn man auf die Schaltfläche klickt. Wird auf diese Schaltfläche nie geklickt, bleibt dieser Syntaxfehler unentdeckt.

Syntaxfehler sind meistens recht leicht zu finden, da in der Fehlermeldung angegeben wird, was falsch geschrieben wurde bzw. an welcher Stelle der Computer etwas nicht versteht. JavaScript gibt dabei die Zeilennummer an, in der der Fehler aufgetreten ist.

In JavaScript gibt es eine besondere Falle, die in Programmiersprachen wie Java nicht existiert. Neue Variablen werden in JavaScript einfach akzeptiert. Wie wir gesehen haben, muss man zur Definition einer Variablen nicht einmal var verwenden. Das hat zur Folge, dass Sie durch einen Tippfehler möglicherweise eine neue Variable anlegen, ohne dies zu bemerken. Wenn Sie eine Variable mit dem Namen `variable` definieren und später aus Versehen `variabel=100` (statt `variable=100`) schreiben, fasst JavaScript dies als neue Variablendeklaration auf. Anstatt dass JavaScript eine Fehlermeldung produziert, haben Sie plötzlich zwei verschiedene Variablen – nämlich variable und variabel. Obwohl es sich hier eigentlich um einen Syntaxfehler handelt, tritt dieser Fehler in JavaScript eher wie ein logischer Fehler auf. Dieser ist wesentlich schwerer zu finden, da man nicht einmal eine Fehlermeldung als Anhaltspunkt bekommt.

10.2.2   Laufzeitfehler

Ein typischer Laufzeitfehler ist eine Division durch 0. Der Ausdruck y=1/x ist in der Syntax vollkommen richtig. Solange x nicht den Wert 0 annimmt, funktioniert dies auch ohne Probleme. Eine Division durch 0 ist in der Mathematik bekanntlich nicht gestattet.

In JavaScript produziert eine Division durch 0 allerdings keine Fehlermeldung. Wird der Befehl y=1/0 ausgeführt, bekommt die Variable y den Wert Infinity zugewiesen.

Auch die folgenden Zeilen produzieren keine Fehlermeldung:

```
<!DOCTYPE html>
<html>
<head>
  <title>Fehler</title>
</head>
<body>
  <script type="text/javascript">
    var x = "xyz";
    var y = 1 / x;
    alert(y);
  </script>
</body>
</html>
```

In diesem Fall nimmt y den Wert NaN (*Not a Number*) an, da wir versuchen, einen String in einer Rechenoperation zu verwenden. Es ist zwar praktisch, dass der Anwender keine Fehlermeldung erhält, wenn solch ein Fall eintritt. Allerdings kann es auch manchmal die Fehlersuche etwas erschweren.

Auch wenn der Browser in den angesprochenen Fällen keine Fehlermeldung an sich produziert, kann es im weiteren Programmablauf zu Schwierigkeiten kommen, wenn das Programm auf diese Situationen nicht vorbereitet ist. Für den Programmierer ist die Vermeidung dieser Fehler eine große Herausforderung, da alle erdenklichen Szenarien durchgespielt und getestet werden müssen.

10.2.3   Logische Fehler

Logische Fehler produzieren keine Fehlermeldung und sind meistens wesentlich schwerer zu finden als Syntax- oder Laufzeitfehler. Einen logischen Fehler würde man etwa bekommen, wenn in einer Berechnung statt eines Pluszeichens ein Minuszeichen verwendet wird. Die Befehle sind für den Computer schlüssig. Es wird auch ein Ergebnis produziert, allerdings ist dieses meistens nicht richtig. Solche Fehler bleiben häufig sogar unentdeckt und landen dann als sogenannte Bugs beim Anwender.

Bug ist der englische Begriff für Insekt. Zu Beginn des Computerzeitalters, als die Computer noch ganze Räume füllten, kam es durchaus vor, dass Insekten die Elektronik störten. So wurde 1947 an der Harvard-Universität im Zusammenhang mit dem Computer Mark II eine Motte als Ursache eines Computerfehlers identifiziert. Diese Motte wurde in das Protokoll geklebt und scherzhaft als der erste dokumentierte Fall eines Bugs bezeichnet. Der Begriff wurde jedoch bereits wesentlich früher verwendet, um kleine Fehler im Zusammenhang mit mechanischen und elektrischen Bauteilen zu beschreiben.

Oft kann es schwierig sein, einen logischen Fehler zu lokalisieren. Jeder Befehl sollte hinterfragt werden. Viele Fehler lassen sich erst entdecken, wenn man Schritt für Schritt durch das Programm geht. Wenn Sie wissen, dass irgendwo in einer Berechnung ein Fehler steckt, können Sie versuchen, Teilergebnisse auszugeben. Meistens reicht es, mit `alert()` ein paar Zwischenergebnisse anzuzeigen (diese `alert()`-Aufrufe werden natürlich später wieder entfernt). Sie können aber auch einen Debugger verwenden, um einen Fehler einzukreisen.

Einkreisen von logischen Fehlern

10.3   Debugger

Wie der Name andeutet, sind Debugger Programme, mit denen Bugs aus einem Computerprogramm entfernt werden können. Indem ein Skript Schritt für Schritt ausgeführt wird, lassen sich Abläufe überprüfen und der Wert der verwendeten Variablen überwachen. Debugger sind für die Fehlersuche sehr hilfreich, wobei man diese Programme wahrscheinlich erst bei etwas größeren Projekten einsetzen wird.

Im Internet gibt es verschiedene Debugger, die für JavaScript verwendet werden können. Abbildung 10–3 zeigt das Programm Venkman, das es als Add-on für Firefox gibt (der Fehler im gezeigten Beispiel liegt in den fehlenden `break`-Anweisungen im Zusammenhang mit `switch` – hätte man auch so sehen können ...). Bei manchen Browsern wird der Debugger gleich mitgeliefert, wie z.B. bei Chrome. Hinweise zu den einzelnen Debuggern finden Sie auf den Webseiten der jeweiligen Browseranbieter.

Abb. 10–3

Der Venkman-Debugger
für Firefox

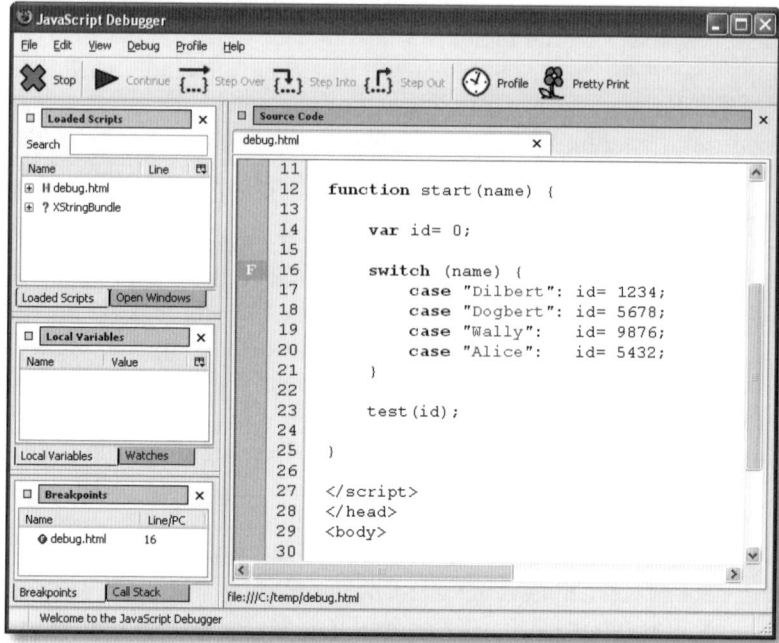

10.4 Exception Handling

Ein aufgetretener Fehler wird in ECMAScript als *Exception* (engl. für *Ausnahme*) bezeichnet. Der Versuch, Fehler abzufangen, wird Exception Handling genannt.

try und catch   Exception Handling basiert auf den Anweisungen try und catch. Nach try (engl. für *versuchen*) steht ein Anweisungsblock, der eine kritische Operation durchführt, d.h. bestimmte Befehle, die möglicherweise Fehler produzieren können. Der Block nach catch (engl. für *auffangen*) gibt an, was passieren soll, wenn im try-Block eine Exception aufgetreten ist. Der catch-Block fängt also die Exceptions aus dem try-Block auf. Das folgende Beispiel demonstriert dies:

except1.html
(Auszug)

```
try {
    xyz.test();
} catch (e) {
    alert("Fehler!");
}
```

Hier wird versucht, die Methode test() des xyz-Objekts aufzurufen. Da dieses Objekt nicht existiert (xyz also null ist), tritt ein Fehler auf.

Normalerweise würden Sie in Ihrem Webbrowser jetzt eine Fehlermeldung erhalten. Stattdessen bekommen Sie ein *alert*-Fenster mit der Meldung *Fehler!*, wie es im catch-Block festgelegt wurde. Das ist natürlich nur ein Beispiel, da wir den Anwender ja eigentlich nicht mit Fehlermeldungen konfrontieren möchten.

Im catch-Block kann JavaScript-Code untergebracht werden, der beim Auftreten eines Fehlers die Situation noch zu retten versucht. Folgen im try-Block noch weitere Anweisungen, werden diese nicht mehr behandelt, sobald ein Fehler eingetreten ist. Nachdem der catch-Block abgearbeitet wurde, wird mit dem Code nach den try-catch-Anweisungen fortgefahren. Tritt bei der Abarbeitung des try-Blocks keine Exception auf, wird der catch-Block nicht bearbeitet.

10.5 Das Error-Objekt

Im vorherigen Beispiel haben Sie gesehen, dass nach catch ein Ausdruck in runden Klammern angegeben wird. Dies ist der Name einer Variablen, der im Falle eines Fehlers ein Error-Objekt zugewiesen wird. Damit erhalten Sie weitere Informationen über die eingetretene Ausnahme.

Das Error-Objekt hat die Eigenschaft name, die Auskunft über den *Fehlertyp und Fehlertext* Fehlertyp gibt. Außerdem erhält die Eigenschaft message einen Fehlertext. Das folgende Beispiel zeigt dies:

```
try {
    xyz.test();
} catch (e) {
    alert(e.name + ": " + e.message);
}
```

except2.html
(Auszug)

Abb. 10–4
Ausgabe im Firefox

Der Microsoft Internet Explorer gibt als Fehlertyp TypeError aus, während Chrome, Firefox und Opera hier einen ReferenceError anzeigen. Die folgende Tabelle zeigt die vordefinierten Fehlertypen.

Tab. 10–1
Vordefinierte Fehlertypen

Fehlertyp	Bedeutung
EvalError	Gibt an, dass ein Fehler im Zusammenhang mit der Funktion eval() aufgetreten ist.
RangeError	Gibt im Zusammenhang mit Zahlenwerten an, dass der Wertebereich überschritten wurde (z.B. bei einem Number-Objekt).
ReferenceError	Weist auf eine ungültige Referenz hin.
SyntaxError	Gibt an, dass ein Fehler beim Parsen des Quellcodes aufgetreten ist (z.B. im Zusammenhang mit eval() oder einem regulären Ausdruck).
TypeError	Gibt an, dass der Typ eines Operanden bei der Ausführung eines Befehls falsch ist.
URIError	Gibt an, dass ein Fehler im Zusammenhang mit einer Webadresse aufgetreten ist.

In Java werden Ausnahmen ähnlich behandelt. Es gibt jedoch einige Unterschiede. Ein wichtiger Unterschied ist, dass in Java mehrere catch-Blöcke für verschiedene Fehlertypen existieren können. In Java-Script kann nur ein catch-Block verwendet werden (aufgrund des loose typing in JavaScript kann man in der catch-Anweisung keine unterschiedlichen Datentypen angeben, wie dies in Java üblich ist).

Ist mit verschiedenen Fehlertypen zu rechnen und möchte man diese getrennt voneinander behandeln, bietet sich der instanceof-Operator an (siehe *Der instanceof-Operator*, S. 86). Damit kann man testen, um welche Art von Objekt es sich handelt. Mit der Zeile

```
if (e instanceof ReferenceError) ...
```

wird z.B. geprüft, ob das Error-Objekt vom Typ ReferenceError ist.

finally   Nach try und catch kann auch ein finally-Block definiert werden. Anweisungen im finally-Block werden immer ausgeführt. Es spielt also keine Rolle, ob eine Ausnahme eingetreten ist oder nicht. finally wird benutzt, um abschließende Aufgaben durchzuführen, die in jedem Fall getätigt werden müssen. Das folgende Beispiel zeigt die Verwendung von finally. Unabhängig davon, ob eine Ausnahme im try-Block auftritt, wird immer ein Fenster mit dem Hinweis *Ende* angezeigt:

except3.html
(Auszug)

```
try {
    xyz.test();
} catch (e) {
    alert("Fehler!");
} finally {
    alert("Ende.");
}
```

10.6 Exceptions auslösen

Sie können in Ihrem JavaScript-Code selbst Error-Objekte erzeugen. Damit haben Sie die Möglichkeit, selbst Exceptions auszulösen. Es wird Ihnen vielleicht nicht einleuchten, wieso man selbst Fehlermeldungen erzeugen will. Schließlich ist es ja schon lästig genug, die Fehlermeldungen des Browsers zu verhindern. Bei kleinen Programmen hat es in der Tat meist nur wenig Sinn, Exceptions selbst auszuwerfen. Bei komplexeren Programmen kann es von Vorteil sein, das Programm in verschiedene Module aufzuteilen, um die Komplexität zu reduzieren. Damit die anderen Programmteile von einem Fehler in einem Modul erfahren, kann das Verwenden von eigenen Exceptions von Vorteil sein.

Zur Auslösung von Exceptions verwenden Sie die throw-Anweisung. Das nächste Beispiel ruft eine Funktion test() auf, die eine Exception auswirft. Diese Exception wird mit einer catch-Anweisung abgefangen.

throw

```
function test() {
    throw new Error("Fehler!");
}

try {
    test();
} catch (e) {
    alert(e.message);
}
```

except4.html

(Auszug)

Wie Sie in diesem Beispiel sehen, erzeugt man Error-Objekte mit:

```
new Error("Text")
```

Der übergebene String ist der Text, der über die Eigenschaft message des Error-Objekts ausgelesen werden kann.

Mit dem Konstruktor Error() wird ein ganz allgemeines Error-Objekt erzeugt. Sie können jedoch auch die anderen vordefinierten Fehlertypen verwenden, um Exceptions auszuwerfen. Um z.B. eine Ausnahme des Typs TypeError zu erzeugen, schreiben Sie:

```
new TypeError("Text")
```

Wie schon bei der Verwendung des instanceof-Operators zu erahnen war, wird jeder Fehlertyp durch ein eigenes Objekt repräsentiert. Deshalb hat auch jeder Fehlertyp einen eigenen Konstruktor, wie er hier dargestellt ist.

Es wird nur selten vorkommen, dass man die vordefinierten Fehlertypen für eigene Exceptions verwendet, da diese Fehlertypen für spezielle Zwecke vorgesehen sind. Es ist jedoch auch möglich, andere

Objekte im Falle eines Fehlers auszuwerfen. Das demonstriert dieses Beispiel:

except5.html

(Auszug)

```
function MeinFehler(msg) {
    this.message = msg;
    this.name = "MeinFehler";
}

function test() {
    throw new MeinFehler("Fehler!");
}

try {
    test();
} catch (e) {
    if (e instanceof MeinFehler) {
        alert("Fehler 1");
    } else {
        alert("Fehler 2");
    }
}
```

Sie sehen, dass wir ein eigenes Objekt MeinFehler definieren, das im Zusammenhang mit throw erzeugt wird. Es werden die Eigenschaften message und name gesetzt, um den Aufbau des Error-Objekts nachzuahmen (was aber nicht notwendig ist). Im catch-Block wird mit MeinFehler genauso umgegangen, wie dies bei einer Ausnahme eines vordefinierten Fehlertyps der Fall ist.

11 JavaScript im Browser

Bis hierher waren die JavaScript-Programme, die wir geschrieben haben, relativ unabhängig vom Einsatzzweck. Zur Demonstration der Beispiele haben wir zwar immer einen Webbrowser verwendet, aber grundsätzlich lassen sich diese einfachen Beispiele auch in anderen JavaScript-Umgebungen umsetzen. Die vorhergehenden Kapitel behandelten die wichtigsten Elemente des ECMAScript-Standards. Wir verlassen nun dieses Gebiet und konzentrieren uns auf den Einsatz von JavaScript in Webbrowsern.

Vielfach wird übersehen, dass ECMAScript wirklich nur die grundlegenden Sprachelemente standardisiert. Wenn wir JavaScript im Webbrowser einsetzen wollen, kommen wir nicht umhin, über den Standard ECMAScript hinauszugehen. Insbesondere ist hier das Document *DOM* Object Model (DOM) wichtig, das vorgibt, wie die einzelnen Elemente einer Webseite anzusprechen sind (siehe *Das Document Object Model*, S. 159).

Während die grundlegenden Sprachelemente, wie sie im ECMA-Script-Standard festgelegt sind, mittlerweile von den meisten Browsern unterstützt werden, gibt es bei Client-side JavaScript, wie der Einsatz *Client-side JavaScript* von JavaScript im Webbrowser häufig bezeichnet wird, zwischen den *(CSJS)* einzelnen Browsern noch einige Unterschiede. Die Standardisierung hat schon große Erfolge erzielt. Aber der Standardisierungsprozess muss noch weitergehen.

Neben der Frage, wie wir Unterschiede zwischen den Browsern erkennen und umschiffen können, werden wir uns in diesem Kapitel mit dem allgemeinen Aufbau des Browserfensters beschäftigen. Außerdem werden wir uns die Sicherheitsmechanismen von JavaScript ansehen.

11.1   Das Browserfenster

Das Browserfenster ist der Ausgangspunkt für die Webprogrammierung mit JavaScript und somit von zentraler Bedeutung. Bevor wir uns mit den Einzelheiten eines HTML-Dokuments, das in einem Browserfenster angezeigt wird, beschäftigen, müssen wir uns deshalb zunächst mit dem Browserfenster selbst befassen.

11.1.1   Der allgemeine Aufbau

Das window-Objekt

Das Browserfenster wird durch das window-Objekt repräsentiert. Das window-Objekt stellt einige grundlegende Methoden zur Verfügung, beispielsweise zum Öffnen neuer Fenster.

In einem Skript können Sie auf das aktuelle Browserfenster einfach über window zugreifen. Möchten Sie eine Methode des window-Objekts aufrufen, können Sie window häufig jedoch einfach weglassen. Ich habe Ihnen bisher verheimlicht, dass alert() eine Methode des window-Objekts ist. Durch den Sonderstatus des window-Objekts können wir einfach alert() verwenden und müssen nicht immer window.alert() schreiben.

Das document-Objekt

Genauso elementar wie das window-Objekt ist das document-Objekt, das die in einem Browserfenster angezeigte Webseite repräsentiert. Über das document-Objekt haben Sie Zugriff auf alle Komponenten einer Webseite. Damit werden wir uns im nächsten Kapitel beschäftigen (siehe *Das Document Object Model*, S. 159).

Das screen-Objekt

Das screen-Objekt repräsentiert den Bildschirm und beinhaltet Informationen wie die verwendete Auflösung.

Das Schaubild (Abb. 11–1) veranschaulicht den allgemeinen Aufbau.

Abb. 11–1
Die Objekte document,
window und screen

11.1.2   Fenster erzeugen

Wir können mit JavaScript neue Fenster erzeugen. Bevor wir uns das genauer anschauen ein allgemeiner Hinweis: Das Erzeugen von neuen Fenstern wird im Internet kritisch gesehen. Viele Browser unterbinden das sogar, da dieser Mechanismus häufig zur Anzeige von Werbung verwendet wird. Deshalb sollte der Einsatz von neuen Fenstern genau überlegt sein.

Es gibt verschiedene Wege, ein neues Fenster zu erzeugen. Zunächst kann der Anwender dies natürlich selbst machen, was für ein JavaScript-Buch aber nicht wirklich spannend ist.

Dann gibt es die Möglichkeit, direkt im HTML-Code im Zusammenhang mit einem Link anzugeben, dass dieser Link in einem neuen Fenster geöffnet werden soll:

```
<a href="link.html" target="neuesFenster">Link</a>
```

Wenn es noch kein Fenster mit dem Namen neuesFenster gibt, wird durch diesen Link ein neues Fenster neuesFenster erstellt. Klickt der Anwender ein zweites Mal auf diesen Link oder einen anderen Link mit dem gleichen target-Attribut, wird kein zusätzliches Fenster erzeugt, sondern die entsprechende Seite wird in dem bereits existierenden Fenster geladen.

Der Vorteil dieser Vorgehensweise ist, dass dies auch funktioniert, wenn der Anwender kein JavaScript hat. Man kann damit jedoch nicht das Aussehen und die Größe des neuen Fensters beeinflussen.

Das ist bei der Verwendung der `open()`-Methode des `window`-Objekts möglich. Die `open()`-Methode erwartet als Argument die Adresse einer Webseite. Wird kein Argument angegeben, erzeugt der Browser ein leeres Fenster. Wir können also Folgendes schreiben:

fenster1.html
(Auszug)

```
fenster1 = open("http://www.dpunkt.de/");
```

Wird dieser Befehl ausgeführt, öffnet sich ein neues Fenster mit der dpunkt-Homepage. Wie Sie sehen, können wir hier auch einfach `open()` schreiben. `window.open()` funktioniert natürlich auch.

`open()` liefert eine Referenz auf das neue Fenster zurück, die wir in unserem Beispiel in der Variablen `fenster1` speichern. Wie wir später sehen werden, ist diese Referenz für die Kommunikation zwischen den beiden Fenstern wichtig.

Die `open()`-Methode nimmt zwei zusätzliche Argumente entgegen. So können wir mit dem zweiten Argument dem Fenster einen Namen geben. Das ist der Name, den wir oben auch im `target`-Attribut des HTML-Links angegeben haben. Dieser Name ist nicht zu verwechseln mit der Referenz auf das Fenster, die wir in `fenster1` gespeichert haben.

Das dritte Argument ist ein String, der die gewünschten Eigenschaften des Fensters enthält. Um die Größe des neuen Fensters festzulegen, können wir beispielsweise schreiben:

fenster2.html
(Auszug)

```
fenster1 = open("http://www.dpunkt.de/",
     "neuesFenster","height=400,width=700");
```

Neben der Größe des Fensters können weitere Attribute festgelegt werden. Die folgende Tabelle zeigt die Möglichkeiten. Nur bei `width` und `height` erfolgt eine Angabe in Pixel, sonst erwartet der Browser *yes* oder *no*, wie z.B.:

```
fenster1 = open("http://www.dpunkt.de/", "neuesFenster",
     "status=no");
```

Tab. 11–1
Einige Eigenschaften
eines neu zu erzeugenden
Fensters

Parameter	Wirkung
`toolbar`	Werkzeugleiste an/aus
`location`	Textfeld mit URL des geladenen Dokuments an/aus
`directories`	Buttonleiste an/aus
`status`	Statusleiste an/aus
`menubar`	Menüleiste an/aus
`scrollbars`	Scrollbalken an/aus

→

Parameter	Wirkung
resizable	Größe veränderbar?
width	Breite in Pixel
height	Höhe in Pixel

Diese Liste zeigt die Eigenschaften, die in allen gängigen Browsern verfügbar sind, was jedoch nicht unbedingt bedeutet, dass sich jeder Browser an Ihre Vorgaben hält. Aus Sicherheitsgründen legen einige Browser etwa eine Mindestgröße der Fenster fest, sodass ein Programm möglichst keine Fenster unbemerkt öffnen kann. Einzelne Browser definieren noch weitere Eigenschaften, mit denen jedoch im Sinne einer browserunabhängigen Programmierung vorsichtig umgegangen werden sollte.

Je nach Präferenz des Anwenders kann es sein, dass ein neues Fenster als Tab geöffnet wird, also als neue Sicht innerhalb eines bestehenden Fensters. Programmiertechnisch macht es jedoch keinen Unterschied, ob es sich um ein eigenständiges Fenster oder ein Tab in einem bestehenden Fenster handelt.

Tabs

11.1.3   Ein Fenster schließen

Ein Fenster wird in JavaScript über die close()-Methode des window-Objekts geschlossen. Das aktuelle Fenster kann beispielsweise über folgenden Befehl geschlossen werden:

```
<input type="button" value="Fenster schließen"
    onclick="window.close()">
```

fenster3.html
(Auszug)

Hierbei ist jedoch zu beachten, dass Sie im Normalfall nicht jedes beliebige Fenster schließen können, da sonst ein Skript einfach alle Fenster zumachen könnte. Deshalb erlauben die meisten Browser aus Sicherheitsgründen nur das Schließen der Fenster, die auch mit JavaScript erzeugt wurden. Versucht ein Skript ein anderes Fenster zu schließen, fragen einige Browser, wie etwa der Internet Explorer, den Anwender, ob dies erlaubt werden soll. Andere Browser ignorieren diesen Befehl einfach.

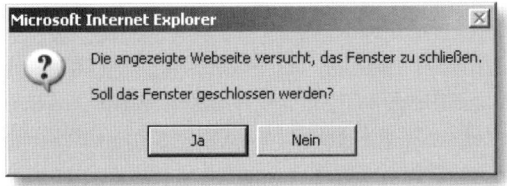

Abb. 11–2

Schließen eines nicht durch JavaScript erzeugten Fensters im Internet Explorer

11.1.4 Ein Fenster in den Vordergrund bringen

Es gibt keine direkte Möglichkeit, ein Fenster in den Vordergrund zu holen. Jedoch kennt das `window`-Objekt die `focus()`-Methode, mit der ein bestimmtes Fenster aktiviert werden kann. In den meisten Betriebssystemen bedeutet das, dass das Fenster in den Vordergrund geholt wird. Dies funktioniert jedoch nicht überall, z.B. auf vielen Unix-Systemen kann ein Fenster den Fokus haben, obwohl es im Hintergrund angezeigt wird.

In unserem Beispiel könnten wir

```
fenster1.focus()
```

schreiben, um das neu erzeugte Fenster in den Vordergrund zu holen.

11.1.5 Zwischen Fenstern kommunizieren

Wie oben beschrieben, gibt die `open()`-Methode eine Referenz auf das neue Fenster zurück, die wir in unserem Beispiel in der Variablen `fenster1` gespeichert haben. Damit können wir mit JavaScript auf das neue Fenster zugreifen und z.B. eine Funktion im anderen Fenster aufrufen.

Ist in dem Dokument, das in dem neuen Fenster geladen wird, beispielsweise die Funktion `codeNeuesFenster()` definiert, können wir diese mit

fenster4.html
(Auszug)

```
fenster1.codeNeuesFenster()
```

aufrufen.

Abb. 11–3
Kommunikation zwischen
zwei Fenstern

ursprüngliches Fenster   neues Fenster

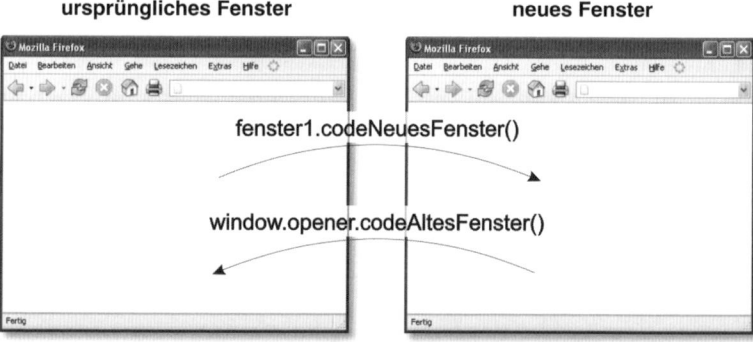

Das neue Dokument kann aber auch auf das alte Dokument zugreifen. Dazu kennt das `window`-Objekt im neuen Fenster die Eigenschaft `opener`, die eine Referenz auf das `window`-Objekt, durch das das neue Fenster erzeugt wurde, darstellt. Definiert das alte Fenster also eine Funktion codeAltesFenster(), so können wir diese vom neuen Fenster aus mit dem folgenden Befehl aufrufen:

```
window.opener.codeAltesFenster()
```

fenster5.html
(Auszug)

Da der Anwender eines der beiden Fenster schließen oder neue Seiten darin laden kann, kann es passieren, dass die jeweilige JavaScript-Funktion im anderen Fenster gar nicht mehr verfügbar ist, wenn Sie sie aufrufen wollen. Deshalb ist es ratsam, vor solch einem Aufruf zu prüfen, ob das Fenster und die Funktion existieren:

```
if (fenster1) {
    if (fenster1.codeNeuesFenster) {
        fenster1.codeNeuesFenster();
    }
}
```

Dafür kann man auch kurz schreiben:

```
if (fenster1 && fenster1.codeNeuesFenster) {
    fenster1.codeNeuesFenster();
}
```

Da JavaScript die Prüfung der Bedingung abbricht, wenn der erste Teil dieser UND-Verknüpfung nicht zutrifft, riskieren wir mit dem zweiten Teil keine Fehlermeldung.

Entsteht jedoch nicht ein Sicherheitsproblem, wenn unser Skript eine fremde Seite aufruft und dann vollen Zugriff auf den Inhalt und den darin definierten JavaScript-Code erhält? Genau so ist es. Aus diesem Grund gewährt der Browser normalerweise nur den vollen Zugriff, wenn die Herkunft der beiden Seiten identisch ist (siehe *Herkunft eines Skripts*, S. 154). Kommen beide Seiten aus unterschiedlichen Quellen, haben die Skripte nicht den vollen Zugriff – es sei denn, der Anwender hat seinen Browser explizit so konfiguriert, wovon jedoch nicht auszugehen ist und was auch aus Sicherheitsaspekten nicht ratsam ist.

11.1.6   IFrames

Webseiten können andere HTML-Dokumente enthalten. Hierfür kommen IFrames zum Einsatz, die einen rechteckigen Bereich innerhalb eines HTML-Dokuments einnehmen und wie ein Browserfenster ein eigenes HTML-Dokument anzeigen können.

IFrames werden mithilfe des <iframe>-Tags erzeugt:

```
<iframe src="seite1.html" id="iframe1" width="350" height="150"
    scrolling="auto" frameborder="1"></iframe>
```

iframe.html
(Auszug)

Auf diesen IFrame können Sie über das frames-Array des window-Objekts zugreifen. Wenn Sie in dem HTML-Dokument, das in iframe1 geladen wird, eine Funktion mit dem Namen test1() definieren, so können Sie diese vom übergeordneten HTML-Dokument mit

```
var x = window.frames["iframe1"];
x.test1();
```

aufrufen. Umgekehrt können Sie vom iframe1 mit

```
parent.testParent()
```

die Funktion testParent() des übergeordneten HTML-Dokuments aufrufen. Auch hier gilt die Sicherheitsrestriktion, dass die jeweiligen Dokumente aus der gleichen Quelle stammen müssen.

Abb. 11–4
Kommunikation mit
einem IFrame

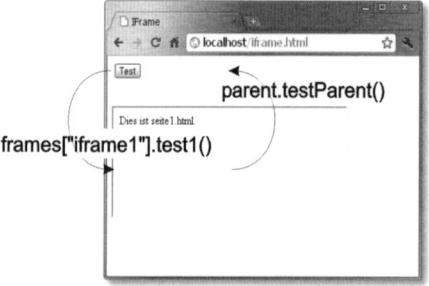

Neben den IFrames kennen die Browser noch normale Frames, die das Browserfenster in rechteckige Bereiche unterteilen. Es wird jedoch allgemein von der Verwendung von diesen Frames abgeraten. Hierfür gibt es unterschiedliche Gründe. Websites mit herkömmlichen Frames bereiten u.a. Probleme bei der Navigation und bei der Indexierung duch Suchmaschinen.

Deshalb möchte ich auf die herkömmlichen Frames nicht näher eingehen. Wenn Sie im Internet die großen Websites anschauen, werden Sie auch kaum noch diese Art von Frames finden.

11.1.7   Dialogfenster

Hinweisfenster

Neben den Browserfenstern gibt es auch noch sogenannte Dialogfenster, die wir bereits in verschiedenen Beispielen als Hinweisfenster eingesetzt haben. Häufig werden diese auch Popup-Fenster genannt. Dialogfenster werden über das window-Objekt mit den Methoden alert(), confirm() und prompt() generiert. Die so erzeugten Popup-Fenster sind modal, d.h., der Anwender muss diese erst schließen, bevor das Haupt-

fenster des Browsers weiterbenutzt werden kann. Normale Browserfenster sind nicht modal, da sie sich gegenseitig nicht blockieren.

Korrekterweise müsste man `window.alert()`, `window.confirm()` und
`window.prompt()` schreiben. Wie bereits erwähnt wurde, stellt das `win-
dow`-Objekt eine Ausnahme dar, sodass die Referenz auf das `window`-
Objekt weggelassen werden kann.

Ein *alert*-Fenster ist ein einfaches Hinweisfenster mit einer *OK*- *alert()*
Schaltfläche. Der Text, der in den Klammern des `alert()`-Aufrufs steht,
erscheint als Hinweis in dem *alert*-Fenster. Zum Beispiel erzeugt der
folgende Aufruf ein Fenster mit dem Inhalt *Hallo Welt!*:

```
alert("Hallo Welt!")
```

Abb. 11–5
Ein alert-Fenster

Um einen Zeilenumbruch in einem Hinweisfenster zu erzeugen, ver- *Sonderzeichen*
wendet man das Zeichen \n. Hier ist unbedingt der rückwärts gerich-
tete Schrägstrich zu verwenden (engl. *backslash*) und nicht ein normaler Schrägstrich. Der folgende Methodenaufruf führt dazu, dass die
Ausgabe zweizeilig erfolgt:

```
alert("Dies sind\nzwei Zeilen")
```

Mit dieser Technik können auch andere Sonderzeichen ausgegeben
werden. Die Zeichenfolge \" erzeugt beispielsweise Anführungsstriche:

```
alert("Ein Anführungszeichen \" ")
```

In einem *confirm*-Fenster hat der Anwender eine Auswahlmöglichkeit *confirm()*
über die beiden Schaltflächen *OK* und *Abbrechen*. Klickt der Benutzer
auf *OK*, so liefert `confirm()` den Wert `true` zurück. Wird auf *Abbrechen* geklickt, hat dies den Rückgabewert `false` zur Folge. Beispielsweise könnte ein `confirm()`-Aufruf so aussehen:

```
var entscheidung =
    confirm("Wollen Sie diese Seite wirklich verlassen?")
```

Abb. 11–6

Ein confirm-Fenster

Abb. 11–6

Ein confirm-Fenster

prompt()

Ein *prompt*-Fenster fordert den Anwender zu einer Eingabe auf. Hierzu wird ein einzeiliges Eingabefeld angezeigt. Der Programmierer kann beim Aufruf von prompt() zwei Argumente angeben. Das erste ist der Text, der den Anwender zur Eingabe auffordern soll. Als zweites Argument kann ein Text angegeben werden, der als Standardtext in dem Eingabefeld erscheinen soll. Die Methode prompt() liefert false zurück, wenn auf *Abbrechen* geklickt wurde. Wenn der Anwender auf *OK* klickt, wird die getätigte Eingabe zurückgegeben.

```
var eingabe = prompt("Wie ist Ihr Name?",
            "Bitte geben Sie hier Ihren Namen ein")
```

Abb. 11–7

Ein prompt-Fenster

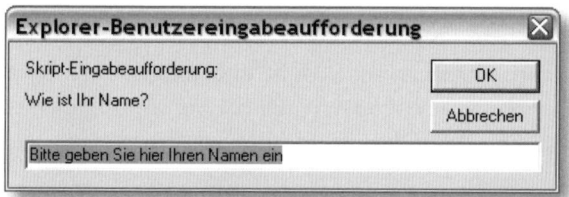

In vielen Browserversionen wird in Popup-Fenstern automatisch ein Text wie *JavaScript-Alert* oder *Skript-Eingabeaufforderung* ausgegeben. Dies ist ein Sicherheitsmechanismus, sodass die Anwender sehen, woher das Popup-Fenster kommt. Der Gedanke dahinter ist, dass sich ein Skript aus dem Internet sonst als eine Abfrage des Betriebssystems oder eines anderen Programms ausgeben könnte und den Anwender dazu verleiten könnte, ein geheimes Passwort preiszugeben. Dieser Text lässt sich nicht abschalten, sonst wäre der Sicherheitsmechanismus ja auch etwas sinnlos.

Während hier unter Popup-Fenster nur die drei gezeigten Dialogfenster zu verstehen sind, wird dieser Begriff im Internet auch häufig für normale Fenster, die unaufgefordert erscheinen, verwendet. So bieten verschiedene Browser eine Option, um Popup-Fenster zu blockieren. Damit sollen normale Fenster mit Werbebotschaften unterbunden werden und nicht die hier gezeigten Dialogfenster.

11.2 Navigation

Im Browserfenster werden unterschiedliche HTML-Dokumente nacheinander angezeigt. Mit JavaScript haben Sie die Möglichkeit, die aktuelle Adresse des angezeigten Dokuments zu erfahren, neue Seiten zu laden oder zwischen den zuvor angeschauten Dokumenten hin- und herzuspringen. Dafür werden die beiden Objekte location und history verwendet.

11.2.1 Das location-Objekt

Das location-Objekt gibt Auskunft über die Herkunft eines HTML-Dokuments. Der Browser benutzt dieses Objekt, um Informationen wie die Adresse, den Servernamen und das verwendete Protokoll in Verbindung mit dem entsprechenden HTML-Dokument zu speichern. Der JavaScript-Programmierer kann die Elemente des location-Objekts auslesen.

Das location-Objekt hat folgende Eigenschaften:

- hash
- host
- hostname
- href
- pathname
- port
- protocol
- search

Eine Webadresse, die häufig auch als URL (*Uniform Resource Locator*) bezeichnet wird, setzt sich nach folgendem Muster zusammen:

Aufbau einer URL

```
protocol // hostname: port pathname search hash
```

In dem Element protocol wird das verwendete Protokoll festgehalten. Dies ist im Web meistens *http:*. Lädt man eine Datei von der Festplatte, bekommt man als Protokoll *file:*. Die Eigenschaft hostname gibt den Namen des Servers an (den sogenannten Domainnamen). Dies ist z.B. *www.xyz.de*. Die Portnummer wird in einer Adresse meist nicht explizit angegeben. In diesem Fall wird für eine HTTP-Verbindung die Standard-Portnummer 80 verwendet. Die Eigenschaft pathname gibt den Pfad und Dateinamen einer bestimmten Datei an.

In der Eigenschaft search wird der Suchstring einer Adresse festgehalten. Ein Suchstring wird mit einem Fragezeichen an die eigentliche Adresse gehängt. Dieser String wird häufig benutzt, wenn Formulareingaben an eine andere HTML-Seite oder an den Server weitergege-

Suchstring

ben werden sollen. Zum Beispiel wird der Suchstring von den meisten Suchmaschinen verwendet, um den Suchbegriff an den Server zu übermitteln. Wir werden später sehen, wie der Suchstring mit JavaScript eingesetzt wird, um Daten zwischen mehreren Dokumenten auszutauschen (siehe *Suchstrings*, S. 282).

Anker

In der Eigenschaft hash wird der Anker angegeben. Mithilfe eines Ankers kann ein Verweis auf eine Stelle innerhalb eines HTML-Dokuments erzeugt werden, an die der Browser direkt springen kann. Dazu verwendet man das <a>-Tag, das auch für normale Hyperlinks benutzt wird. Der Name eines Ankers wird mit dem Zeichen # an die Adresse angehängt. Die Eigenschaft hash werden wir später im Zusammenhang mit Ajax einsetzen (siehe *Navigation und Lesezeichen*, S. 320).

host stellt die Verbindung aus hostname und port dar. Das Element href beinhaltet die komplette Adresse des Dokuments. Damit ist href das wohl meistgebrauchte Element des location-Objekts.

Mit folgendem Befehl können Sie die Eigenschaft href auslesen und erfahren so die Adresse der aktuellen Seite:

location1.html
(Auszug)

```
alert(location.href);
```

Mit dem location-Objekt können Sie auch eine neue HTML-Seite laden. Dazu weisen Sie location.href einfach eine neue URL zu, wie es folgende Zeile zeigt:

location2.html
(Auszug)

```
location.href = "http://www.dpunkt.de/";
```

Dadurch wird natürlich das aktuelle HTML-Dokument durch die neue Seite ersetzt.

11.2.2   Das history-Objekt

Chronologische Auflistung der besuchten Seiten

Im history-Objekt wird eine chronologische Liste der zuletzt besuchten Webseiten gespeichert. Der Browser benutzt dieses Objekt, um die richtigen Seiten bei der Betätigung der *Vor-* und *Zurück*-Schaltflächen zu laden. Auf dieses Objekt können Sie mit JavaScript selbst zugreifen.

Aus Sicherheitsgründen gibt der Browser nicht die eigentliche Adresse der vorher besuchten Seiten preis, da man sonst ausspionieren könnte, wo der Anwender vorher war, und auf diese Weise eventuell Dinge wie Passwörter erfahren könnte.

Das history-Objekt kennt die folgenden Methoden:

- back()
- forward()
- go()

Um z.B. in einem Dokument einen Schritt zurückzugehen, schreibt man:

```
history.back();
```

Gleichbedeutend damit ist

```
history.go(-1)
```

Das Argument gibt dabei an, um wie viele Schritte man sich in welche Richtung bewegen will. Mit

```
history.forward()
```

geht es einen Schritt vorwärts in der History-Liste. Die Eigenschaft `length` gibt die Anzahl der Elemente in einem `history`-Objekt wieder.

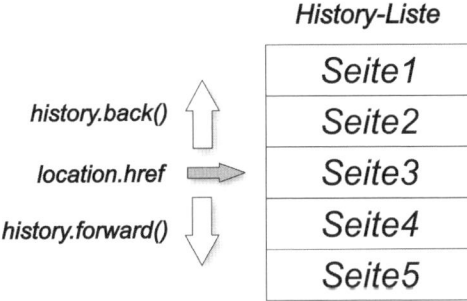

History-Liste

Abb. 11–8
*Die Objekte location
und history*

11.2.3   Browser-Cache

Der Browser verfügt über einen Zwischenspeicher, in dem einmal geladene Seiten abgelegt werden. Dieser Zwischenspeicher nennt sich Browser-Cache (wird wie *Cash* ausgesprochen). Soll eine bereits geladene Seite z.B. über das Betätigen der *Zurück*-Schaltfläche nochmals angezeigt werden, muss der Browser diese Seite nicht erneut vom Server anfordern, sondern kann diese aus dem Cache holen. Dies spart Zeit und reduziert die zu übertragende Datenmenge.

11.3   JavaScript-Code im Browserfenster ausführen

Es gibt verschiedene Möglichkeiten, JavaScript-Code auszuführen. Ein paar davon haben wir bereits gesehen.

11.3.1   Direkte Ausführung beim Laden des HTML-Dokuments

Bei den meisten Beispielen wurde bisher eine direkte Ausführung des JavaScript-Codes gewählt. Der Browser erhält also ein HTML-Dokument mit integriertem JavaScript-Code, der sofort interpretiert wird, sobald der Browser darauf stößt. Das ist für einfache Beispiele in Ordnung, aber in komplexeren Beispielen setzt man eher auf eine ereignisgesteuerte Ausführung.

Synchrone Ausführung   Man spricht hier von einer synchronen Ausführung des JavaScript-Codes. Der Browser führt den Programmcode Schritt für Schritt aus, ohne dabei die Ausführung zu unterbrechen oder auf etwas zu warten.

11.3.2   Ereignisgesteuerte Ausführung

Bei der ereignisgesteuerten Ausführung wartet der Browser, bis etwas Bestimmtes passiert, bevor der entsprechende JavaScript-Code ausgeführt wird. Das kann etwa eine Benutzereingabe sein. Auch das Ende des Ladevorgangs einer HTML-Seite ist ein Ereignis, auf das Sie mit JavaScript-Code reagieren können.

Asynchrone Ausführung   Es handelt sich hierbei um eine asynchrone Ausführung des Java-Script-Codes, da der Browser nur ab und zu tätig wird. Bis das entsprechende Ereignis eintritt, kann der Computer falls erforderlich ganz andere Skripte bearbeiten.

11.3.3   Verzögerte Ausführung mit Timern

Ein Timer ermöglicht die einmalige Ausführung von JavaScript-Code nach einer bestimmten Zeitspanne. Wichtig ist dabei, dass die Seite in der Zwischenzeit nicht blockiert wird. Es kann auch anderer Java-Script-Code in der Zwischenzeit ausgeführt werden. Der Timer läuft also unabhängig vom bisherigen Code.

setTimeout() und   Ein Timer wird über die Methoden `setTimeout()` und `clearTime-`
clearTimeout()   `out()` gesteuert.

Abb. 11–9
Funktionsweise
eines Timers

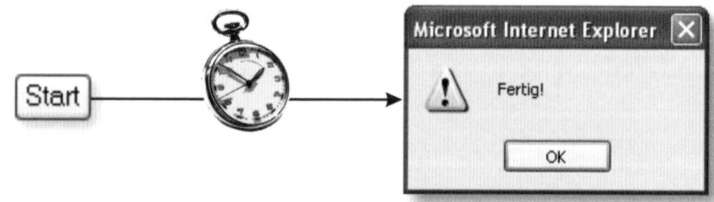

Das folgende Beispiel zeigt, wie mit `setTimeout()` ein Timer programmiert wird:

timer.html
(Auszug)

```
var meinTimer;

function starten() {
    meinTimer = setTimeout("alert('Fertig!')", 1000);
}
```

Ruft man die Funktion `starten()` auf, wird mit `setTimeout()` ein Timer gestartet, der in einer Sekunde (= 1000 Millisekunden) den Befehl `alert('Fertig!')` ausführt.

Wie Sie anhand des Funktionsaufrufs sehen, gibt die Methode `set-Timeout()` etwas zurück. Dies ist eine Referenz auf den Timer. Das ist nützlich, wenn wir den Timer mit `clearTimeout()` stoppen wollen, bevor der entsprechende Code ausgeführt wird. Dafür definieren wir eine Funktion `anhalten()`, die die Methode `clearTimeout()` mit der Referenz auf unseren Timer aufruft:

```
function anhalten() {
    if (meinTimer) clearTimeout(meinTimer);
}
```

Beim Aufruf von `setTimeout()` haben wir den auszuführenden Code in Anführungsstriche geschrieben. Dies ist notwendig, wenn Sie einen Funktions- oder Methodenaufruf mit Variablenübergabe durchführen wollen. Wenn Sie eine Funktion oder Methode ohne Variablenübergabe aufrufen möchten, können Sie es auch so schreiben:

```
setTimeout(eineFkt, 1000)
```

Wir geben hier keine Klammern nach `eineFkt` an, da wir nur eine Referenz dieser Funktion übergeben wollen und diese nicht sofort ausführen möchten. `eineFkt` wird dann wie eine ganz normale Funktion definiert, wie wir das auch sonst tun.

11.3.4   Regelmäßige Ausführung mit Intervallen

Ein Timer wird nur ein einziges Mal ausgeführt. Möchten wir regelmäßig einen Befehl ausführen, verwenden wir ein Intervall. Entsprechend den Befehlen für das Erzeugen und Stoppen eines Timers gibt es die Befehle `setInterval()` und `clearInterval()`. Mit der Ausführung des Befehls

setInterval() und clearInterval()

```
meinInterval = setInterval("alert('Fertig!')", 3000)
```

würden wir alle drei Sekunden ein *alert*-Fenster erhalten. Dies kann über

```
if (meinInterval) clearInterval(meinInterval);
```

gestoppt werden.

11.3.5   Probleme bei der Ausführung von JavaScript-Code

Wir haben nun unterschiedliche Wege kennengelernt, um JavaScript-Code auszuführen. Wenn wir verschiedene Skripte haben, die zeitversetzt oder als Reaktion auf Benutzereingaben ausgeführt werden, stellt sich die Frage, ob sich diese Skripte in die Quere kommen.

Normalerweise beeinflussen sich die einzelnen Skripte nicht. Es gibt jedoch ein paar Fälle, die es zu beachten gilt.

Wenn wir mehrere Timer oder Intervalle verwenden, kann es vorkommen, dass die Zeitspanne eines Timers gerade dann abläuft, wenn der Browser mit der Ausführung eines anderen Skripts beschäftigt ist. In diesem Fall kommt der durch den Timer auszuführende JavaScript-Code einfach später dran, wenn der Browser mit der Abarbeitung des aktuellen Quellcodes fertig ist. Es gibt also keine Garantie, dass der Timer genau dann ausgeführt wird, wenn die Zeitspanne abgelaufen *Single Threaded* ist. Dies liegt daran, dass JavaScript in einem sogenannten Single *Environment* Threaded Environment läuft und der Programmcode zweier Skripte nicht wirklich gleichzeitig ausgeführt wird. Wie wir später sehen werden, kann man diese Restriktion mit einem Web Worker umgehen (siehe *Web Worker*, S. 335).

Schwierigkeiten kann es zudem geben, wenn zwei Skripte auf die gleichen Ressourcen wie etwa Variablen zugreifen. Es kann zu soge-*Wettlaufsituationen* nannten Wettlaufsituationen (engl. *race conditions*) kommen. Fragen zwei verschiedene Skripte beispielsweise die gleiche Variable ab und verändern diese, können unerwartete Ergebnisse entstehen, je nachdem, welches Skript zuerst ausgeführt wird. Solche Fehler sind sehr schwer zu finden, zumal sie nur gelegentlich auftreten. Wenn möglich, sollten Sie solche Situationen vermeiden, indem nicht gleichzeitig auf die gleichen Ressourcen zugegriffen wird.

11.4 Browserversionen überprüfen

Auch wenn wir Skripte möglichst so schreiben sollten, dass sie auf allen Browsern laufen, kommen wir in einigen Fällen nicht umhin, zu prüfen, ob der Anwender auch den richtigen Browser verwendet. Zwar haben die Standardisierungsbemühungen bereits zu einer Vereinheitlichung zwischen den Browsern geführt, jedoch existieren hier und da immer noch Stellen, an denen es Unterschiede gibt.

Wird dies vom Programmierer nicht beachtet, ist die Seite für einige Anwender einfach nicht bedienbar. Es ist nicht immer eine leichte Aufgabe, ein Skript so zu schreiben, dass es auch in älteren Browsern problemlos läuft.

Erstrebenswert ist eine Lösung, die auf den gängigen Browsern problemlos läuft und dort die volle Funktionalität zeigt und bei älteren Browsern zumindest einen alternativen Weg bietet, um die Seite zu bedienen. Natürlich kann dies bedeuten, dass man den doppelten Programmieraufwand hat, aber das Risiko, einen bestimmten Anwenderkreis auszuschließen, ist meistens auch keine gute Lösung. Um solch eine Fallunterscheidung machen zu können, benötigen Sie eine Möglichkeit, um festzustellen, welcher Browser verwendet wird. Basierend auf dieser Information kann dann der für den verwendeten Browser passende Code ausgeführt werden.

Hierzu werden im Folgenden vier verschiedene Möglichkeiten besprochen:

- Das navigator-Objekt abfragen
- Die JavaScript-Version im <script>-Tag angeben
- Die hasFeature()-Methode des DOM-Standards verwenden
- Objekte überprüfen

Die Skripte in diesem Buch verzichten jedoch häufig auf eine Überprüfung der Browserversion, um die Quellcodes kurz zu halten.

11.4.1 Das navigator-Objekt abfragen

Es gibt ein navigator-Objekt, das Informationen über den verwendeten Browser liefert. Der folgende Screenshot zeigt hierzu ein Beispiel, in dem die Eigenschaften des navigator-Objekts ausgegeben werden.

Abb. 11–10

Das navigator-Objekt im Chrome 10.0 auf Windows

Man sieht, dass die Eigenschaften userAgent und appName Informationen bieten, die sich eventuell für eine Browserüberprüfung nutzen lassen. Dies könnte beispielsweise so aussehen:

browser1.html
(Auszug)

```
if (navigator.userAgent.indexOf("MSIE") != -1) {
    // MSIE
    alert("Microsoft Internet Explorer");
} else {
    // kein MSIE
    alert("Kein Microsoft Internet Explorer");

}
```

Wie bereits gezeigt wurde, kann mit indexOf() überprüft werden, ob eine bestimmte Zeichenfolge in einem String vorkommt. Liefert indexOf() den Wert -1, wurde "MSIE" in dem String navigator.userAgent in unserem Beispiel nicht gefunden, d.h., dass der Anwender nicht den Internet Explorer verwendet.

Diese Vorgehensweise funktioniert natürlich nur, wenn die Browser auch ehrlich sind. Sie sind es aber nicht. Viele Browser geben sich als *Internet Explorer* oder *Mozilla* aus, obwohl dies gar nicht zutrifft. Wie Sie anhand von Abbildung 11–10 sehen, gibt sich Chrome auch als Mozilla aus. In anderen Browsern kann der Anwender sogar selbst festlegen, in welcher Verkleidung er durchs Internet surfen will.

Selbst wenn die Browser ehrlich wären, ist von dieser Art der Browserüberprüfung abzuraten. Der Grund ist, dass Sie damit nicht die weiteren Browserentwicklungen berücksichtigen. Stellen Sie sich vor, Sie würden ein Skript schreiben, das den Internet Explorer auf Basis der obigen Überprüfung ausschließt, da dieser Browser eine benötigte Funktion nicht besitzt. Sollte in einer späteren Browserversion diese Funktion hinzukommen, müssten Sie Ihr Skript entsprechend anpassen.

An diesem Problem ändern auch nichts die im Internet verfügbaren *Client Sniffer*, die genauere Informationen über die verwendeten Browserversionen liefern.

MIME-Types

Das navigator-Objekt ist dennoch nicht ganz unnütz, da sich damit ermitteln lässt, ob ein bestimmter MIME-Type unterstützt wird. MIME steht für *Multipurpose Internet Mail Extension*, da es ursprünglich im Zusammenhang mit E-Mail-Anhängen zum Einsatz kam. Mittlerweile werden MIME-Types zur Identifizierung von Dateitypen jeglicher Art verwendet. So können Sie feststellen, ob ein Dateityp wie Flash unterstützt wird:

```
if (navigator.mimeTypes["application/x-shockwave-
flash"].enabledPlugin) ...
```

Da der Internet Explorer auf ActiveX setzt, müssen wir hier einen anderen Ansatz wählen. Die folgende Funktion liefert `true`, wenn Flash unterstützt wird, sonst `false`:

```
function pruefeFlash() {
    if (navigator.mimeTypes.length > 0) {
      return navigator.mimeTypes[
        "application/x-shockwave-flash"].enabledPlugin !=
          null;
    } else if (window.ActiveXObject) {
      try {
        new
        ActiveXObject("ShockwaveFlash.ShockwaveFlash");
        return true;
      } catch (e) {
        return false;
      }
    } else {
      return false
    }
}
```

plugin.html

(Auszug)

11.4.2   Die JavaScript-Version im <script>-Tag angeben

Wir verwenden im <script>-Tag die Eigenschaft type, um die Skriptsprache festzulegen:

```
<script type="text/javascript">
```

Früher war es jedoch üblich, das language-Attribut zu verwenden. Hier konnte auch eine Versionsnummer hinzugefügt werden. Für JavaScript 1.2 sah das so aus:

```
<script language="JavaScript1.2">
alert("JavaScript 1.2 Browser!");
</script>
```

Browser, die nicht mindestens JavaScript 1.2 verstehen, führen den Code in dem <script>-Tag nicht aus. So kann man eine Fallunterscheidung nach der verwendeten JavaScript-Version erreichen.

Allerdings ist auch das keine gute Idee. Zum einen soll nach dem HTML-Standard das Attribut language nicht mehr verwendet werden. Zum anderen löst es unser Problem nicht. Es gibt zwar Unterschiede zwischen den einzelnen JavaScript-Versionen, aber der ECMAScript-Standard hat dazu geführt, dass die grundlegenden Sprachelemente heutzutage in allen Browsern weitgehend einheitlich zur Verfügung stehen.

Die meisten Unterschiede zwischen den Browsern treten nicht in den grundlegenden Sprachelementen auf, sondern in Dingen, die nicht zum ECMAScript-Standard zählen, z.B. im Document Object Model oder im Ereignismodell, worauf wir später näher eingehen werden. Das heißt, selbst wenn wir mit dieser Vorgehensweise prüfen, ob eine neuere JavaScript-Version verwendet wird, können wir nicht wissen, ob alle benötigten Funktionen zur Verfügung stehen, und riskieren damit Fehlermeldungen. Also kann auch von dieser Vorgehensweise abgeraten werden.

11.4.3   Die hasFeature()-Methode des DOM-Standards verwenden

Die hasFeature()-Methode des DOM-Standards

Im nächsten Kapitel werden wir den DOM-Standard kennenlernen. Dieser Standard definiert eine hasFeature()-Methode, mit der man prüfen kann, ob der Browser einen bestimmten Teil des DOM-Standards vollständig unterstützt. Dazu müssen Sie zunächst wissen, wie der entsprechende Standard heißt. Der grundlegende Teil des DOM nennt sich Core. Wollen Sie etwa wissen, ob Ihr Browser DOM Level 2 unterstützt, können Sie Folgendes schreiben:

```
if (document.implementation.hasFeature("Core", "2.0")) { ... }
```

Das zweite Argument gibt die Version des Standards an, mit der Sie arbeiten wollen.

Vom Ansatz her ist das eigentlich eine gute Überprüfung, da der Browser angibt, ob er einen bestimmten Standard kennt. Was heißt es jedoch, wenn in einem Browser die Abfrage oben nicht erfüllt ist? Selbst wenn der entsprechende Teil des Standards nicht komplett unterstützt wird, kann es doch sein, dass zumindest wichtige Teile verfügbar sind. So ist beispielsweise im Internet Explorer 8 die obige Abfrage nicht erfüllt, dennoch kennt dieser Browser die wichtige Methode getElementById(). Würden wir uns auf die hasFeature()-Abfrage verlassen, dürften wir getElementById() in dieser Browserversion nicht verwenden.

11.4.4   Objekte überprüfen

Object Detection

Die einzige empfehlenswerte Vorgehensweise ist die Überprüfung der einzelnen Objekte, Eigenschaften und Methoden, bevor sie verwendet werden. Diese Vorgehensweise nennt sich *Object Detection*. Wie wir später sehen werden, gibt es in den gängigen Browsern die Methode getElementById() im document-Objekt. Ein Aufruf von

```
x = document.getElementById("test")
```

in älteren Browsern, die diese Methode nicht kennen, führt zu einer Fehlermeldung. In JavaScript können Sie jedoch überprüfen, ob ein Element existiert, bevor es verwendet wird:

```
if (document.getElementById)
   x = document.getElementById("test")
else ...
```

Bitte beachten Sie, dass in der `if`-Abfrage keine Klammern nach `get-ElementById` stehen dürfen, da Sie damit ja die Methode sonst schon aufrufen würden. Vielmehr wird hier nur überprüft, ob der Browser eine Eigenschaft oder Methode mit dem Namen `getElementById` kennt. Ist das nicht der Fall, trifft die Bedingung nicht zu.

Um nicht den ganzen Code voll mit Abfragen und Fallunterscheidungen machen zu müssen, schreibt man häufig am Anfang einer Funktion etwas wie:

```
if (!document.getElementById) return false;
```

Für den Fall, dass die Methode `getElementById()` unbekannt ist, wird damit die Bearbeitung der Funktion an dieser Stelle unterbrochen. Im weiteren Verlauf der Funktion ist also sicher, dass `getElementById()` bekannt ist. Genauso wie hier die Überprüfung einer Methode gezeigt wurde, können auch Objekte und Eigenschaften überprüft werden.

Leider kann es auch mit dieser Vorgehensweise zu Problemen kommen. Beispielsweise weiß man zwar mit dieser Technik, ob ein bestimmtes Element verfügbar ist, aber es ist natürlich nicht sicher, dass die Funktionalität auch überall gleich ist.

Die Überprüfung der verwendeten Objekte hat den wesentlichen Vorteil, dass auch neuere oder unbekannte Browserversionen automatisch abgedeckt sind. Die Browserüberprüfung muss also deshalb nicht ständig angepasst werden. Aus diesem Grund ist dies die zu empfehlende Vorgehensweise.

11.5 Sicherheit

Wenn mehrere Computer miteinander in Verbindung treten, entsteht immer ein gewisses Sicherheitsrisiko. So lauern im Internet verschiedene Gefahren, wie etwa Viren, die Daten oder Programme des Anwenders zerstören, oder Programme, die geheime Daten des Anwenders ausspionieren.

Es stellt sich die Frage, welche Aktionen ein Skript ausführen darf, damit kein Schaden angerichtet werden kann. Auf der einen Seite soll der Anwender vor möglichen Gefahrenquellen geschützt werden, auf der anderen Seite wird dadurch aber möglicherweise der Programmierer zu sehr eingeschränkt. Häufig lassen sich jedoch gute Lösungen finden, ohne eine Einschränkung der Funktionalität in Kauf nehmen zu müssen.

Zugriff auf die Festplatte

Beispielsweise wird es als Sicherheitsrisiko angesehen, dass ein Skript beliebig auf die Festplatte des Anwenders zugreifen kann. Für viele Fälle ist es aber ausreichend, wenn Daten auf dem Server gespeichert werden. So wird dieser Sicherheitsmechanismus respektiert, ohne dass die Funktionalität eingeschränkt wird. Wie wir später sehen werden, gibt es mittlerweile die Möglichkeit, auf die Festplatte des Anwenders zuzugreifen (siehe *Datenspeicherung und Dateizugriff*, S. 281). Jedoch handelt es sich dabei nicht um einen vollen Zugriff mit allen Schreib- und Leserechten.

Es gibt einige Sicherheitsmechanismen, die wir uns im Folgenden ansehen wollen. Dabei geht es immer um die Frage, auf welcher Basis man einem Skript vertrauen kann.

Absolute Sicherheit gibt es leider nicht – außer wenn Sie Ihren Computer nie einschalten ... Auf der Homepage von Microsoft wurde das einmal so ausgedrückt: *The very fact that the Internet is open means that surfing it will remain a dangerous sport. But staying on the beach is no fun at all.*

11.5.1 Herkunft eines Skripts

Im Allgemeinen kann ein Skript nur auf Webseiten der gleichen Herkunft unbeschränkt zugreifen. So wird beispielsweise verhindert, dass ein fremdes JavaScript-Programm von einem anderen Fenster aus Ihre Formulareingaben ausliest.

Kommunikation zwischen Skripten

Wie wir gesehen haben, können Skripte in verschiedenen Browserfenstern miteinander kommunizieren (siehe *Zwischen Fenstern kommunizieren*, S. 138). Dies funktioniert jedoch nur, wenn die beiden Dokumente aus der gleichen Quelle stammen, wie es das Schaubild verdeutlicht.

Abb. 11–11
Kommunikation zwischen zwei Skripten mit gleicher Herkunft

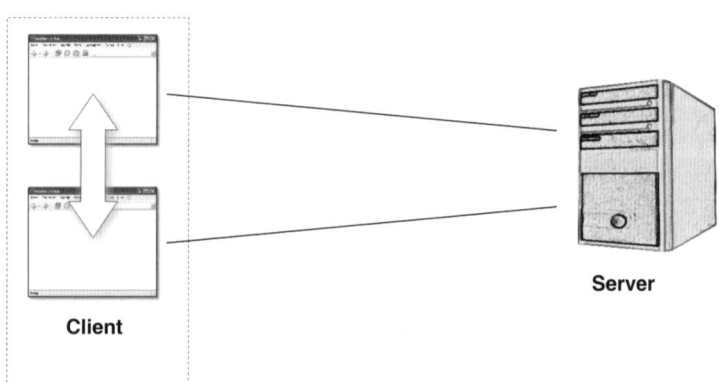

Server

Client

Jedes Skript bekommt sozusagen seinen eigenen Sandkasten (engl. *sandbox*), in dem es aktiv werden kann. Außerhalb des Sandkastens hat das Skript keinen Zugriff und kann somit keinen Schaden anrichten.

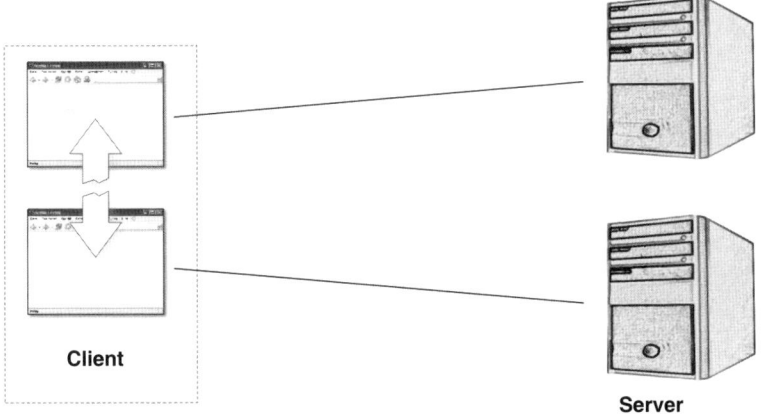

Client

Server

Abb. 11–12
Keine Kommunikation zwischen Skripten mit unterschiedlicher Herkunft

Dieser Sicherheitsmechanismus ist sehr sinnvoll. Jedoch kann dies für komplexere Webapplikationen eine ziemliche Einschränkung bedeuten. Heutzutage gibt es von verschiedenen Anbietern sogenannte Webservices, die in der eigenen Webapplikation genutzt werden können. Beispielsweise kann man so Nachrichten oder Wettervorhersagen in die eigene Seite integrieren. Bei der Einbindung in die eigene Webseite muss jedoch beachtet werden, dass die Seiten aus unterschiedlichen Quellen nicht miteinander interagieren können. Dieses Problem kann mithilfe eines Proxyservers gelöst werden, der die Daten aus unterschiedlichen Quellen sammelt und an den Client weiterreicht. Wir werden darauf im Ajax-Kapitel zurückkommen (siehe *Sicherheitsaspekte im Zusammenhang mit Ajax*, S. 316). *Proxyserver*

Das Konzept, dass auf bestimmte Teile einer fremden Webseite nicht zugegriffen werden kann, ist relativ leicht verständlich. Was genau ist jedoch eine *fremde* Webseite? Der Browser stellt anhand der URL einer Seite fest, ob ein Skript Zugriff auf diese Seite haben kann. Wichtige Elemente der beiden Adressen müssen übereinstimmen, um eine Interaktion zwischen zwei Seiten zu ermöglichen. Angenommen Ihr Skript hat die folgende Adresse: *Fremde Webseiten*

```
http://www.mein-server.com/test/seite1.html
```

Wenn Sie gleichzeitig eine der folgenden Seiten in einem anderen Browserfenster oder Frame geladen haben, kann ein Skript in *seite1.html* auf alle Elemente dieser Seiten zugreifen:

```
http://www.mein-server.com/test/sub/seite2.html
http://www.mein-server.com/anderes/verz/seite3.html
```

Der Zugriff ist allerdings nicht möglich, wenn das Skript in *seite1.html* auf die folgenden Seiten zugreifen möchte:

```
http://mein-server.com/test/test.html
http://www.mein-server.com:8080/test/test2.html
file://E|/test/test3.html
```

Im ersten Fall stimmen die Domainnamen nicht überein, während die zweite URL einen anderen Port verwendet und in der dritten Adresse die beiden verwendeten Protokolle (*http:* und *file:*) voneinander abweichen. Möchten Sie jedoch, wie im ersten Fall, auf eine Adresse zugreifen, deren Domain ein Teil des Domainnamens des Skripts darstellt, können Sie mit document.domain den verkürzten Domainnamen setzen. Wenn Sie in *seite1.html*

```
document.domain = "mein-server.com";
```

schreiben, kann Ihr Skript in *seite1.html* auf die Seite

```
http://mein-server.com/test/test.html
```

zugreifen.

11.5.2   Sicherheitszonen

Der Internet Explorer definiert verschiedene Sicherheitszonen, für die im Einzelnen festgelegt werden kann, welche Fähigkeiten ein Skript bekommt. Wird eine neue Seite im Internet Explorer geladen, bestimmt der Browser, zu welcher Sicherheitszone die Seite gehört. Kommt die Seite beispielsweise aus dem unternehmensinternen Intranet, fällt diese unter die Sicherheitszone *Lokales Intranet*. In dieser Zone gelten standardmäßig wenige Restriktionen, da anzunehmen ist, dass unternehmensinterne Seiten nicht mutwillig Schaden auf Ihrem Computer anrichten werden. Der Anwender kann Seiten den verschiedenen Sicherheitszonen zuordnen und damit festlegen, was die einzelnen Skripte dürfen. Die Restriktionen in der Zone *Internet* sind sehr hoch, da hier alle bisher unbekannten Seiten hineinfallen.

Da es dieses Konzept aber in den meisten anderen Browsern nicht gibt, sollten Sie als Programmierer nicht darauf setzen, es sei denn, Sie programmieren für ein unternehmensinternes Intranet, bei dem Sie wissen, dass nur der Internet Explorer zum Einsatz kommt.

Abb. 11–13

Sicherheitszonen im
Internet Explorer

11.5.3 Zertifikate

Einem Skript können erweiterte Rechte eingeräumt werden, wie beispielsweise der Zugriff auf die Festplatte des Anwenders. Dies ist mit sogenannten *Signed Scripts* möglich. Ein Skript wird dabei mithilfe eines Zertifikats mit einer digitalen Unterschrift versehen. Der Benutzer soll so erkennen können, woher ein Programm stammt. Es liegt dann in der Hand des Anwenders zu entscheiden, ob das Programm von einer vertrauenswürdigen Person bzw. Firma kommt und erweiterte Rechte erhält.

Signed Scripts

Damit dieses System funktioniert, muss jedoch sichergestellt werden, dass niemand falsche Angaben über die eigene Person bzw. Firma macht. Dies ist aber kein leichtes Unterfangen. Es funktioniert so, dass Sie sich gegenüber einer Certificate Authority, z.B. VeriSign, identifizieren. Danach erhalten Sie ein Zertifikat, das Ihre Identität bestätigt. Dieses Zertifikat verwenden Sie, um eine digitale Unterschrift für Ihr Programm zu erstellen. Unterschiedliche Verschlüsselungsverfahren sorgen dafür, dass das Zertifikat und die digitale Unterschrift relativ fälschungssicher sind.

Certificate Authority

Ein weiterer Mechanismus stellt sicher, dass das Skript mit der digitalen Unterschrift nicht nachträglich verändert wurde, wenn es beim Anwender ausgeführt werden soll. Werden also Änderungen an einem Skript mit digitaler Signatur gemacht, muss dieses mit einer neuen digitalen Unterschrift versehen werden. Das gilt auch für kleine Änderungen, wie das Einfügen von Leerzeichen.

Der Einsatz von Zertifikaten verfolgt in diesem Zusammenhang demnach zwei Ziele: Zum einen soll die Herkunft des Skripts mitgeteilt werden. Zum anderen soll überprüft werden können, ob das Skript seit der Erstellung verändert wurde.

Im Internet kommt dieser Sicherheitsmechanismus allerdings nur selten zum Einsatz, da Anwender von dem Popup-Fenster, in dem sie festlegen müssen, ob sie dem Skript erweiterte Rechte einräumen wollen oder nicht, leicht abgeschreckt werden.

12 Das Document Object Model

Dieses Kapitel behandelt einen Standard, der für die Webprogrammierung von großer Bedeutung ist. Es geht um das Document Object Model (DOM), das definiert, wie die einzelnen Objekte einer Webseite in Beziehung zueinander stehen.

DOM

Das DOM ist ein Standard des W3C und bildet die einzelnen Elemente einer Webseite in einer Objekthierarchie ab. Bevor es den DOM-Standard gab, ist jeder Browserhersteller seinen eigenen Weg gegangen, sodass es zwischen den Browsern große Unterschiede gab. Insbesondere durch den DOM-Standard wurde erreicht, dass browserunabhängige Skripte programmiert werden können, die auf einer breiten Basis von Browsern funktionieren.

Objekthierarchie

Wir wollen in den folgenden Kapiteln Formulare abfragen, Bilder verändern und neue Fenster erzeugen. Für all diese Aktionen ist es von großer Bedeutung, zu verstehen, wie die einzelnen Objekte angesprochen und verändert werden können. Dieses Kapitel zeigt, wie Sie dies grundsätzlich machen.

12.1 DOM-Versionen

Es gibt unterschiedliche DOM-Versionen. Die gängigen Browser unterstützen DOM Level 2 weitestgehend. Es gibt zwar bereits den Standard DOM Level 3, der jedoch nicht komplett in den gängigen Browsern funktioniert.

DOM-Versionen

Bevor es den DOM-Standard des W3C gab, haben die ersten JavaScript-Browser ihr eigenes DOM definiert. Auch wenn sich die Browserhersteller in vielen Dingen nicht einigen konnten, so gab es zumindest eine gemeinsame Basis, die einen Zugriff auf einige Elemente einer Webseite ermöglichte. Diese DOM-Version wird inoffiziell DOM Level 0 genannt, obwohl dies kein eigener Standard ist. Die grundlegenden

Elemente von DOM Level 0 werden in allen gängigen Browsern unterstützt.

Sie müssen sich nicht für die eine oder andere Version entscheiden. Sie können in einem Skript grundsätzlich DOM Level 2 verwenden und in ein paar Fällen Befehle benutzen, die DOM Level 0 entsprechen.

12.2 Aufbau eines Dokuments

12.2.1 Der DOM-Baum

Die Objekte einer Webseite werden in einer Objekthierarchie dargestellt. Diese Hierarchie wird häufig auch als DOM-Baum bezeichnet, da die Abbildung einer Objekthierarchie wie ein Baum aussieht. Der DOM-Baum wächst jedoch in die verkehrte Richtung. Das Ausgangselement (also quasi die Wurzel) steht immer oben und der Baum wächst nach unten.

Wir beginnen mit einem einfachen Beispiel, das wir im Laufe des Kapitels verändern werden. Als Ausgangspunkt für die folgenden Beispiele verwenden wir folgendes HTML-Dokument. Wir werden die init()-Funktion nach und nach ergänzen.

dombaum.html

```
<!DOCTYPE html>
<html>
<head>
<title>DOM-Test</title>

<script type="text/javascript">

function init() {
}

</script>

</head>
<body id="bd" onload="init()">

<div id="a1">
  <div id="a2">
     Dies ist ein <i>Test</i>...
  </div>
</div>

<div id="b1">
</div>

</body>
</html>
```

Abbildung 12–1 zeigt den <body>-Teil des DOM-Baums.

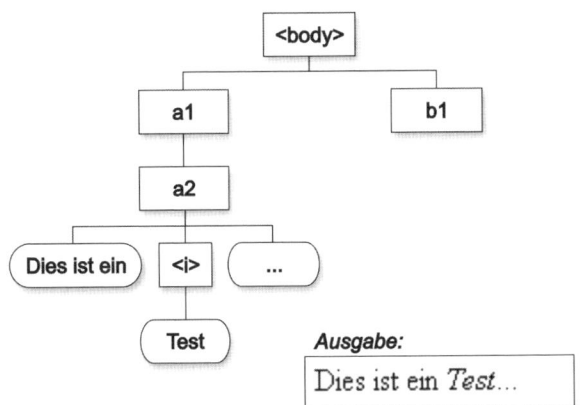

Abb. 12–1
*Der DOM-Baum zu Beginn
des Beispiels*

Die Darstellung entspricht DOM Level 2 und zeigt, dass sämtliche Tags als Objekte abgebildet werden. Zur Vereinfachung schauen wir uns hier immer nur den <body>-Teil des DOM-Baums an.

Die einzelnen Positionen im Baum werden Knoten (engl. *nodes*) genannt. Die rechteckigen Kästchen im Schaubild sind Elemente (engl. *elements*). Die abgerundeten Kästchen sind Textknoten (engl. *text-nodes*). Diese bilden den Inhalt von HTML-Tags ab, d.h. den Teil, der zwischen Anfangs- und Endtag steht. Die einzelnen Elemente besitzen Attribute (engl. *attributes*), wie z.B. das Image-Objekt die width- und height-Eigenschaften.

Knoten, Elemente, Textknoten und Attribute

Wie bereits erwähnt wurde, wird der Begriff *Element* in manchen Zusammenhängen synonym zu *Eigenschaft* verwendet. Hier ist mit *Element* aber ein *Objekt* gemeint (siehe Seite 84).

Wir können das Ganze auch als Stammbaum sehen. Ein übergeordnetes Element wird demnach auch als Elternobjekt (parent) bezeichnet. Umgekehrt sind die untergeordneten Objekte Kinder (children). Elemente auf der gleichen Ebene mit gleichem Elternobjekt werden Geschwister genannt (siblings).

Es gibt eine große Auswahl an Hilfsmitteln und Tools, mit denen die Objekthierarchie angezeigt und auch verändert werden kann. Die einzelnen Browser bieten häufig eigene Hilfsmittel, um eine Webseite und deren Skripte zu untersuchen. Der Screenshot zeigt zum Beispiel das Entwicklertool im Internet Explorer, mit dem die Struktur der Webseite angezeigt werden kann.

Tools zum Anzeigen des DOM-Baums

Abb. 12–2

Darstellung des DOM-

Baums

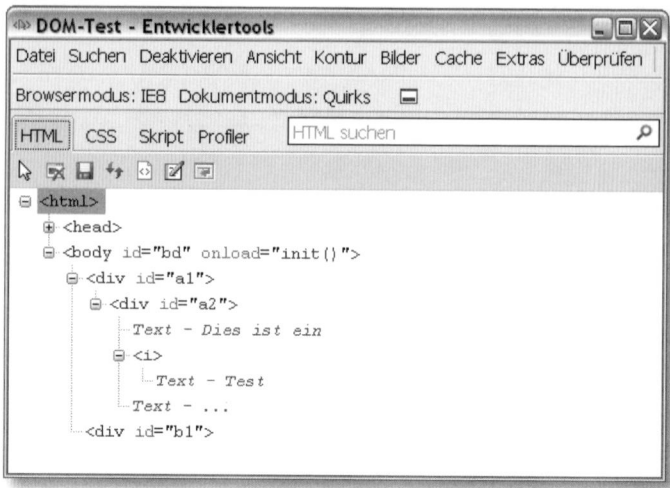

Das <div>-Tag   Das in unserem Beispiel verwendete <div>-Tag wird häufig eingesetzt, um Elemente einer Webseite zu positionieren. Zwar können auch andere Tags dafür verwendet werden. Der Vorteil ist jedoch, dass <div> (wie <span>) den Inhalt des Tags selbst nicht verändert. Im Unterschied zu <span> ist <div> ein Block-Level-Element. Das bedeutet einfach, dass vor und nach dem <div>-Tag vom Browser automatisch ein Zeilenumbruch eingefügt wird, sodass der Inhalt des Tags unabhängig von anderen Elementen in einer eigenen Zeile steht. Im folgenden Beispiel steht also das Wort *Test* in einer eigenen Zeile:

```
Dies ist ein <div id="test">Test</div>...
```

Der Inhalt des <div>-Tags kann frei im Browserfenster positioniert werden. Dies wird mit Stylesheets gemacht, wie wir das später sehen werden (siehe *Bilder positionieren*, S. 266). Da das <div>-Tag ein Block-Level-Element ist, werden die umliegenden Objekte durch das Verschieben nicht beeinflusst. Bevor wir die Positionierung vornehmen, müssen wir erst sehen, wie man solch ein Element überhaupt anspricht.

12.3   Elemente ansprechen

Es gibt verschiedene Möglichkeiten, auf die Elemente im DOM-Baum zuzugreifen, die wir uns im Folgenden anschauen.

12.3.1   Auf Elemente über das id-Attribut zugreifen

Mit folgenden Methoden des document-Objekts können die Elemente direkt angesprochen werden:

▦ getElementById()

▦ getElementsByTagName()

Die erste Methode erwartet als Argument einen String mit dem id-Attribut und liefert eine Referenz auf das gesuchte Objekt zurück.

Möchten wir beispielsweise auf das <div>-Tag mit dem id-Attribut a2 zugreifen, schreiben wir:

```
var x1 = document.getElementById("a2");
```

Danach ist in x1 eine Referenz auf das Objekt a2 gespeichert. Diese Referenz können wir später verwenden, um auf das Objekt zuzugreifen.

Die Methode getElementsByTagName() gibt ein Array mit allen gefundenen Objekten des angegebenen Typs zurück. In unserem Beispiel würde man mit dem Befehl

```
var d = document.getElementsByTagName("div");
```

ein Array mit Referenzen auf alle <div>-Elemente erhalten. Mit d[0] könnten wir dann auf das erste <div>-Element zugreifen, also das Element mit dem id-Attribut a1. Kurz kann man dafür auch dies schreiben:

```
document.getElementsByTagName("div")[0]
```

Während es früher üblich war, in den einzelnen Tags die Eigenschaft name zu verwenden, wird heute eher die Eigenschaft id eingesetzt, um die Tags eindeutig zu identifizieren. Normalerweise können Browser sowohl mit name als auch mit id umgehen. Nur im Zusammenhang mit Formularen müssen wir vorsichtig sein (siehe *Formulare im Objektmodell*, S. 202).

12.3.2   Mit den vordefinierten Arrays arbeiten

DOM Level 0 definiert verschiedene Arrays, mit denen auf einzelne HTML-Objekte einer Webseite zugegriffen werden kann. So gibt es z.B. das images-Array, in dem Referenzen auf sämtliche Bilder einer HTML-Seite gespeichert sind. Das images-Array ist als Eigenschaft des document-Objekts definiert. Die einzelnen Bilder werden, mit 0 beginnend, in der durch den HTML-Code vorgegebenen Reihenfolge durchnummeriert. Auf das erste Bild einer Webseite können wir also mit

images-Array

```
document.images[0]
```

zugreifen. Möchte man beispielsweise die Breite des Bildes über die Eigenschaft width in Erfahrung bringen, kann man Folgendes schreiben:

```
document.images[0].width
```

links-, forms- und Neben dem images-Array gibt es weitere Arrays, z.B. das links-Array,
elements-Array das alle Links einer Webseite enthält. Für die Formulare gibt es das
forms-Array. Da ein Formular mehrere Elemente, wie Schaltflächen und
Eingabefelder, enthalten kann, kennt jedes Formular das elements-Array,
mit dem auf die einzelnen Formularelemente zugegriffen werden kann.

Oftmals ist es recht umständlich, eine Array-Indexierung zu verwenden. Vor allem bei größeren HTML-Seiten kann dies sehr verwirrend sein. Hinzu kommt, dass das Skript jedes Mal angepasst werden
muss, wenn sich die Reihenfolge der Elemente verändert. Wenn wir
den einzelnen Elementen Namen geben, können wir nach folgendem
Schema auf die Elemente zugreifen:

```
document.images["bild1"]
```

Die Vergabe von eindeutigen IDs hat den Vorteil, dass es nun keine
Rolle mehr spielt, an welcher Stelle im Formular das Eingabefeld eingebunden ist.

In der mittlerweile sehr alten Version 4 des Internet Explorers
document.all und konnte man die einzelnen Elemente über das Array document.all
document.layers ansprechen. Netscape 4 bot damals hingegen ein spezielles <layer>-
Tag, mit dem Objekte positioniert werden konnten. Einzelne Layer-
Objekte wurden über document.layers angesprochen. Während man
document.all noch in heutigen Versionen des Internet Explorers verwenden kann, kennen Mozilla-basierte Browser keine Layer-Objekte
mehr. Da diese Browserversionen heute nicht mehr aktuell sind, sollten
Sie weder document.all noch das Layer-Objekt verwenden.

12.3.3   Kinder und Eltern ansprechen

Statt eine der genannten Vorgehensweisen zu verwenden, kann man
childNodes-Array sich auch mithilfe des childNodes-Arrays durch den DOM-Baum hangeln. Jedes Element im DOM-Baum kennt das Array childNodes, in
dem alle direkten Kinder des aktuellen Elements enthalten sind. Um
auf das erste Kind eines Knotens zuzugreifen, schreibt man:

```
einKnoten.childNodes[0]
```

So wird jedes Kindobjekt durchnummeriert. Das erste Element im
childNodes-Array lässt sich auch mit firstChild und das letzte mit
lastChild ansprechen.

Es kann recht umständlich sein, sich immer von der Wurzel document durch den Baum hangeln zu müssen. Das childNodes-Array lässt
sich auch mit getElementById() kombinieren. So kann man in unserem
Beispiel durch folgenden Code eine Referenz auf den Text zwischen
den <i>-Tags bekommen:

```
var x1 = document.getElementById("a2");
var y1 = x1.childNodes[1].childNodes[0];
```

Die Variable y1 zeigt danach auf den Textknoten mit dem Inhalt *Test*.
Ein Knoten besitzt im W3C-Standard die Eigenschaft nodeValue. Da
wir in y1 eine Referenz auf einen Textknoten gespeichert haben, können wir mit dem folgenden Befehl erfahren, welcher Text an dieser
Stelle steht:

```
alert(y1.nodeValue);
```

Im Gegensatz zu childNodes kann ein Element über die Eigenschaft   *parentNode*
parentNode auf das übergeordnete Element zugreifen. Mit y1.parent-
Node können wir auf das <i>-Element zugreifen und mit y1.parent-
Node.parentNode wieder auf das Objekt mit dem Namen a2.

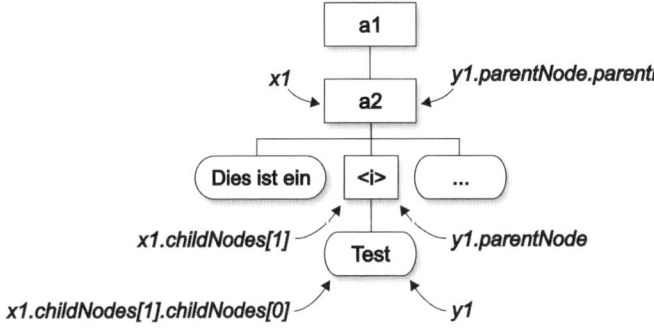

Abb. 12–3
parentNode und
childNodes

An dieser Stelle möchte ich Sie auf eine tückische Falle hinweisen. Wie   *Problem im*
wird der folgende HTML-Code im DOM-Baum abgebildet?   *Zusammenhang mit*
                                                                            dem childNodes-Array

```
<div id="div1">
   <img src="bild1.gif" alt="Ein Bild" id="img1">
</div>
```

Nach dem, was oben geschrieben wurde, müsste das Image-Objekt als
childNodes[0] des div1-Elements ansprechbar sein. Einige Browser interpretieren dies auch so. Andere erzeugen jedoch drei Einträge im child-
Nodes-Array. Das Bild kann dabei über childNodes[1] angesprochen
werden. Wo kommen childNodes[0] und childNodes[2] her? So wie der
HTML-Code formatiert ist, befinden sich zwischen den Tags Leerzeichen und Zeilenumbrüche. Diese Leerzeichen werden von einigen
Browsern als eigene Textknoten interpretiert (jeweils ein Textknoten
vor und nach dem Image-Objekt). Es lässt sich darüber streiten, welche
Sichtweise sinnvoller ist. Würde man den HTML-Code so formatieren

```
<div id="div1"><img src="bild1.gif" alt="Ein Bild"
   id="img1"></div>
```

dann würde dieses Problem nicht auftreten, da zwischen den Tags keine Leerzeichen und Zeilenumbrüche auftreten.

Ärgerlich für den Skriptprogrammierer ist natürlich, dass es auf dieser Ebene Unterschiede zwischen den einzelnen Browsern gibt. Spricht man das Image-Objekt direkt über getElementById("img1") an, geht man diesem Problem ganz aus dem Weg. Nicht zuletzt deshalb sollte möglichst viel mit getElementById() gearbeitet werden. Damit lassen sich auch Probleme umgehen, die sich ergeben, wenn sich einmal das Layout der Seite und damit die Reihenfolge der Objekte in den einzelnen childNodes-Arrays ändert.

12.4 Elemente verändern

Sie können mit JavaScript die Struktur einer Seite komplett verändern. Sie können ganz neue HTML-Objekte hinzufügen, bestehende Objekte an eine andere Stelle verschieben oder sogar aus der Hierarchie löschen. Dies wollen wir im Folgenden ausprobieren.

12.4.1 Den Inhalt eines Textknotens ändern

nodeValue

Um den Inhalt eines Textknotens zu verändern, verwenden wir die Eigenschaft nodeValue. Dazu greifen wir auf die Variable y1 zu, in der wir vorher eine Referenz auf den Textknoten mit dem Text *Test* gespeichert haben:

Erste Änderung

```
y1.nodeValue = "Versuch";
```

Abb. 12–4
Ausschnitt des
DOM-Baums nach der
ersten Änderung

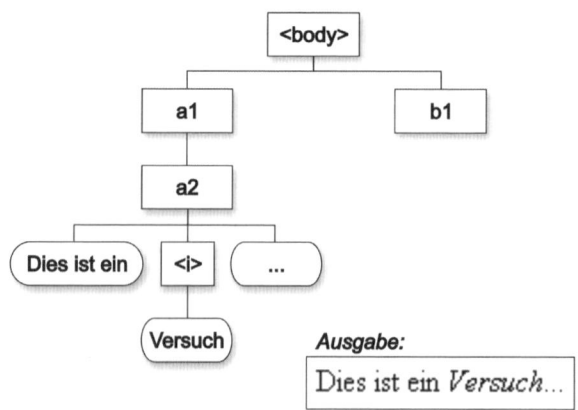

Wenn Sie dieses Beispiel im Browser ausführen, werden Sie feststellen, dass jetzt der Text *Dies ist ein Versuch...* angezeigt wird. Der String *Versuch* ist dabei kursiv, wie vorher auch der String *Test*. Das liegt daran, dass wir das `<i>`-Element nicht verändert haben, sondern nur den Textknoten, der den angezeigten Text repräsentiert.

12.4.2 Andere Eigenschaften ändern

Je nachdem, auf welches Objekt Sie zugreifen, stehen Ihnen unterschiedliche Eigenschaften zur Verfügung, die Sie auslesen und im Normalfall auch verändern können. Greifen Sie beispielsweise auf ein Bild zu, können Sie dessen Größe über die Eigenschaften `width` und `height` erfahren und anpassen.

12.4.3 Die Darstellung ändern

Das Layout einer HTML-Seite wird über Stylesheets festgelegt. Stylesheets sind ein Standard des W3C und heißen eigentlich Cascading Style Sheets (CSS).

Stylesheets

Sie können Stylesheets mit JavaScript verändern und somit die Darstellung einzelner Elemente beeinflussen. Es wurden bereits etliche Regalmeter über Stylesheets geschrieben, sodass ich hier nicht allzu tief ins Detail gehen möchte. Für uns ist an dieser Stelle insbesondere wichtig, wie wir auf Stylesheets zugreifen und diese verändern können.

Die meisten Elemente einer Webseite haben ein `style`-Objekt, das den Zugriff auf die Stylesheet-Definition des jeweiligen Objekts ermöglicht. Über das `style`-Objekt wird beispielsweise die Farbe und Schriftgröße eines Knotens festgelegt, aber auch die Position (siehe *Bilder positionieren*, S. 266).

Nicht jedes Element kennt die gleichen Stylesheet-Parameter. Dies ist natürlich vom jeweiligen Objekt abhängig. Welche Stylesheet-Parameter es gibt, erfahren Sie leicht im Internet, z.B. auf der Website des W3C. Um in unserem Beispiel die Schriftfarbe zu ändern, schreiben Sie:

```
x1.style.color = "red"
```

oder

```
x1.style.color = "#ff0000"
```

Sie können auch Stylesheet-Klassen definieren. Das lohnt sich, wenn Sie die gleichen Stylesheet-Definitionen mehrfach verwenden wollen. Die Definition einer einfachen Stylesheet-Klasse sieht beispielsweise folgendermaßen aus:

```
.rot { color: red;
      font-style: italic;
}
```

Sie können diese Stylesheet-Klasse einem Element direkt im HTML-Tag zuweisen:

```
<p class="rot">Test</p>
```

Sie können die Stylesheet-Klasse eines Elements aber auch mit Java-Script festlegen:

```
x1.className = "rot";
```

So können Sie das Aussehen eines Elements leicht verändern, z.B. als Reaktion auf ein Ereignis wie ein mouseover-Ereignis, wenn der Anwender den Cursor über einen Link bewegt:

```
<a class="link1"
   onmouseover="this.className= 'rot';"
   onmouseout="this.className= 'normal';"
   href="seite1.html">Link 1</a>
```

Es muss an dieser Stelle gesagt werden, dass es für dieses spezielle Beispiel auch eine Lösung gibt, die kein JavaScript benötigt. Mit der folgenden Stylesheet-Definition legen Sie das Aussehen eines Links fest, für den Fall, dass der Mauszeiger darüber hinwegbewegt wird:

```
a:hover { color: red;
          font-style: italic;
}
```

12.4.4   innerHTML

Ein Knoten im DOM-Baum hat die Eigenschaft innerHTML, über die man den enthaltenen HTML-Code in Erfahrung bringen kann. innerHTML ist zwar nicht Teil des W3C-Standards, aber nachdem diese Eigenschaft im Internet Explorer vielfach zum Einsatz kam, wurde diese auch in anderen Browsern eingeführt. Alle gängigen Browser können mit dieser Eigenschaft umgehen.

In unserem obigen Beispiel können wir beispielsweise Folgendes schreiben:

```
var a2 = document.getElementById("a2");
alert(a2.innerHTML);
```

Da wir vorher in unserem Beispiel das Wort Test durch Versuch ersetzt haben, erhalten wir hier den String "Dies ist ein <i>Versuch</i>...".

Wie Sie sehen, bekommen wir mit innerHTML den kompletten HTML-Code, der diesem Knoten zugeordnet ist. Soll auch der HTML-Code des angesprochenen Knotens enthalten sein, können wir outerHTML verwenden.

`innerHTML` und `outerHTML` können auch verändert werden. Dies ist ein einfacher Weg, um HTML-Code an einer bestimmten Stelle einzufügen (siehe *Neuen HTML-Code einfügen*, S. 171).

12.5   Elemente hinzufügen

Sie können mit JavaScript dem DOM-Baum neue Knoten hinzufügen oder auch bestehende Knoten entfernen. Damit können Sie den Inhalt einer HTML-Seite dynamisch verändern.

12.5.1   Einen Textknoten hinzufügen

Zunächst wollen wir dem `<div>`-Tag mit der ID `b1` einen Kindknoten hinzufügen. Es soll nur ein neuer Textknoten mit dem Text *abc* eingefügt werden. Dazu schreiben wir:

```
var x2 = document.getElementById("b1");
var y2 = document.createTextNode("abc");
x2.appendChild(y2);
```

Zweite Änderung

Die Methode `createTextNode()` des document-Objekts erzeugt einen neuen Textknoten. Dieser wird zunächst noch nicht angezeigt, da er dafür zuerst in den DOM-Baum eingebunden werden muss. Dafür sorgt die Methode `appendChild()`, die den als Argument übergebenen Knoten als letztes Element des `childNodes`-Arrays aufnimmt. Jedes Element im DOM-Baum (außer den Textknoten, da diese keine Elemente aufnehmen können) kennt diese Methode, sodass Sie ein neues Objekt überall im Baum einhängen können. Abbildung 12–5 zeigt den geänderten Aufbau der Objekthierarchie.

createTextNode()

appendChild()

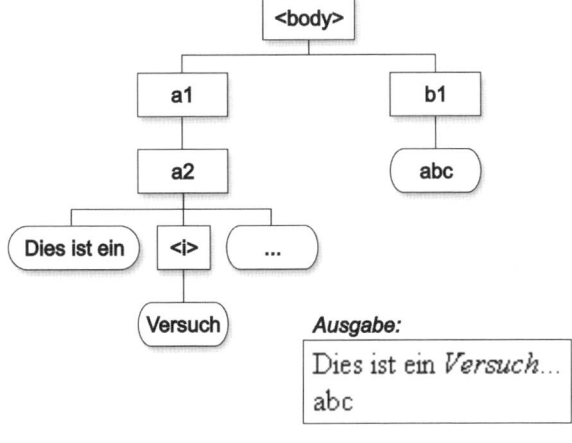

Abb. 12–5
Ausschnitt des DOM-Baums nach der zweiten Änderung

12.5.2   Andere Elemente hinzufügen

createElement()

Außer einfachen Textknoten können Sie natürlich auch andere Elemente erzeugen. Dafür kennt das document-Objekt die Methode createElement(). Der folgende Code generiert ein neues <b>-Element mit dem Textinhalt *xyz*:

Dritte Änderung

```
var x3 = document.getElementById("b1");
var y3 = document.createElement("b");
var z3 = document.createTextNode("xyz");
y3.appendChild(z3);
x3.appendChild(y3);
```

Dieser Code entspricht dem HTML-Code <b>xyz</b> an der entsprechenden Stelle.

Abb. 12–6
Ausschnitt des
DOM-Baums nach der
dritten Änderung

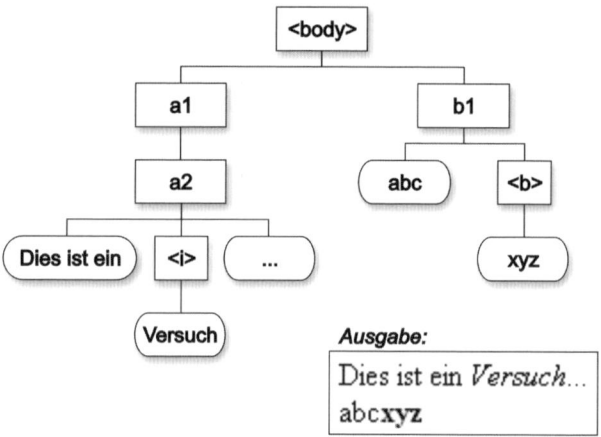

setAttribute()

Mit der Methode setAttribute() können Sie einem Element eine bestimmte Eigenschaft zuweisen. Im folgenden Beispiel wird ein Bild über das <img>-Tag in den DOM-Baum aufgenommen. Das src-Attribut des Image-Objekts setzen wir über die Methode setAttribute().

Vierte Änderung

```
var x4 = document.getElementById("b1");
var y4 = document.createElement("img");
y4.setAttribute("src", "dpunkt.gif");
x4.appendChild(y4);
```

Statt document.createElement("img") hätte man auch new Image() schreiben können, wie wir später sehen werden (siehe *Das Image-Objekt*, S. 263). Die src-Eigenschaft hätten wir auch über

```
y4.src = "dpunkt.gif";
```

setzen können, da y4 ja auf das Image-Objekt verweist. Aber wieso einfach, wenn es auch kompliziert geht? ...

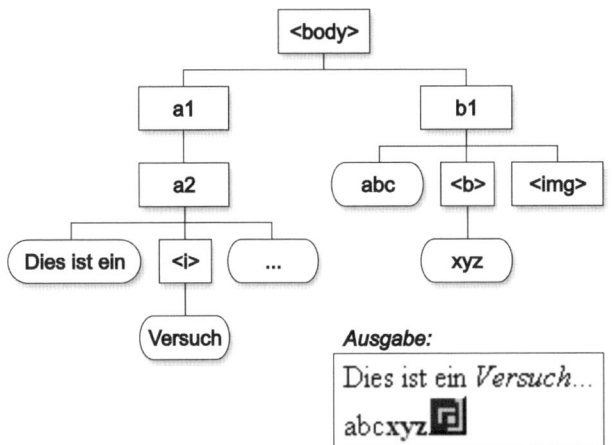

Abb. 12–7
Ausschnitt des
DOM-Baums nach der
vierten Änderung

12.5.3   Neuen HTML-Code einfügen

Wir haben die Eigenschaft `innerHTML` kennengelernt. Damit können wir nicht nur den HTML-Code eines Knotens erfahren, sondern wir können auch den HTML-Code verändern. Dies ist eine einfache Möglichkeit, um einen weiteren Ast im DOM-Baum zu erstellen.

Wir hätten beispielsweise den kompletten Ast, der unter dem Element b1 hängt, mit folgendem Code erzeugen können:

```
var x3 = document.getElementById("b1");
x3.innerHTML = "abc<b>xyz</b><img src='dpunkt.gif' " +
               "width='21' height='21'>";
```

12.6   Elemente umhängen und kopieren

12.6.1   Elemente umhängen

Die Methode `appendChild()` kann auch im Zusammenhang mit Objekten, die bereits im DOM-Baum eingebunden sind, verwendet werden. Da ein Element nur einmal im Baum vorkommen kann, sorgt `append-Child()` dafür, dass das Element umgehängt und an der alten Stelle gelöscht wird.

Der folgende Code hängt das <b>-Tag mit dem Inhalt *xyz* um:

```
var x5 = document.getElementById("b1");                    Fünfte Änderung
var y5 = document.getElementsByTagName("b")[0];
x5.appendChild(y5);
```

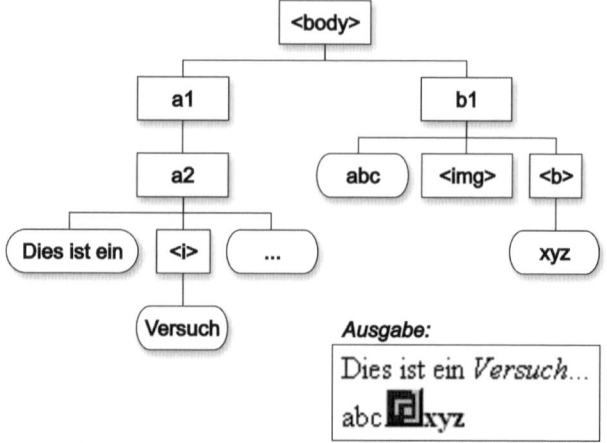

Die Methode `appendChild()` fügt neue Kindobjekte am Ende des `child-Nodes`-Arrays an. Möchten Sie die Objekte an einer anderen Stelle ein

insertBefore() fügen, können Sie die Methode `insertBefore()` verwenden, die Sie im Referenzteil finden.

12.6.2   Elemente kopieren

Wollen Sie eine Kopie eines Knotens anlegen, können Sie die Methode
cloneNode() `cloneNode()` verwenden. Als Argument wird ein boolescher Wert übergeben, der angibt, ob alle untergeordneten Elemente mitkopiert werden sollen (Übergabewert `true`) oder nicht (`false`). Soll in unserem Beispiel oben das <b>-Tag nicht umgehängt, sondern kopiert werden, so kann man die letzte Zeile wie folgt ändern:

```
x5.appendChild(y5.cloneNode(true));
```

Mit `innerHTML` können Sie natürlich auch Elemente kopieren. Wir hätten statt dieses Befehls auch Folgendes schreiben können:

```
x5.innerHTML += y5.innerHTML;
```

Da das Element x5 bereits Kinder enthält, müssen wir den Operator `+=` verwenden, sonst wird der bisherige Inhalt des Knotens überschrieben.

12.7 Elemente entfernen

Nun soll aus dem DOM-Baum ein Knoten entfernt werden. Dazu gibt
es die Methode removeChild(), mit der man ein Kindobjekt entfernen
kann. Das folgende Beispiel entfernt das Element mit der ID b1:

removeChild()

```
var x6 = document.getElementById("b1");
var y6 = document.getElementById("bd");
y6.removeChild(x6);
```

Sechste Änderung

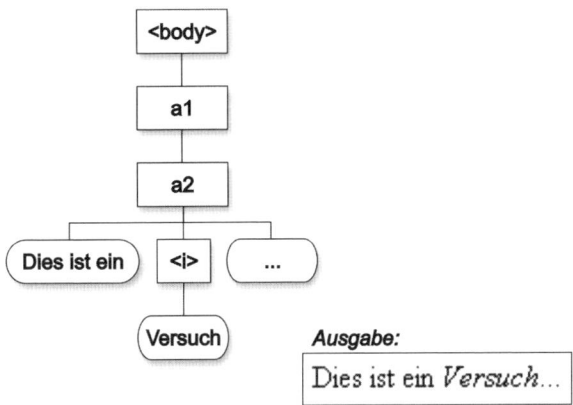

Abb. 12–9

*Ausschnitt des
DOM-Baums nach der
sechsten Änderung*

Wie Sie sehen, wird durch removeChild() der komplette Ast mit allen
darunter liegenden Knoten entfernt. Wenn Sie die untergeordneten
Objekte nicht löschen möchten, müssen Sie dies selbst verhindern. Sie
könnten die untergeordneten Objekte beispielsweise an einer anderen
Stelle im Baum mit appendChild() einfügen.

13 Ereignisse

JavaScript ist eine ereignisgesteuerte Programmiersprache. JavaScript-Code kann also als Reaktion auf Ereignisse ausgeführt werden. Solch ein Ereignis kann etwa ein Mausklick des Anwenders oder das erfolgreiche Laden einer Webseite sein.

Ereignisse sind ein sehr wichtiger Mechanismus in JavaScript und für die nächsten Kapitel von großer Bedeutung. Sie werden in diesem Kapitel lernen, wie Ereignisse funktionieren, wie Ihr Programm auf Ereignisse reagieren kann und wie Standardaktionen des Browsers unterbunden werden können.

Wie der Browser mit Ereignissen umgeht, wird durch das Ereignismodell festgelegt. In den Anfangsjahren von JavaScript gab es zahlreiche Ereignismodelle, d.h., jeder Browser ist mit Ereignissen auf eine etwas andere Art und Weise umgegangen. Mittlerweile hat sich das Ereignismodell des W3C als Standard herauskristallisiert. Microsoft hat lange Zeit auf ein eigenes Ereignismodell gesetzt, seit dem Internet Explorer 9.0 arbeitet aber auch Microsoft mit dem Ereignismodell des W3C. Da es jedoch einige Jahre dauern wird, bis die älteren Internet-Explorer-Versionen nicht mehr in Verwendung sind, werden wir leider noch recht lange mit Fallunterscheidungen arbeiten müssen.

Ereignismodelle

W3C-Standard

Wir werden uns in diesem Kapitel zunächst das grundlegende Ereignismodell, das jeder JavaScript-fähige Browser versteht, ansehen. Danach beschäftigen wir uns mit dem W3C-Standard und dem bisherigen Ereignismodell von Microsoft.

Ich werde an dieser Stelle nicht jedes einzelne Ereignismodell der älteren Browser beschreiben, da dies den Text unlesbar machen würde. Außerdem werden die älteren Browser sowieso nur noch von sehr wenigen Leuten verwendet, sodass sich der Aufwand für eine spezielle Behandlung jedes Browsers im Normalfall nicht lohnt. Stattdessen wird man üblicherweise diese Browser so behandeln, als ob sie nur mit dem grundlegenden Ereignismodell, das jeder JavaScript-fähige Browser versteht, umgehen könnten.

So bietet z.B. das Ereignismodell des Netscape Communicators 4.x wesentlich mehr Möglichkeiten als das grundlegende Ereignismodell. Da große Unterschiede zu den anderen Ereignismodellen bestehen, müsste man jedoch relativ viel Arbeit reinstecken, um speziell diese Browserversion zu unterstützen, die zudem schon sehr alt und kaum noch in Verwendung ist. In diesem Fall ist es der beste Weg, so zu tun, als ob dieser Browser nur das grundlegende Ereignismodell kennt.

Wie man ein Skript schreibt, das das Ereignismodell je nach verwendetem Browser auswählt, werden wir uns am Ende des Kapitels anschauen (siehe *Browserunabhängiges Drag&Drop*, S. 195).

13.1 Das grundlegende Ereignismodell

Das grundlegende Ereignismodell ist recht einfach aufgebaut und bietet dem Programmierer die Möglichkeit, auf einfache Ereignisse zu reagieren. Da dieses Ereignismodell in allen JavaScript-fähigen Browsern zur Verfügung steht, bildet dieses den kleinsten gemeinsamen Nenner.

13.1.1 Funktionsweise

Die Funktionsweise von Ereignissen lässt sich am besten an einem Beispiel erklären. Stellen Sie sich vor, der Anwender klickt auf eine Schaltfläche auf einer Webseite. Der Browser stellt fest, dass die Schaltfläche angeklickt wurde, und gibt eine Nachricht an das zuständige Programm mit der Information, was passiert ist. Das Programm entscheidet nun, ob und wie auf diese Nachricht bzw. dieses Ereignis reagiert werden soll. Dafür definiert der Programmierer einen sogenannten *Event-Handler*. In dem Event-Handler wird angegeben, wie das Programm auf bestimmte Ereignisse reagieren soll.

Der Code für dieses Beispiel könnte z.B. so aussehen:

event1.html
(Auszug)

```
<form>
    <p>
    <input type="button" value="Test"
        onclick="alert('Hallo!')">
    </p>
</form>
```

Über das <input>-Tag wird eine Schaltfläche erzeugt. Mit onclick wird der Event-Handler festgelegt. Wenn der Anwender auf die Schaltfläche klickt, wird das Ereignis click ausgelöst. Nun prüft der Browser, ob ein entsprechender Event-Handler onclick im Zusammenhang mit diesem Objekt definiert ist. Ist dies der Fall, wird der dazugehörige Java-Script-Code ausgeführt. In unserem Beispiel wurde dieser Code direkt im HTML-Tag untergebracht. Hier öffnet sich ein *alert*-Fenster, wenn auf die Schaltfläche geklickt wird. Sollen komplexere Aktionen durchgeführt werden, kann man an dieser Stelle auch eine Funktion aufrufen, wie wir bereits mehrfach gesehen haben.

Abbildung 13–1 zeigt den grundlegenden Mechanismus im Überblick.

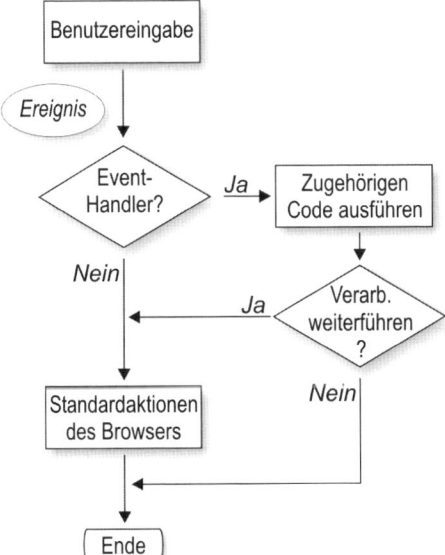

Abb. 13–1

Grundlegender Ablauf bei Eintritt eines Ereignisses

Wir haben mit diesen Erklärungen nur den oberen Teil des Schaubilds abgedeckt. Was ist jedoch mit *Standardaktionen* gemeint? Standardaktionen werden vom Browser selbstständig ausgeführt, wenn ein bestimmtes Ereignis eintritt. Klickt der Anwender auf einen Link, ist dies natürlich auch ein Ereignis, wie es oben beschrieben wurde. Auf dieses Ereignis reagiert der Browser standardmäßig, indem eine neue HTML-Seite mit der im Link angegebenen Adresse geladen wird. Dies ist die Standardaktion des Browsers, wenn in Bezug auf das Link-Objekt das click-Ereignis eintritt. So definiert der Browser für einzelne Situationen ganz unterschiedliche Standardaktionen.

Standardaktionen

Wie in Abbildung 13–1 angedeutet, lassen sich die Standardaktionen des Browsers unterbinden. Bei der Ausführung des selbst definierten Event-Handlers kann man entscheiden, ob der Browser danach noch die Standardaktion durchführen soll. Wir werden später auf diesen Mechanismus näher eingehen.

13.1.2 Event-Handler festlegen

Es gibt grundsätzlich zwei Möglichkeiten, einen Event-Handler festzulegen:

▥ Im HTML-Tag
▥ Im <script>-Teil des Dokuments

Die erste Möglichkeit haben wir bereits kennengelernt. Beispielsweise lässt sich eine Funktion test() aufrufen, wenn eine HTML-Seite neu geladen wird. Dies lässt sich mit dem Event-Handler onload im <body>-Tag realisieren:

```
<body onload="test()">
```

Die zweite Möglichkeit wird häufig in größeren Webapplikationen eingesetzt. Das folgende Beispiel zeigt, wie der onload-Event-Handler im <script>-Teil definiert werden kann:

event2.html

```
<!DOCTYPE html>
<html>
<head>
<title>Ereignisse</title>
<script type="text/javascript">

function test() {
   alert("Hallo!");
}

window.onload = test;

</script>
</head>
<body>
   <p>Ereignisse</p>
</body>
</html>
```

Sie sehen, dass onload eine Eigenschaft des window-Objekts ist. Dieser Eigenschaft können wir eine Referenz auf eine Funktion zuweisen. In unserem Beispiel ist dies die Funktion mit dem Namen test. Bitte beachten Sie, dass Sie hier keine Klammern nach test angeben dürfen. Wenn Sie Klammern verwenden, ruft der Computer die Funktion test() sofort auf und speichert deren Rückgabewert in onload. Hier wollen wir jedoch dem Browser mitteilen, welche Funktion aufgerufen werden soll, wenn das click-Ereignis eintritt.

Oben gezeigter Code lässt sich verkürzen, indem die Funktion gar keinen Namen erhält. Soll die Funktion nur im Zusammenhang mit dem Event-Handler zum Einsatz kommen, wird kein Name benötigt.

Hierbei handelt es sich um eine anonyme Funktion (siehe *Anonyme Funktionen*, S. 81).

```
window.onload = function () {
    alert("Hallo!");
}
```

13.1.3   Verfügbare Event-Handler

Die folgende Tabelle zeigt die Event-Handler, die seit JavaScript 1.1 verfügbar sind. Außerdem sehen Sie, mit welchen Objekten diese Event-Handler verwendet werden können. Diese Event-Handler werden in allen gängigen Browsern unterstützt.

Event-Handler	Objekte
onabort	Image
onblur	Formularelemente, window
onchange	FileUpload, Select, Text, Textarea
onclick	Button, Checkbox, Radio, Link, Reset, Submit
onerror	Image, window
onfocus	Formularelemente, window
onload	Image, window
onmouseout	Link
onmouseover	Link
onreset	Form
onselect	Text, Textarea
onsubmit	Form
onunload	window

Tab. 13–1

Event-Handler im grundlegenden Ereignismodell

An dieser Stelle werden wir nur auf ein paar dieser Event-Handler beispielhaft eingehen. In späteren Kapiteln – insbesondere im Kapitel über Formulare – werden Sie Beispiele zu weiteren Event-Handlern sehen (siehe *Formulare*, S. 201).

13.1.4   onclick

Das Ereignis click tritt ein, wenn der Anwender auf bestimmte Elemente einer HTML-Seite klickt. Meistens wird man onclick in Verbindung mit Schaltflächen, d.h. mit dem Button-Objekt, verwenden, wie wir das bereits mehrfach in den letzten Kapiteln gemacht haben.

Neben weiteren Formularelementen, die wir später kennenlernen werden, kann insbesondere das `Link`-Objekt auf `click`-Ereignisse reagieren:

```
<a href="link.html" onclick="alert('Auf Wiedersehen!')">
```

Klickt der Anwender auf diesen Link, wird zuerst das *alert*-Fenster angezeigt und danach die neue Seite geladen.

13.1.5 onmouseover und onmouseout

Wie wir bereits gesehen haben, können Stylesheets durch JavaScript verändert werden (siehe *Die Darstellung ändern*, S. 167). Im Zusammenhang mit Ereignissen kann man so etwa das Aussehen eines Links ändern, wenn sich der Mauszeiger darüber hinwegbewegt.

Um festzustellen, ob sich ein Mauszeiger über einen Link bewegt, setzen wir die Event-Handler `onmouseover` und `onmouseout` ein. Das Ereignis `mouseover` tritt einmal ein, sobald der Mauszeiger das Objekt berührt. Wird der Mauszeiger wieder wegbewegt, tritt das Ereignis `mouseout` ein.

13.1.6 onload und onunload

Das Ereignis `load` tritt ein, sobald der Browser eine neue Seite geladen hat. Der Event-Handler `onload` ist sehr nützlich, wenn man gleich zu Beginn JavaScript-Code ausführen möchte. Wir haben diesen Event-Handler bereits häufig verwendet, um ein Skript auszuführen, nachdem eine Seite komplett geladen wurde.

Mit `onunload` kann man auf das Verlassen einer Webseite reagieren. Dieser Event-Handler kommt wesentlich seltener zum Einsatz als `onload`.

Eine einzelne Aktion des Benutzers kann zu mehreren Ereignissen im Browser führen, wie das folgende Beispiel demonstriert:

unload.html
(Auszug)
```
<body onunload="alert('unload')">
    <p>
    <a href="link.html" onclick="alert('click')">Link</a>
    </p>
</body>
```

Hier kommt zuerst der Event-Handler `onclick` zum Zug, dann `onunload`, und danach wird die neue Seite angezeigt.

Die Ereignisse `load` und `unload` treten auch ein, wenn der Benutzer im Browser auf *Vorwärts* oder *Zurück* klickt. Hierbei ist eine Besonderheit in Firefox zu beachten. In Firefox tritt das Ereignis `load` nur *pageshow* beim erstmaligen Laden der Seite ein. Hat Firefox eine Seite bereits im

Cache und springt man zu dieser zurück, tritt nicht mehr das Ereignis load ein, sondern das Ereignis pageshow. Auf dieses Ereignis kann man in Firefox mit onpageshow reagieren.

13.1.7   Standardaktionen unterbinden

Wie wir am Anfang dieses Kapitels gesehen haben, berücksichtigt der Browser zuerst den Code im Event-Handler und führt im Anschluss daran die eigenen Standardaktionen aus.

Bei einem Link kommt also zuerst der onclick-Event-Handler zum Zug, bevor der Browser die neue Seite laden kann. Der JavaScript-Code in onclick kann die Ausführung der Standardaktion des Browsers unterbinden, sodass die neue Seite nicht geladen wird. Dies lässt sich mit einem Rückgabewert im Event-Handler realisieren: *Rückgabewerte*

```
<a href="link.html" onclick="return false;">
```

Durch return false in onclick wird der Browser davon abgehalten, die Seite link.html zu laden. Sinnvoller ist es natürlich, das Laden der Seite nur in bestimmten Fällen zu unterbinden. Beispielsweise könnte man ein *confirm*-Fenster verwenden, in dem der Anwender gefragt wird, ob wirklich eine neue Seite geladen werden soll. Da die confirm()-Methode als Rückgabewert entweder true oder false zurückliefert, können wir dies in unserem Event-Handler einsetzen:

```
<a href="link.html"
   onclick="return confirm('Seite verlassen?');">
```

return.html
(Auszug)

Bitte beachten Sie, dass hier in dem Event-Handler auf jeden Fall return stehen muss. Es reicht also nicht, dass confirm() einen Rückgabewert hat.

Je nach Ereignis sind die Standardaktionen des Browsers völlig unterschiedlich. Bei mouseover im Zusammenhang mit Links ist es etwa das Anzeigen der Adresse des Links in der Statusleiste. Bei Formularen und dem Ereignis submit ist es das Versenden des Formulars (siehe *Formularinhalte an den Server schicken*, S. 234).

Leider ist die Vorgehensweise zur Unterbindung nachfolgender Standardaktionen des Browsers nicht einheitlich. In manchen Fällen muss man return false und in anderen Fällen return true angeben. In den Anfangszeiten von JavaScript konnte man sich wohl nicht auf ein einheitliches Schema festlegen. Nun muss diese Vorgehensweise aus Kompatibilitätsgründen zu älteren Browserversionen beibehalten werden. Die folgende Tabelle zeigt, welche Rückgabewerte die Standardaktionen unterbinden.

Tab. 13–2

Rückgabewerte zum Unterbinden der Standardaktionen des Browsers

Event-Handler	Abbruch durch
onclick	return false
onerror	return true
onmouseover	return true
onreset	return false
onsubmit	return false

Nicht jedes Ereignis hat automatische Aktionen des Browsers zur Folge, so z.b. das Ereignis click in Verbindung mit einer Schaltfläche. Aus diesem Grund hat es keinen Sinn, in dem onclick-Event-Handler eines Button-Objekts mit Rückgabewerten zu arbeiten.

13.1.8 Ereignisse mittels Methodenaufruf auslösen

Die einzelnen Elemente einer Webseite definieren nicht nur verschiedene Event-Handler, sondern oftmals gibt es auch spezielle Methoden, mit denen man durch JavaScript auch Ereignisse auslösen kann. So besitzt ein Button-Objekt eine click()-Methode, die einen Mausklick auf die Schaltfläche *simuliert*. Der Browser reagiert darauf so, als ob der Anwender selbst auf diese Schaltfläche geklickt hätte.

In diesem Zusammenhang sind auch Methoden wie submit() in Formularen (siehe *Formularinhalte an den Server schicken*, S. 234) oder focus() in Fenstern (siehe *Ein Fenster in den Vordergrund bringen*, S. 138) zu nennen.

13.2 Ereignisse im W3C-Standard

Neben einem standardisierten DOM ist auch ein standardisiertes Ereignismodell wichtig. Die gängigen Browser unterstützen das W3C-Ereignismodell. Die große Ausnahme ist der Microsoft Internet Explorer, der dieses Ereignismodell erst seit der Version 9 unterstützt. Aus diesem Grund muss der Internet Explorer später in diesem Kapitel separat behandelt werden.

13.2.1 Event-Listener

addEventListener()

Im W3C-Standard werden Event-Handler nicht wie bisher definiert. Stattdessen verwendet man eine Methode addEventListener(), um sogenannte *Event-Listener* zu definieren. Mit einem Event-Listener kann man einem beliebigen Objekt in der Objekthierarchie die Anweisung geben, auf ein bestimmtes Ereignis zu achten.

Der grundlegende Mechanismus, dass bei einem bestimmten Ereignis der dafür definierte JavaScript-Code ausgeführt wird, ist bei den herkömmlichen Event-Handlern und den neuen Event-Listenern gleich. Deswegen werden in der Praxis die beiden Begriffe häufig synonym verwendet. Event-Listener lassen sich jedoch nicht nur im Zusammenhang mit wesentlich mehr Objekten einsetzen, sondern besitzen sonst auch noch weitere Fähigkeiten, wie wir im Folgenden sehen werden.

Ein Event-Listener wird über die Methode addEventListener() mit einem Objekt im DOM-Baum verknüpft. Dies zeigt das folgende Beispiel, in dem ein Button-Objekt mit einem Event-Listener versehen wird:

```
<!DOCTYPE html>                                             w3c1.html
<html>
<head>
<title>W3C</title>

<script type="text/javascript">

function init() {
   var b1 = document.getElementById("b1");
   b1.addEventListener("click", ausgabe, false);
}

function ausgabe(evt) {
   alert("Hallo!");
}

</script>
</head>
<body onload="init()">
   <form>
      <p>
      <input type="button" id="b1" value="Test">
      </p>
   </form>
</body>
</html>
```

Die Methode addEventListener() erwartet drei Argumente. Zunächst übergibt man den Namen des Ereignisses als String. Das zweite Argument gibt den Namen der aufzurufenden Funktion an (ohne Klammern). Das dritte Argument wird zur Steuerung des Ereignisflusses in der Objekthierarchie verwendet. Dazu später mehr.

Wie Sie sehen, wird addEventListener() im Zusammenhang mit dem Button-Objekt aufgerufen. Jedes Objekt im DOM-Baum verfügt über diese Methode.

Der Event-Listener sollte erst registriert werden, wenn die Seite aufgebaut ist. Deshalb wird in unserem Beispiel die Funktion init() über den onload-Event-Handler im <body>-Tag aufgerufen. Wie Sie sehen, kann man herkömmliche Event-Handler mit neuen Event-Listenern kombinieren.

Mehrere Event-Listener

Ein Unterschied zu den herkömmlichen Event-Handlern ist, dass man in einem Objekt mehrere Event-Listener des gleichen Typs definieren kann. Die Reihenfolge der Abarbeitung ist dabei nicht vorhersehbar. Die Event-Listener werden also nicht unbedingt in der Reihenfolge, in der sie definiert wurden, abgearbeitet.

13.2.2   Event-Capturing und Event-Bubbling

Bisher betrafen die Ereignisse in unseren Beispielen ein einzelnes Zielobjekt. Das Zielobjekt, wie z.B. eine Schaltfläche, wartet auf den Eintritt des Ereignisses, um darauf entsprechend zu reagieren.

Jedes Element einer Webseite ist in eine Hierarchie eingebunden. Im W3C-Standard besteht die Möglichkeit, nicht durch das Zielobjekt selbst auf ein Ereignis zu reagieren, sondern durch ein übergeordnetes Objekt. Hierzu gibt es im W3C-Standard das Event-Capturing und das Event-Bubbling. Beim Event-Capturing schnappt sich ein übergeordnetes Objekt des Zielobjekts das Ereignis, bevor es das Zielobjekt erreicht. Beim Event-Bubbling kommt umgekehrt das Zielobjekt zuerst zum Zug und danach die übergeordneten Objekte.

Beim Eintritt eines Ereignisses erhalten also zunächst die übergeordneten Objekte die Möglichkeit, auf das Ereignis zu reagieren (Event-Capturing), dann kommt das eigentliche Zielobjekt zum Zug und danach haben die übergeordneten Objekte nochmals die Möglichkeit, auf das Ereignis zu reagieren (Event-Bubbling).

Aus der Perspektive des DOM-Baums kann man also sagen, dass ein Ereignis zunächst oben anfängt und dann durch die Hierarchie bis zum Zielobjekt weitergereicht wird. Greift sich in diesem Moment ein übergeordnetes Objekt das Ereignis, spricht man von Event-Capturing.

Abb. 13–2
Event-Capturing

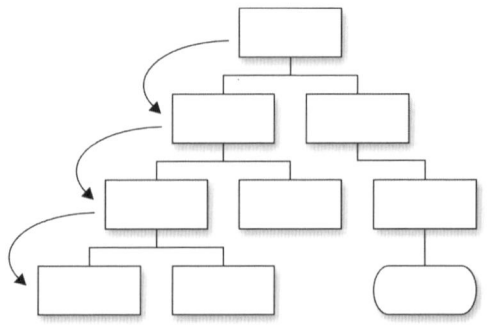

Beim Zielobjekt angekommen, kehrt das Ereignis um und steigt wie eine Luftblase im Wasser wieder nach oben in der Hierarchie. Das nennt sich Event-Bubbling.

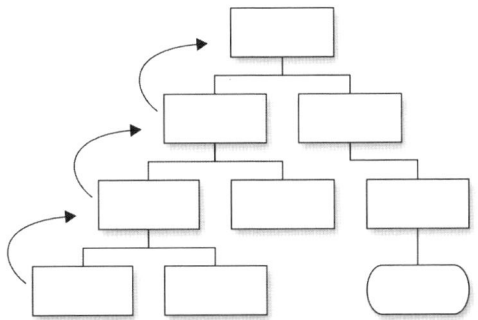

Abb. 13–3

Event-Bubbling

In der Methode addEventListener() gibt das dritte Argument an, wann der Event-Listener beachtet werden soll. Gibt man true an, wird Event-Capturing verwendet. Das Ereignis wird abgefangen, bevor es das Zielobjekt erreicht.

Mit dem Wert false teilt man dem Browser mit, den neuen Event-Listener erst im Event-Bubbling zu berücksichtigen. Das Ereignis erreicht zunächst das Zielobjekt und steigt dann in der Objekthierarchie auf.

Das folgende Beispiel zeigt eine einfache Objekthierarchie, in der unterschiedliche Event-Listener definiert werden.

```
<!DOCTYPE html>                                          w3c2.html
<html>
<head>
<title>W3C</title>

<script type="text/javascript">

function init() {

    var b1 = document.getElementById("b1");
    var b2 = document.getElementById("b2");
    var f1 = document.getElementById("f1");
    var l1 = document.getElementById("l1");
    var t1 = l1.firstChild;

    b1.addEventListener("click", ausgabe, false);
    b2.addEventListener("click", ausgabe, false);

    f1.addEventListener("click", ausgabe, false);
    f1.addEventListener("click", ausgabe, true);

    l1.addEventListener("click", ausgabe, false);
    t1.addEventListener("click", ausgabe, false);
```

```
    document.addEventListener("click", ausgabe, true);
}

function ausgabe(evt) {
    if (evt.currentTarget == document) {
        alert("document");
    } else {
        if (evt.currentTarget != null) {
            alert(evt.currentTarget.id);
        } else {
            alert(evt.target.nodeValue);
        }
    }
}

</script>
</head>
<body onload="init()">

    <form id="f1">
        <p>
        <input type="button" id="b1" value="Button 1">
        <input type="button" id="b2" value="Button 2">
        </p>
    </form>

    <p>
    <a href="link.html" id="l1">Text</a>
    </p>

</body>
</html>
```

Abbildung 13–4 zeigt einen Teil der Objekthierarchie zusammen mit den registrierten Event-Listenern.

Abb. 13–4
Objekthierarchie mit registrierten Event-Listenern

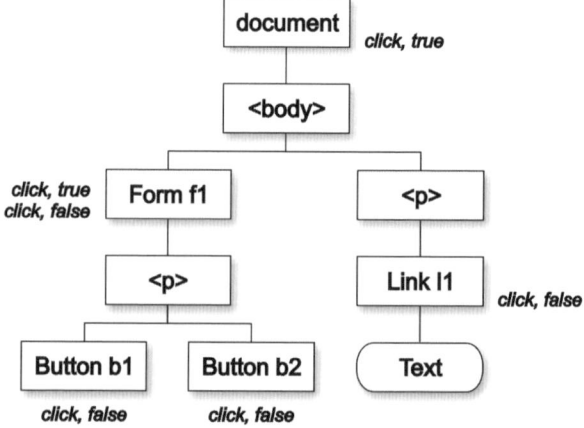

Die folgende Tabelle zeigt die Reihenfolge der Event-Listener, wenn das `click`-Ereignis im Beispiel auf den unterschiedlichen Objekten stattfindet.

Zielobjekt	Reihenfolge der Ereignisbehandlung
Button b1	document, f1, b1, f1
Button b2	document, f1, b2, f1
Text	document, l1
document	document

Tab. 13–3
Reihenfolge der Ereignisbehandlung in der Beispieldatei

Event-Listener können mit der Methode `removeEventListener()` wieder entfernt werden. Die Argumente entsprechen den Argumenten der Methode `addEventListener()`.

removeEventListener()

13.2.3 Das Event-Objekt

Im W3C-Standard wird ein `Event`-Objekt (nicht zu verwechseln mit dem event-Objekt des Internet Explorers, das mit einem kleinen *e* geschrieben wird) definiert. Es wird automatisch an die im Event-Listener angegebene Funktion übergeben, wenn das Ereignis eintritt. So bekommt man Informationen zum Ereignis, z.B. welches Objekt das Zielobjekt des Ereignisses ist. Die folgende Tabelle zeigt ein paar wichtige Eigenschaften des `Event`-Objekts.

Eigenschaft	Bedeutung
bubbles	Gibt an, ob das `Event`-Objekt in der Objekthierarchie nach oben weitergegeben wird (Event-Bubbling).
cancelable	Gibt an, ob man die Standardaktionen des Browsers unterbinden kann.
clientX	Gibt die x-Koordinate von Mausereignissen relativ zum Browserfenster (ohne Menüleisten und Scrollbalken usw.) an.
clientY	Gibt die y-Koordinate von Mausereignissen relativ zum Browserfenster (ohne Menüleisten und Scrollbalken usw.) an.
currentTarget	Gibt an, welches Objekt momentan das `Event`-Objekt behandelt.
keyCode	Gibt den Unicode an, der der Taste, die vom Benutzer gedrückt wurde, zugeordnet ist.
eventPhase	Gibt an, in welcher Phase sich die Ereignisbehandlung befindet: 1 (=`Event.CAPTURING_PHASE`): Capturing-Phase 2 (=`Event.AT_TARGET`): Beim Zielobjekt 3 (=`Event.BUBBLING_PHASE`): Bubbling-Phase
target	Gibt das Zielobjekt an.
type	Gibt den Ereignistyp an.

Tab. 13–4
Eigenschaften des Event-Objekts im W3C-Standard

Neben diesen Eigenschaften kennt ein Event-Objekt auch folgende Methoden:

Tab. 13–5

Methoden des Event-Objekts im W3C-Standard

Methode	Bedeutung
initEvent(typ, bubble, cancelable)	Dient der Erzeugung eigener Event-Objekte.
preventDefault()	Unterbindet die Standardaktionen des Browsers.
stopPropagation()	Verhindert, dass das Event-Objekt an andere Objekte weitergegeben wird.

preventDefault()

Die Standardaktionen des Browsers schließen sich an den Prozess des Event-Bubblings an. Das folgende Beispiel zeigt, wie Sie mit prevent-Default() umgehen können, um die Standardaktionen des Browsers zu unterbinden. In der Funktion pruefen() wird anhand eines *confirm*-Fensters festgelegt, ob die Standardaktion des Browsers ausgeführt werden soll oder nicht.

w3c3.html

```html
<!DOCTYPE html>
<html>
<head>
<title>W3C</title>

<script type="text/javascript">

function init() {
    var l1 = document.getElementById("l1");
    l1.addEventListener("click", pruefen, false);
}

function pruefen(evt) {
    if (!confirm("Seite verlassen?"))
        evt.preventDefault();
}

</script>
</head>
<body onload="init()">
    <p>
    <a href="http://www.dpunkt.de/" id="l1">Link</a>
    </p>
</body>
</html>
```

stopPropagation()

Mit stopPropagation() kann die Weiterbearbeitung des Ereignisses verhindert werden. Es spielt dabei keine Rolle, in welcher Phase der Ereignisverarbeitung man sich gerade befindet. stopPropagation() sorgt dafür, dass nachfolgende Event-Listener nicht beachtet werden. Auf die Standardaktionen des Browsers hat dies keinen Einfluss, d.h., diese lassen sich nur mit preventDefault() verhindern.

Wie man mit stopPropagation() arbeiten kann, zeigt das nächste
Beispiel:

```
<!DOCTYPE html>
<html>
<head>
<title>W3C</title>

<script type="text/javascript">

function init() {
   var b1 = document.getElementById("b1");
   var f1 = document.getElementById("f1");
   b1.addEventListener("click", ausgabe1, false);
   f1.addEventListener("click", ausgabe2, false);
   document.addEventListener("click", ausgabe3, false);
}

function ausgabe1(evt) {
   alert("Button");
}

function ausgabe2(evt) {
   alert("Formular");
   evt.stopPropagation();
}

function ausgabe3(evt) {
   alert("document");
}

</script>
</head>
<body onload="init()">

   <form id="f1">
      <p>
      <input type="button" id="b1" value="Button 1">
      </p>
   </form>

</body>
</html>
```

w3c4.html

Hier wird ein click-Ereignis zuerst von dem Button-Objekt bearbeitet.
Auch das übergeordnete Formular und das document-Objekt definieren
jeweils einen Event-Listener. Nach dem Button-Objekt wird nur der
Event-Listener des Formulars berücksichtigt, da dort mit stopPropaga-
tion() das Event-Bubbling abgebrochen wird.

13.2.4   Ereignisse selbst erzeugen

createEvent()

Im W3C-Standard können Sie auch eigene Ereignisse auslösen. Zuerst muss ein Event-Objekt erzeugt werden. Dazu kennt das document-Objekt die Methode createEvent(). Diese Methode erwartet als Argument einen String, der angibt, um welchen Ereignistyp es sich handeln soll. Hier sieht der W3C-Standard verschiedene Ereignistypen vor, wie z.B. HTMLEvent oder MouseEvent. Leider unterstützen nicht alle gängigen Browser, die mit dem W3C-Standard prinzipiell umgehen können, die verschiedenen Ereignistypen. Nur MouseEvent scheint weitgehend verbreitet zu sein.

Die Methode createEvent() liefert ein Event-Objekt zurück. Dieses Event-Objekt muss danach mit initEvent() näher spezifiziert werden. Beispielsweise könnte das so aussehen:

w3c5.html

(Auszug)

```
var evt = document.createEvent("MouseEvent");
evt.initEvent("click", true, true);
```

initEvent()

Hier wird ein click-Ereignis erzeugt. Andere mögliche Werte sind etwa "mousedown", "mouseup" oder "mouseover". Der zweite Parameter der Methode initEvent() gibt an, ob das Ereignis in der Objekthierarchie automatisch nach oben weitergereicht werden soll (Event-Bubbling). Der dritte Übergabewert legt fest, ob man das Standardverhalten des Browsers unterbinden können soll.

Mit initEvent() lassen sich nur die grundlegenden Ereignisparameter setzen. Ein MouseEvent kennt jedoch wesentlich mehr Parameter, die mit initMouseEvent() festgelegt werden können. Sie erfahren in der Referenz im Zusammenhang mit dem Event-Objekt mehr darüber.

dispatchEvent()

Nachdem Sie das Event-Objekt erzeugt haben, müssen Sie das Ereignis tatsächlich auslösen. Dazu gibt es die Methode dispatch-Event(), die man in Bezug auf jeden Knoten im DOM-Baum aufrufen kann. Wenn die Variable eingabe beispielsweise eine Referenz auf ein Eingabefeld ist, können Sie das oben erzeugte Event-Objekt verwenden, um ein focus-Ereignis in diesem Eingabefeld eintreten zu lassen:

```
eingabe.dispatchEvent(evt);
```

Selbst erzeugte Ereignisse werden genauso wie vom Browser erzeugte Ereignisse behandelt.

13.3 Ereignisse im Microsoft Internet Explorer bis 8.0

Das Ereignismodell im Internet Explorer unterscheidet sich vom W3C-Standard eigentlich nicht allzu sehr. Leider gibt es aber an verschiedenen Stellen kleine Unterschiede, die eine getrennte Behandlung der Browser notwendig machen, es sei denn, man kann auf das grundlegende Ereignismodell, das jeder JavaScript-Browser kennt, ausweichen.

Der Microsoft Internet Explorer 4 kannte nur Event-Bubbling. Im Internet Explorer 5 wurde ein Mechanismus eingeführt, der dem Event-Capturing im W3C-Standard ähnelt.

13.3.1 Event-Listener

Wie im W3C-Standard gibt es im Internet Explorer einen Mechanismus, mit dem man über einen Methodenaufruf Event-Listener definieren kann. Leider verwendet der Internet Explorer jedoch nicht die Methodennamen `addEventListener()` bzw. `removeEventListener()`, sondern stattdessen `attachEvent()` bzw. `detachEvent()`. Diese Methoden können im Zusammenhang mit jedem HTML-Element aufgerufen werden. Im W3C-Standard kann auch ein Textknoten einen Event-Listener haben, was im Internet Explorer jedoch nicht möglich ist.

attachEvent() und
detachEvent()

13.3.2 Das event-Objekt

Auch im Internet Explorer ist ein event-Objekt definiert (mit kleinem *e* im Gegensatz zum `Event` Objekt im W3C Standard). Dieses hat jedoch nur sehr wenige Gemeinsamkeiten mit dem `Event`-Objekt im W3C-Standard. Die folgende Tabelle enthält die wichtigsten Eigenschaften des event-Objekts im Internet Explorer. Besonders wichtig ist für uns die Eigenschaft `srcElement`, die der `target`-Eigenschaft im W3C-Standard entspricht.

Eigenschaft	Bedeutung
`cancelBubble`	Gibt an, ob das event-Objekt an übergeordnete Objekte weitergegeben werden soll.
`clientX`	Gibt die x-Koordinate von Mausereignissen relativ zum Browserfenster (ohne Menüleisten und Scrollbalken usw.) an.
`clientY`	Gibt die y-Koordinate von Mausereignissen relativ zum Browserfenster (ohne Menüleisten und Scrollbalken usw.) an.
`keyCode`	Gibt den Unicode an, der der Taste, die vom Benutzer gedrückt wurde, zugeordnet ist.
`returnValue`	Gibt den Rückgabewert des Event-Handlers an.
`srcElement`	Gibt das Objekt an, das das Ereignis ausgelöst hat.
`type`	Gibt den Typ des Ereignisses an.

Tab. 13–6
Eigenschaften des
event-Objekts im
Internet Explorer

window.event Ein wesentlicher Unterschied zum W3C-Standard ist, dass das event-Objekt über `window.event` ansprechbar ist und nicht an die Event-Listener-Funktion als Argument übergeben wird.

Im folgenden Beispiel können Sie den Mauszeiger über das angezeigte Bild bewegen. Dabei werden die Mauskoordinaten bezüglich des Bildes in einem `<div>`-Element angezeigt.

msie1.htm
```html
<!DOCTYPE html>
<html>
<head>
<title>MSIE</title>

<script type="text/javascript">

var ausg;

function init() {
    var x = document.getElementById("bild");
    x.attachEvent("onmousemove", anzeigen);
}

function anzeigen() {
    var x = window.event.offsetX;
    var y = window.event.offsetY;

    if (!ausg) ausg = document.getElementById("ausgabe");
    ausg.innerHTML = "x: " + x + " y: " + y;
}

</script>
</head>
<body onload="init()">
    <p>
    <img src="obj.gif" id="bild" alt="Objekte"
       width="278" height="216">
    </p>
    <div id="ausgabe"></div>
</body>
</html>
```

In diesem Beispiel wird der Event-Handler onmousemove des Image-Objekts verwendet. Der Event-Handler wird mit attachEvent() gesetzt. Wie Sie sehen, müssen wir hier "onmousemove" schreiben und nicht nur "mousemove". Tritt das Ereignis mousemove über dem Bild ein, wird die Funktion anzeigen() aufgerufen. Die Mauskoordinaten beim Eintritt des Ereignisses erfährt die Funktion über:

```javascript
var x = window.event.offsetX;
var y = window.event.offsetY;
```

13.3.3   Event-Capturing und Event-Bubbling

Das Event-Bubbling im Internet Explorer und im W3C-Standard sind
miteinander vergleichbar. Das folgende Beispiel zeigt das Event-Bubbling im Internet Explorer. Außerdem wird gezeigt, wie mit der Eigenschaft `cancelBubble` das Event-Bubbling abgebrochen werden kann.
Wird `cancelBubble` gleich `true` gesetzt, wird das Ereignis nicht an das
übergeordnete Objekt weitergegeben. Dies demonstriert das nachfolgende Skript:

```
<!DOCTYPE html>                                                    msie2.htm
<html>
<head>
<title>MSIE</title>

<script type="text/javascript">

function reaktion() {
   alert('Button-Objekt');
   window.event.cancelBubble = true;
}

</script>
</head>
<body>

   <form onclick="alert('Form-Objekt')">
      <p>
      <input type="button" value="Test"
         onclick="reaktion();">
      </p>
   </form>

</body>
</html>
```

Sowohl das `Button`- als auch das `Form`-Objekt definieren in diesem Skript
den `onclick`-Event-Handler. Die Funktion `reaktion()` wird durch den
`onclick`-Event-Handler des `Button`-Objekts aufgerufen. Da dort

```
window.event.cancelBubble = true;
```

gesetzt wird, wird das Ereignis nicht an das `Form`-Objekt weitergegeben. Entfernen Sie diese Zeile, wird zusätzlich der Code im Event-
Handler im `<form>`-Tag ausgeführt.

Für das Event-Capturing im Internet Explorer gibt es die Metho-   *setCapture() und*
den `setCapture()` und `releaseCapture()`.   *releaseCapture()*

Das Beispiel hierzu zeigt die Mauskoordinaten neben dem Cursor, wenn man die linke Maustaste gedrückt hält:

msie3.htm

```html
<!DOCTYPE html>
<html>
<head>
<title>MSIE</title>

<script type="text/javascript">

var anz;
var an = false;

function init() {
   document.attachEvent("onmousedown", captureAn);
   document.attachEvent("onmouseup", captureAus);
}

function captureAn() {
   anz = document.getElementById("anzeige");
   anz.onmousemove = ausgabe;
   anz.setCapture();
   an = true;
}

function captureAus() {
   anz.releaseCapture();
   an = false;
}

function ausgabe() {
   if (an) {
      var evt = window.event;
      anz.firstChild.nodeValue = evt.x + "/" + evt.y;
      anz.style.left = evt.x + 10;
      anz.style.top = evt.y - 15;
   }
}

</script>
</head>
<body onload="init()">
   <div style="position: absolute;" id="anzeige">0/0</div>
</body>
</html>
```

Zur Anzeige der Koordinaten wird das <div>-Element mit der ID anzeige verwendet. In der Funktion init() werden Event-Listener für die mousedown- und mouseup-Ereignisse gesetzt. Hier sehen Sie die Verwendung der Methode attachEvent(). Wie Sie erkennen können, schreibt man in attachEvent() "onmousedown" und nicht nur "mouse-down", wie im W3C-Standard in der Methode addEventListener().

Bei einem `mousedown`-Ereignis wird die Funktion `captureAn()` aufgerufen. Dort wird mit `setCapture()` das Event-Capturing eingeschaltet. In der Funktion `captureAus()`, die bei einem `mouseup`-Ereignis aufgerufen wird, wird das Event-Capturing mit `releaseCapture()` wieder abgeschaltet.

Bitte beachten Sie, dass das Event-Capturing im Internet Explorer etwas anders funktioniert als im W3C-Standard. Wenn Sie `setCapture()` aufrufen, werden sämtliche Mausereignisse abgefangen – auch wenn Sie z.B. oben auf das Menü des Browsers klicken. Es ist sinnvoll, `setCapture()` nur für kurze Zeit zu verwenden.

In manchen Situationen wird das Event-Capturing abgebrochen. Das ist beispielsweise der Fall, wenn Sie ein *alert*-Fenster öffnen oder das Browserfenster den Fokus verliert. Für diesen Zweck gibt es den Event-Handler `onlosecapture`, mit dem Sie auf einen Abbruch des Event-Capturings reagieren können.

13.4 Browserunabhängiges Drag&Drop

In diesem Abschnitt soll gezeigt werden, wie sich die verschiedenen Ereignismodelle kombinieren lassen. Dazu soll ein Drag&Drop-Skript dienen, bei dem der Anwender Objekte auf einer Webseite beliebig hin- und herbewegen kann.

Die Browser, die in den letzten Jahren auf den Markt kamen, setzen auf ähnliche Techniken und Mechanismen, sodass hier eine browserunabhängige Programmierung recht einfach ist. Die Unterstützung von älteren Browserversionen wird sich kaum lohnen, da diese mittlerweile kaum noch im Einsatz sind. Gut wäre es natürlich, wenn die Anwender nicht mit Fehlermeldungen überschüttet werden, falls sie dennoch diese Browserversionen verwenden.

Browserunabhängige Programmierung läuft gewöhnlich auf eine Fallunterscheidung hinaus. Je nachdem, welcher Browser verwendet wird, werden die passenden Befehle ausgeführt. Zu Beginn muss also festgestellt werden, welchen Browser der Anwender einsetzt bzw. welche Fähigkeiten der Browser besitzt. Hierfür gibt es, wie wir gesehen haben, unterschiedliche Möglichkeiten (siehe *Browserversionen überprüfen*, S. 148).

Fallunterscheidung

Eine gute Möglichkeit, browserunabhängige Seiten zu erzeugen, ist die Verwendung einer Funktionsbibliothek, die Sie im Internet finden (siehe *Frameworks und Funktionsbibliotheken*, S. 13).

13.4.1 Funktionsweise des Drag&Drop-Skripts

Um ein Objekt, das durch ein einfaches Bild dargestellt wird, zu bewegen, soll der Anwender mit der Maus auf das Bild klicken und es bei gedrückter Maustaste an eine andere Stelle bewegen können. Wird die Maustaste losgelassen, soll das Objekt an der neuen Stelle auf der Webseite positioniert werden.

Jedes Objekt, das man bewegen können soll, wird in einem eigenen <div>-Tag untergebracht. Das ermöglicht nicht nur die freie Platzierung auf der Seite, sondern erleichtert auch die Identifizierung des Objekts, auf das der Anwender jeweils klickt.

Wie die Abbildung zeigt, benötigen wir für dieses Beispiel die Ereignisse mousedown, mousemove und mouseup.

Abb. 13–5

Funktionsweise von Drag&Drop

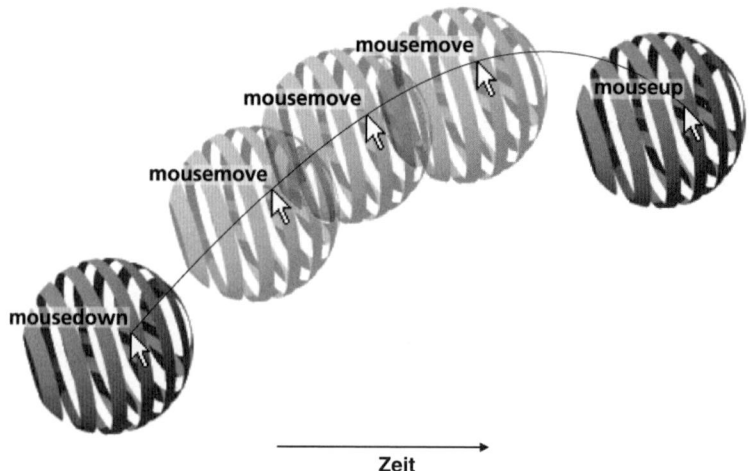

Bitte beachten Sie, dass hier nur Drag&Drop innerhalb des Webbrowsers gemeint ist. Mit diesem Skript lässt sich kein Drag&Drop zwischen unterschiedlichen Applikationen realisieren. Später werden wir jedoch eine Möglichkeit kennenlernen, um Dateien per Drag&Drop zu öffnen (siehe *Eine Datei mit Drag&Drop einbinden*, S. 304).

13.4.2 Verschiedene Ereignismodelle kombinieren

Wir werden für die Realisierung dieses Skripts die Ereignismodelle des W3C und des Internet Explorers verwenden. Dieses Beispiel zeigt nur, wie diese beiden Ereignismodelle miteinander kombiniert werden können. Durch eine Abfrage in der Funktion init() wird zu Beginn überprüft, ob das W3C-Ereignismodell oder das Ereignismodell des Inter-

net Explorers verwendet werden soll. Browser, die mit keinem der
beiden Ereignismodelle umgehen können, bleiben außen vor. Im Praxis-
einsatz sollte der Anwender bei diesen Browsern einen Hinweis
bekommen, dass das Skript dort nicht funktioniert. Der allgemeine
Teil unseres Skripts sieht wie folgt aus:

```
var isW3C = false;                                    dragdrop.html
var isIE = false;                                     (Auszug)

var dx = 0;
var dy = 0;
var current = null;
var zIndexTop = 10;

function init() {

    if (document.addEventListener) isW3C = true;
    else if (window.event) isIE = true;

    document.onmousedown = startDrag;
    document.onmouseup = endDrag;
}
```

In der Funktion init() wird anhand von document.addEventListener
und window.event geprüft, welcher Browser verwendet wird (siehe
Objekte überprüfen, S. 152). Auf dieser Basis werden die booleschen
Variablen isW3C und isIE gesetzt, damit wir später nur noch diese beiden Variablen abfragen müssen. Bitte beachten Sie, dass Opera beide
Tests erfüllen würde. Da wir eine if-else-Abfrage verwendet haben,
wird Opera hier als W3C-Browser behandelt.

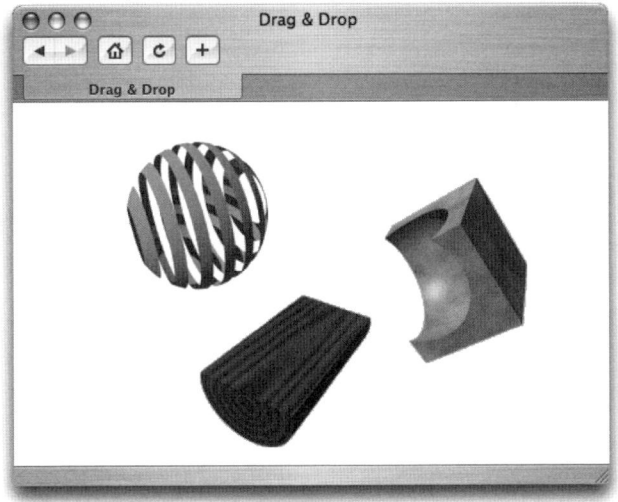

Abb. 13–6
Drag&Drop

Wir benötigen drei Funktionen, die auf die unterschiedlichen Ereignisse reagieren. Die Funktion startDrag() wird als Reaktion auf das mousedown-Ereignis aufgerufen:

```
function startDrag(e) {
    var found = false;

    var obj;

    // auf welches Objekt wurde geklickt?
    if (isW3C) obj = e.target;
    else if (isIE) {
        e = window.event;
        obj = e.srcElement;
    }
    else return;

    // wurde auf das richtige Objekt geklickt?
    if  ((obj.parentNode.id != null) &&
        (obj.parentNode.id.indexOf("bild") != -1)) {
        current = obj.parentNode.style;

        dx = e.clientX - parseInt(current.left);
        dy = e.clientY - parseInt(current.top);

        // Setze Objekt nach oben
        zIndexTop++;
        current.zIndex = zIndexTop;

        if (isW3C) {
            document.addEventListener("mousemove",
                drag, true);
        }
        else {
            document.attachEvent("onmousemove", drag);
        }
        return false;
    }

    // Benutzer hat auf kein Objekt geklickt
    current = null;
    return false;
}
```

Hier definieren wird, dass jedes Objekt mit einer id, die den String "bild" enthält, per Drag&Drop verschoben werden können soll. Innerhalb von startDrag() wird ein Event-Handler für das mousemove-Ereignis definiert. Wir sind ja nur an mousemove-Ereignissen interessiert, wenn gleichzeitig die Maustaste gedrückt wird.

Für mousemove-Ereignisse wird die Funktion drag() definiert, die das Objekt an die neue Position schiebt:

```
function drag(e) {
   if (current != null) {
      if (isIE) e = window.event;
      current.top = parseInt(e.clientY) - dy;
      current.left = parseInt(e.clientX) - dx;
   }

   return false;
}
```

Wird die Maustaste losgelassen, tritt ein mouseup-Ereignis ein und die Funktion endDrag() wird aufgerufen. Darin setzen wir den onmousemove-Event-Handler zurück:

```
function endDrag(e) {
   if (isW3C) {
      document.removeEventListener("mousemove",drag,true);
   } else if (isIE) {
      document.detachEvent("onmousemove", drag);
   }

   current = null;

   return false;
}
```

Wie Sie sehen, ist der Ansatz für beide Browserversionen gleich. Wir müssen nur bei ein paar Befehlen aufpassen und eine Fallunterscheidung machen. Interessant ist dabei, dass wir zwar in beiden Browsern in der Funktion startDrag() unterschiedliche Befehle benötigen, um festzustellen, auf welches Objekt geklickt wurde. Aber wenn wir einmal eine Referenz auf das Zielobjekt gespeichert haben, können wir ohne erneute Fallunterscheidung in beiden Browsern mit e.clientX und e.clientY die Position des Klicks erfahren.

14 Formulare

Wenn Sie auf einer Webseite für eine Bestellung Ihre Anschrift eingeben, Ihre E-Mail-Adresse für das Abonnieren eines Newsletters eintippen oder zum Zugriff auf eine spezielle Seite nach einem Passwort gefragt werden, kommen Formulare zum Einsatz. Schaltflächen (Buttons), Texteingabefelder und Auswahllisten gehören zu den Formularelementen, die in HTML bereits definiert sind und mit JavaScript verwendet werden können.

Die in HTML vordefinierten Formularelemente, die in allen Browsern verfügbar sind, lassen sich grob in folgende Kategorien gliedern:

Formularelemente in HTML

- **Textfelder**
  - Text
  - Textarea
  - Password
  - Hidden
- **Schaltflächen**
  - Button
  - Submit
  - Reset
- **Auswahlfelder**
  - Checkbox
  - Radio
- **Auswahllisten**
  - Select
- **Dateiauswahl**
  - FileUpload

In HTML5 sind einige Formularelemente hinzugekommen, die wir uns in diesem Kapitel ebenso anschauen wollen, auch wenn noch nicht alle gängigen Browser damit umgehen können.

Dieses Kapitel soll Ihnen nicht nur zeigen, wie Sie diese Elemente einbinden können, sondern auch, wie Sie die Eingabe für die Anwender möglichst einfach und komfortabel gestalten können. Nachdem die Daten eingegeben worden sind, können diese auf unterschiedliche Art und Weise weiterverarbeitet werden. Am Ende dieses Kapitels wird auf die einzelnen Möglichkeiten eingegangen.

14.1 Formulare im Objektmodell

Wie wir bereits gesehen haben, werden im DOM alle Elemente einer Webseite durch Objekte repräsentiert, die hierarchisch angeordnet sind. Ebenso besteht ein Formular aus mehreren Objekten, die zueinander in Beziehung stehen. Da die Adressierung der Formularelemente (auch Formularobjekte genannt) wichtig für die Programmierung von Formularen ist, soll hier zunächst an einem Beispiel gezeigt werden, wie in JavaScript Formularelemente angesprochen werden.

Ansprechen von Formularelementen

Die Adressierung ist von Bedeutung, wenn Sie beispielsweise abfragen wollen, was ein Anwender in ein Textfeld eingegeben hat, oder wenn Sie über JavaScript einen bestimmten Wert in ein Textfeld schreiben wollen. Als Beispiel soll folgender HTML-Code dienen:

```
<form id="meinFormular" name="meinFormular">
  <p>
  <input type="button" id="button1" name="button1"
     value="Button 1">
  <input type="button" id="button2" name="button2"
     value="Button 2">
  <input type="text" id="eingabe1" name="eingabe1"
     value="">
  </p>
</form>
```

An dieser Stelle sind die Einzelheiten dieses HTML-Codes noch nicht wichtig. Für uns ist momentan nur von Bedeutung, dass hiermit ein Formular mit zwei Schaltflächen (Buttons) und einem Textfeld erzeugt wird. Jedes Formularelement erhält mit id einen eindeutigen Namen. Wir werden später genauer auf die einzelnen Formularelemente eingehen.

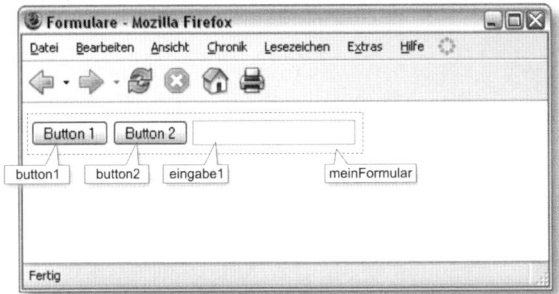

Abb. 14–1

Anzeige der Formularobjekte

14.1.1 Das Form-Objekt

Ein Formular umfasst eine beliebige Anzahl von Formularelementen und wird in HTML mit dem <form>-Tag erzeugt. Dieses Tag benötigen Sie für alle in diesem Kapitel gezeigten Beispiele, auch wenn dies nicht explizit angegeben ist. Ein oder mehrere Formularelemente müssen also immer zwischen den Tags <form> und </form> stehen.

Das <form>-Tag

In JavaScript wird ein Formular durch das Form-Objekt repräsentiert. Unser Beispielcode erzeugt also ein Form-Objekt mit dem Namen meinFormular.

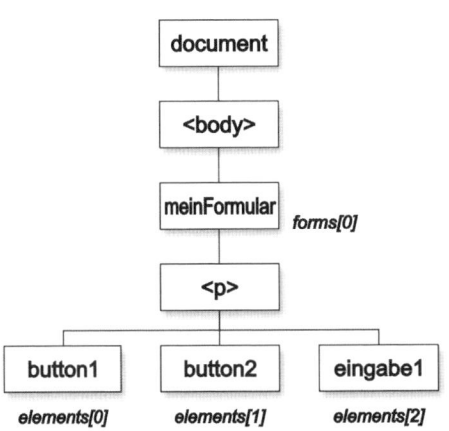

Abb. 14–2

Der Aufbau des Beispielformulars

Es gibt grundsätzlich zwei verschiedene Möglichkeiten, um auf ein Formular zuzugreifen:

- Zugriff über das forms-Array
- Zugriff über den Namen bzw. die id des Form-Objekts

Im forms-Array sind alle Formulare eines Dokuments abgebildet. Das erste Formular, das im HTML-Code vorkommt, lässt sich über

Zugriff über das forms-Array

```
document.forms[0]
```

ansprechen. Das zweite Formular entsprechend mit

```
document.forms[1]
```

Diese Vorgehensweise hat jedoch einige Nachteile. Zum einen ist bei einer umfangreichen HTML-Seite für den Programmierer nicht sofort ersichtlich, welches Formular gemeint ist. Zum anderen muss die Adressierung angepasst werden, wenn die Reihenfolge der Formulare im Dokument geändert wird.

Zugriff über den Namen des Form-Objekts

Aus diesen Gründen sollte die Adressierung deshalb eher über einen Namen, der im Formular selbst vergeben wird, vorgenommen werden. In unserem Beispiel hat das Formular den Namen meinFormular, der in dem <form>-Tag über das name-Attribut gesetzt wurde. Unser Formular lässt sich deshalb über

```
document.meinFormular
```

ansprechen. Wie in JavaScript üblich kann man auch

```
document.forms["meinFormular"]
```

name und id

schreiben. Für diese beiden Schreibweisen ist der Name, der über die name-Eigenschaft gesetzt wird, ausschlaggebend. Möchte man die W3C-Schreibweise verwenden, bezieht sich die Angabe meinFormular auf das id-Attribut im <form>-Tag:

```
document.getElementById("meinFormular")
```

Die Unterscheidung zwischen name und id ist etwas unglücklich. Die Eigenschaft name wird aus Gründen der Kompatibilität zu alten Skripten unterstützt. Damit ein Skript mit allen gezeigten Schreibweisen umgehen kann, können name und id im gleichen Tag angegeben werden.

14.1.2 Formularelemente

Jedes Formularelement wird durch ein eigenes Objekt dargestellt, das dem jeweiligen Form-Objekt untergeordnet ist. Für die Adressierung der einzelnen Formularobjekte gibt es wieder zwei Möglichkeiten:

▓ Zugriff über das elements-Array
▓ Zugriff über den Namen bzw. die id eines Formularelements

elements-Array

Jedes Form-Objekt kennt das elements-Array, in dem alle untergeordneten Formularelemente verzeichnet sind. Die Formularelemente lassen sich in der gleichen Reihenfolge, wie sie im HTML-Code erscheinen, ansprechen, das erste Element in unserem Beispiel (der erste Button) also mit

```
document.meinFormular.elements[0]
```

Die zweite Schaltfläche kann entsprechend mit folgendem Code adressiert werden:

```
document.meinFormular.elements[1]
```

Wie Sie sehen, müssen wir zunächst auf das Formular `meinFormular` zugreifen, um die darin enthaltenen Elemente ansprechen zu können. Den Bezug auf `meinFormular` kann man hier nicht einfach weglassen, da der Browser sonst nicht wissen würde, welches Formular gemeint ist. Wenn in einem HTML-Dokument mehrere Formulare definiert sind, gibt es schließlich mehrere `elements`-Arrays und damit mehrere `elements[0]`. Nur im Zusammenhang mit dem entsprechenden Form-Objekt (`meinFormular`) wird es für den Computer eindeutig.

Die Adressierung der einzelnen Elemente über das `elements`-Array hat die gleichen Nachteile wie das `forms`-Array. Deshalb ist die Vergabe eindeutiger Namen für die einzelnen Formularelemente zu empfehlen. In unserem Beispiel hat das Textfeld den Namen `eingabe1` und kann somit über

```
document.meinFormular.eingabe1
```

angesprochen werden. Natürlich funktioniert auch hier wieder:

```
document.meinFormular.elements["eingabe1"]
```

Wenn Sie die W3C-Methode `getElementById()` verwenden, benötigen Sie keinen Bezug zum übergeordneten Form-Objekt, sondern können einfach Folgendes schreiben:

```
document.getElementById("eingabe1")
```

Nicht jedes Formularobjekt werden Sie durch JavaScript direkt ansprechen wollen. Beispielsweise werden Schaltflächen meist nur als Auslöser von Ereignissen verwendet, sodass Sie sich hier das `id`-Attribut sparen können.

Da wir nun wissen, wie man die einzelnen Formularelemente ansteuert, können wir auf die Eigenschaften dieser Objekte zugreifen. So besitzt ein Textfeld beispielsweise die Eigenschaft `value`, mit der man feststellen kann, was momentan im Textfeld eingegeben ist. In unserem Beispiel können wir also über folgende Zeile erfahren, was im Textfeld steht:

```
text = document.meinFormular.eingabe1.value
```

14.1.3   Relative Adressierung

Bei der Adressierung der einzelnen Objekte sind wir in den Beispielen oben immer vom `document`-Objekt ausgegangen. Wenn wir eine unserer

Schaltflächen verwenden wollen, um über `onclick` die Eingabe im Textfeld in einem *alert*-Fenster auszugeben, müssen wir demnach Folgendes schreiben:

```
<input type="button" id="button1" name="button1" value="Button 1"
    onclick="alert(document.meinFormular.eingabe1.value)">
```

Beide Formularelemente (`button1` und `eingabe1`) befinden sich jedoch im gleichen `Form`-Objekt. Wieso müssen wir dann überhaupt `meinFormular` angeben? In diesem Fall bietet sich die relative Adressierung an, da sich der Befehl dadurch wesentlich verkürzen lässt. Hier kommt das *this* Schlüsselwort `this` zum Einsatz. `this` ist immer eine Referenz auf das aktuelle Objekt, d.h., im Event-Handler der Schaltfläche `button1` greifen wir mit `this` auf `button1` selbst zu. Der Befehl

```
alert(this.value)
```

im obigen `onclick`-Event-Handler würde beispielsweise die Beschriftung des `Button`-Objekts ausgeben, also *Button 1*.

form   Jedes Formularobjekt kennt die Eigenschaft `form`, die eine Referenz auf das übergeordnete `Form`-Objekt darstellt. Damit weiß jedes Formularelement, zu welchem Formular es gehört. Das heißt, in unserem Beispiel können wir im Event-Handler von `button1` mit `this.form` auf das `Form`-Objekt `meinFormular` zugreifen. Von dort können wir wie gehabt das Textfeld `eingabe1` ansprechen:

```
this.form.eingabe1
```

Insgesamt ergibt das im `onclick`-Event-Handler des `Button`-Objekts den Befehl

```
alert(this.form.eingabe1.value)
```

Stellen Sie sich das Ganze wie in einem extrem hierarchischen Unternehmen vor, in dem sämtliche Kommunikation zwischen Kollegen über den Chef geht. Kein besonders gutes Betriebsklima, aber zumindest ist die Zuteilung von Anweisungen und Zuständigkeiten eindeutig ...

Nun werden wir uns die einzelnen Formularelemente, die in HTML und JavaScript zur Verfügung stehen, ansehen.

14.2   Textfelder

Textfelder stellen einen Text dar, den der Anwender über die Tastatur eingeben bzw. ändern kann. Prinzipiell sind einzeilige und mehrzeilige Textfelder zu unterscheiden. Daneben gibt es die Formularelemente `Password` und `Hidden`, die mit Textfeldern verwandt sind.

14.2.1 Das Text-Objekt – einzeilige Textfelder

Einzeilige Textfelder werden durch das Text-Objekt repräsentiert und zeichnen sich dadurch aus, dass kein Zeilenumbruch möglich ist. Suchmaschinen beispielsweise verwenden gewöhnlich dieses Formularobjekt für die Eingabe des Suchbegriffs. Die Abbildungen auf den folgenden Seiten zeigen die einzelnen Formularelemente jeweils unter Windows und auf dem Mac.

Abb. 14–3
Text-Objekt

In HTML werden Text-Objekte durch das `<input>`-Tag erzeugt. Da das `<input>`-Tag für viele verschiedene Formularobjekte verwendet wird, muss man mit `type` noch angeben, welche Art von Formularobjekt man haben möchte. Für ein Text-Objekt ist das `text`:

```
<input type="text" id="eingabe" name="eingabe" size="30" value="">
```

Das HTML-Attribut `value` legt fest, welcher Text zu Beginn in der Eingabezeile stehen soll. `value=""` gibt an, dass die Eingabezeile am Anfang leer sein soll. Stattdessen kann das Attribut im HTML-Code auch einfach weggelassen werden.

Anfangswert

Mit `size` legt man die Länge der Eingabezeile fest, d.h., wie viele Zeichen gleichzeitig angezeigt werden sollen. Bitte beachten Sie, dass die tatsächliche Eingabe vom Anwender wesentlich länger sein kann. In diesem Fall wird nur jeweils ein Teil des eingegebenen Strings angezeigt.

Größe

Den aktuellen Eingabewert des Textfelds können Sie so auslesen:

Auslesen eines Textfelds

```
var x = document.getElementById("eingabe");
var eing = x.value;
```

Genauso einfach können Sie dem Textfeld einen neuen Wert zuweisen, indem Sie die Eigenschaft `value` verändern:

Ändern des Inhalts

```
x.value = "Neuer Text";
```

Bei Text-Objekten ist insbesondere der Event-Handler `onchange` hilfreich, da man damit feststellen kann, ob der Anwender den Inhalt verändert hat. Dabei ist zu beachten, dass das Ereignis `change` erst eintritt, wenn der Anwender nach der Änderung irgendwo anders hinklickt, also wenn das Text-Objekt den Fokus verliert.

onchange

14.2.2 Das Textarea-Objekt – mehrzeilige Textfelder

Für mehrzeilige Textfelder gibt es das Textarea-Objekt.

Abb. 14–4
Textarea-Objekt

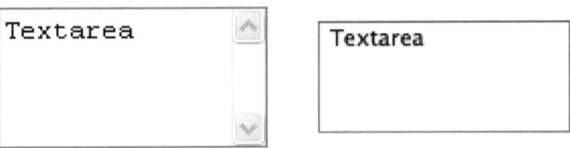

Das Textarea-Objekt wird mit dem <textarea>-Tag erzeugt:

```
<textarea id="eingabe" name="eingabe"
    cols="30" rows="5" wrap="virtual">Standardtext
</textarea>
```

Mit cols (kurz für *columns*, engl. für *Spalten*) und rows (engl. für *Zeilen*) bestimmt man die Anzahl der Spalten (d.h. die Breite) bzw. Zeilen (d.h. die Höhe) des Textfelds. Der Text, der zu Beginn im Textfeld erscheinen soll, wird hier nicht wie beim einzeiligen Textfeld über das value-Attribut angegeben, sondern zwischen dem <textarea>- und </textarea>-Tag platziert.

Zeilenumbrüche   Das Attribut wrap legt fest, wie Zeilenumbrüche gehandhabt werden sollen. Hier gibt es drei Möglichkeiten: off, virtual und physical. Bei off wird der Text so angezeigt, wie ihn der Anwender eingegeben hat. Es werden vom Browser also keine Zeilenumbrüche eingefügt. Bei virtual wird der Text nur am Bildschirm mit Zeilenumbrüchen gezeigt, der eingegebene String wird dabei nicht verändert. Die Angabe von physical bedeutet, dass Zeilenumbrüche nicht nur angezeigt werden, sondern dass auch der eingegebene String verändert wird.

onchange   Genauso wie das Text-Objekt kennt das Textarea-Objekt den onchange-Event-Handler.

14.2.3 Das Password-Objekt

Eine Variante des Text-Objekts ist das Password-Objekt. Der Unterschied zum Text-Objekt ist, dass sämtliche eingegebenen Zeichen durch ein Sternchen oder ein anderes Symbol dargestellt werden.

Abb. 14–5
Password-Objekt

Dieses Objekt eignet sich zur Abfrage von Passwörtern. Hier soll das eingegebene Passwort nicht auf dem Bildschirm angezeigt werden. Es wird nur die Anzeige des eingegebenen Texts unterdrückt. Ein Java-Script-Programm kann auf den eingegebenen String im Klartext zugreifen. Es macht also für JavaScript keinen Unterschied, ob es sich um ein Text- oder ein Password-Objekt handelt. Außerdem ist zu beachten, dass die Übertragung eines Formulars an den Server und damit auch ein darin enthaltenes Password-Objekt im Klartext erfolgt. Das heißt, es findet keine automatische Verschlüsselung statt, nur weil Sie ein Password-Objekt verwenden. Wir werden später sehen, wie eine Verschlüsselung hinzugefügt werden kann (siehe *Sicherheitsaspekte beim Versenden von Formularen*, S. 237).

Eingabe von Passwörtern

Der folgende Code erzeugt ein Password-Objekt:

```
<input type="password" id="pwd" name="pwd" size="30">
```

Wie beim Text-Objekt können wir über value den eingegebenen Wert auslesen.

14.2.4 Das Hidden-Objekt

Das Hidden-Objekt ist ebenfalls vergleichbar mit dem Text-Objekt. Der Unterschied besteht darin, dass ein Hidden-Objekt nicht angezeigt wird. Das mag vielleicht zunächst verwundern, aber das Hidden-Objekt bietet sich immer dann an, wenn man etwas zwischenspeichern will. Beispielsweise können Hidden-Objekte bei der Übergabe von Daten zwischen verschiedenen HTML-Seiten hilfreich sein.

Hidden-Objekte werden wie folgt erzeugt:

```
<input type="hidden" id="versteckt"
   name="versteckt" value="geheim">
```

Aus JavaScript-Sicht werden Hidden-Objekte genauso wie Text-Objekte angesprochen.

14.3 Schaltflächen

Schaltflächen dienen oft als Auslöser für die Ausführung von Java-Script-Code.

14.3.1 Das Button-Objekt

Nachdem wir das `Button`-Objekt, das eine Schaltfläche repräsentiert, bereits mehrfach in diesem Buch verwendet haben, hier nun endlich die offizielle Beschreibung der Funktionsweise.

Abb. 14–6

Button-Objekt

Der folgende HTML-Code legt die Eigenschaften einer Schaltfläche fest:

```
<input type="button" value="Button 1">
```

onclick Mit dem Event-Handler `onclick` kann man angeben, was passieren soll, wenn der Anwender auf die Schaltfläche klickt.

14.3.2 Das Submit-Objekt

Formulare abschicken Das `Submit`-Objekt ist wie ein spezielles `Button`-Objekt zu sehen. Ein `Submit`-Objekt wird dazu verwendet, um ein Formular über das Internet zu verschicken. Wir werden später näher darauf eingehen (siehe *Formularinhalte an den Server schicken*, S. 234).

Abb. 14–7

Submit-Objekt

Der folgende HTML-Code erzeugt ein `Submit`-Objekt:

```
<input type="submit" value="Abschicken">
```

Wenn Sie keinen Wert für `value` angeben, verwendet der Browser einen Standardtext für die Beschriftung des *Submit*-Buttons. Welcher Text gewählt wird, hängt vom verwendeten Browser ab. Übliche Standardtexte sind *Submit, Submit Query, Senden, Anfrage senden* – jeweils abhängig davon, welche Sprachversion benutzt wird. In manchen Browsern wird jedoch trotz deutscher Sprachversion eine englische Beschriftung des *Submit*-Buttons vorgenommen. Das müssen die Übersetzer wohl übersehen haben. Aus diesem Grund ist es besser, wenn man die Beschriftung mit `value` selbst setzt.

onsubmit Im Zusammenhang mit `Submit`-Objekten ist insbesondere der Event-Handler `onsubmit` interessant, der allerdings zum `Form`-Objekt gehört und nicht zum `Submit`-Objekt. Das Ereignis tritt ein, wenn auf die `Submit`-Schaltfläche geklickt wird und der Formularinhalt verschickt werden soll. Wir werden später darauf zurückkommen.

14.3.3 Das Reset-Objekt

Das Reset-Objekt ist das Gegenstück zum Submit-Objekt. Damit lassen sich sämtliche Formulareingaben auf ihre Standardwerte zurücksetzen, d.h., alle Eingaben, die der Anwender bisher getätigt hat, werden gelöscht.

Formulareingaben zurücksetzen

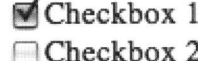

Abb. 14–8
Reset-Objekt

Das Reset-Objekt wird ebenfalls als Schaltfläche im Webbrowser dargestellt. Der HTML-Code sieht so aus:

```
<input type="reset" value="Zuruecksetzen">
```

Genauso wie onsubmit gehört der onreset-Event-Handler zum Form-Objekt. Damit kann man erfahren, wenn der Anwender die Reset-Schaltfläche geklickt hat.

onreset

Klickt man im Browser auf *Aktualisieren*, bleiben die getätigten Formulareingaben häufig stehen. Wird gleichzeitig die *Umschalten-*Taste gedrückt, werden die Formulareingaben auf jeden Fall zurückgesetzt.

14.4 Auswahlfelder

14.4.1 Das Checkbox-Objekt

Checkboxen sind Auswahlfelder, d.h., man kann damit eine Option aktivieren oder deaktivieren.

Auswahlfelder

Abb. 14–9
Checkbox-Objekt

Auch Checkboxen werden über das <input>-Tag erzeugt:

```
<input type="checkbox" id="auswahl" name="auswahl"
    checked="checked">Auswahl
```

Soll die Checkbox beim ersten Aufruf der HTML-Seite markiert sein, verwendet man das Attribut checked.

Über die Eigenschaft checked des Checkbox-Objekts können wir den aktuellen Zustand der Checkbox erfahren. Dies demonstriert das folgende Beispiel:

checkbox.html

```
<!DOCTYPE html>
<html>
<head>
<title>Checkbox</title>

<script type="text/javascript">

function test() {
    if (document.meinFormular.auswahl.checked)
        alert("Das Feld ist markiert!")
    else alert("Das Feld ist nicht markiert!");
}

</script>
</head>
<body>
    <form id="meinFormular" name="meinFormular">
        <p>
        <input type="checkbox" id="auswahl" name="auswahl">
        <br>
        <input type="button" value="Anzeigen"
            onclick="test()">
        </p>
    </form>
</body>
</html>
```

checked nimmt den Wert true an, wenn das Feld markiert ist. Ansonsten ist checked gleich false. Mit einer if-Abfrage werden im Beispiel unterschiedliche Hinweisfenster generiert.

Der Zustand einer Checkbox kann geändert werden, indem man der Eigenschaft checked die Werte true oder false zuweist. In unserem Beispiel könnten wir also mit

```
document.meinFormular.auswahl.checked = true;
```

sicherstellen, dass die Checkbox markiert ist.

onchange   Der onchange-Event-Handler kommt zum Zug, wenn der Anwender den Zustand der Checkbox verändert.

14.4.2 Das Radio-Objekt

Ein Radiobutton ist der Checkbox sehr ähnlich. Der Unterschied ist, dass mehrere Radiobuttons zu einer Gruppe zusammengefasst werden. Innerhalb einer Gruppe kann nur ein einziges Element ausgewählt werden.

Abb. 14–10

Radio-Objekt

Der folgende HTML-Code erzeugt eine Gruppe mit drei Radio-Objekten:

```
<form id="meinFormular" name="meinFormular">
  <p>
  <input type="radio" id="auswahl" name="auswahl"
      value="opt1" checked="checked">Option 1
  <input type="radio" id="auswahl" name="auswahl"
      value="opt2">Option 2
  <input type="radio" id="auswahl" name="auswahl"
      value="opt3">Option 3
  </p>
</form>
```

Wie Sie sehen, haben alle drei Radio-Objekte die gleichen id- und name-Eigenschaften. Damit definiert man eine Gruppe zusammengehöriger Radiobuttons. Dass alle drei Radiobuttons den gleichen Namen haben müssen, erschwert leider den Zugriff auf diese Objekte ein wenig. Die einzelnen Elemente der Radiobutton-Gruppe lassen sich durch eine Array-Adressierung ansprechen. Da unsere Radiobutton-Gruppe auswahl heißt, können wir auf den ersten Radiobutton mit

```
document.meinFormular.auswahl[0]
```

zugreifen. Das zweite und dritte Element lässt sich demnach mit auswahl[1] bzw. auswahl[2] ansprechen. Jetzt können wir z.B. mit

```
document.meinFormular.auswahl[0].checked
```

überprüfen, ob die erste Option ausgewählt ist. In diesem Fall hat checked den Wert true, ansonsten false.

Leider gibt es keine Möglichkeit, mit einem einzigen Befehl herauszufinden, welcher Radiobutton einer Gruppe aktiviert ist. Stattdessen muss mit einer Schleife jedes Radio-Objekt überprüft werden. Das folgende Beispiel zeigt dies:

radio1.html

```
<!DOCTYPE html>
<html>
<head>
<title>Radio</title>

<script type="text/javascript">

function test() {
   var r = document.meinFormular.auswahl;
   for (i in r) {
      if (r[i].checked) alert(r[i].value);
   }
}

</script>
</head>
<body>
   <form id="meinFormular" name="meinFormular">
      <p>
      <input type="radio" id="auswahl" name="auswahl"
         value="Option1" checked="checked">Option 1
      <input type="radio" id="auswahl" name="auswahl"
         value="Option2">Option 2
      <input type="radio" id="auswahl" name="auswahl"
         value="Option3">Option 3
      <br>
      <input type="button" value="Wert anzeigen"
         onclick="test()">
      </p>
   </form>
</body>
</html>
```

Damit man die Abfrage nicht immer wieder programmieren muss, kann man eine allgemeine Funktion definieren:

radio2.html
(Auszug)

```
function test(radioGruppe) {
   var gewaehlt = null;
   for (i = 0; i < radioGruppe.length; i++) {
      if (radioGruppe[i].checked)
         gewaehlt = radioGruppe[i];
   }
   return gewaehlt;
}
```

Als Argument wird eine Referenz auf eine Radiobutton-Gruppe erwartet, also in unserem Fall

```
document.meinFormular.auswahl
```

Die Funktion liefert dann das ausgewählte Radio-Objekt zurück. Ein Aufruf der Funktion könnte so aussehen:

```
var r = test(document.meinFormular.auswahl);
if (r != null) {
  alert(r.value);
}
```

Mit JavaScript wird ein Radiobutton aktiviert, indem man die Eigenschaft `checked` auf `true` setzt. Alle anderen Radiobuttons in der gleichen Gruppe werden dann auf `false` gesetzt. Der folgende Code aktiviert den zweiten Radiobutton aus obigem HTML-Code:

```
document.meinFormular.auswahl[1].checked = true;
```

radio3.html
(Auszug)

Genauso wie beim `Checkbox`-Objekt kann der `onchange`-Event-Handler verwendet werden.

14.5 Auswahllisten

Auswahllisten ermöglichen die Selektion einer oder mehrerer Optionen aus einer Liste, jedoch schreckt die etwas schwierige Programmierung häufig ab. Das ist aber alles halb so wild, wenn man das Grundprinzip verstanden hat. Auswahllisten mit nur einer Auswahlmöglichkeit sind noch recht einfach zu handhaben, etwas komplizierter wird es bei mehrfacher Auswahlmöglichkeit.

Auswahllisten werden durch das `Select`-Objekt repräsentiert. Um ein `Select`-Objekt zu erzeugen, benötigt man die beiden Tags `<select>` und `<option>`. Das `<option>`-Tag erzeugt einen Listeneintrag. Die einzelnen Einträge erscheinen in der gleichen Reihenfolge wie im HTML-Code.

14.5.1 Das Select-Objekt – Einfachauswahl

Zunächst der einfache Fall, bei dem nur ein Eintrag in der Liste markiert werden kann.

Abb. 14–11
Select-Objekt –
Einfachauswahl

Der folgende Code generiert eine Auswahlliste mit drei Elementen:

```
<select id="liste" name="liste">
  <option selected="selected">Option 1</option>
  <option>Option 2</option>
  <option>Option 3</option>
</select>
```

Die meisten Systeme generieren durch diesen HTML-Code eine aufklappbare Liste, bei der im Ausgangszustand nur das selektierte Element angezeigt wird. Rechts daneben wird eine Schaltfläche dargestellt, über die die komplette Liste angezeigt werden kann. Mit der Eigenschaft `selected` im `<option>`-Tag kann man festlegen, welche Option zu Beginn selektiert ist.

Sollen mehrere Einträge gleichzeitig angezeigt werden, kann dies über das Attribut `size` angegeben werden:

```
<select id="liste" name="liste" size="5">
...
</select>
```

Bei `Select`-Objekten mit Einfachauswahl zeigt `selectedIndex` an, welches Element ausgewählt ist. Das folgende Programm gibt den Index und Wert des ausgewählten Elements in einem Hinweisfenster aus:

select1.html
onchange

```
<!DOCTYPE html>
<html>
<head>
<title>Select</title>

<script type="text/javascript">

function ausgabe(auswahl) {
    var text = "Index: ";
    text += auswahl.selectedIndex;

    // Zeilenumbruch
    text += "\n";
    text += "Text: ";
    text += auswahl[auswahl.selectedIndex].text;

    alert(text);
}

</script>
</head>
<body>
    <form>
        <p>
        <select id="liste" name="liste">
            <option>Option 1</option>
            <option>Option 2</option>
            <option>Option 3</option>
            <option>Option 4</option>
            <option>Option 5</option>
        </select>
        <input type="button" value="Wert anzeigen"
            onclick="ausgabe(this.form.liste)">
        </p>
    </form>
</body>
</html>
```

Mit dem Event-Handler onchange können Sie auch im Select-Objekt auf Änderungen durch den Anwender reagieren.

14.5.2   Das Select-Objekt – Mehrfachauswahl

Wenn mehrere Optionen selektierbar sind, werden normalerweise mehrere Elemente gleichzeitig auf dem Bildschirm dargestellt.

 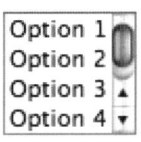

Abb. 14–12

Select-Objekt –

Mehrfachauswahl

Die Eigenschaft multiple im HTML-Code ermöglicht eine Mehrfachauswahl. Dies demonstriert der folgende Code:

```
<select id="Liste" name="liste" size="4"
    multiple="multiple">
    <option>Option 1</option>
    <option>Option 2</option>
    <option>Option 3</option>
    <option>Option 4</option>
    <option>Option 5</option>
</select>
```

Wie wir bereits gesehen haben, gibt die Eigenschaft size an, wie viele Listeneinträge auf dem Bildschirm gleichzeitig angezeigt werden sollen. Die restlichen Elemente werden durch einen Scrollbalken an der Seite erreicht.

Wie sich mehrere Elemente auswählen lassen, hängt vom Betriebssystem ab. Benachbarte Elemente können z.B. unter Windows einfach durch Ziehen der Maus mit gedrückter Maustaste markiert werden. Sollen mehrere Elemente markiert werden, die nicht nebeneinander liegen, klickt man auf die einzelnen Elemente bei gedrückter *Steuerungs*-Taste (das ist die *Control*-Taste, die von vielen fälschlicherweise als *String*-Taste bezeichnet wird, da sie auf der deutschen Tastatur mit *Strg* beschriftet ist). In manchen Unix-/Linux-Systemen hingegen können ohne zusätzliche *Steuerungs*-Taste mehrere Elemente markiert werden. Bitte beachten Sie bei der Gestaltung Ihres Formulars, dass viele Anwender nicht wissen, dass man mehrere Elemente auswählen kann und wie dies funktioniert.

Bei einer Mehrfachauswahl zeigt selectedIndex auf das erste ausgewählte Element. Möchten Sie alle ausgewählten Elemente in Erfahrung bringen, müssen alle Elemente in einer Schleife überprüft werden. Dies zeigt folgender Quellcode:

select2.html

```html
<!DOCTYPE html>
<html>
<head>
<title>Select</title>

<script type="text/javascript">

function ausgabe(auswahl) {
    var text = "";
    for (var i = 0; i < auswahl.length; i++) {
        if (auswahl[i].selected) {
            text += "Index: ";
            text += i;

            // Zeilenumbruch
            text += "\n";
            text += "Text: ";
            text += auswahl[i].text;

            // Zeilenumbruch
            text += "\n";
        }
    }

    alert(text);
}

</script>
</head>
<body>
    <form>
        <p>
        <select id="liste" name="liste" size="4"
            multiple="multiple">
            <option>element 0</option>
            <option>element 1</option>
            <option>element 2</option>
            <option>element 3</option>
            <option>element 4</option>
        </select>
        <input type="button" value="Auslesen"
            onclick="ausgabe(this.form.liste)">
        </p>
    </form>
</body>
</html>
```

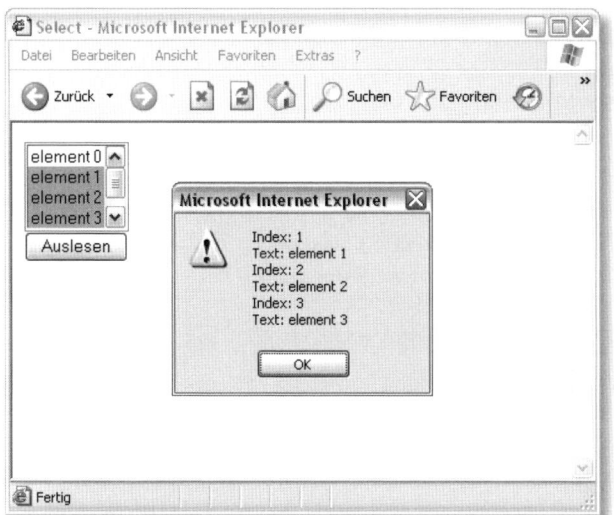

Abb. 14–13

Das Select-Objekt mit einer Mehrfachauswahl

14.5.3 Ein Select-Objekt verändern

Sie können auch den Text der einzelnen Einträge ändern. Außerdem können Sie mit new Option() neue Einträge zu der Liste hinzufügen. Einträge können gelöscht werden, indem das jeweilige Element auf null gesetzt wird. Bitte beachten Sie dabei, dass sich die Adressierung der nachfolgenden Elemente verschiebt.

Das folgende Beispiel ändert den Text des ersten Elements, erzeugt ein neues Element am Ende der Liste und entfernt das dritte Element:

```
<!DOCTYPE html>
<html>
<head>
<title>Select</title>

<script type="text/javascript">
function setzeText(liste) {
   liste[0].text = "Neuer Text";
}

function neuesElement(liste) {
   var n = liste.length;
   liste[n] = new Option("Neu");
}

function entferneElement(liste) {
   liste[2] = null;
}
```

select3.html

```
</script>
</head>
<body>
  <form>
    <p>
    <select id="liste" name="liste" size="3"
        multiple="multiple">
        <option>element 0</option>
        <option>element 1</option>
        <option>element 2</option>
        <option>element 3</option>
        <option>element 4</option>
    </select>
    <br>
    <input type="button" value="Neuer Text"
        onclick="setzeText(this.form.liste)">
    <input type="button" value="Neues Element"
        onclick="neuesElement(this.form.liste)">
    <input type="button" value="Entferne Element"
        onclick="entferneElement(this.form.liste)">
    </p>
  </form>
</body>
</html>
```

14.5.4   Die Einträge in einem Select-Objekt gruppieren

Einträge eines Select-Objekts können gruppiert werden. Es ist dem Browser überlassen, wie dies dargestellt wird. Einige Browser zeigen aufklappbare Unterlisten, andere rücken die gruppierten Einträge nur etwas ein, wie in Abbildung 14–14 dargestellt.

Abb. 14–14

Gruppieren von Einträgen

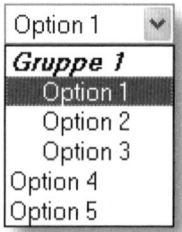

Das <optgroup>-Tag

Um einzelne <option>-Tags zu gruppieren, wird das <optgroup>-Tag verwendet. Mit label wird der Text angegeben, der als Bezeichnung dieser Gruppe gezeigt werden soll. Abbildung 14–14 wurde mit folgendem Code erzeugt:

```
<select>
  <optgroup label="Gruppe 1">
    <option>Option 1</option>
    <option>Option 2</option>
    <option>Option 3</option>
  </optgroup>
  <option>Option 4</option>
  <option>Option 5</option>
</select>
```

Auf den Zugriff mit JavaScript hat die Gruppierung keinen Einfluss.

14.6 Dateiauswahl

14.6.1 Das FileUpload-Objekt

Das FileUpload-Objekt wird auf dem Bildschirm als Kombination aus einem Eingabefeld und einer Schaltfläche dargestellt und kann zur Versendung von Dateien über das Internet verwendet werden. Die Schaltfläche öffnet einen Filebrowser, in dem der Anwender eine Datei von der eigenen Festplatte auswählen kann. In dem Eingabefeld wird danach der ausgewählte Pfad angezeigt. Der HTML-Code sieht so aus:

```
<input type="file" id="datei" name="datei">
```

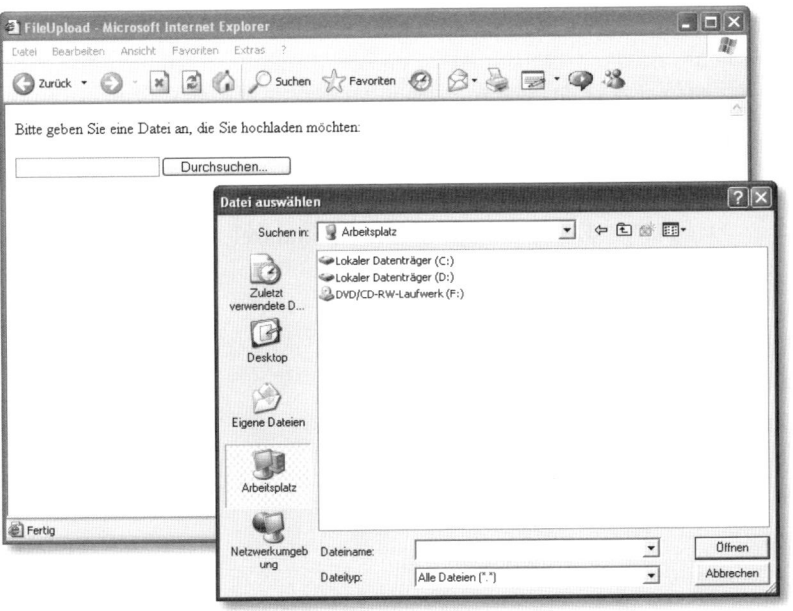

Abb. 14–15

Das FileUpload-Objekt

Mit JavaScript hatten Sie aus Sicherheitsgründen bislang kaum Kontrolle über das FileUpload-Objekt. Ein Skript soll nicht einfach selbstständig eine Datei auswählen und über das Internet verschicken können. Mittlerweile können Sie dieses Formularelement jedoch auch mit JavaScript verwenden und Dateien auslesen, was wir später tun werden (siehe *Dateizugriff*, S. 301). Auch jetzt gibt es natürlich noch Restriktionen, die wir uns in diesem Zusammenhang anschauen werden.

14.7 Ergänzungen in HTML5

Mit den grundlegenden Formularelementen kann man zwar eine ganze Menge machen, aber komplexere Formularelemente wie Kalender standen bisher nicht zur Verfügung. Das ändert sich nun mit HTML5.

14.7.1 Neue Formularelemente

HTML5 definiert eine ganze Reihe von neuen Formularelementen. Für diese verwenden Sie das <input>-Tag. Das Gute daran ist, dass der Browser bei unbekannten type-Angaben einfach ein Textfeld darstellt. Sie können also die meisten neuen Formularelemente bereits nutzen, ohne sich Sorgen zu machen, dass diese in älteren Browsern nicht funktionieren.

Die Tabelle zeigt die neuen Formularelemente. Wie diese dargestellt werden, ist dem Browser überlassen. Bei einigen dieser Formularelemente ist der Unterschied zu einem normalen Textfeld nur gering. Beispielsweise ist das Formularelement email auf dem iPhone ein einfaches Textfeld, aber die eingeblendete Tastatur enthält das @-Zeichen und die *Leerzeichen*-Taste ist schmaler, da in einer E-Mail-Adresse keine Leerzeichen vorkommen.

Der HTML-Code für die neuen Formularelemente ist nach dem folgenden Schema aufgebaut:

```
<input type="email" id="adresse">
```

type	Inhalt
color	Farbe
date	Datum
datetime	Datum und Uhrzeit
datetime-local	Datum und Uhrzeit ohne Zeitzone
email	E-Mail-Adresse
month	Monat
number	Zahl
range	Zahl innerhalb eines Wertebereichs
search	Suchbegriff
tel	Telefonnummer
time	Uhrzeit
url	Webadresse
week	Woche

Tab. 14–1
Die neuen Formularelemente in HTML5

14.7.2   Zahlen eingeben

Zur Eingabe von Zahlen gibt es die neuen Formularelemente number und range. Bei der Verwendung von number stellen die Browser normalerweise ein Eingabefeld mit Pfeilen zum Verändern des Zahlenwerts dar. Im HTML-Code können Sie mit min und max die Unter- und Obergrenze festlegen sowie die Schrittweite mit step:

```
<input type="number" min="0" max="10" step="1" value="5">
```

Abb. 14–16
Das Formularelement number

Mit range können Sie einen Schieberegler erstellen. Das HTML-Tag hat den gleichen Aufbau wie im Zusammenhang mit number:

```
<input type="range" min="1" max="20" step="0.5" value="15">
```

Abb. 14–17
Das Formularelement range

Diese beiden Formularelemente stellen noch die zusätzlichen Methoden stepUp(*n*) und stepDown(*n*) zur Verfügung. Damit lassen sich die eingestellten Zahlenwerte um *n* erhöhen bzw. verringern.

Außerdem gibt es die Eigenschaft valueAsNumber, die den eingegebenen Wert als Zahl enthält. Mit value bekommt man sonst ja immer einen String. Möchten Sie diese zusätzlichen Fähigkeiten der beiden Objekte verwenden, müssen Sie natürlich sichergehen, dass der Browser diese auch kennt.

14.7.3   Kalender

Endlich gibt es in HTML Formularelemente zum Selektieren von Daten und Uhrzeiten. Bisher musste man das entweder mühsam selbst programmieren oder eine Funktionsbibliothek verwenden (siehe *Frameworks und Funktionsbibliotheken*, S. 13).

Leider bleibt es uns im Moment nicht erspart, auf solche Lösungen zurückzugreifen, da bisher nur wenige Browser mit den neuen Date-Formularelementen umgehen können, selbst wenn diese HTML5 kennen. Opera unterstützt die neuen Formularelemente. Bei den anderen Browsern ist die Unterstützung allenfalls rudimentär.

Der HTML-Code sieht so aus:

```
<input type="date" value="2015-04-11">
```

Abb. 14–18

Datumsselektion mit dem Date-Formularelement

Mit value wird der Ausgangswert gesetzt. Lässt man diesen weg, nimmt der Browser den heutigen Tag. Auch bei diesem Formularelement kann man mit min und max arbeiten, um die Unter- und Obergrenze zu definieren.

Die Formularelemente date, datetime, datetime-local, month, time und week funktionieren alle nach dem gleichen Schema. Sie unterscheiden sich nur darin, was der Anwender selektieren kann. Bei date ist es beispielsweise ein einzelner Tag, bei datetime kommt noch die Uhrzeit hinzu, bei week können Sie eine Woche auswählen usw.

14.7.4   Farbauswahl

Das Formularelement color ermöglicht die Auswahl einer Farbe. Die Eigenschaft value enthält den selektierten Wert in hexadezimaler Schreibweise. Leider kennt dieses Formularelement bisher auch nur Opera. Der HTML-Code hierfür ist kurz und knapp:

```
<input type="color">
```

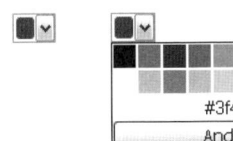

Abb. 14–19

Das Formularelement color im ein- und ausgeklappten Zustand

14.7.5   Fortschrittsanzeige

Mit HTML5 sind auch Fortschrittsanzeigen leicht einzubinden. Hierfür wird nur folgender HTML-Code benötigt:

```
<progress id="fortschritt" value="70" min="0" max="100"></progress>
```

Abb. 14–20

Fortschrittsanzeige

Die Veränderung des Zustands ist über die value-Eigenschaft ganz einfach:

```
var x = document.getElementById("fortschritt");
x.value = "90";
```

14.7.6   Das datalist-Element

Die herkömmlichen Auswahllisten haben den Nachteil, dass der Anwender einen der vorgegebenen Einträge auswählen muss. Möchte man jedoch ein Formular erstellen, das ein paar Vorschläge macht, aber auch neue Einträge akzeptiert, muss man dies bisher selbst programmieren. Mit HTML5 gibt es jedoch einen einfacheren Weg:

```
<input type="text" list="sportart">

<datalist id="sportart">
  <option value="Schwimmen">
  <option value="Radfahren">
  <option value="Laufen">
</datalist>
```

Wie Sie anhand des HTML-Codes sehen, wird datalist im Zusammenhang mit einem anderen Formularelement verwendet.

Abb. 14–21

Textfeld mit Vorschlägen

Da die einzelnen Einträge ganz normal als Objekte im DOM-Baum abgebildet werden, können Sie diese durch JavaScript ganz einfach verändern oder ergänzen, z.B.:

```
var liste = document.getElementById("sportart");
var neu = document.createElement("option");
neu.setAttribute("value", "Basketball");
liste.appendChild(neu);
```

14.8 Formulare gestalten

Jetzt kennen Sie die grundlegenden Formularelemente und wissen, wie man diese über JavaScript anspricht. Damit können Sie eigene Formulare für Ihre Webseite erstellen. Dieses Unterkapitel gibt einige nützliche Hinweise zur Gestaltung von Formularen, um dem Anwender die Eingabe zu erleichtern.

14.8.1 Formularelemente beschriften

Das <label>-Tag

Bisher haben wir Formularelemente beschriftet, indem wir einfach einen Text vorangestellt haben. Es gibt jedoch ein spezielles <label>-Tag, das für die Beschriftung verwendet werden kann. Der Unterschied fällt vielleicht nicht sofort auf, gestaltet die Eingabe für den Anwender aber eventuell etwas einfacher.

Dies lässt sich leicht am Checkbox-Objekt verdeutlichen. Ohne <label>-Tag muss der Anwender genau auf das Checkbox-Objekt klicken, um dessen Zustand zu ändern. Wird das <label>-Tag verwendet, reicht auch ein Klick auf die Beschriftung. Bei den meisten Formularen außerhalb des Webs funktioniert das genauso, sodass viele Anwender automatisch auf den Text klicken.

Abb. 14–22
Das <label>-Tag

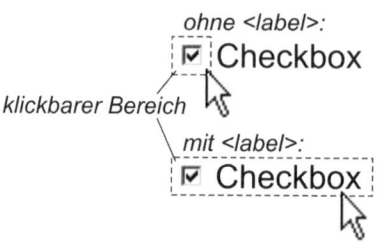

Das ist aber nicht der einzige Grund für die Verwendung von <label>. Wenn Sie den Text ohne <label> einfach neben ein Formularelement schreiben, weiß der Browser nicht, ob diese beiden Dinge zusammengehören. Wird die Seite beispielsweise mit einem Lesegerät für Blinde ausgegeben, kann der Computer nicht wissen, dass es sich bei diesem Text um eine Bezeichnung des Formularelements handelt. Mit <label> stellen Sie diese Verknüpfung her.

Das folgende Beispiel zeigt, wie ein Checkbox-Objekt mit einem
<label>-Tag versehen wird. Mit der Eigenschaft for legt man fest, zu
welchem Formularobjekt das <label>-Tag gehört. Hier wird der Name,
der mit id vergeben wird, angegeben.

```
<input type="checkbox" id="check1" name="check1">
<label for="check1">Checkbox</label>
```

label.html

(Auszug)

14.8.2   Formularelemente gruppieren

Formularelemente lassen sich zu einer Gruppe zusammenfassen. Dies
dient der optischen Abgrenzung für den Anwender. Für die Bearbeitung des Formulars durch JavaScript hat dies keine Bedeutung.

Für die Gruppierung von Formularelementen wird das Tag <field-
set> verwendet. Die meisten Browser ziehen einen Rahmen um die
Formularelemente, die zu einer Gruppe gehören. Um außerdem den
umrandeten Bereich noch zu kennzeichnen, kann man mit dem
<legend>-Tag eine Beschriftung hinzufügen.

Die Abbildung zeigt ein Formular mit zwei unterschiedlichen
Bereichen. Die Gestaltung der Bereiche lässt sich mit CSS beeinflussen.

Das <fieldset>-Tag

Das <legend>-Tag

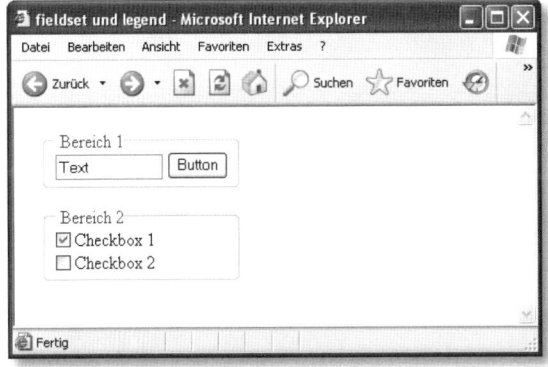

Abb. 14–23
Die Tags <fieldset>
und <legend>

Die folgenden Zeilen zeigen, wie die beiden Tags <fieldset> und
<legend> verwendet werden können:

```
<fieldset id="set1">
    <legend>Bereich 1</legend>
    <input type="text" value="Text" size="12">
    <input type="button" value="Button">
</fieldset>

<fieldset id="set2">
    <legend>Bereich 2</legend>
    <input type="checkbox" checked="checked">Checkbox 1
    <br>
    <input type="checkbox">Checkbox 2
</fieldset>
```

Ältere Browser kennen diese beiden Tags nicht. Wie in HTML üblich, werden in diesem Fall die unbekannten Tags einfach übergangen.

14.8.3 Aktivierungsreihenfolge

Fokus Klickt der Anwender auf ein Formularelement, bekommt dieses den Fokus, d.h., nachfolgende Aktionen beziehen sich auf dieses Formularelement – so lange, bis ein anderes Objekt den Fokus erhält. So werden Tastatureingaben an das Formularobjekt weitergeleitet, das momentan den Fokus hat. Welches Element den Fokus hat, sehen Sie oft am blinkenden Cursor (z.B. bei Textfeldern), an einem kleinen Rahmen (z.B. bei Button-Objekten) oder an einer farblichen Hinterlegung (z.B. bei Select-Objekten).

Tabulator-Taste Um von einem Formularelement zu einem anderen zu kommen, verwenden viele die Maus. Jedoch kann hierzu auch die *Tabulator*-Taste (links neben der Q-Taste) verwendet werden. Mit der *Tabulator*-Taste springt man zum nächsten Formularelement, wird gleichzeitig die *Umschalten*-Taste gedrückt gehalten, springt man in umgekehrter Reihenfolge. Das funktioniert nicht nur im Web, sondern normalerweise in allen Formularen.

Es ist relativ zeitaufwendig, von der Tastatur zur Maus zu wechseln. Häufig geht es schneller, auf der Tastatur mit Tastenkombinationen zu arbeiten, als zur Maus zu greifen. Leute, die viel am Computer arbeiten, versuchen aus diesem Grund, die Maus möglichst wenig zu verwenden. Deshalb sollten Sie darauf achten, dass die Formularelemente in einer sinnvollen Reihenfolge angesprungen werden können. Wenn Sie nichts in Ihrem HTML-Code angeben, werden die Formularelemente in der gleichen Reihenfolge angesprungen, wie sie im HTML-Code erscheinen.

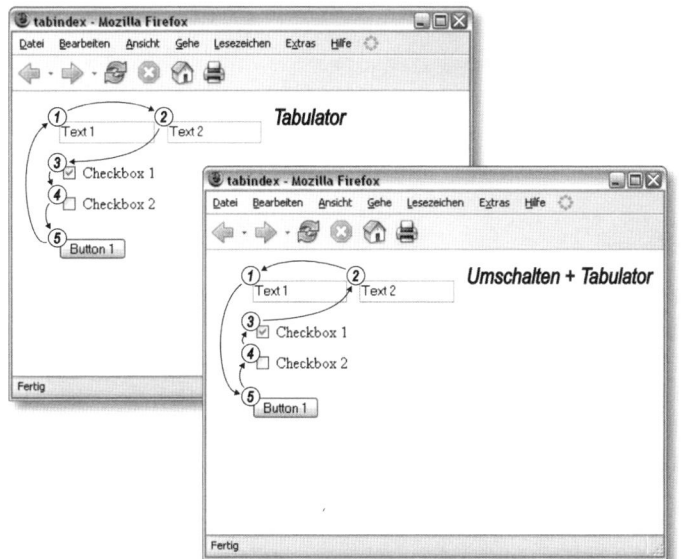

Abb. 14–24

Aktivierungsreihenfolge von Formularelementen

Die Aktivierungsreihenfolge kann in HTML mit dem Attribut `tabindex` festgelegt werden, das für diesen Zweck bei jedem Formularelement angegeben wird:

tabindex

```
<input type="button" value="Button 1" tabindex="5">
```

Es können Werte zwischen 0 und 32767 vergeben werden, die außer der Festlegung der Reihenfolge keine weitere Bedeutung haben. Es muss deshalb auch keine fortlaufende Nummernfolge sein. Ich empfehle, zunächst Werte für `tabindex` in Zehnerschritten zu vergeben. Wenn Sie später irgendwo in der Mitte noch ein neues Formularelement hinzufügen wollen, müssen Sie so nicht die Werte aller nachfolgenden Formularelemente verändern.

14.8.4 Das erste Eingabefeld aktivieren

Um dem Anwender die Eingabe so einfach wie möglich zu gestalten, kann der Cursor beim Laden eines Formulars bereits an der richtigen Stelle positioniert werden. Suchmaschinen wie Google setzen beispielsweise den Cursor beim Laden bereits in das Suchfeld. So kann der Anwender sofort lostippen, ohne vorher auf das Eingabefeld klicken zu müssen, um den Cursor zu positionieren.

Seit HTML5 können Sie das Attribut `autofocus` im Tag eines Formularelements verwenden, um den Cursor zu Beginn zu positionieren. In älteren Browsern können Sie das Gleiche mit JavaScript mithilfe des `onload`-Event-Handlers und der `focus()`-Methode erreichen:

autofocus

focus()

```
<body onload="document.form1.eingabe.focus()">
  ...
  <form id="form1" name="form1">
    <p>
    <input type="text" id="eingabe" name="eingabe">
    </p>
  </form>
  ...
</body>
```

select()   Um zu verhindern, dass der Anwender dennoch zur Maus greifen oder die *Entfernen*-Taste drücken muss, wenn bereits etwas in dem Eingabefeld steht, kann die `select()`-Methode verwendet werden. So wird der Cursor positioniert und die bisherige Eingabe markiert. Möchte der Anwender etwas Neues eingeben, kann sofort losgetippt werden, da der alte (markierte) Text in diesem Fall gelöscht wird. Dies sieht in unserem Beispiel oben so aus:

```
document.form1.eingabe.select()
```

Wenn Sie in älteren Browsern den Anwender zum Wahnsinn treiben wollen, verwenden Sie die Kombination aus `onfocus` und `alert()` in einem Textfeld, also z.B. `onfocus="alert('Hallo')"`. Begeht er den Fehler, einmal auf das Formularelement zu klicken, ist er gefangen. Hat das Formularelement den Fokus, wird ein *alert*-Fenster erzeugt. Solange das *alert*-Fenster angezeigt wird, hat es jedoch selbst den Fokus. Wird das Fenster geschlossen, bekommt das Formularelement wieder den Fokus und ein neues *alert*-Fenster wird generiert. Flinke Finger können diesem Fluch entkommen, die anderen sind hoffnungslos gefangen. In den gängigen Browsern wurde das Problem gelöst, sodass nach dem Schließen des *alert*-Fensters kein neues `focus`-Ereignis erzeugt wird.

14.8.5 Formularelemente deaktivieren

disabled   Formularelemente kennen die Eigenschaft `disabled`, mit der einzelne Objekte deaktiviert werden können. Damit kann der Anwender diese nicht mehr verändern. Die meisten Browser stellen ein deaktiviertes Formularelement grau dar. Diese Möglichkeit kann nützlich sein, wenn etwa ein Anwender einen Fragebogen ausfüllt und aufgrund der bereits getätigten Antworten irrelevante Fragen ausgeblendet werden. Im folgenden Beispiel ist das Eingabefeld nur aktiviert, wenn die Option *Ja* selektiert ist:

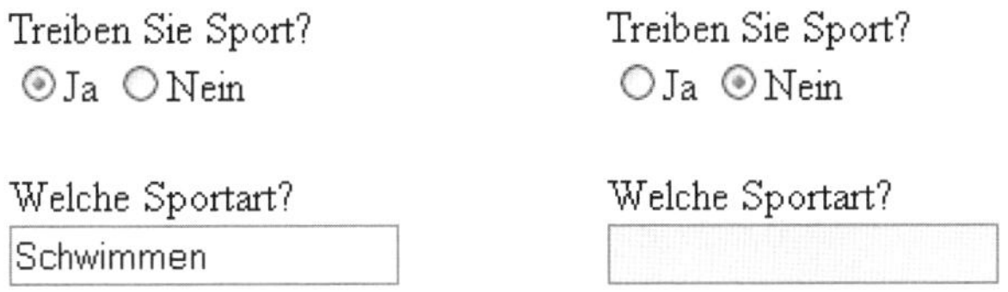

Treiben Sie Sport?
⊙ Ja ○ Nein

Treiben Sie Sport?
○ Ja ⊙ Nein

Abb. 14–25

Deaktivieren eines
Formularelements

Welche Sportart?
Schwimmen

Welche Sportart?

```
<!DOCTYPE html>
<html>
<head>
<title>Formularelemente deaktivieren</title>

<script type="text/javascript">

function eingabefeld() {
   var r = document.form1.sport;
   var t = document.form1.sportart;
   t.disabled = !r[0].checked;
}

</script>

</head>
<body>

   <form id="form1" name="form1">
      <p>
      Treiben Sie Sport?<br>
      <input type="radio" id="sport" name="sport" value="Ja"
         checked="checked" onchange="eingabefeld()">Ja
      <input type="radio" id="sport" name="sport" value="Nein"
         onchange="eingabefeld()">Nein
      <br><br>

      Welche Sportart?<br>
      <input type="text" id="sportart" name="sportart"
         value="">
      </p>
   </form>

</body>
</html>
```

disabled.html

Zusätzlich zu disabled gibt es die Eigenschaft readonly. Im Unterschied zu disabled werden die Formularobjekte bei readonly normal dargestellt, können jedoch nicht verändert werden. Formularobjekte, bei denen readonly gesetzt ist, können außerdem den Fokus erhalten. Das heißt auch, dass der Anwender den Inhalt eines Formularobjekts, bei dem readonly gesetzt ist, markieren und kopieren kann. Das funktioniert bei disabled nicht. Ein weiterer Unterschied ergibt sich beim Versenden des Formulars. Bei readonly wird das Formularobjekt beim Versenden berücksichtigt, bei disabled nicht.

readonly

14.8.6   Die Eingabetaste im Zusammenhang mit Formularen

Wenn der Anwender die Eingabetaste in einem Formular betätigt, werten das die meisten Browser wie einen Klick auf die *Submit*-Schaltfläche und versuchen, damit das Formular zu verschicken. Möchten Sie das verhindern, können Sie in JavaScript mit dem onsubmit-Event-Handler arbeiten.

14.9   Eingegebene Daten verarbeiten

Wir wissen nun, wie wir Formulare gestalten können, damit der Anwender Daten eingeben kann. Wie lassen sich diese Daten weiterverarbeiten? In diesem Zusammenhang wollen wir uns zunächst anschauen, wie die Daten auf dem Client bearbeitet und weiterverwendet werden können. Im Anschluss werden wir uns mit der Kommunikation mit dem Server beschäftigen.

14.9.1   Formularelemente voneinander abhängig machen

Formularelemente lassen sich auf Basis der bisherigen Eingaben dynamisch anpassen. Wir haben das bereits im Zusammenhang mit der Eigenschaft disabled gesehen. Im Internet werden häufig Auswahllisten auf Basis der bisherigen Eingaben dynamisch gefüllt. Beispielsweise können auf einer Seite zum Buchen eines Fluges nach der Auswahl des Abflugortes die möglichen Zielflughäfen angezeigt werden.

Prinzipiell gibt es drei Möglichkeiten, dies zu realisieren. Zum einen können die Informationen, welche Flugverbindungen angeboten werden, in der HTML-Seite fest verdrahtet werden. Die Auswahlliste der Zielflughäfen kann dann auf Basis des selektierten Abflugortes mithilfe von JavaScript angepasst werden. Diese Lösung funktioniert ohne Rückgriff auf den Server, ist jedoch nur zu empfehlen, wenn es nur wenige Auswahlmöglichkeiten gibt und sich die Flugverbindungen nicht allzu häufig verändern.

Abb. 14–26
Verknüpfung zweier
Select-Objekte

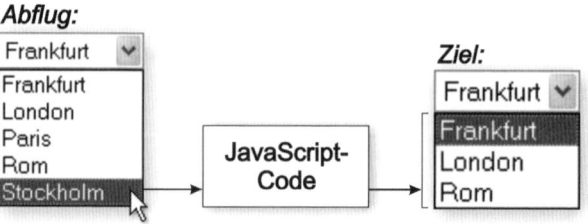

Das folgende Skript zeigt, wie dieses Beispiel mit fünf Flughäfen umgesetzt werden kann. Die möglichen Flugverbindungen werden in dem
Array ziele festgehalten. Wie Sie sehen, werden den einzelnen Array-
Elementen wiederum Arrays zugeordnet. Es handelt sich hier also um
ein zweidimensionales Array.

```html
<!DOCTYPE html>                                              select4.html
<html>
<head>
<title>Select-Objekte</title>

<script type="text/javascript">

var ziele = new Array();
ziele["Frankfurt"]= ["London", "Paris", "Rom", "Stockholm"];
ziele["London"]= ["Frankfurt", "Paris", "Stockholm"];
ziele["Paris"]= ["Frankfurt", "London"];
ziele["Rom"]= ["Frankfurt", "Stockholm"];
ziele["Stockholm"]= ["Frankfurt", "London", "Rom"];

function zieleAnzeigen() {
    var abflug = document.getElementById("abflug").value;
    var ausgabe = document.getElementById("ausgabe");

    // bisherige Eintraege loeschen
    for (i = ausgabe.length; i > 0; i--) {
        ausgabe[i] = null;
    }

    // neue Eintraege
    if (abflug != "ausgangswert") {
        for (i = 0; i < ziele[abflug].length; i++) {
            ausgabe[i+1] = new Option(ziele[abflug][i]);
        }
    }
}

</script>

</head>
<body>

    <form>
    <p>
    Abflug:
    <select id="abflug" onchange="zieleAnzeigen()">
        <option value="ausgangswert">Bitte w&auml;hlen</option>
        <option value="Frankfurt">Frankfurt</option>
        <option value="London">London</option>
        <option value="Paris">Paris</option>
        <option value="Rom">Rom</option>
        <option value="Stockholm">Stockholm</option>
    </select>
```

```
<br><br>
Ziel:
<select id="ausgabe">
    <option value="ausgangswert">Bitte w&auml;hlen</option>
</select>
</p>
</form>

</body>
</html>
```

Die Funktion `zieleAnzeigen()` prüft, welcher Abflugort selektiert wurde, und füllt auf Basis dieser Information und des Arrays `ziele` die Auswahlliste der Zielflughäfen.

Verarbeitung durch den Server

Als zweite Möglichkeit kann der selektierte Abflugort an den Server übertragen werden, wie wir später sehen werden (siehe *Formularinhalte an den Server schicken*, S. 234). Auf dem Server ermittelt ein Skript die möglichen Zielflughäfen und generiert eine neue HTML-Seite, die eine Auswahlliste mit diesen Zielflughäfen enthält. Der Anwender bekommt also eine komplett neue HTML-Seite. Diese Vorgehensweise ist besser als die erste Möglichkeit, wenn sich die Flugverbindungen häufig ändern. Die möglichen Flugverbindungen müssen nur in einer Datenbank auf dem Server gepflegt werden, und das Serverskript generiert daraus die entsprechenden HTML-Seiten. Ein Nachteil ist, dass es bei der Übertragung der Daten über das Internet zu Verzögerungen kommen kann und die möglichen Zielflughäfen so eventuell nicht unmittelbar zur Verfügung stehen.

Ajax

Alternativ zu dieser Vorgehensweise kann ein Skript nur die benötigten Informationen der möglichen Zielflughäfen vom Server anfordern und auf dieser Basis dann die Auswahlliste der Zielflughäfen aktualisieren. Diese dritte Möglichkeit wird mit Ajax realisiert, wozu wir später ein Beispiel sehen werden (siehe *Formulare mit Ajax*, S. 325). Hier werden nur die benötigten Daten angefordert und kein ganzes HTML-Dokument. Auch bei dieser Lösung werden die Informationen über die Flugverbindungen sinnvollerweise in einer Datenbank gepflegt.

14.9.2   Formularinhalte an den Server schicken

Formulare können vom Anwender über die *Submit*-Schaltfläche an den Server geschickt werden. Dazu muss man im `<form>`-Tag die Eigenschaften `action` und `method` festlegen, z.B.:

```
<form action="test.php" method="post">
    ...
</form>
```

Die action-Eigenschaft gibt die Adresse des Serverskripts an, das die   *get und post*
Formulareingaben entgegennehmen und verarbeiten soll. Die method-
Eigenschaft kann entweder get oder post sein. Mit get werden die Formularinhalte an die Adresse in Form des Suchstrings angehängt (siehe
Suchstrings, S. 282). Bei post sind die Formularinhalte Teil der HTTP-
Anfrage. get wird meistens nur für einfachere Serveranfragen, wie z.B.
eine Suchanfrage, verwendet. Sollen umfangreichere Daten an den Server geschickt und dort verarbeitet und gespeichert werden, ist eher
post zu verwenden.

Bitte beachten Sie, dass bei der Versendung der einzelnen Formu-   *name und id*
larelemente die name-Eigenschaft ausschlaggebend ist und nicht die id-
Eigenschaft.

Mit JavaScript haben Sie die Möglichkeit, Formularinhalte zu verschicken, ohne dass der Anwender auf *Submit* klickt. Dafür kennt das
Form-Objekt die submit()-Methode. Hierbei ist jedoch zu beachten,   *submit()*
dass der Anwender beim Aufruf von submit() gewöhnlich gefragt
wird, ob Daten zum Server geschickt werden dürfen.

14.9.3   Formulareingaben überprüfen

Formulareingaben können sowohl auf dem Client als auch auf dem
Server überprüft werden. Beispielsweise kann geprüft werden, ob ein
Name eingegeben wurde oder ob die eingegebene E-Mail-Adresse
plausibel ist.

Der Vorteil einer Überprüfung auf dem Client ist, dass der Anwender sofort Feedback bekommt. Bei der Überprüfung auf dem Server ist
mit einer Verzögerung zu rechnen, die die Bedienung der Webapplikation eventuell etwas schwerfälliger macht. Außerdem ist bei einer clientseitigen Lösung die Serverlast geringer.

Man muss jedoch beachten, dass eine clientseitige Überprüfung
umgangen werden kann, z.B. indem JavaScript ausgeschaltet wird
oder die HTTP-Anfrage manuell verändert wird, bevor sie an den Server geschickt wird. Also selbst eine umfangreiche Überprüfung auf
dem Client stellt nicht absolut sicher, dass letztlich nur zulässige Eingaben an den Server geschickt werden. Deshalb sind Sie bei wichtigen
Daten eventuell gezwungen, die Daten auf dem Server nochmals zu
überprüfen.

Zur Überprüfung der eingegebenen Daten mit JavaScript benötigen wir zunächst eine Funktion, in der festgelegt wird, welche Eingaben erwartet werden. Dies kann eine einfache if-Abfrage sein (z.B. ob
ein bestimmtes Feld ausgefüllt ist) oder eine etwas komplexere Abfrage
über reguläre Ausdrücke (siehe *Reguläre Ausdrücke*, S. 243). Wurde

ein Fehler entdeckt, muss das Skript die Formulareingabe zurückweisen bzw. den Anwender auffordern, Ergänzungen vorzunehmen. Dieser zweite Schritt wird mit dem Event-Handler onsubmit umgesetzt, wie dies bereits im Kapitel über Ereignisse angedeutet wurde (siehe *Standardaktionen unterbinden*, S. 181).

Mit folgendem Code wird vor dem Versenden des Formulars die Funktion pruefen() aufgerufen:

```
<form ... onsubmit="return pruefen();">
   ...
</form>
```

Liefert pruefen() den Wert false zurück, wird das Formular nicht an den Server geschickt.

14.9.4 Daten für die spätere Verwendung speichern

Bei einer Website, die aus mehreren HTML-Dateien besteht, möchten Sie zu Beginn vielleicht den Namen des Anwenders über ein Formular abfragen und später, nachdem sich der Anwender durch die verschiedenen Seiten geklickt hat, wieder auf die getätigte Eingabe zurückgreifen. Das Problem hierbei ist, dass die Formulareingaben verloren gehen, sobald der Anwender auf eine andere HTML-Seite wechselt.

Benötigt wird also ein Mechanismus, mit dem Daten für eine spätere Verwendung gespeichert werden können. Hier gibt es verschiedene Ansätze. Möchten Sie nur wenige Daten von einer Seite zur nächsten weiterreichen, kann der Suchstring eingesetzt werden. Sollen die Daten langfristig zur Verfügung stehen, können Cookies verwendet werden. Suchstrings und Cookies sind Thema eines späteren Kapitels (siehe *Datenspeicherung und Dateizugriff*, S. 281).

Mit Cookies findet die Speicherung der Daten auf dem Client statt. Daten können jedoch auch auf der Serverseite gespeichert werden. Dazu werden die Daten an den Server geschickt und dann über ein Serverskript in einer Datenbank abgelegt. Soll der Anwender später wieder auf diese Daten zugreifen können, muss die richtige Zuordnung der Daten möglich sein. Bei Cookies ist dies kein Problem, da diese ja auf dem Client gespeichert werden und somit die eindeutige Zuordnung immer gegeben ist. Da auf den Server aber sehr viele Anwender zugreifen und dort entsprechend viele Datensätze gespeichert werden können, muss man sich um die eindeutige Zuordnung kümmern. Die Zuordnung der Daten auf dem Server kann durch die Vergabe eines *Session-ID* Schlüssels etwa in Form einer Session-ID erreicht werden (siehe *Speichern von Daten auf dem Server*, S. 306).

14.9.5   Sicherheitsaspekte beim Versenden von Formularen

Daten über das Internet zu verschicken ist immer mit dem Risiko verbunden, dass die Daten in falsche Hände geraten oder nachträglich
verändert werden. Bei der bisher gezeigten Vorgehensweise werden die
Daten unverschlüsselt über das Internet übertragen. Das ist in vielen
Fällen durchaus akzeptabel, wie z.B. bei der Abfrage einer Suchmaschine.

Bei sicherheitsrelevanten Webapplikationen, wie z.B. Onlineban-
king, sollte eine Verschlüsselung der Daten vorgenommen werden, *Verschlüsselung*
sodass ein unbefugter Zugriff unterbunden wird. Es gibt die Möglichkeit, eine sichere Internetverbindung über das sogenannte HTTP over *HTTPS*
SSL (HTTPS) herzustellen. Damit kann sämtliche Kommunikation
zwischen dem Client und Server verschlüsselt werden. Da dies nur
wenig mit JavaScript zu tun hat, wollen wir an dieser Stelle nicht näher
darauf eingehen.

Stattdessen wollen wir uns eine Möglichkeit anschauen, wie Daten
mithilfe von JavaScript verschlüsselt werden können. Es sei jedoch
darauf hingewiesen, dass diese Vorgehensweise nicht als Ersatz von
HTTPS zu sehen ist. Vielmehr ist es als Möglichkeit gedacht, bei einfachen Applikationen etwas Sicherheit zu gewähren.

Angenommen, der Anwender soll ein Passwort eingeben, um
Zugriff auf eine bestimmte Seite zu bekommen. Das eingegebene Passwort wird über das Internet an den Server geschickt. Der Server hat
das Passwort in einer Datenbank gespeichert und kann damit überprüfen, ob das übermittelte Passwort richtig ist. Wenn wir das Passwort
ohne irgendeine Verschlüsselung versenden, kann sich jeder, der das
Passwort abfängt, später im Namen des Anwenders einloggen.

Die Schwierigkeit besteht nun darin, die sensiblen Daten zwar zu
übermitteln, sie aber für andere unbrauchbar zu machen. Es gibt verschiedene Algorithmen, mit denen eine Verschlüsselung vorgenommen
werden kann. Diese Algorithmen zeichnen sich dadurch aus, dass man
die Daten zwar recht einfach verschlüsseln kann, die Entschlüsselung
aber extrem schwierig ist. Das heißt, wenn jemand ein verschlüsseltes
Passwort in die Hände bekommt, ist es nahezu unmöglich, daraus wieder das unverschlüsselte Passwort zu generieren.

Ein solcher Algorithmus ist MD5, der einen String in eine willkür- *MD5*
lich wirkende Kette aus Ziffern und Buchstaben verwandelt. Das
Ergebnis ist aber alles andere als willkürlich. Die Verschlüsselung des
gleichen Strings mit MD5 führt immer zum gleichen Ergebnis. Die Verschlüsselung des Strings *JavaScript* ergibt beispielsweise:

686155af75a60a0f6e9d80c1f7edd3e9

Weiterhin ist von Bedeutung, dass die Verschlüsselung zweier unterschiedlicher Strings zu ganz verschiedenen Ergebnissen führt, selbst wenn sich die beiden Strings nur in einem Buchstaben unterscheiden.

Statt des Passwortes im Klartext kann auf diese Weise der verschlüsselte String übertragen werden. Da die Entschlüsselung des Strings sehr aufwendig ist, ist es für den Server praktisch nicht möglich, mit dieser Information den ursprünglichen String zu generieren. Deshalb nimmt der Server das hinterlegte, unverschlüsselte Passwort aus seiner Datenbank und wendet auf diesen String den MD5-Algorithmus an. Stimmt das Ergebnis mit dem verschlüsselten String, der vom Client geschickt wurde, überein, so wurde das richtige Passwort eingegeben.

Damit haben wir zwar verhindert, dass das Passwort im Klartext über das Internet geschickt wird. Aber es kann ja jemand das verschlüsselte Passwort abfangen und dieses später verwenden, um sich so unerlaubten Zutritt zu verschaffen. Dieses Problem wird so gelöst, dass der Server zu Beginn eine willkürliche Zeichenkette generiert und diese unverschlüsselt an den Client schickt. Der Client nimmt diesen String und hängt ihn an das unverschlüsselte Passwort an. Dieser neue String wird nun mit MD5 verschlüsselt. Der Server macht das Gleiche, da er ja auch das Passwort und den zusätzlichen String kennt.

Wenn die beiden verschlüsselten Strings, die jeweils auf dem Client und Server generiert werden, übereinstimmen, ist das Passwort richtig. Selbst wenn der so erzeugte String abgefangen wird, kann ein Dritter damit nichts anfangen, da sich der zusätzliche String vom Server jedes Mal ändert (siehe Abb. 14–27).

Es gibt im Internet frei verfügbare Skripte für die Umwandlung eines Strings mithilfe von MD5. Beispielsweise gibt es die Funktionsbibliothek von Paul Johnston. Einen Link zu der entsprechenden Seite finden Sie weiter hinten im Buch (siehe *Online-Ressourcen*, S. 441). Auf dem Server gibt es für die meisten Sprachen Funktionen, die den MD5-Algorithmus implementieren. Beispielsweise bietet PHP standardmäßig eine Unterstützung von MD5.

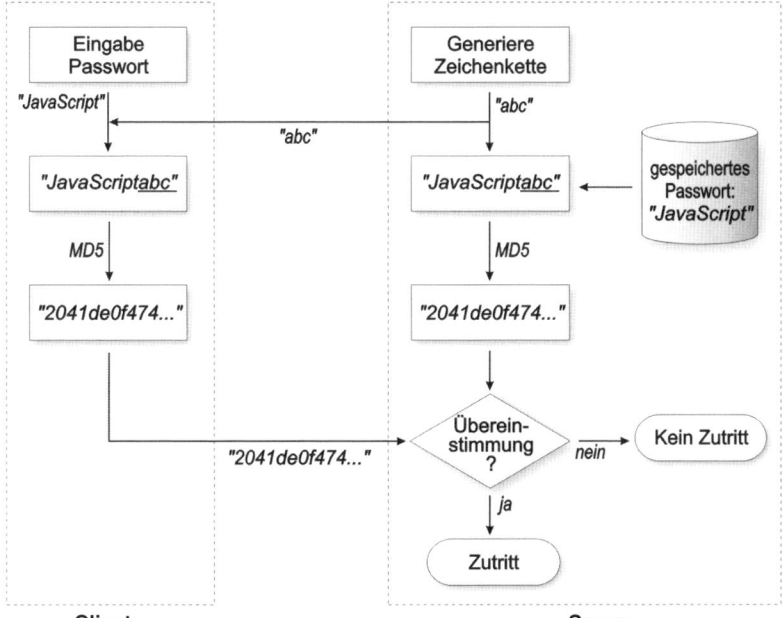

Abb. 14–27
Verschlüsselung

14.9.6   Daten per E-Mail versenden

Es gibt die Möglichkeit, Formularinhalte per E-Mail an einen bestimmten Empfänger zu verschicken. Leider funktioniert das Versenden von Formularinhalten per E-Mail nicht überall. Die gängigen Browser unterstützen dies weitgehend, jedoch muss der Anwender die E-Mail-Optionen im Browser (E-Mail-Adresse, Mailserver usw.) auch richtig eingestellt haben. Viele machen das nicht, z.B. wenn E-Mails über das Web abgerufen werden (etwa bei GMX oder web.de) und deshalb gar kein separater E-Mail-Client zum Einsatz kommt. Aus diesem Grund sollte von dieser hier gezeigten Möglichkeit nur in Ausnahmefällen Gebrauch gemacht werden.

E-Mail-Einstellungen im Browser

Ein Formular wird verschickt, wenn der Benutzer auf die *Submit*-Schaltfläche klickt. Damit der Browser weiß, wie und vor allem wohin ein Formular geschickt werden soll, muss der Programmierer dies in dem `<form>`-Tag mit den Eigenschaften `method` und `action` festlegen. Soll das Formular per E-Mail verschickt werden, gibt man `method="post"` und `action="mailto:ihre@email.adresse.de"` an. In der `action`-Eigenschaft wird also mit `mailto` die E-Mail-Adresse des Empfängers angegeben.

Wenn Sie ein Formular auf diese Weise verschicken, werden Sie feststellen, dass die E-Mail, die Sie bekommen, etwas kryptisch aussieht. Das liegt daran, dass der Browser die eingegebenen Daten vor dem Versenden leicht modifiziert. Beispielsweise werden alle Leerzeichen durch ein Pluszeichen ersetzt. Dies kann durch die Eigenschaft enctype="text/plain" im <form>-Tag verhindert werden. Dadurch wird die E-Mail als einfacher ASCII-Text verschickt.

In zahlreichen Lehrbüchern zur Internet-Programmierung findet sich ein Beispiel für einen Online-Pizzaservice. Bei diesem großen Bedarf soll hier natürlich nicht auf den virtuellen Pizzaservice verzichtet werden (siehe Abb. 14–28).

pizza.html

(Auszug)

```
<form method="post"
    action="mailto:ihre@email.adresse.de"
    enctype="text/plain">
<p>
Name:<br>
<input type="text" id="name" name="name" size="30">
<br><br>
<input type="checkbox" id="salami"
    name="salami">Salami
<br>
<input type="checkbox" id="schinken"
    name="schinken">Schinken
<br>
<input type="checkbox" id="hawaii"
    name="hawaii">Hawaii
<br><br>

<input type="radio" id="zustellung" name="zustellung"
    value="lieferung" checked="checked">Lieferung
<br>
<input type="radio" id="zustellung" name="zustellung"
    value="abholer">Selbstabholer
<br><br>

Bemerkungen:<br>
<textarea id="bemerkungen" name="bemerkungen"
    rows="2" cols="20"></textarea>
<br><br>

<input type="submit" value="Abschicken">
<input type="reset" value="L&ouml;schen">
</p>
</form>
```

Abb. 14–28
Pizzaservice

Damit ein Formular ordnungsgemäß verschickt wird, müssen Sie jedem Formularobjekt über das name-Attribut einen (eindeutigen) Namen geben. Wenn Sie keine Namen benutzen, werden Sie eine leere E-Mail bekommen.

Der Inhalt einer E-Mail, die durch das obige Skript erzeugt wird, könnte beispielsweise so aussehen:

```
name=Stefan Koch
schinken=on
zustellung=lieferung
bemerkungen=Bitte scharf!
```

Im Zusammenhang mit mailto können Sie einige weitere Optionen verwenden. Beispielsweise können Sie festlegen, wie die Betreffzeile aussehen soll. Die folgende Tabelle zeigt die verschiedenen Möglichkeiten.

Option	Bedeutung
to	Gibt einen weiteren Empfänger dieser E-Mail an.
cc	Gibt einen weiteren Empfänger an, der diese E-Mail in Kopie erhalten soll.
bcc	Gibt einen weiteren Empfänger dieser E-Mail an. Dieser Empfänger erscheint nicht in der E-Mail an die anderen Empfänger.
subject	Die Betreffzeile
body	Der Inhalt der E-Mail

Tab. 14–2
Möglichkeiten beim Versenden von E-Mails mit mailto

Beispielsweise legt man mit der folgenden Zeile fest, dass in der Betreffzeile *Pizza* erscheinen soll:

```
mailto:email@adresse.de?subject=Pizza
```

Weitere Optionen werden mit dem Zeichen & aneinandergehängt. Wenn Leerzeichen und Sonderzeichen verwendet werden sollen, müssen diese codiert werden. Leerzeichen können durch ein Pluszeichen ersetzt werden. Sonderzeichen können mit der Funktion encodeURICom-ponent() codiert werden (siehe *Leer- und Sonderzeichen verwenden*, S. 283).

Die genannten Optionen lassen sich übrigens auch in einem Link verwenden:

```
<a href="mailto:email@adresse.de?subject=Test">Test</a>
```

Der Anwender erhält dann ein E-Mail-Fenster, in dem die entsprechenden Felder bereits ausgefüllt sind. Auch das funktioniert jedoch nur, wenn der Anwender einen E-Mail-Client installiert und mit dem Browser verknüpft hat.

15 Reguläre Ausdrücke

Wir haben gesehen, wie Formulare eingesetzt werden können, um mit dem Benutzer zu interagieren. So wird etwa vom Anwender verlangt, dass der Name oder die E-Mail-Adresse eingegeben wird. Die Eingaben lassen sich durch JavaScript überprüfen. So könnte ein Skript eine ungültige E-Mail-Adresse zurückweisen. Wie bereits gezeigt wurde, kann die Versendung eines Formulars mit dem Event-Handler onsubmit verhindert werden (siehe *Formulareingaben überprüfen*, S. 235).

Wie können wir jedoch überprüfen, ob die Benutzereingaben plausibel sind? Solche Überprüfungen lassen sich mit regulären Ausdrücken durchführen, mit denen in Strings nach bestimmten Mustern gesucht werden kann. Reguläre Ausdrücke sind Teil des ECMAScript-Standards, sodass dieses Kapitel eigentlich in den vorderen Teil des Buches gehört. Jedoch wollte ich dieses Thema erst nach den Formularen behandeln, da so der Verwendungszweck von regulären Ausdrücken verständlicher wird.

Am Ende dieses Kapitels werden Alternativen gezeigt, wie man auch ohne reguläre Ausdrücke einfache Überprüfungen von Formularen durchführen kann.

Reguläre Ausdrücke sind ein sehr mächtiges Werkzeug. Allerdings sind diese nicht ganz einfach zu verstehen. Die nachfolgenden Kapitel bauen nicht auf diesem Kapitel auf, sodass Sie dieses Kapitel überspringen können, wenn Sie im Moment keine Strings oder Formulareingaben überprüfen wollen.

15.1 Reguläre Ausdrücke verwenden

Stellen Sie sich vor, Sie möchten ein Skript schreiben, das aufgrund der Eingabe eines Benutzernamens entscheidet, welche HTML-Seite angezeigt wird. Wenn Sie eine Überprüfung des Benutzernamens nach dem Muster

```
if (eingabe == "Stefan") ...
```

durchführen, werden Sie feststellen, dass das Skript nicht sehr flexibel ist. Was passiert, wenn der Name *Stefan* mit einem kleinen *s* eingegeben wird? Schon funktioniert das Skript nicht mehr. Sie können dieses Problem natürlich mit

```
if (eingabe.toLowerCase() == "stefan") ...
```

umgehen. Aber auch hier werden Sie feststellen, dass das Skript sehr unflexibel ist. Schon ein Leerzeichen am Ende des Strings bringt das Skript durcheinander. Auch kommt das Skript nicht damit zurecht, wenn man zusätzlich einen Nachnamen eingibt.

Erzeugen von regulären Ausdrücken

Mit regulären Ausdrücken können Sie solche Probleme lösen. Um in JavaScript mit regulären Ausdrücken zu arbeiten, haben Sie generell zwei Möglichkeiten. Sie können erstens einen regulären Ausdruck innerhalb von zwei Schrägstrichen definieren (z.B. /abc/), oder Sie können als zweite Möglichkeit mit new ein neues RegExp-Objekt erzeugen. Wir werden zunächst nur die erste Variante verwenden und später auf das RegExp-Objekt zurückkommen.

Muster in Strings wiederfinden

Mit regulären Ausdrücken können Sie nach bestimmten Mustern in Strings suchen. Damit Sie sehen, wie das funktioniert, möchte ich mit einem einfachen Beispiel anfangen, in dem die Funktion test() den Inhalt eines Textfelds überprüft:

reg01.html

```
<!DOCTYPE html>
<html>
<head>
<title>RegExp</title>

<script type="text/javascript">

function test(eing) {
  var reg = /@/;
  if (reg.exec(eing))
     alert("Gueltige E-Mail-Adresse");
  else alert("Ungueltige E-Mail-Adresse");
}

</script>
</head>
<body>

   Bitte geben Sie eine E-Mail-Adresse ein:<br>
   <form>
      <p>
      <input type="text" name="eingabe" size="30">
      <input type="button" value="Test"
         onclick="test(this.form.eingabe.value)">
      </p>
   </form>

</body>
</html>
```

Zuerst wird der reguläre Ausdruck /@/ mit

```
var reg = /@/;
```

definiert. Danach wird durch exec() festgestellt, ob dieses Muster (/@/)
im String eing vorkommt. Die beiden Schrägstriche sind dabei nur die
Begrenzungen, die den regulären Ausdruck definieren (ähnlich wie die
Anführungsstriche eines Strings), d.h., mit exec() wird in unserem Fall
nur überprüft, ob das Zeichen @ in dem String eing vorkommt. Unser
Skript erkennt anhand dieses Zeichens, ob eine gültige E-Mail-Adresse
eingegeben wurde. reg.exec(eing) liefert null zurück, wenn das Zeichen @ in dem String eing nicht vorkommt. Falls dieses Zeichen vorkommt, wird, wie wir später sehen werden, ein Objekt mit weiteren
Informationen zurückgeliefert. Wir können in unserem Beispiel eine
einfache if-Abfrage verwenden, da der Wert null als false interpretiert wird und das zurückgelieferte Objekt als true.

Sie werden schnell feststellen, dass unsere Prüfroutine nicht besonders gut ist, denn man kann sehr einfach ungültige E-Mail-Adressen
finden, die unser Skript als gültig erkennen würde, z.B. einen String,
der nur das @-Zeichen beinhaltet.

Unser Skript könnte etwas verbessert werden, wenn wir überprüfen würden, ob vor und nach dem @-Zeichen irgendwelche anderen
Zeichen erscheinen. Dazu müssen Sie den regulären Ausdruck reg=/@/
in reg01.html wie folgt ändern:

```
var reg = /.+@.+/;
```

reg02.html
(Auszug)

Das wird Ihnen vielleicht nicht sofort einleuchten, aber wenn Sie das
Skript ausprobieren, werden Sie feststellen, dass weder "@abc" noch
"abc@" als Eingabe angenommen werden. Die Eingabe "abc@abc" wird
jedoch akzeptiert. Dieses Skript zum Überprüfen von E-Mail-Adressen
ist etwas besser als die erste Version. Jedoch werden auch jetzt noch
sehr viele ungültige Adressen akzeptiert.

Was bedeutet das kryptische /.+@.+/? JavaScript versucht, das
Muster, das im regulären Ausdruck angegeben ist, im Eingabestring
wiederzufinden. Die Zeichen . und + haben innerhalb von regulären *Besondere Zeichen*
Ausdrücken eine besondere Bedeutung. Der Punkt passt auf jedes
beliebige Zeichen (außer auf den Zeilenumbruch \n). Das folgende
Skript gibt *gefunden* aus, da das Muster /a.c/ auf die Zeichenkette
"abc" passt. Der String "abbc" hingegen würde nicht passen, da zwischen a und c zwei Zeichen stehen.

```
var str = "abc";
var reg = /a.c/;
if (reg.exec(str))
    alert("gefunden");
else alert("nicht gefunden");
```

reg03.html
(Auszug)

Das +-Zeichen bedeutet in regulären Ausdrücken, dass das vorhergehende Zeichen mindestens einmal vorkommen muss. Würden wir im letzten Beispiel den regulären Ausdruck in /a.+c/ ändern, würde nicht nur "abc", sondern auch "abbc" passen.

In dem regulären Ausdruck /.+@.+/ geht dem +-Zeichen ein Punkt voraus. Damit wird nach einem beliebigen Zeichen gesucht, das mindestens einmal vorkommt. Das heißt, mit dem regulären Ausdruck /.+@.+/ wird überprüft, ob das Muster *ein @-Zeichen mit mindestens einem Zeichen davor und danach* in dem Eingabestring gefunden werden kann.

15.1.1 Kurzschreibweise

Wem reguläre Ausdrücke noch nicht kryptisch genug sind, für den gibt es eine Kurzschreibweise. Statt

```
var reg = /a.c/;
var found = reg.exec("abc");
```

kann man Folgendes schreiben:

```
var found = /a.c/.exec("abc");
```

Auch Modifikatoren, die wir im nächsten Abschnitt kennenlernen werden, können angegeben werden, z.B.:

```
var found = /a.c/i.exec("abc");
```

15.1.2 Modifikatoren

Groß- und Kleinschreibung

Oft spielt es keine Rolle, ob der Anwender Groß- oder Kleinschreibung für eine Eingabe verwendet. Das Problem wurde bereits am Anfang dieses Kapitels im Zusammenhang mit einem Skript, das unterschiedliche Webseiten für verschiedene Personen laden soll, erwähnt. Der reguläre Ausdruck

```
/Stefan/
```

passt zwar auf den String "Stefan", aber nicht auf "stefan" oder "STEFAN", da der Computer zwischen Groß- und Kleinschreibung unterscheidet. Der folgende reguläre Ausdruck umgeht dieses Problem:

```
/stefan/i
```

Modifikator i

Das angehängte i bezeichnet man als Modifikator. Es bezweckt, dass in dem regulären Ausdruck zwischen Groß- und Kleinschreibung nicht unterschieden wird.

JavaScript kennt außerdem den Modifikator g. Die Angabe dieses Modifikators bedeutet, dass eine globale Suche durchgeführt werden soll. Dieser Modifikator kommt im Zusammenhang mit den Methoden `match()` und `replace()`, die wir später kennenlernen werden, zur Geltung.

Modifikator g

Weiterhin kann der Modifikator m verwendet werden, wenn sich ein String über mehrere Zeilen erstreckt. Darauf werden wir später im Zusammenhang mit Ankern zurückkommen (siehe *Anker*, S. 251).

Modifikator m

15.1.3   Besondere Zeichen

Neben . und + gibt es in regulären Ausdrücken noch weitere Zeichen mit besonderer Bedeutung. Diese Zeichen werden auch Metazeichen genannt. Die folgenden Zeichen haben eine besondere Bedeutung in regulären Ausdrücken:

Metazeichen

```
\ / | ( ) [ { ^ $ * + ? .
```

Wenn Sie nach diesen Zeichen in einem String suchen wollen (statt sie als besondere Zeichen zu verwenden), müssen Sie einen Backslash (\) davorsetzen. Mit * suchen Sie beispielsweise nach einem *. Um einen Backslash zu finden, muss \\ benutzt werden.

Der Backslash wird auch dazu verwendet, einigen Buchstaben und Ziffern eine besondere Bedeutung zu geben. So findet man mit \n beispielsweise nicht einen Backslash, gefolgt von dem Buchstaben n, sondern die Kombination \n wird benutzt, um einen Zeilenumbruch zu finden.

Die folgende Tabelle listet besondere Zeichen auf, die für unterschiedliche Buchstaben, Ziffern und/oder Sonderzeichen stehen:

Zeichen	Bedeutung
\n	Zeilenvorschub
\r	Wagenrücklauf
\t	Tabulator
\v	Vertikaltabulator
\f	Seitenvorschub
\d	Eine Ziffer (gleichbedeutend mit [0-9])
\D	Ein Zeichen, das keine Ziffer ist (gleichbedeutend mit [^0-9])
\w	Ein alphanumerisches Zeichen (gleichbedeutend mit [a-zA-Z_0-9])
\W	Ein nicht alphanumerisches Zeichen (gleichbedeutend mit [^a-zA-Z_0-9])

Tab. 15–1

Besondere Zeichen

→

Tab. 15–1

(Fortsetzung)

Besondere Zeichen

Zeichen	Bedeutung
\s	Ein Whitespace-Zeichen (gleichbedeutend mit [\t\v\n\r\f])
\S	Ein Zeichen, das kein Whitespace ist (gleichbedeutend mit [^ \t\v\n\r\f])
.	Jedes beliebige Zeichen (außer \n)

Whitespaces

Die Zeichen Leerzeichen, Zeilenvorschub, Wagenrücklauf, Tabulator, Vertikaltabulator und Seitenvorschub werden allgemein als Whitespaces bezeichnet.

Das folgende Beispiel gibt z.B. an, ob sich ein String über mehrere Zeilen erstreckt:

reg04.html

(Auszug)

```
var str = "Dieser String erstreckt sich\n" +
          "ueber mehrere Zeilen";

var reg = /\n/;
if (reg.exec(str)) alert("Mehrere Zeilen.")
else alert("Nur eine Zeile.");
```

15.1.4 Multiplikatoren

Mithilfe von Multiplikatoren (auch Vervielfacher oder Quantifikatoren genannt) können Sie festlegen, wie oft das vorhergehende Zeichen vorkommen soll. Wir haben bereits das +-Zeichen kennengelernt, das zu dieser Gruppe gehört. Die Tabelle 15–2 zeigt, welche Multiplikatoren JavaScript kennt.

Tab. 15–2

Multiplikatoren

Zeichen	Bedeutung
x{m,n}	x soll mindestens m-mal, aber nicht mehr als n-mal vorkommen.
x{n,}	x soll mindestens n-mal vorkommen.
x{n}	x soll genau n-mal vorkommen.
x*	x soll 0-mal oder öfter vorkommen (gleichbedeutend mit x{0,}).
x+	x soll 1-mal oder öfter vorkommen (gleichbedeutend mit x{1,}).
x?	x soll 0- oder 1-mal vorkommen (gleichbedeutend mit x{0,1}).

Um ein Verständnis für reguläre Ausdrücke zu bekommen, würde ich Ihnen empfehlen, mit diesen Tabellen zu versuchen, eigene reguläre Ausdrücke zu erstellen. Dazu können Sie das Skript in reg03.html oder reg05.html verwenden. Ein Beispiel wäre der reguläre Ausdruck /a{1,3}bc/. Dieser Ausdruck passt auf:

abc

aabc

aaabc

a**aaabc**

aaabcbc

aaaaaxyz**aaabc**

aber nicht auf:

bc

aaaxbc

aaabxyzc

Mit dem folgenden Skript können Sie diese Liste überprüfen:

```
<!DOCTYPE html>                                          reg05.html
<html>
<head>
   <title>RegExp</title>
</head>
<body>

   <div id="ausgabe"></div>

   <script type="text/javascript">

   var ausg = document.getElementById("ausgabe");
   var str = ["abc", "aabc", "aaabc", "aaaabc", "aaabcbc",
             "aaaaaxyzaaabc", "bc", "aaaxbc", "aaabxyzc"];

   var reg = /a{1,3}bc/;

   for (i in str) {
       var found = reg.exec(str[i]);
       if (found)
           ausg.innerHTML += str[i] + " - gefunden: " + found;
       else ausg.innerHTML += str[i] + " - nicht gefunden";
       ausg.innerHTML += "<br>";
   }

   </script>
</body>
</html>
```

Dieses Beispiel gibt neben jedem String des Arrays str an, ob das Muster /a{1,3}bc/ in diesem String gefunden wurde oder nicht. Wurde das Muster gefunden, wird außerdem ausgegeben, welcher Teil des Strings gepasst hat. Dafür wird die Variable found definiert, die den Rückgabewert von exec() entgegennimmt:

```
var found = reg.exec(str[i]);
```

Die Methode exec() gibt den Teil des Strings str[i] zurück, auf den der reguläre Ausdruck gepasst hat. Wie wir später sehen werden, liefert exec() eigentlich ein Objekt mit verschiedenen Informationen zurück. Hier möchten wir aber nur wissen, welcher Teilstring gefunden wurde. Das können wir über den gezeigten Weg erfahren.

Konnte JavaScript das Muster nicht wiederfinden, wird der Wert `null` zurückgeliefert. Da der Wert `null` in einer `if`-Abfrage als `false` interpretiert wird, können wir an dieser Stelle eine einfache `if`-Abfrage verwenden.

Sie werden sich vielleicht wundern, warum der reguläre Ausdruck `/a{1,3}bc/` auf aaaabc passt, denn schließlich kommt hier der Buchstabe a viermal vor. Wenn Sie sich aber anschauen, welchen Wert die Variable `found` in diesem Fall annimmt, sehen Sie, dass nur der Teil aaabc gefunden wird, d.h., im gefundenen String kommt nur dreimal der Buchstabe a vor. Mit dem regulären Ausdruck haben Sie also nur festgelegt, dass der Buchstabe a ein- bis dreimal vorkommen soll, gefolgt von `bc`. Wir haben keine Aussage darüber gemacht, was vor oder nach dem gefundenen Teilstring stehen darf.

15.1.5 Mehrere Zeichen zusammenfassen

Wenn Sie `/abc+/` schreiben, bezieht sich das +-Zeichen nur auf das c und nicht auf die komplette Zeichenkette abc. Wenn Sie das +-Zeichen für die gesamte Zeichenkette abc verwenden möchten, müssen Sie

Runde Klammern   Klammern benutzen, also beispielsweise:

```
/(abc)+/
```

Dieses Muster passt etwa auf:

abc
a**abc**c
abcabcabc
xyz**abcabcabc**

15.1.6 Das Oder-Zeichen

Das Oder-Zeichen | kann dazu verwendet werden, mehrere Alternativen zuzulassen. Beispielsweise passt

```
/Stefan|Stephan/
```

sowohl auf "Stefan" als auch auf "Stephan". Man kann auch Folgendes schreiben:

```
/Ste(f|ph)an/
```

Jetzt bezieht sich das Oder-Zeichen nur auf den Teil, der innerhalb der Klammern steht.

15.1.7   Anker

Das folgende Skript soll je nach Besucher unterschiedliche Webseiten laden. Dafür wird der Name des Besuchers abgefragt. Dabei soll das Skript nicht eine genaue Schreibweise des Namens voraussetzen, sondern auf leichte Abweichungen tolerant reagieren. Wird der Username "Stefan" (ohne Rücksicht auf Groß- und Kleinschreibung) eingegeben, wird die Seite stefan.html aufgerufen. Ansonsten soll die Seite default.html geladen werden.

```
<!DOCTYPE html>
<html>
<head>
<title>RegExp</title>

<script type="text/javascript">

function test(eing) {

   var reg = /stefan/i;

   if (reg.exec(eing))
      location.href = "stefan.html";
   else location.href = "default.html";
}

</script>
</head>
<body>

   Bitte geben Sie Ihren Namen ein:<br>
   <form onsubmit="test(this.eing.value);return false;">
      <p>
      <input type="text" id="eing" name="eing" size="30">
      <input type="button" value="Login"
         onclick="test(this.form.eing.value)">
      </p>
   </form>

</body>
</html>
```

reg06.html

Es ist vielleicht noch relativ einleuchtend, dass die Seite stefan.html selbst dann geladen wird, wenn der eingegebene Name "Stefanie" ist. Aber wer hätte gedacht, dass auch "Gloria Estefan" als der Benutzer Stefan durchgeht? Um dies zu vermeiden, müssen wir sicherstellen, dass sich am Anfang und Ende des Strings "stefan" eine Wortgrenze befindet. Dafür gibt es das besondere Zeichen \b. Wenn wir den regulären Ausdruck im vorhergehenden Beispiel durch

```
/\bstefan\b/i
```

reg07.html

(Auszug)

ersetzen, werden sowohl "Stefanie" als auch "Gloria Estefan" an die default.html-Seite weitergeleitet. Die Eingabe "Stefan Koch" wird jedoch weiterhin akzeptiert, da *Stefan* hier ein separates Wort ist.

Tabelle 15–3 zeigt einige besondere Zeichen, sogenannte Anker, die ähnlich wie \b eingesetzt werden können:

Tab. 15–3

Anker

Zeichen	Bedeutung
^	Passt auf den Anfang eines Strings.
$	Passt auf das Ende eines Strings.
\b	Passt auf eine Wortgrenze (zwischen \w und \W).
\B	Passt auf eine Stelle, an der keine Wortgrenze ist.

Mehrzeilige Strings

Wie die Tabelle zeigt, findet man mit $ das Ende eines Strings. Hierbei ist zu beachten, dass bei einem mehrzeiligen String unter Verwendung des Modifikators m auch das Ende einer Zeile gefunden wird. Der String "yz\nzz" enthält durch \n einen Zeilenumbruch. Sucht man in diesem String mit dem regulären Ausdruck

    /.z$/m

so ist das Ergebnis "yz", da der Modifikator m verwendet wurde und das $-Zeichen auf den Zeilenumbruch passt. Ohne das m am Ende des regulären Ausdrucks lautet das Ergebnis "zz".

15.1.8 Zeichenklassen

Eckige Klammern

Innerhalb eckiger Klammern können Sie Zeichenklassen definieren. So definiert [0-9] die Menge aller Ziffern. Der reguläre Ausdruck /xyz[0-9]/ passt beispielsweise auf die Strings xyz0, xyz1, xyz2, ..., xyz9.

Der folgende reguläre Ausdruck überprüft, ob der String nur Ziffern enthält:

    /^[0-9]*$/

Menge aller Zahlen

Wie im letzten Abschnitt erklärt wurde, wird mit ^ und $ der Anfang bzw. das Ende eines Strings gefunden. Da zwischen dem ^ und $ nur die Menge [0-9] im Zusammenhang mit dem Multiplikator * angegeben ist, werden in dem String lediglich Ziffern akzeptiert.

Es wurde bereits erwähnt, dass man auch \d verwenden kann, um Ziffern zu finden, d.h., der reguläre Ausdruck

    /^\d*$/

ist gleichbedeutend mit dem vorherigen.

Sie können in Zeichenklassen auch einzelne Zeichen angeben. Beispielsweise findet man mit der Zeichenklasse `[aeiou]` einen der Vokale. Es wird in diesem Fall nicht nach dem String `"aeiou"` gesucht, sondern es bedeutet, dass an dieser Stelle im Prüfstring ein einzelner Vokal stehen muss. Zum Beispiel würden durch

```
/h[euo]y/
```

die Teilstrings `"hey"`, `"hoy"` oder `"huy"` gefunden werden, jedoch nicht `"heuoy"`.

Mit dem ^-Zeichen kann innerhalb einer Zeichenklasse festgelegt werden, dass die beinhalteten Zeichen an dieser bestimmten Stelle *nicht* vorkommen dürfen. `[^0-9]` bedeutet z.B., dass dort keine Ziffer stehen darf (d.h., es ist gleichbedeutend mit `\D`). Das ^-Zeichen muss dabei als erstes Zeichen in der Zeichenklasse erscheinen.

Das ^-Zeichen in Zeichenklassen

Bitte beachten Sie, dass das ^-Zeichen hier eine andere Bedeutung hat als vorher, da es innerhalb einer Zeichenklasse verwendet wird. Außerhalb einer Zeichenklasse wird damit der Anfang eines Strings gefunden. Die meisten anderen besonderen Zeichen verlieren innerhalb von Zeichenklassen ebenfalls ihre Bedeutung und werden als normale Zeichen behandelt.

Die Menge aller Kleinbuchstaben lässt sich mit `[a-z]` angeben. Wenn Sie auch die Großbuchstaben akzeptieren wollen, können Sie `[a-zA-Z]` schreiben. Dies umfasst aber keine Umlaute.

Menge aller Buchstaben

15.1.9   Klammern

Die Verwendung von Klammern wurde bereits demonstriert. Klammern haben jedoch eine weitaus größere Bedeutung, als nur Zeichenketten zusammenzufassen. Klammern in regulären Ausdrücken fungieren als Zwischenspeicher für gefundene Teilstrings. Auf den Teilstring, der durch die erste Klammer gefunden wurde, kann man innerhalb desselben regulären Ausdrucks mit `\1` zugreifen. Um den Inhalt der zweiten Klammer zu erfahren, wird `\2` verwendet usw. Der folgende reguläre Ausdruck soll dies verdeutlichen:

```
/(ab*c) xyz \1/
```

Der Teilstring, der durch `(ab*c)` gefunden wird, wird in einer besonderen Variablen gespeichert, damit darauf später wieder zugegriffen werden kann. In unserem Beispiel greifen wir mit `\1` auf den vorher gefundenen Teilstring zu. Unser regulärer Ausdruck stellt also sicher, dass vor und nach dem `"xyz"` jeweils der gleiche Teilstring erscheint. Auf folgende Strings passt dieses Muster:

```
abc xyz abc
abbc xyz abbc
abbbc xyz abbbc
```

Im Gegensatz dazu wird in den folgenden Strings keine Übereinstimmung mit dem verwendeten Muster gefunden, da die Teilstrings vor und nach dem xyz nicht identisch sind:

```
abc xyz
abc xyz abbc
```

Mit dem folgenden regulären Ausdruck können Sie einfache HTML-Tags finden (z.B. Irgendein Text):

```
/<(.*)>.*<\/\1>/
```

15.2 Das RegExp-Objekt

15.2.1 Der RegExp()-Konstruktor

Wie bereits erwähnt, können Sie auch den RegExp()-Konstruktor einsetzen, um einen regulären Ausdruck zu definieren. Statt

```
reg = /abc/;
```

können Sie genauso

```
reg = new RegExp("abc");
```

schreiben. Bitte beachten Sie, dass Sie in diesem Fall keine Schrägstriche, sondern Anführungszeichen verwenden müssen, um den regulären Ausdruck abzugrenzen. Die Modifikatoren g, i und m werden optional als zweites Argument angegeben:

```
reg = new RegExp("abc", "gi");
```

Beide gezeigten Möglichkeiten machen Gebrauch vom RegExp-Objekt, d.h., Sie können die Methoden, die wir später anschauen werden, in beiden Fällen anwenden.

Kompilierung eines regulären Ausdrucks   Außer der Schreibweise gibt es zwischen den beiden Möglichkeiten jedoch noch einen weiteren Unterschied. Bevor ein regulärer Ausdruck verwendet werden kann, muss er kompiliert werden. Der Programmierer muss sich darum nicht selbst kümmern, da dies automatisch geschieht. Der Unterschied zwischen den beiden Varianten, wie man einen regulären Ausdruck definieren kann, liegt im Zeitpunkt der Kompilierung.

Sie sollten einen regulären Ausdruck in Schrägstrichen angeben, wenn Sie den regulären Ausdruck vor Ausführung des Programms kennen und sich dieser im Verlauf des Programms nicht ändert, da in diesem Fall der reguläre Ausdruck beim Start des Programms kompiliert wird. Verwenden Sie dagegen den RegExp()-Konstruktor, wenn Sie den regulären Ausdruck vor Ausführung des Skripts nicht kennen oder sich dieser im Verlauf des Programms ändern soll. Der RegExp()-Konstruktor bietet eine Laufzeit-Kompilierung, d.h., der reguläre Ausdruck wird erst kompiliert, wenn er benötigt wird. Die Kompilierung geht insgesamt sehr schnell, sodass dies für den Anwender in den meisten Fällen nicht spürbar sein dürfte.

15.2.2   Methoden des RegExp-Objekts

Das RegExp-Objekt kennt die Methoden:

- exec(str)
- test(str)

exec(str)

Die Methode exec() haben wir bereits im Einsatz gesehen. Damit wird in dem String str nach dem Muster gesucht, das im regulären Ausdruck angegeben ist.

Wenn das Muster in dem String str nicht wiedergefunden werden konnte, liefert exec() den Wert null zurück. Ansonsten wird ein Objekt mit den folgenden Elementen zurückgegeben:

Element	Bedeutung
index	Die Position des ersten gefundenen Zeichens im String str
input	Der String str, auf den der reguläre Ausdruck angewendet wurde
[0]	Der Teilstring, der als Letztes gefunden wurde
[1],[2],...,[n]	Die Teilstrings, die mithilfe von Klammern gefunden wurden (d.h. die Werte, auf die innerhalb des regulären Ausdrucks mit \1, \2 usw. zugegriffen werden kann)

Tab. 15–4

Elemente des durch exec() zurückgegebenen Objekts

Das folgende Beispiel demonstriert, wie die gezeigten Eigenschaften ausgelesen werden können:

reg08.html

```
<!DOCTYPE html>
<html>
<head>
  <title>RegExp</title>
</head>
<body>

  <div id="ausgabe"></div>

  <script type="text/javascript">

    var ausg = document.getElementById("ausgabe");
    var str = "Dilbert Dogbert Catbert Ratbert";
    var reg = /\br(\w*)bert/i;

    var found = reg.exec(str);

    if (found) {
        ausg.innerHTML +=found.index + "<br>" +
                found.input + "<br>" +
                found[0] + "<br>" +
                found[1];
    }

  </script>
</body>
</html>
```

Dieses Skript produziert die folgende Ausgabe:

```
24
Dilbert Dogbert Catbert Ratbert
Ratbert
at
```

Bei der Ausführung von exec() werden außerdem folgende Eigenschaften des RegExp-Objekts verändert:

Element	Bedeutung
global	Gibt an, ob der Modifikator g verwendet wurde.
ignoreCase	Gibt an, ob der Modifikator i verwendet wurde.
lastIndex	Die Position, an der die nächste Suche gestartet wird
multiline	Gibt an, ob der Modifikator m verwendet wurde.
source	Der Inhalt des regulären Ausdrucks

Das folgende Beispiel gibt true aus, da der Modifikator i benutzt wurde:

```
var str = "ABC";
var reg = /ab/i;
var found = reg.exec(str);
alert(reg.ignoreCase);
```

reg09.html

(Auszug)

test(str)

Die Methode test() prüft, ob das Muster im String *str* vorkommt. Ist dies der Fall, wird true zurückgeliefert, ansonsten false. Diese Methode ist also ähnlich wie exec(), mit dem Unterschied, dass exec() wesentlich mehr Informationen zurückliefert. Dafür ist test() schneller.

15.2.3 Das String-Objekt im Zusammenhang mit regulären Ausdrücken

Die folgenden Methoden des String-Objekts können im Zusammenhang mit regulären Ausdrücken verwendet werden:

- match(reg)
- replace(regexp, replaceStr)
- search(reg)
- split(reg)

match(reg)

Der Ausdruck str.match(reg) ist gleichbedeutend mit reg.exec(str) (str ist ein beliebiger String). Der Unterschied liegt darin, dass exec() eine Methode des RegExp-Objekts ist, während match() zum String-Objekt gehört.

replace(regexp, replaceStr)

Mit replace() können Sie einen Teil eines Strings mit einem anderen String ersetzen. replace() wird als Methode eines String-Objekts aufgerufen. Das folgende Beispiel ersetzt bbb durch xyz:

```
var str = "aaa bbb ccc";
var newstr = str.replace(/bbb/, "xyz");
// newstr ist jetzt "aaa xyz ccc"
```

reg10.html

(Auszug)

Das oben gezeigte Beispiel ersetzt bbb durch xyz nur einmal, auch wenn bbb mehrmals in dem String vorkommt. Wenn Sie bbb an allen Stellen ersetzen möchten, können Sie den Modifikator g verwenden:

```
var str = "bbb bbb bbb";
var newstr = str.replace(/bbb/g, "xyz");
// newstr ist jetzt "xyz xyz xyz"
```

Interessant ist, dass Sie im zweiten Argument mit $1, $2 usw. auf die Teilstrings, die Sie mit Klammerausdrücken gefunden haben, zugreifen können. Das folgende Beispiel dreht die Reihenfolge der ersten drei Wörter um:

reg11.html
(Auszug)

```
var str = "eins zwei drei";
var newstr = str.replace(/^(.+) (.+) (.+)/, "$3 $2 $1");
// newstr ist jetzt "drei zwei eins"
```

search(reg)

Der Ausdruck str.search(reg) ist gleichbedeutend mit reg.test(str). Der Unterschied liegt darin, dass test() eine Methode des RegExp-Objekts ist, während search() zum String-Objekt gehört.

split(reg)

Die split()-Methode des String-Objekts haben wir bereits kennengelernt (siehe *split()*, S. 111). Als Argument kann nicht nur ein einfacher String angegeben werden, sondern auch ein regulärer Ausdruck. Das folgende Beispiel trennt den String an jedem Whitespace:

reg12.html
(Auszug)

```
var str = "Dies ist ein String,\n" +
    "der sich ueber mehrere\n" +
    "Zeilen erstreckt";

var erg = str.split(/\s+/);

// Ausgabe des Arrays
alert(erg.join(" - "));
```

Die Teilstrings, die in diesem Beispiel auf den regulären Ausdruck passen (d.h. die Whitespaces), sind nicht im Array erg enthalten. Wenn Sie innerhalb des regulären Ausdrucks jedoch Klammerausdrücke verwenden, werden die mit diesen Klammerausdrücken gefundenen Teilstrings im zurückgelieferten Array mit einbezogen.

15.3 Alternativen

Reguläre Ausdrücke sind ein hilfreiches Werkzeug. Zugegebenermaßen ist es nicht immer ganz einfach, einen regulären Ausdruck zu definieren. In diesem Abschnitt soll kurz gezeigt werden, wie sich Überprüfungsroutinen und ähnliche Skripte ohne Verwendung von regulären Ausdrücken schreiben lassen.

15.3.1 Nach einem bestimmten Teilstring suchen

Wenn es nur darum geht, zu überprüfen, ob ein bestimmtes Zeichen oder eine bestimmte Zeichenfolge in einem String vorkommt, kann die Methode indexOf() verwendet werden. Zum Beispiel kann man mit

```
if (eingabe.indexOf("@") != -1) alert("OK!")
else alert("Keine gueltige E-Mail-Adresse.");
```

pruefen1.html

(Auszug)

feststellen, ob in dem String eingabe das @-Zeichen vorkommt. Ist dies nicht der Fall, liefert indexOf() den Wert -1 zurück. Mit dieser if-Abfrage kann man also eine sehr einfache Überprüfungsroutine für E-Mail-Adressen realisieren.

15.3.2 Einen String auf bestimmte Zeichen beschränken

Als Nächstes soll ein allgemeines Skript gezeigt werden, das kontrolliert, ob ein String ausschließlich aus bestimmten Zeichen besteht. Mit solch einem Skript kann man beispielsweise überprüfen, ob eine Telefonnummer ungültige Zeichen enthält. Normalerweise besteht eine Telefonnummer aus den Ziffern 0 bis 9. Neben dem Leerzeichen sind außerdem die folgenden Sonderzeichen - + / . , ( ) üblich.

```
<!DOCTYPE html>
<html>
<head>
<title>indexOf()</title>

<script type="text/javascript">

function pruefen(eingabe, erlaubt) {
  var korrekt = true;
  for (var i = 0; i < eingabe.length; i++) {
    var zeichen = eingabe.charAt(i);
    if (erlaubt.indexOf(zeichen) == -1)
      korrekt = false;
  }
  return korrekt;
}

function test(eingabe) {
  if (!pruefen(eingabe, "0123456789 -+/.,()")) {
    alert("Eingabe nicht korrekt.");
  } else {
    alert("Eingabe ok!");
  }
}

</script>
</head>
```

pruefen2.html

```
<body>
  <form>
  <p>
  Telefon:
  <input type="text" name="Telefon" value="">
  <input type="button" value="Ueberpruefen"
     onclick="test(this.form.Telefon.value)">
  </p>
  </form>
</body>
</html>
```

Die Funktion pruefen() ist dafür zuständig, den Eingabestring auf ungültige Zeichen zu überprüfen. Als erstes Argument wird der Funktion der Eingabestring übergeben. Das zweite Argument ist ein String der erlaubten Zeichen. Dort sehen Sie die Auflistung der Ziffern 0 bis 9 und die Sonderzeichen, die wir zulassen möchten. Die Funktion pruefen() verwendet nun indexOf(), um festzustellen, ob die einzelnen Zeichen des Eingabestrings in dem String der zugelassenen Zeichen vorkommen. Wird kein unerlaubtes Zeichen gefunden, liefert pruefen() den Wert true zurück, ansonsten false.

16 Bilder und Animationen

Intelligent eingesetzte Bilder und Animationen werten eine Webseite auf. Es gibt mittlerweile eine Vielzahl von Möglichkeiten für den Umgang mit grafischen Elementen. Und das Beste ist: Man hat mit JavaScript viele Einflussmöglichkeiten.

Wir schauen uns zunächst an, wie wir Bilddateien einbinden und mit diesen arbeiten können. Endlich gibt es aber auch eine Möglichkeit, mit JavaScript zu zeichnen, sodass wir eigene Grafiken erstellen können. Außerdem können immer mehr Browser mit Vektorgrafiken umgehen, die sich auch mit JavaScript verändern lassen.

Animationen entstehen dadurch, dass wir Bilder Schritt für Schritt verändern. Wenn wir das schnell genug tun, entsteht eine flüssige Bewegung. Wir werden uns in diesem Kapitel hierzu ein paar Beispiele ansehen.

16.1 Bilddateien einbinden und verändern

Bevor wir uns anschauen, wie wir Bilder einbinden können, sollten wir zunächst einen kurzen Blick auf die verfügbaren Bildformate werfen.

16.1.1 Bildformate

Zur Einbindung von Bildern in Webseiten können Sie unterschiedliche Bildformate verwenden. Es gibt insgesamt sehr viele verschiedene Bildformate, jedoch haben sich drei Formate für die allgemeine Verwendung im Web durchgesetzt. Dies sind *gif*, *jpg* und *png*. Bei anderen Formaten riskieren Sie, dass der Anwender Ihre Bilder nicht sehen kann, da der verwendete Browser diese Formate nicht kennt.

Die drei Formate haben unterschiedliche Einsatzzwecke. Das *gif*-Format eignet sich für Texte und Bilder mit wenigen Farben, da es zum einen nur 256 Farben darstellen kann und zum anderen das Packverfahren auf größere einfarbige Flächen ausgelegt ist. Das Packverfahren legt fest, wie stark die Bildinformationen komprimiert werden können und wie groß die Datei letztendlich wird. Ohne Komprimierung wären die Bilddateien riesig.

Das *jpg*-Format (bzw. *jpeg*) bietet eine Farbtiefe von 24 Bit (was 16,8 Millionen Farben entspricht) und verwendet ein Packverfahren, das sich besonders für Fotos eignet, also für Bilder, die viele Farbnuancen haben. Das Packverfahren von *jpg* ist jedoch verlustbehaftet. Das bedeutet zwar, dass Sie die Datei schön klein machen können, aber Sie verlieren dabei auch an Qualität, was bei *gif*-Bildern nicht der Fall ist. Bei Fotos können Sie eine hohe Kompressionsrate einstellen, ohne dass dies sofort auffällt. Bei Texten und einfarbigen Flächen wird der Qualitätsverlust jedoch recht schnell sichtbar, sodass *jpg* hierfür das falsche Format ist.

png (das wie *Ping* ausgesprochen wird) ist das neueste der drei Bildformate. Es hat lange Zeit gedauert, bis die Browser dieses Format voll unterstützt haben, sodass viele beim Einsatz von *png* zögerlich waren. *png* setzt wie *gif* ein verlustfreies Packformat ein und kann mit einer Farbtiefe von bis zu 48 Bit mehr Farben anzeigen als *jpg*.

Abbildung 16–1 zeigt beispielhaft die Dateigrößen (in Kilobyte) zweier Bilder in unterschiedlichen Bildformaten. Während das erste Bild große einfarbige Flächen aufweist, ist das zweite Bild ein Foto mit vielen Farbnuancen. Beide Beispielbilder sind mit 581 x 500 Pixel gleich groß.

Abb. 16–1
Größe zweier Bilder
in unterschiedlichen
Dateiformaten im
Vergleich

	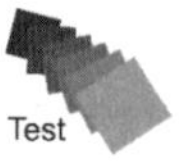 Test	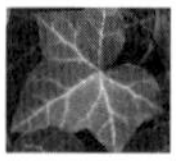
gif	12 kB	264 kB
png	13 kB	184 kB
jpg hoch	30 kB	122 kB
jpg niedrig	10 kB	21 kB

Neben den genannten Eigenschaften der Bildformate ist auch wichtig, ob Bilder transparente Stellen enthalten können. Bilder haben immer eine rechteckige Form. Dies wird dann deutlich, wenn Bilder, die nicht rechteckige Objekte darstellen und keinen transparenten Hintergrund definieren, übereinandergelegt werden, wie es Abbildung 16–2 zeigt.

Abb. 16–2
Überlappende Objekte ohne und mit transparentem Hintergrund

Sie können die Illusion von nicht rechteckigen Bildern durch den Einsatz eines transparenten Hintergrunds erreichen, wie dies im Schaubild auf der rechten Seite dargestellt ist. Dies funktioniert nicht mit allen Bildformaten. *gif-* und *png*-Bilder können einen transparenten Hintergrund haben, *jpg*-Bilder hingegen leider nicht.

Transparenz

Das *png*-Format kann auch halbtransparente Flächen darstellen (über den sogenannten Alphakanal). Halbtransparent bedeutet, dass Elemente im Hintergrund durch ein Bild im Vordergrund hindurchscheinen können. Dies funktioniert mit *gif*-Bilder nicht. Dort sind Pixel entweder transparent oder nicht transparent. Als Einsatzzweck für halbtransparente Flächen in einem Bild ist z.B. der Schatten eines Objekts zu nennen. Der Schatten verdunkelt die dahinter liegenden Objekte nur etwas, ohne sie komplett zu verdecken.

16.1.2   Das Image-Objekt

Bilder werden in HTML über das `<img>`-Tag eingebunden. Im `<img>`-Tag wird durch die Eigenschaft `src` die Adresse angegeben, an der die Bilddatei zu finden ist. Es reicht die Angabe des Dateinamens, wenn das Bild im gleichen Ordner wie die HTML-Datei gespeichert ist.

Das `<img>`-Tag

```
<img src="bild.gif" alt="Bild" id="b" width="200" height="100">
```

Hier wird neben der `src`-Eigenschaft auch mit `width` und `height` die Breite und Höhe des Bildes angegeben. Dies ist eigentlich nicht notwendig, schließlich erhält der Browser diese Informationen aus der Bilddatei selbst. Hat der Browser diese Information jedoch, bevor das Bild über das Internet geladen ist, kann auf der Seite bereits der entsprechende Platz für das Bild reserviert werden.

In JavaScript werden Bilder durch das `Image`-Objekt repräsentiert. Über dieses Objekt haben Sie Zugriff auf Informationen wie die Höhe und Breite des Bildes. Das `Image`-Objekt gibt Ihnen aber auch die Möglichkeit, das angezeigte Bild durch ein anderes zu ersetzen, wie wir gleich sehen werden.

Um auf ein `Image`-Objekt zuzugreifen, haben wir wieder die bekannten Möglichkeiten. Der herkömmliche Weg ist über das `images`-Array:

```
document.images["b"]
```

Auch hier lässt sich `getElementById()` verwenden:

```
document.getElementById("b")
```

16.1.3 Bilder ersetzen

Bilder auf einer Webseite lassen sich durch andere Bilder ersetzen. Dafür weisen Sie der `src`-Eigenschaft eines `Image`-Objekts einfach eine neue Adresse zu, also beispielsweise so:

```
var bild = document.getElementById("bild");
bild.src = "neuesBild.gif";
```

Ein einfacher, aber sehr häufig eingesetzter Effekt sind sogenannte *Rollover Images*. Dies sind Bilder, die sich verändern, wenn der Anwender den Mauszeiger darüber hinwegbewegt.

Abb. 16–3
Rollover Images

Wir benötigen hier die Event-Handler `onmouseover` und `onmouseout`. Da Rollover Images normalerweise im Zusammenhang mit Links verwendet werden, müssen wir die Bilder in `<a>`-Tags einbetten. Für jeden Link benötigen wir zwei Bilder, eines für jeden Zustand.

Abb. 16–4
Die verwendeten
Einzelbilder

Sind die Bilder erstellt, muss man sich nur noch darum kümmern, dass ein JavaScript-Programm für die richtige Darstellung sorgt. In der Ausgangsstellung müssen alle Bilder im deaktivierten Zustand angezeigt werden. Dazu stellen wir die einzelnen Bilder nach folgendem Schema dar:

```
<a href="link1.html"><img id="bild1" src="stein1f.jpg"
   alt="Stein1" width="100" height="80" style="border: 0px"></a>
```

rollover.html
(Auszug)

In JavaScript definieren wir zum einfachen Umgang mit den einzelnen Bildern ein Objekt, das die Dateinamen der Bilder für die zwei Zustände enthält:

```
var b = {
   bild1: ["stein1f.jpg", "stein1t.jpg"],
   bild2: ["stein2f.jpg", "stein2t.jpg"],
   bild3: ["stein3f.jpg", "stein3t.jpg"]
}
```

Die Eigenschaften `bild1`, `bild2` und `bild3` enthalten jeweils ein Array mit zwei Elementen. Wir können nach folgendem Schema auf die gespeicherten Informationen zugreifen:

```
alert(b["bild1"][0]);
```

Damit wird in unserem Fall der String `"stein1f.jpg"` ausgegeben. So haben wir alle im Zusammenhang mit den Bildern benötigten Informationen gebündelt und können mit einer einfachen Schleife darauf zugreifen.

Zunächst schauen wir uns die Funktion `aus()` an, die alle Bilder zurücksetzt, wenn ein `mouseout`-Ereignis eintritt:

```
function aus() {
   for (i in b) {
      var bild = document.getElementById(i);
      bild.src = b[i][0];
   }
}
```

Jetzt müssen wir nur noch beim Eintritt eines `mouseover`-Ereignisses dafür sorgen, dass das richtige Bild angezeigt wird. Das bewirkt die Funktion `an()`:

```
function an() {
   aus();
   var bild = document.getElementById(this.id);
   bild.src = b[this.id][1];
}
```

Wir setzen hier vorsichtshalber alle anderen Bilder auf den Ausgangszustand, da es Situationen geben kann, bei denen die Bilder nicht richtig zurückgesetzt werden. Es kann beispielsweise passieren, dass ein Hinweisfenster angezeigt wird und das `mouseout`-Ereignis nicht eintritt.

16.1.4   Bilder vorher laden

Wenn sich der Mauszeiger im soeben gezeigten Beispiel das erste Mal
über ein Bild bewegt, sollte der Browser nicht erst in diesem Augen-
blick das anzuzeigende Bild vom Server anfordern. Selbst wenn der
Anwender eine sehr gute Internetverbindung hat, wird es eine störende
Verzögerung geben, bis das Bild angezeigt wird. Ganz deutlich wird es
bei langsamen Internetverbindungen. Deshalb ist es ratsam, Bilder
gleich zu laden, nachdem die Seite angezeigt wird. Natürlich ist es in
diesem Zusammenhang von Vorteil, wenn die zu ladenden Bilddateien
nicht allzu groß sind.

Das Image-Objekt eignet sich, um Bilder vorher zu laden. Wir können beispielsweise Folgendes schreiben:

```
var img = new Image();
img.src = "stein1t.jpg";
```

Dieser Befehl bezweckt, dass das angegebene Bild vom Server angefordert wird. Es wird hiermit jedoch nicht angezeigt, sondern einfach nur
im Hintergrund geladen. Damit dies gleich zu Beginn passiert, packt
man diesen Befehl am besten in eine Funktion, die mit onload aufgerufen wird.

Selbst wenn wir keine Referenz auf das Bild speichern würden,
müsste das Bild später nicht mehr vom Server angefordert werden.
Sobald das Bild einmal geladen wurde, wird es normalerweise im
Browser-Cache abgelegt. Wird das Bild ein zweites Mal angefordert,
wird zunächst im Cache geschaut, ob das Bild bereits vorliegt. Ist das
der Fall, spart man sich den Zugriff über das Internet und somit unnö-
tige Wartezeiten.

16.1.5   Bilder positionieren

Das Positionieren von Elementen erfolgt über Stylesheets. Auch wenn
wir uns hier auf Bilder beschränken, lassen sich damit auch andere
Objekte einer Webseite positionieren.

Für die Positionierung der unterschiedlichen Objekte wird ein
Koordinatensystem verwendet, dessen Ursprung (d.h. der Punkt mit
den Koordinaten (0/0)) sich in der linken oberen Ecke des Anzeigebe-
reichs für Dokumente im Browserfenster befindet. Die Angaben der
Position erfolgt meistens in Pixel (*Pixel* steht kurz für *Picture Element*
und repräsentiert einen einzelnen Bildpunkt). Abbildung 16–5 zeigt
den grundlegenden Aufbau des verwendeten Koordinatensystems.

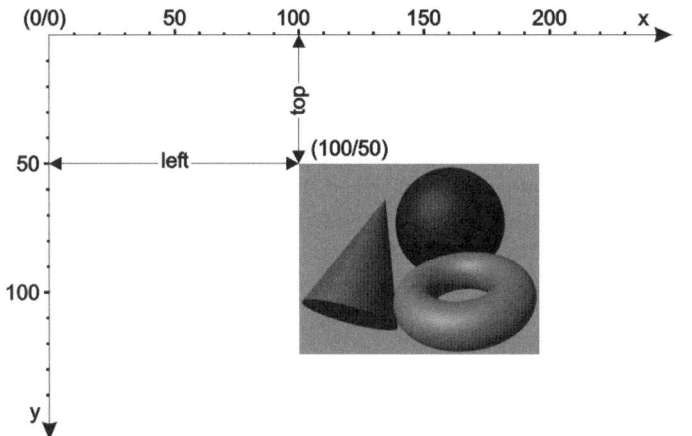

Abb. 16–5
Das Koordinatensystem

Elemente werden am einfachsten mit dem <div>-Tag positioniert. Das <div>-Tag kann unterschiedliche Dinge wie Text oder Bilder enthalten. In unserem Beispiel hierzu werden wir ein Bild positionieren.

Zunächst geben wir unserem Element einen Namen mithilfe der id-Eigenschaft:

```
<div id="element1"><img ...></div>
```

Nun können wir dieses Bild mit dem <style>-Tag positionieren. Dies legt also die Ausgangsposition des Bildes fest.

```
<style type="text/css">

   #element1 {  position: absolute;
               top: 50px;
               left: 100px; }
</style>
```

Da diese Koordinaten eine absolute Position im Browserfenster angeben sollen (d.h. unabhängig von der ursprünglichen Position), wird position:absolute verwendet. Soll das Element ausgehend von der ursprünglichen Position verschoben werden, schreibt man position:relative.

Jetzt können wir das Bild mit folgendem Code an eine neue Position verschieben:

```
function verschieben() {
   var x = document.getElementById("element1");
   x.style.left = "300px";
   x.style.top = "100px";
}
```

bild1.html
(Auszug)

Den Eigenschaften left und top werden die Strings *"300px"* bzw. *"100px"* zugewiesen. Zwar verstehen es die Browser normalerweise auch, wenn Sie x.style.left=300 bzw. x.style.top=100 schreiben. Der CSS-Standard sieht jedoch vor, dass die Einheit (hier *px* für Pixel) immer mitgeführt wird. Wenn Sie die Einheit weglassen, hängt der Browser das *px* selbst an.

Wenn Sie das Ganze mit einem Interval versehen und das Bild Schritt für Schritt verschoben wird, haben Sie eine einfache Animation erzeugt. Neben der Position eines Bildes können Sie auch alle anderen Stylesheet-Eigenschaften eines Objekts mit JavaScript verändern.

16.1.6 Die Reihenfolge von Bildern festlegen

Überschneidungen Was passiert, wenn sich zwei positionierte Elemente überschneiden? Das Resultat ist abhängig vom z-index der beiden Objekte. Mit dem z-index kann die Anordnung einzelner Elemente angegeben werden. Dies ist sozusagen die z-Koordinate in einem dreidimensionalen Raum. Das Element mit dem größten z-index wird stets über den anderen Elementen dargestellt. Dies machen sich einige Unternehmen zunutze, um für eine gewisse Zeit den Inhalt einer Webseite mit einer Werbung zu überdecken.

Sie können sich positionierte Elemente wie Spielkarten vorstellen, die auf einem Tisch verschoben werden können. Karten, die über anderen Karten liegen, haben einen höheren z-index als die Karten, die darunter liegen.

Abb. 16–6
Positionierte Elemente mit
unterschiedlichem z-index

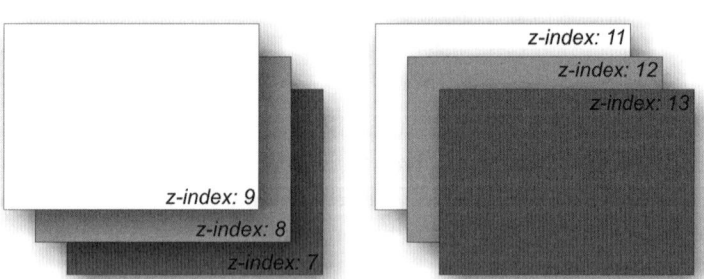

Aus Bildbearbeitungsprogrammen wie Adobe Photoshop werden Sie vielleicht den Umgang mit mehreren Bildebenen kennen. Im Grunde funktionieren positionierte Elemente, wie sie hier verwendet werden, ähnlich wie Bildebenen in Bildbearbeitungsprogrammen.

Der z-index wird durch eine positive, ganze Zahl festgelegt. Das folgende Beispiel zeigt zwei Bilder mit einem z-index von 1 bzw. 2:

```
<!DOCTYPE html>
<html>
<head>
<title>z-index</title>

<style type="text/css">

   #bild1 {  position: absolute;
             top: 50px;
             left: 100px;
             z-index: 1; }

   #bild2 {  position: absolute;
             top: 100px;
             left: 140px;
             z-index: 2; }
</style>
</head>
<body>

   <div id="bild1">
      <img src="obj1.gif" alt="Obj1" width="136" height="135">
   </div>

   <div id="bild2">
      <img src="obj2.gif" alt="Obj2" width="172" height="120">
   </div>

</body>
</html>
```

bild2.html
(Auszug)

In diesem Beispiel überlappt das zweite Bild das erste. Wenn Sie den z-index des ersten Bildes beispielsweise auf 10 setzen, wird die Reihenfolge umgedreht.

In JavaScript können Sie den z-index über die Eigenschaft zIndex des style-Objekts auslesen und verändern. Bitte beachten Sie, dass z-index im Zusammenhang mit CSS mit einem Bindestrich geschrieben wird, die Eigenschaft in JavaScript jedoch zIndex heißt, also ohne Bindestrich geschrieben wird.

Weiterhin ist zu beachten, dass in einigen Browsern Formularelemente immer im Vordergrund dargestellt werden, selbst wenn sie durch andere Elemente überlagert werden.

16.1.7 Animationen

Als Nächstes wollen wir eine Animation programmieren, die sich aus verschiedenen Einzelbildern zusammensetzt. Die Bausteine für die Umsetzung einer solchen Animation haben wir bereits kennengelernt.

Abb. 16–7
Einzelbilder einer
einfachen Animation

Das Schaubild zeigt die Einzelbilder einer Animation des sich drehenden dpunkt-Logos. Die Bilder heißen dp1.gif bis dp10.gif, sodass wir diese einfach nacheinander aufrufen können. Zunächst laden wir die Bilder in ein Array, sodass die Einzelbilder gleich zu Beginn zur Verfügung stehen:

bild3.html
(Auszug)

```
var bilder = new Array();
for (i = 1; i <= 10; i++) {
    bilder[i] = new Image();
    bilder[i].src = "dp" + i + ".gif";
}
```

Jetzt können wir ein Intervall starten, in dem die Bilder nach und nach dargestellt werden:

```
var verzoegerung = 100;
var nr = 2;

function naechstesBild() {
    document.images["animation"].src = bilder[nr].src;
    nr++;
    if (nr > 10) nr = 1;
}

function init() {
    setInterval("naechstesBild()", verzoegerung);
}
```

Soll eine endlose Animation erzeugt werden, wählt man die Bilder möglichst so, dass es einen nahtlosen Übergang vom letzten zum ersten Bild der Animation gibt.

16.2 Mit JavaScript zeichnen

Lange Zeit gab es keine Möglichkeit, mit JavaScript zu zeichnen. Mittlerweile gibt es diese jedoch im Zusammenhang mit HTML5. Die neuesten Browserversionen können damit umgehen. Das sind der Internet Explorer 9+, Firefox 3+, Chrome 4+, Safari 3+ und Opera 10.5+.

Dieser Abschnitt soll zeigen, wie Sie mit JavaScript grundsätzlich zeichnen können. Insgesamt stehen Ihnen viele Möglichkeiten zur Verfügung, Ihre Bilder zu gestalten, auf die ich an dieser Stelle nicht im Detail eingehen kann. Im Referenzteil bekommen Sie einen Überblick über die verfügbaren Methoden.

16.2.1   Die Zeichenfläche

Wir benötigen zunächst eine Zeichenfläche, die wir mit dem `<canvas>`-Tag erzeugen:

```
<canvas id="ausgabe" width="500" height="300"></canvas>
```

Das `<canvas>`-Tag hat eigentlich kein Endtag. Verwendet man dennoch ein Endtag interpretieren die meisten Browser den Code, der zwischen den beiden Tags steht als alternativen HTML-Code. Das heißt, dieser Teil wird nur angezeigt, wenn das `<canvas>`-Tag unbekannt ist. *Das `<canvas>`-Tag*

In JavaScript wird die Zeichenfläche durch das `Canvas`-Objekt repräsentiert. Der folgende Code zeigt, wie wir auf dieses zugreifen können: *Das Canvas-Objekt*

```
var canvas = document.getElementById("ausgabe");
var c = canvas.getContext("2d");
```

Die erste Zeile kennen Sie bereits. Damit greifen Sie auf das Element `ausgabe` zu, wie dies auch bei anderen HTML-Objekten der Fall ist.

Das `Canvas`-Objekt repräsentiert zwar die Zeichenfläche, aber bevor wir loslegen können, benötigen wir das `Context`-Objekt, das unsere Zeichenbefehle entgegennehmen wird. Dieses Objekt bekommen wir durch die `getContext()`-Methode des `Canvas`-Objekts. In der Klammer geben wir an, um welche Art von Grafik es sich handeln soll. Im Moment gibt es hier nur den Parameter `"2d"`. Das bedeutet, dass unser Canvas ein zweidimensionales Bild darstellen soll. In Zukunft wird es hier wahrscheinlich auch einen Parameter `"3d"` geben, sodass auch dreidimensionale Räume darstellbar sind. *Das Context-Objekt*

Damit ein Browser, der mit dem `Canvas`- und `Context`-Objekt nicht umgehen kann, über diese Zeilen nicht stolpert, schreiben wir am besten Folgendes:

```
var canvas = document.getElementById("ausgabe");
if (canvas && canvas.getContext) {
    var c = canvas.getContext("2d");
    // ...
}
```

Das Koordinatensystem der Zeichenfläche ist genauso aufgebaut wie das Koordinatensystem der gesamten Webseite (siehe *Bilder positionieren*, S. 266). *Koordinatensystem*

16.2.2 Rechtecke

Rechtecke lassen sich relativ leicht zeichnen, weshalb wir hiermit anfangen. Die folgenden Methoden des Context-Objekts können Sie verwenden, um Rechtecke zu zeichnen:

```
fillRect(x, y, breite, hoehe)
strokeRect(x, y, breite, hoehe)
clearRect(x, y, breite, hoehe)
```

Die erste Methode zeichnet ein ausgefülltes Rechteck. Die zweite Methode zeichnet nur die Umrandung eines Rechtecks und die dritte Methode löscht den angegebenen, rechteckigen Bereich. Das folgende Beispiel zeichnet verschiedene Rechtecke.

canvas1.html
(Auszug)

```
var canvas = document.getElementById("ausgabe");
if (canvas.getContext) {
    var c = canvas.getContext("2d");

    c.fillRect(10.5, 10.5, 50, 50);
    c.strokeRect(70.5, 10.5, 50, 50);

    c.fillRect(130.5, 10.5, 100, 50);
    c.clearRect(150.5, 15.5, 60, 40);
}
```

Wie Sie sehen, greifen wir immer wieder auf das Context-Objekt mit dem Namen c zu, um die verschiedenen Rechtecke zu zeichnen.

Abb. 16–8
Rechtecke

16.2.3 Pfade

Natürlich kann man auch noch andere Formen zeichnen, wofür sogenannte Pfade zum Einsatz kommen. Das erste Beispiel zeichnet ein paar zusammenhängende Linien:

canvas2.html
(Auszug)

```
c.beginPath();
c.moveTo(10, 30);
c.lineTo(100, 10);
c.lineTo(140, 50);
c.lineTo(200, 20);
c.lineTo(280, 40);
c.lineTo(340, 20);
c.stroke();
```

Um einen neuen Pfad zu beginnen, verwenden wir die Methode begin-Path(). Die Methode moveTo() setzt den Ausgangspunkt auf die Koordinaten (10,30). Nun werden mehrere `lineTo()`-Befehle ausgeführt, womit die zusammenhängenden Linien gezeichnet werden.

Abb. 16–9
Ein Pfad

Die Methode `lineTo()` zieht eine Linie vom Ausgangspunkt zum angegebenen Punkt. Deshalb braucht man auch nur den Zielpunkt anzugeben. Dieser Zielpunkt ist dann beim nächsten Aufruf von `lineTo()` der neue Ausgangspunkt. Sie können sich einen Pfad so vorstellen, dass man den Stift ansetzt und immer weiterzeichnet. Mit `moveTo()` erreichen Sie, dass ein neuer Ausgangspunkt für die weiteren Befehle festgelegt wird, also quasi der Stift angehoben und an einen neuen Punkt gesetzt wird.

Damit Sie überhaupt eine Linie sehen, müssen Sie am Ende noch die Methode `stroke()` aufrufen, damit die Linie gezeichnet wird. Sie können mit dieser Vorgehensweise auch geschlossene Figuren zeichnen:

```
c.beginPath();
c.moveTo(40, 10);
c.lineTo(10, 60);
c.lineTo(70, 60);
c.closePath();
c.stroke();

c.beginPath();
c.moveTo(110, 10);
c.lineTo(80, 60);
c.lineTo(140, 60);
c.fill();
```

canvas3.html
(Auszug)

Diese Befehle zeichnen zwei Dreiecke. Beim ersten Dreieck wird nur der Umriss gezeichnet, das zweite Dreieck ist gefüllt. Dies wird durch die Methoden `stroke()` bzw. `fill()` erreicht.

Abb. 16–10
Dreiecke als Polygone

Sie werden vielleicht festgestellt haben, dass wir keinen `lineTo()`-Befehl verwendet haben, um wieder zum ursprünglichen Ausgangspunkt zurückzukehren. Wie konnten wir dann überhaupt eine geschlossene Figur bekommen. Verwendet man den Befehl `fill()`, wird die Figur automatisch geschlossen. Möchten wir nur den Umriss sehen und verwenden deshalb die Methode `stroke()`, müssen wir vorher die Methode `closePath()` verwenden, um zum Ausgangspunkt zurückzukehren.

Bei jeder Figur verwenden wir den Befehl `beginPath()` aufs Neue. Würden wir dies nicht tun, würde sich der letzte Aufruf von `fill()` auf alle Figuren beziehen, also auch auf das erste Dreieck, das wir gezeichnet haben. `beginPath()` legt also fest, dass es sich um separate Figuren handeln soll.

16.2.4 Kreise

Auch Kreise werden mithilfe von Pfaden gezeichnet. Damit lassen sich auch Kreissegmente erstellen. Mit dem folgenden Code zeichnen wir einen einfachen Kreis:

```
c.beginPath();
c.arc(35, 35, 25, 0, 2 * Math.PI, true);
c.stroke();
```

Die Methode `arc()` erwartet sechs Argumente. Die ersten beiden Argumente sind die Koordinaten des Kreismittelpunkts. Das dritte Argument gibt den Radius an. Die nächsten beiden Argumente definieren den Anfangs- und Endpunkt des Kreissegments. Diese Werte werden im Bogenmaß angegeben. Der Wert 0 entspricht einem Winkel von 0°. Der Wert 2*Math.PI entspricht 360°, sodass wir mit unserer Angabe einen vollen Kreis zeichnen. Nach der folgenden Formel können Sie je nach Winkel w den gewünschten Wert berechnen:

```
var x = w / 180 * Math.PI;
```

Das letzte Argument der `arc()`-Methode gibt an, ob das Kreissegment im Uhrzeigersinn (`false`) oder gegen den Uhrzeigersinn (`true`) gezeichnet werden soll.

Mit dem folgenden Quellcode werden verschiedene Kreise und Kreissegmente gezeichnet:

canvas4.html
(Auszug)

```
c.beginPath();
c.arc(35, 35, 25, 0, 2 * Math.PI, true);
c.stroke();

c.beginPath();
c.arc(100, 35, 25, 0, 2 * Math.PI, true);
c.fill();

c.beginPath();
c.arc(165, 35, 25, 0, 2/3 * Math.PI, true);
c.stroke();

c.beginPath();
c.arc(230, 35, 25, 0, 2/3 * Math.PI, false);
c.stroke();
```

Abb. 16–11
Kreise und Kreissegmente

16.2.5 Animationen mit dem Canvas-Objekt

Da wir unsere Grafik nach und nach verändern können, lassen sich damit ganz einfach Animationen erstellen. Auch hier kommen wieder Timer oder Intervalle zum Einsatz.

Eine analoge Uhr eignet sich hervorragend als Beispiel. Jede Sekunde muss der Sekundenzeiger angepasst werden. Aber auch der Stunden- und der Minutenzeiger müssen laufend verändert werden. Um dies zu erreichen, zeichnen wir jede Sekunde die Uhr neu und stellen die Zeiger auf die entsprechende Position.

Da wir jede Sekunde ein neues Bild zeichnen wollen, müssen wir den Canvas immer wieder löschen. Ein Canvas kann gelöscht werden, indem die Größe verändert wird. Dabei reicht es, die bisherige Breite einfach neu zu setzen. Wenn wir in canvas eine Referenz auf unser Canvas-Objekt speichern, können wir die Zeichenfläche über diesen Befehl löschen:

Canvas löschen

```
canvas.width = canvas.width;
```

Sieht komisch aus, aber danach ist die Zeichenfläche wieder leer.

Abb. 16–12
Eine einfache Animation

Wir wollen ein Uhr-Objekt definieren. Es bietet sich an, die Uhr wie üblich in einer Funktion init() zu starten, die wir über den onload-Event-Handler aufrufen:

```
function init() {
    var canvas = document.getElementById("uhr");
    var neueUhr = new Uhr(canvas);
}
```

uhr.html

(Auszug)

Nun müssen wir unser Uhr-Objekt definieren:

```
function Uhr(canvas) {
    var context = canvas.getContext("2d");
    var groesse = Math.min(canvas.width, canvas.height) / 2;
    var interval;

    this.start = function() {
        interval = setInterval(stellen, 1000);
    }

    this.stopp = function() {
        if (interval) clearInterval(interval);
    }

    function stellen() {
        // Canvas loeschen
        canvas.width = canvas.width;

        // Stundenmarkierungen zeichnen
        for (i = 0; i < 12; i++) {
            zeichnen(9 / 10 * groesse, groesse, i * 30,
                    4 * groesse/100, "#000");
        }

        var d = new Date();

        var h = d.getHours();
        h = h>12 ? h-12 : h;

        // Winkel der einzelnen Zeiger berechnen
        var pos_h = (d.getSeconds()+d.getMinutes()*60+h*3600)/120;
        var pos_m = (d.getSeconds()+d.getMinutes()*60)/10;
        var pos_s = d.getSeconds()*6;

        // Zeiger zeichnen
        zeichnen(0, 2 / 3 * groesse, pos_h, 6 * groesse/100, "#f00");
        zeichnen(0, groesse, pos_m, 3 * groesse/100, "#000");
        zeichnen(0, groesse, pos_s, 1 * groesse/100, "#00f");
    }

    function zeichnen(start, laenge, winkel, breite, farbe) {
        var g = (winkel-90)*Math.PI/180;

        context.beginPath();
        context.moveTo(groesse + start * Math.cos(g),
            groesse + start * Math.sin(g));
        context.lineTo(groesse + laenge * Math.cos(g),
            groesse + laenge * Math.sin(g));
        context.strokeStyle = farbe;
        context.lineWidth = breite;
        context.stroke();
    }

    this.start();
}
```

Die Uhr kennt die zwei Methoden `start()` und `stopp()` zum Starten und Stoppen der Uhr. In `start()` erzeugen wir ein Intervall, das jede Sekunde die Funktion `stellen()` aufrufen soll, sodass die Darstellung aktualisiert werden kann. Außerdem definieren wir eine Funktion `zeichnen()` zum Zeichnen der Zeiger und der Stundenmarkierungen.

Die Uhr wurde so programmiert, dass sie sich an die verfügbare Größe anpasst. Wenn Sie die Größenangaben im `<canvas>`-Tag ändern, wird die Uhr entsprechend größer oder kleiner.

16.3 Vektorgrafiken

Mit Scalable Vector Graphics (SVG) wird ein Standard des W3C zur Erstellung und Anzeige von Vektorgrafiken bezeichnet. Dieser Standard existiert schon einige Jahre und wird durch folgende Browser unterstützt, ohne dass ein zusätzliches Plugin benötigt wird: Internet Explorer 9+, Firefox 3+, Chrome 2+, Safari 3.2+ und Opera 9+.

Scalable Vector Graphics

Leider hat Microsoft bis vor Kurzem das Format Vector Markup Language (VML) vorgezogen. Aber mittlerweile unterstützt auch Microsoft das SVG-Format. In älteren Versionen des Internet Explorers muss man hierfür ein Plugin installieren, z.B. den Adobe SVG Viewer, oder eben eine Alternative in VML erstellen.

Vector Markup Language

16.3.1 SVG-Dateien erstellen

SVG-Dateien werden in XML erstellt. Damit können einfache Formen wie Linien, Kreise und Rechtecke sowie komplexere Elemente dargestellt werden.

Eine einfache SVG-Datei, die einen ausgefüllten Kreis zeichnet, sieht z.B. so aus:

```
<?xml version="1.0" standalone="no"?>
<!DOCTYPE svg PUBLIC "-//W3C//DTD SVG 1.1//EN"
  "http://www.w3.org/Graphics/SVG/1.1/DTD/svg11.dtd">
<svg width="300" height="200" version="1.1"
    xmlns="http://www.w3.org/2000/svg">
  <desc>Ein Kreis
  </desc>

  <circle id="kreis1" cx="100" cy="100" r="50">

</svg>
```

kreis.svg

Über das `<circle>`-Tag werden die Position und der Radius des Kreises festgelegt. Die anderen Tags werden benötigt, um dem Browser mitzuteilen, um welche Art von Datei es sich handelt und wie die Zeichenfläche aussehen soll.

Das SVG-Format bietet viele verschiedene Elemente, die Sie auf diese Art und Weise erstellen können. Näheres erfahren Sie hierzu auf der Website des W3C.

16.3.2 Vektorgrafiken einbinden

Nun wollen wir die SVG-Datei kreis.svg in eine Webseite einbinden. Dazu können wir das <iframe>-Tag verwenden:

```
<iframe src="kreis.svg" style="border: none"
    width="300" height="200">
</iframe>
```

Ein Browser, der mit SVG umgehen kann, zeichnet nun die Vektorgrafik in dem IFrame.

16.3.3 Auf die Elemente einer Vektorgrafik zugreifen

Sie fragen sich sicherlich, was eigentlich der Unterschied zwischen Canvas und den SVG-Grafiken ist. Mit beiden Techniken kann man schließlich Formen zeichnen, auch wenn die Herangehensweise etwas unterschiedlich ist.

Das ist aber nicht der einzige Unterschied. Eine SVG-Datei wird in einem DOM-Baum dargestellt. Dies ist im Zusammenhang mit Canvas nicht der Fall. Hier werden die Bilder einfach nur gezeichnet. Der Browser merkt sich also den Aufbau nicht. Das ist bei SVG-Dateien anders. Das hat den Vorteil, dass wir jederzeit die Eigenschaften einzelner SVG-Objekte abfragen und auch verändern können. So lassen sich sehr einfach Animationen erstellen.

Wenn Sie sich noch einmal die oben gezeigte SVG-Datei anschauen, sehen Sie, dass wir dem Kreis eine id gegeben haben, genauso wie wir das z.B. auch bei Formularelementen machen. Auf diese id können wir mit getElementById() zugreifen. Da die SVG-Datei in einem IFrame angezeigt wird, brauchen wir aber zunächst eine Referenz auf das IFrame-Objekt:

svg1.html
(Auszug)
```
var f = window.frames[0];
var k = f.document.getElementById("kreis1");
```

Jetzt können wir die Eigenschaften dieses Objekts abfragen. Dafür kennt ein SVG-Objekt die getAttribute()-Methode:

```
alert(k.getAttribute("r"));
```

Damit erhalten wir den aktuellen Radius des Kreises, in unserem Beispiel also 50. Die Methode erwartet den Namen der Eigenschaft, die uns interessiert, als String. Um eine Eigenschaft zu verändern, gibt es entsprechend die setAttribute()-Methode:

```
k.setAttribute("r", 80);
```

Dadurch wird der Radius des Kreises vergrößert und der Browser aktualisiert die Darstellung. Verbinden wir dies mit einem Intervall und verändern unser Objekt schrittweise, bekommen wir eine einfache Animation.

16.3.4 Vektorgrafiken und Ereignisse

Das ist aber noch nicht alles. Wenn wir schon den DOM-Baum abbilden, wollen wir auch mit Ereignissen arbeiten können. Und genau das ist auch möglich. Wir können genauso Ereignisse einsetzen, wie wir das bisher kennengelernt haben.

So kann der soeben gezeigte Kreis auf das click-Ereignis reagieren. Dazu erweitern wir unsere bisherige Datei zunächst um den folgenden Befehl:

```
k.addEventListener("click", aendern, false);
```

svg2.html
(Auszug)

Sie sehen, dass der Event-Handler genauso definiert wird, wie bei herkömmlichen Ereignissen. Jetzt brauchen wir nur noch eine Funktion aendern(), die den Radius als Reaktion auf das click-Ereignis ändert:

```
function aendern() {
    var f = window.frames[0];
    var k = f.document.getElementById("kreis1");

    if (k.getAttribute("r") == 50) k.setAttribute("r", 80);
    else k.setAttribute("r", 50);
}
```

17 Datenspeicherung und Dateizugriff

Für viele Webapplikationen ist es wichtig, Daten zwischen verschiedenen HTML-Seiten zu übertragen oder für längere Zeit zu speichern. Man denke nur an virtuelle Warenkörbe, die die gewünschten Einkäufe speichern und die Bestelladresse erfassen müssen, oder an ein Textverarbeitungsprogramm, das die erstellten Dokumente speichern muss. Selbst wenn die Besucher die Website konfigurieren können sollen, müssen Sie diese Informationen irgendwo festhalten.

Neben der Speicherung von Daten auf dem Server gab es bislang auf dem Client hierzu im Wesentlichen Suchstrings und Cookies, die jedoch starken Restriktionen unterworfen sind und sich nur für geringe Datenmengen eignen. In den letzten Jahren hat sich im Zusammenhang mit der Datenspeicherung in Webapplikationen einiges getan. Da die Speicherung von Daten auf dem Client immer mit Sicherheitsbedenken einhergeht, wurden die Möglichkeiten am Anfang stark eingeschränkt.

Nun wagt man sich etwas weiter und bietet die Möglichkeit, auf dem Client eine Datenbank zu verwenden und sogar auf lokale Dateien zuzugreifen. Bevor wir uns diese interessanten Technologien anschauen, möchte ich Ihnen jedoch zunächst Suchstrings und Cookies vorstellen. Auch wenn die neuen Vorgehensweisen mehr Möglichkeiten bieten, haben Suchstrings und Cookies ihre Daseinsberechtigung nicht verloren. Zum einen unterstützen ältere Browser die neuen Technologien nicht und zum anderen sind Suchstrings und Cookies recht einfach zu implementieren. Nicht in allen Fällen wird man schließlich eine komplexe Datenbank aufbauen müssen.

17.1 Suchstrings

Suchstrings ermöglichen nur die Übertragung von Daten von einer HTML-Seite an die nächste. Es handelt sich also nicht um eine Speicherung über einen längeren Zeitraum hinweg, sondern nur bis zum Aufruf der nächsten Seite.

Der Suchstring (engl. *search string*) ist Teil einer Webadresse, den Sie selbst setzen und damit Daten von einer Webseite zur nächsten übergeben können. Wie wir bei der Behandlung des location-Objekts gesehen haben, setzt sich eine Webadresse aus verschiedenen Komponenten zusammen, die wir über das location-Objekt abfragen können (siehe *Das location-Objekt*, S. 143). Der Suchstring wird hinter die eigentliche Adresse mit einem Fragezeichen angefügt.

Wenn Sie im Internet surfen und auf die Adressleiste achten, werden Sie feststellen, dass der Suchstring häufig zum Einsatz kommt. So verwenden Suchmaschinen den Suchstring, um sich die eingegebenen Stichwörter, nach denen gesucht werden soll, zu merken. Abbildung 17–1 zeigt die Adressleiste bei einer Google-Suche nach dem Stichwort *JavaScript*. Die Informationen im Suchstring sind meistens etwas kryptisch, aber dennoch kann man oftmals einige Dinge wie den eingegebenen Suchbegriff wiederfinden.

Abb. 17–1
Verwendung des
Suchstrings bei Google

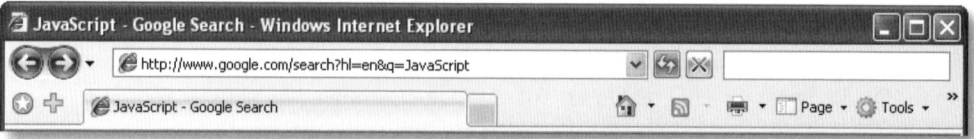

Der Suchstring wird ab und zu auch als Kommandozeilenparameter bezeichnet. Dieser Ausdruck kommt von textbasierten Oberflächen, wie z.B. Unix oder DOS. Dort bezeichnet man Parameter, die beim Aufruf eines Programms angegeben werden, als Kommandozeilenparameter.

17.1.1 Den Suchstring auslesen

Bevor wir mithilfe von JavaScript einen beliebigen Suchstring erzeugen wollen, soll zunächst ein einfaches Beispiel die Funktionsweise veranschaulichen. Wir benötigen zwei HTML-Dokumente. Im ersten Dokument wird ein Link gezeigt, der einen Suchstring enthält. Dieser Link zeigt auf das zweite Dokument, das den Suchstring auslesen soll. Der Link im ersten Dokument sieht so aus:

suchstring1.html
(Auszug)

```
<a href="suchstring2.html?JavaScript">Link</a>
```

Der Inhalt des Suchstrings heißt also *JavaScript*. Im zweiten Dokument können wir über das location-Objekt, das die einzelnen Teile einer Webadresse speichert, den Suchstring ganz einfach auslesen. Dazu verwenden wir die Eigenschaft search des location-Objekts. Über

```
alert(location.search);
```

suchstring2.html
(Auszug)

wird der Inhalt des Suchstrings ausgegeben, d.h. in unserem Fall *Java-Script*. Das Fragezeichen, mit dem der Suchstring eingeleitet wird, wird auch ausgegeben. Wie man dieses Fragezeichen wegbekommt, wird im nächsten Abschnitt gezeigt.

17.1.2   Leer- und Sonderzeichen verwenden

Nicht alle Zeichen dürfen in einer Webadresse verwendet werden. Beim Einsatz des Suchstrings muss man deshalb darauf achten, dass nur erlaubte Zeichen angegeben werden. Zu den nicht erlaubten Zeichen gehören Leer- und Sonderzeichen, wie z.B. einige Satzzeichen oder Umlaute.

   Erfreulicherweise bietet JavaScript die zwei Funktionen encodeURI-Component() und decodeURIComponent() an, die dafür sorgen, dass keine unerlaubten Zeichen übertragen werden. Diese Funktionen sind Teil des ECMAScript-Standards, sodass sie in jeder JavaScript-Implementierung verfügbar sind.

encodeURIComponent()
und
decodeURIComponent()

   Die Funktion encodeURIComponent() wird verwendet, um die unerlaubten Zeichen durch bestimmte Codes zu ersetzen. Mit decodeURI-Component() erhält man wieder den ursprünglichen String. Wie in Abbildung 17–2 gezeigt, werden die unerlaubten Zeichen durch sogenannte Escape-Sequenzen ersetzt. Ein Leerzeichen wird etwa durch %20 ersetzt. decodeURIComponent() wandelt die Escape-Sequenz %20 wieder in ein Leerzeichen um.

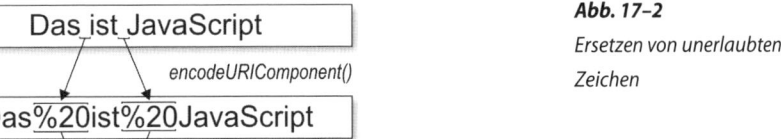

Abb. 17–2
Ersetzen von unerlaubten
Zeichen

Im folgenden Beispiel werden diese beiden Funktionen verwendet, um einen beliebigen String, der über ein Eingabefeld abgefragt wird, mithilfe des Suchstrings an eine zweite Seite zu übertragen. In der ersten

Datei wird die Funktion seiteLaden() definiert, die als Argument den Inhalt eines Textfelds erwartet.

search1.html
(Auszug)

```
function seiteLaden(uebergabe) {
    location.href = "search2.html?" +
        encodeURIComponent(uebergabe);
}
```

Beim Laden der Datei search2.html wird automatisch der Suchstring ausgelesen. Dafür sorgt die Funktion uebergabeHolen(), die durch den onload-Event-Handler aufgerufen wird.

search2.html
(Auszug)

```
function uebergabeHolen() {
    var uebergabe = location.search;
    uebergabe = uebergabe.substring(1, uebergabe.length);
    document.meinFormular.ausgabe.value =
        decodeURIComponent(uebergabe);
}
```

Abb. 17–3
Datenübergabe mithilfe des Suchstrings

Der Suchstring, der mit location.search ausgelesen wird, erhält als erstes Zeichen das Fragezeichen, das benutzt wird, um den Suchstring an die Internetadresse zu hängen. Dieses Zeichen muss in der Funktion uebergabeHolen() mit substring() entfernt werden. Danach kann der Suchstring mit der Funktion decodeURIComponent() wieder in den alten Zustand gebracht werden.

In einigen Browsern funktioniert dieses Beispiel nur, wenn es von einem Webserver geladen wird. Sollten Sie versuchen, das Beispiel mit *file:* von der lokalen Festplatte auszuführen, bekommen Sie bei diesen Browsern Probleme.

Früher wurden statt `encodeURIComponent()` und `decodeURIComponent()` die beiden Funktionen `escape()` und `unescape()` verwendet. Diese funktionieren ähnlich wie die beiden hier gezeigten Funktionen, sind jedoch nicht Teil des ECMAScript-Standards, sodass Sie diese beiden Funktionen in Zukunft nicht mehr verwenden sollten.

escape() und unescape()

Der Vorteil bei der Verwendung von Suchstrings ist die leichte Handhabung. Damit können recht einfach geringe Datenmengen an eine andere Webseite übertragen werden.

17.2 Cookies

Mit Cookies (engl. für *Kekse*) können Informationen auf dem Clientcomputer gespeichert werden. Die Daten werden gewöhnlich auf der Festplatte des Anwenders festgehalten. Da der Zugriff auf die Festplatte des Clients ein potenzielles Sicherheitsrisiko darstellt, unterliegen Cookies bestimmten Restriktionen, auf die später näher eingegangen wird.

Cookies eignen sich dafür, Informationen wie Formulareingaben über einen längeren Zeitraum zu speichern. Die Informationen in Cookies können über mehrere Jahre verfügbar sein, vorausgesetzt der Anwender löscht den Inhalt der Cookies nicht.

Mit JavaScript können Cookies erstellt, verändert und ausgelesen werden. Auch der Server kann Cookies erzeugen und damit Informationen auf dem Client ablegen. Dies bietet interessante Möglichkeiten für die Erstellung von Webapplikationen.

Der Inhalt eines Cookies wird mit jeder Serveranfrage an den Server geschickt. Schon aus diesem Grund ist erkennbar, dass Cookies nicht allzu groß sein sollten. Sonst gäbe es je nach Internetverbindung schnell Probleme mit der Performance.

17.2.1 Ein einfaches Cookie

Ein Cookie besteht mindestens aus einem Namen und einem Wert. Der Name wird verwendet, um ein bestimmtes Cookie zu identifizieren. Der Wert eines Cookies ist die eigentliche Information, die man speichern möchte. Cookies können noch verschiedene weitere Elemente beinhalten. Bevor wir darauf zu sprechen kommen, wollen wir uns zunächst ein Beispiel anschauen.

Um in JavaScript auf Cookies zuzugreifen, benötigt man das Objekt `document.cookie`. Auf dieses Objekt kann sowohl lesend als auch schreibend zugegriffen werden. Um z.B. ein Cookie mit dem Namen test und dem Wert *Hallo* zu erzeugen, schreibt man:

```
document.cookie = "test=Hallo";
```

Da der Wert eines Cookies keine Leer- und Sonderzeichen enthalten darf, müssen wir auch hier `encodeURIComponent()` und `decodeURIComponent()` verwenden, wie wir das weiter oben gemacht haben (siehe *Leer- und Sonderzeichen verwenden*, S. 283).

Der Inhalt eines Cookies lässt sich mit `document.cookie` auslesen. Da eine Seite mehrere Cookies mit unterschiedlichen Namen definieren kann, kann der String, den man so erhält, jedoch recht lang und kryptisch sein.

Es bietet sich an, für den Umgang mit Cookies ein paar Funktionen zu schreiben. Mit diesen Funktionen kann man dann wesentlich leichter auf Cookies zugreifen, ohne sich jedes Mal Gedanken über die innere Struktur machen zu müssen. Die hier gezeigten Funktionen stellen eine leichte Abänderung der Funktionen von Bill Dortch dar, die dieser als Public Domain veröffentlicht hat.

Wir definieren hierfür u.a. zwei Funktionen:

- `setzeCookie(name, wert)`
- `holeCookie(name)`

Diese beiden Funktionen sind sehr allgemein geschrieben, sodass wir diese unverändert in verschiedenen Skripten verwenden können. Es bietet sich an, diese Funktionen hierfür in einer js-Bibliotheksdatei zu speichern. Den Aufbau der beiden Funktionen werden wir uns im Folgenden genauer anschauen.

Um die Funktionen auszuprobieren, benötigen wir zwei HTML-Dateien. Natürlich könnte man das Ganze auch in einem einzigen Dokument zeigen, jedoch wird dann der entscheidende Punkt nicht so deutlich.

Das erste HTML-Dokument `cookie1.html` erzeugt ein Cookie mit der Funktion `setzeCookie()`:

cookie1.html
(Auszug)

```
function setzeCookie(name, wert) {
    var arg_wert = setzeCookie.arguments;
    var arg_laenge = setzeCookie.arguments.length;
    var expires = (arg_laenge > 2) ? arg_wert[2] : null;
    var path = (arg_laenge > 3) ? arg_wert[3] : null;
    var domain = (arg_laenge > 4) ? arg_wert[4] : null;
    var secure = (arg_laenge > 5) ? arg_wert[5] : false;
    document.cookie = name + "=" + encodeURIComponent(wert) +
```

```
        ((expires == null) ? "" : ("; expires=" +
            expires.toUTCString()))) +
        ((path == null) ? "" : ("; path=" + path)) +
        ((domain == null) ? "" : ("; domain=" + domain)) +
        ((secure == true) ? "; secure" : ""));
}
setzeCookie("test", "Hallo");
```

Die Funktion setzeCookie() bekommt zwei Werte übergeben. Zum *Erzeugen eines Cookies*
einen ist dies der Name des Cookies, der in diesem Beispiel test lautet.
Zum anderen wird der String "Hallo" als zu speichernder Wert übergeben. In der Funktion setzeCookie() interessiert momentan nur der Teil

```
document.cookie = name + "=" + encodeURIComponent(wert)
```

Dort wird das Cookie mit dem Namen test und dem Inhalt "Hallo"
erzeugt. Die Datei cookie1.html ist lediglich für das Erzeugen des
Cookies zuständig. Wenn Sie nach der Datei cookie1.html die Datei
cookie2.html laden, wird der Inhalt des Cookies test ausgelesen. Dieser wird in einem Popup-Fenster angezeigt.

```
function holeCookie(name) {                                    cookie2.html
    name += "=";                                               (Auszug)
    var laenge = name.length;
    var cookie_laenge = document.cookie.length;
    var i = 0;
    while (i < cookie_laenge) {
        var j = i + laenge;
        if (document.cookie.substring(i, j) == name)
            return holeCookieWert(j);
        i = document.cookie.indexOf(" ", i) + 1;
        if (i == 0)
            break;
    }
    return null;
}

function holeCookieWert(position) {
    var ende = document.cookie.indexOf(";", position);
    if (ende == -1)
        ende = document.cookie.length;
    return decodeURIComponent(
        document.cookie.substring(position, ende));
}
alert(holeCookie("test"));
```

In der Datei cookie2.html sorgt die Funktion holeCookie() dafür, dass *Auslesen eines Cookies*
der Inhalt des Cookies ausgelesen wird. Das Problem beim Auslesen
ist, dass JavaScript nicht auf die einzelnen Cookies zugreifen kann. Mit
document.cookie erhält man stets alle für diese Webseite definierten

Cookies. Um nun einen bestimmten Wert zu bekommen, muss man sich ein einzelnes Cookie herauspicken. Genau dies erledigt die Funktion `holeCookie()`. Es wird überprüft, ob ein Cookie mit einem bestimmten Namen existiert. Wird ein Cookie mit diesem Namen gefunden, sorgt die Funktion `holeCookieWert()` dafür, dass der Wert des Cookies zurückgeliefert wird. Kann kein Cookie unter einem bestimmten Namen gefunden werden, wird der Wert `null` zurückgeliefert.

Im Gegensatz zu der Datenübergabe mithilfe des Suchstrings können Sie in Ihrem Browser eine ganz andere Datei zwischen den beiden Dateien `cookie1.html` und `cookie2.html` laden. Es funktioniert immer noch.

In einigen – insbesondere älteren – Browsern funktioniert dieses Beispiel nur, wenn Sie die Datei von einem Webserver laden. Wenn Sie das Beispielprogramm lokal von Ihrer Festplatte starten, werden Sie in diesen Browsern nur ein leeres Cookie erhalten.

17.2.2   Haltbarkeit

Wenn Sie zwischen dem Aufruf der beiden Dateien den Browser schließen und wieder öffnen, werden Sie feststellen, dass das Ganze nicht mehr funktioniert. Cookies haben eine bestimmte Haltbarkeit. Da wir bisher kein Haltbarkeitsdatum festgelegt haben, verfallen unsere Cookies mit dem Schließen des Browsers.

Gibt man einem Cookie eine bestimmte Haltbarkeit, ist es bis zu diesem Datum verfügbar. So können Daten über längere Zeit hinweg gespeichert werden, auch wenn der Browser zwischendurch geschlossen wird. Wenn Sie von einer Website wiedererkannt und persönlich begrüßt werden, sind gewöhnlich Cookies im Spiel.

Um ein Cookie längere Zeit haltbar zu machen, kann mit dem Wort `expires` ein Verfallsdatum angegeben werden. Dies sieht dann z.B. folgendermaßen aus:

```
document.cookie = "test=Hallo; " +
   "expires=Thu, 31 Dec 2015 00:00:00 GMT";
```

Damit ist das Cookie bis zum 31. Dezember 2015 haltbar. Nach diesem Datum ist es nicht mehr verfügbar.

Um ein Datum zu setzen, muss das vorgegebene Format eingehalten werden. Die JavaScript-Methode `toUTCString()` des `Date`-Objekts liefert einen String in diesem Format zurück.

Unsere Funktion `setzeCookie()` ist so ausgelegt, dass man beim Aufruf einfach ein Datumsobjekt mit dem gewünschten Datum als drittes Argument angeben kann. Dies kann z.B. so aussehen:

```
var haltbarBis = new Date(2015, 11, 31, 0, 0, 0);
setzeCookie("test", "Hallo", haltbarBis);
```

Wenn Sie diese beiden Zeilen in die Datei cookie1.html einsetzen, ist das Cookie bis zum 31. Dezember 2015 haltbar. Jetzt können Sie zwischen dem Aufruf der beiden Dateien cookie1.html und cookie2.html den Browser schließen oder den Computer ganz ausschalten. Die Informationen bleiben in dem Cookie erhalten, es sei denn, das Cookie wird in der Zwischenzeit vom Anwender gelöscht.

17.2.3 Ein Cookie löschen

Es gibt keine direkte Möglichkeit, ein Cookie von JavaScript aus zu löschen. Erzeugt man ein Cookie mit einem Namen, den es schon gibt, wird das alte Cookie einfach überschrieben. Die Idee ist nun, dass man ein Haltbarkeitsdatum setzt, das in der Vergangenheit liegt. Dies bezweckt, dass das Cookie sofort verfällt und nicht mehr zugänglich ist. Auch für diese Aufgabe benutzt man meist eine vorgefertigte Funktion:

Herabsetzen des Haltbarkeitsdatums

```
function loescheCookie(name) {
    var exp = new Date();
    exp.setTime(exp.getTime() - 1);
    var cookie_wert = holeCookie(name);
    if (cookie_wert != null)
        document.cookie = name + "=" + cookie_wert +
            "; expires=" + exp.toUTCString();
}
```

Um einen Zeitpunkt in der Vergangenheit zu bekommen, rechnet diese Funktion zuerst den aktuellen Zeitpunkt in Millisekunden um. Von dieser Zahl wird eins abgezogen. Danach wird die Zahl wieder in ein Datum umgerechnet und als neues Haltbarkeitsdatum des Cookies gesetzt. Wir erhalten einen Zeitpunkt, der eine Millisekunde vor dem aktuellen Zeitpunkt liegt. Damit ist sichergestellt, dass wir einen Zeitpunkt in der Vergangenheit bekommen. Eine Millisekunde mag vielleicht nicht gerade ein großer Zeitunterschied sein. Man könnte natürlich auch zehn Jahre von dem aktuellen Datum abziehen. Das ändert jedoch überhaupt nichts an der Arbeitsweise der Funktion. Wann abgelaufene Cookies endgültig gelöscht werden, ist dem Browser überlassen.

17.2.4 Geltungsbereich von Cookies

Cookies sind nicht für jedermann zugänglich, sondern sie haben einen gewissen Geltungsbereich. Grundsätzlich kann nur der Server, der ein Cookie erzeugt hat, auch auf dieses Cookie zugreifen. Wenn die Homepage der Firma A mit der Domain *www.firmaA.com* ein Cookie

Beschränkung auf einen Server oder eine Domain

erzeugt, kann die Homepage der Firma B mit der Domain *www.firmaB.com* nicht darauf zugreifen. Aus Sicherheitsgründen sollen die Daten vor einem Zugriff durch Dritte geschützt werden.

Man kann festlegen, für welche Domain ein Cookie gelten soll. Natürlich kann man dies nicht beliebig tun. Eine HTML-Seite von dem Server *www.firmaA.com* kann kein Cookie für die Domain *www.firmaB.com* schreiben. Jedoch könnte ein Cookie erzeugt werden, das sowohl durch den Server *www.firmaA.com* als auch durch den Server *home.firmaA.com* gelesen werden kann. Die Domainangabe in einem Cookie muss mindestens zwei Elemente beinhalten – z.B. *firmaA.com*. Nicht gültig wäre die Angabe com. Dies würde allen Servern mit der Endung com Zugang zu dem Cookie verleihen. Aus Sicherheitsgründen wird dies unterbunden. Für die sogenannten Top-Level-Domains muss man nur zwei Elemente des Domainnamens angeben. Zu den Top-Level-Domains gehören Endungen wie com, edu, net, org, gov, mil und int. Andere Endungen erfordern eine Angabe von mindestens drei Elementen, d.h., wenn Ihr Server *www.firmaA.de* heißt, müssen Sie als Domain alle drei Elemente – also *www.firmaA.de* – angeben.

Wenn Sie keine Domain angeben, wird automatisch der komplette Servername als Domain gesetzt. Dies reicht für die meisten Fälle aus.

Die Funktion setzeCookie(), mit der wir ein Cookie erzeugen, wurde so geschrieben, dass als fünftes Argument beim Funktionsaufruf ein Domainname angegeben werden kann. Dies sieht z.B. so aus:

```
setzeCookie("test", "Hallo", null, null, "firmaA.com")
```

17.2.5 Pfadangaben

Beschränkung auf ein Unterverzeichnis

Wenn Sie nichts anderes angeben, besitzt das Cookie nur Gültigkeit in dem gleichen Verzeichnis, in dem es auch erzeugt wurde. Das heißt, nur Dateien aus dem gleichen Verzeichnis können auf das so erstellte Cookie zugreifen. Das Cookie ist außerhalb dieses Verzeichnisses nicht bekannt. Eine Website besteht jedoch oftmals aus einer Vielzahl von Verzeichnissen, und man möchte sich meist nicht auf ein einzelnes Verzeichnis beschränken. Gibt man bei der Erzeugung eines Cookies einen Verzeichnispfad an, ist das Cookie in diesem Verzeichnis und allen Unterverzeichnissen gültig.

In unserer Funktion setzeCookie() lässt sich als viertes Argument ein Pfad angeben. Dies kann z.B. so aussehen:

```
setzeCookie("meinCookie", "test", null, "/www/test/")
```

Möchten Sie, dass das Cookie von allen Verzeichnissen aus zugänglich ist, schreiben Sie als Pfad einen einfachen Schrägstrich "/". Teilen Sie mit anderen eine Domain, sollten Sie dies jedoch nicht tun, da Sie sonst den anderen den Zugriff auf Cookies geben, die von Ihrer Seite erzeugt wurden (das ist natürlich nur der Fall, wenn der Anwender dann auch diese andere Seite besucht).

17.2.6 Sichere Übertragung

Man kann festlegen, dass ein Cookie nur über sichere Internetverbindungen geschickt werden soll. Eine sichere Internetverbindung zeichnet sich durch eine besondere Verschlüsselung der Daten bei der Kommunikation zwischen Client und Server aus. Damit soll verhindert werden, dass Dritte während der Übertragung geheime Daten abfangen können.

Um ein Cookie auf sichere Internetverbindungen zu beschränken, wird die Eigenschaft secure verwendet. Setzt man secure auf true, ist das Cookie nur verfügbar, wenn die Internetverbindung sicher ist. Der Standardwert in unserem Skript ist false.

Unsere Funktion setzeCookie() kann auch den Parameter secure setzen. Dies sieht z.B. so aus:

```
setzeCookie("test", "Hallo", null, null, null, true)
```

17.2.7 Beschränkungen

Cookies können nicht beliebig groß sein. Die maximale Größe eines einzelnen Cookies beträgt normalerweise 4 KByte (= 4096 Bytes). Das entspricht 4096 ASCII-Zeichen. Der Name des Cookies zählt dabei zu der Größe des Cookies dazu. Ist ein Cookie größer als 4 KByte, wird der Inhalt entsprechend gekürzt. *Maximale Größe*

Jeder Server oder jede Domain kann nur 20 Cookies auf einem Client erzeugen. Wird versucht, mehr als 20 Cookies zu speichern, werden die zuerst erzeugten Cookies überschrieben, sodass die Gesamtzahl nicht größer als 20 wird. *Anzahl der Cookies von einem Server*

Der Client kann normalerweise bis zu 300 Cookies entgegennehmen. Sind auf einem Computer alle 300 Cookies gesetzt und möchte man ein neues Cookie schreiben, dann wird ein altes Cookie überschrieben. *Gesamtzahl der Cookies*

Die genannten Beschränkungen sind Mindestangaben. Ein Browser kann je nach Einstellung mehr als 300 Cookies speichern und auch mehr Speicherplatz für ein einzelnes Cookie bereitstellen.

17.2.8   Sicherheit

Cookies werden auf der Festplatte des Anwenders gespeichert. Dafür gibt es eine spezielle Datei, die alle Cookies enthält. Der Name und Ort dieser Datei ist je nach verwendetem Browser unterschiedlich.

Der Zugriff auf die Festplatte kann natürlich als gewisses Sicherheitsrisiko gesehen werden. Da Cookies jedoch nicht beliebig auf Dateien auf der Festplatte zugreifen können, können Sie keine geheimen Informationen ausspähen oder ausführbare Programme auf dem Computer einschleußen.

Bezüglich Datenschutz ist ein wichtiger Punkt, dass Cookies nur von dem Server gelesen werden können, von dem sie auch erzeugt wurden. Außerdem können in einem Cookie nur Daten gespeichert werden, die irgendwie eingegeben wurden. Ein Cookie kann beispielsweise nicht an Ihre E-Mail-Adresse kommen, ohne dass Sie sie selbst angegeben haben.

Häufig wird kritisiert, dass eine Website durch Cookies erfahren kann, wann und wie oft ein bestimmter Nutzer zu einer Seite zurückkehrt. Das ist richtig. Dagegen kann man sich schützen, indem man im Browser Cookies deaktiviert oder von Zeit zu Zeit die Cookies löscht. Natürlich geht damit eventuell auch die zusätzliche Funktionalität verloren.

17.3   Web Storage

Im Zusammenhang mit HTML5 wurde sogenanntes Web Storage eingeführt, womit größere Datenmengen auf dem Client gespeichert werden können. Streng genommen gehört dies nicht zum HTML5-Standard, sondern ist ein eigener Standard, an dem das W3C momentan noch arbeitet.

Web Storage wird dennoch bereits durch folgende Browser unterstützt: Internet Explorer 8+, Firefox 3.5+, Chrome 4+, Safari 4+ und Opera 10.5+.

Web Storage funktioniert ganz ähnlich wie Cookies. Es können jedoch wesentlich mehr Daten gespeichert werden (normalerweise 5 MB pro Website) und die Daten verbleiben auf dem Client. Sie werden also nicht ständig an den Server geschickt, wie dies bei Cookies der Fall ist.

localStorage vs. sessionStorage

Man unterscheidet zwischen `localStorage` und `sessionStorage`, je nachdem, wie lange die Daten verfügbar sein sollen. `localStorage` ermöglicht die Speicherung über einen unbegrenzten Zeitraum, während `sessionStorage` nur in dem aktuellen Browserfenster verfügbar ist.

Schließt man das Fenster, sind die Daten weg. Ansonsten funktionieren `localStorage` und `sessionStorage` gleich.

Mit `sessionStorage` kann man genauso arbeiten wie mit `local-Storage`. Die Daten sind dann jedoch nicht mehr verfügbar, sobald Sie den Browser schließen. Das ist jedoch nicht der einzige Unterschied. Das `sessionStorage`-Objekt ist immer auf ein Browserfenster beschränkt. Auf `localStorage` können hingegen mehrere Browserfenster zugreifen.

Im Internet werden statt Web Storage ab und zu auch die Begriffe HTML5 Storage, Local Storage oder DOM Storage benutzt. Der offizielle Begriff, den auch das W3C verwendet, ist aber Web Storage.

17.3.1   Daten schreiben und lesen

Die Verwendung von Web Storage ist ziemlich simpel. Sie können einzelne Werte unter einer eindeutigen Bezeichnung ablegen und auf diese später wieder zugreifen.

Es gibt ein `localStorage`-Objekt, auf das wir mit `window.local-Storage` zugreifen können. Wie es beim `window`-Objekt üblich ist, können wir auch hier einfach nur `localStorage` schreiben.

Um einen Wert zu setzen, kennt das `localStorage`-Objekt die Methode `setItem()`, die wir folgendermaßen verwenden können: *setItem()*

```
localStorage.setItem("test", 17)
```

Damit wird unter der Bezeichnung test der Wert 17 gespeichert. Stattdessen können wir auch kurz Folgendes schreiben:

```
localStorage["test"] = 17
```

Folgende Schreibweise ist ebenfalls möglich:

```
localStorage.test = 17
```

Um einen Wert mit der Bezeichnung test auszulesen, schreiben wir: *getItem()*

```
x = localStorage.getItem("test")
```

Die beiden Kurzschreibweisen funktionieren auch hier:

```
x = localStorage["test"]
x = localStorage.test
```

Unter Verwendung der Kurzschreibweise können Sie auch einfach über alle `localStorage`-Einträge iterieren:

```
for (i in localStorage) {
   alert(localStorage[i]);
}
```

Dies ist nur zu empfehlen, wenn Sie nur sehr wenige Einträge in local-Storage haben. Möchten Sie auf diese Weise einen bestimmten Eintrag suchen, werden Sie feststellen, dass die Ausführungsgeschwindigkeit ganz schön leidet, falls Sie zahlreiche Datensätze gespeichert haben. Für solche Afragen sollten Sie eine Datenbank verwenden.

Wenn Sie mit getItem() einen Schlüssel abfragen, den es nicht gibt, liefert die Methode null zurück. Wenn Sie mit setItem() einen bereits vergebenen Bezeichner verwenden, wird der bisherige ohne Warnung einfach überschrieben.

Um zu verhindern, dass ältere Browser über das für sie unbekannte localStorage-Objekt stolpern, sollten Sie eine Abfrage einfügen:

localStorage.html
(Auszug)

```
if (localStorage) {
    var name = document.getElementById("name");
    var wert = document.getElementById("wert");

    localStorage.setItem(name.value, wert.value);
}
```

Da wir in diesem Beispiel localStorage verwenden, sind die Daten auch verfügbar, wenn Sie den Browser zwischendurch schließen.

Falls Sie die maximal zugelassene Datenmenge überschreiten sollten, erhalten Sie die Ausnahme QUOTA_EXCEEDED_ERR, die Sie mit try und catch abfangen können (siehe *Exception Handling*, S. 128). Es gibt keine Möglichkeit, den Anwender um zusätzlichen Speicherplatz zu bitten.

17.3.2   Datentypen

Speicherung als String

Sie können alle grundlegenden Datentypen, die in JavaScript verwendet werden können, mit Web Storage speichern. Sie müssen jedoch wissen, dass sämtliche Daten als String abgelegt werden, sodass Sie beim Abruf von Zahlenwerten parseInt() oder parseFloat() verwenden müssen.

Wenn Sie eine große Menge an Zahlen speichern möchten, wird der benötigte Speicherplatz außerdem recht groß sein, da Strings mehr Platz benötigen als die Datentypen für Zahlen.

Möchten Sie Objekte speichern, müssen Sie diese zuerst in einen String umwandeln.

17.3.3   Der Event-Handler onstorage

Wenn sich ein Wert bei der Verwendung von localStorage oder session-Storage verändert, sollte das Storage-Ereignis ausgelöst werden, auf das Sie mit onStorage in der Lage sein sollten zu reagieren. Leider funktioniert dies in den meisten Browsern noch nicht.

17.3.4   Tools

Wie der Screenshot zeigt, können wir mit dem Entwicklertool von Google, das mit dem Chrome-Browser ausgeliefert wird (abrufbar über das Menü *Tools–>Entwicklertools*), sehen, was momentan über Web Storage gespeichert ist. Es gibt eine Vielzahl solcher Tools. Manche davon sind in den verschiedenen Browsern integriert.

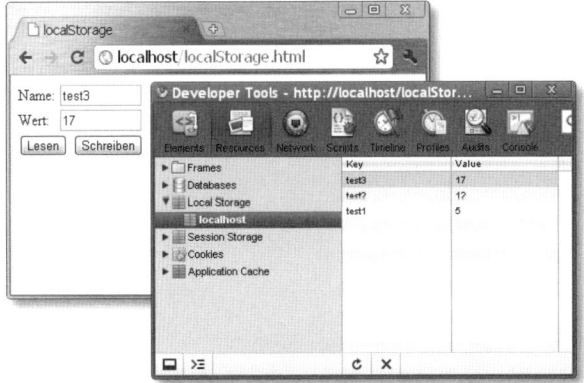

Abb. 17–4

localStorage und das Entwicklertool von Chrome

17.4   WebDB

Für einfache Datenstrukturen wie Zahlen oder Texte ist der Web-Storage-Ansatz bestens geeignet. Sobald die Datenstrukturen aber etwas komplexer werden, ist eine Datenbank die bessere Lösung. Datenbanken bieten vielfältige Auswertungsmöglichkeiten. Und selbst bei großen Datenmengen und sehr komplexen Datenstrukturen werden die Auswertungen normalerweise recht schnell durchgeführt.

Einfach ausgedrückt ist eine Datenbank eine Sammlung von Daten. Diese Daten sind so organisiert, dass diese möglichst leicht wiedergefunden werden können. Stellen Sie sich eine Bibliothek vor, in der die Bücher mit Nummern und Schlagwörtern versehen sind. Um ein bestimmtes Buch zu finden, suchen Sie in einem Katalog nach einem Schlagwort und erhalten den Standort des Buches genannt.

Relationale Datenbanken

Es gibt verschiedene Formen, wie Daten in einer Datenbank organisiert werden können. Weitverbreitet sind relationale Datenbanken, die die Daten in Tabellen organisieren. So könnte eine Tabelle etwa ein Verzeichnis Ihrer CD-Sammlung sein. Die Tabelle würde dann einzelne Felder wie Interpret, Titel, Jahr, Stilrichtung etc. enthalten.

Eine Möglichkeit, auf dem Client mit einer relationalen Datenbank zu arbeiten, bietet WebDB, auf die ich an dieser Stelle kurz eingehen möchte. Im Web werden hierfür ab und zu die Begriffe Web SQL, Web SQL Database oder Web Simple DB verwendet.

17.4.1 Verfügbarkeit und Zukunft von WebDB

Vorab muss gesagt werden, dass nicht alle Browser diese Technik unterstützen und einige Browser dies auch in Zukunft nicht tun werden. Der Hintergrund ist der, dass das W3C einen anderen Ansatz verfolgt und deshalb empfiehlt, WebDB nicht mehr einzusetzen. Stattdessen soll IndexedDB weiterentwickelt werden. Das Problem ist, dass IndexedDB noch in den Kinderschuhen steckt und die Browser dies allenfalls rudimentär unterstützen. Dagegen können viele Browser mit WebDB umgehen, sodass WebDB in der nächsten Zeit noch eine gewisse Bedeutung haben wird.

Empfehlung des W3C,
WebDB nicht mehr
einzusetzen

Chrome 4+, Safari 4+ und Opera 10.5+ unterstützen WebDB in der gezeigten Form.

17.4.2 Structured Query Language (SQL)

WebDB verwendet die Sprache Structured Query Language (SQL), um auf die Daten in der relationalen Datenbank zuzugreifen. SQL ist eine weitverbreitete Sprache zum Arbeiten mit Datenbanken. Es gibt jedoch verschiedene Ausprägungen bzw. Dialekte der Sprache, sodass es leichte Unterschiede in den SQL-Abfragen von Datenbanken unterschiedlicher Anbieter geben kann.

Sie werden in diesem Abschnitt ein paar grundlegende SQL-Befehle kennenlernen. Einfache SQL-Befehle sind recht leicht zu lesen. Dies soll aber nicht darüber hinwegtäuschen, dass man mit einer relationalen Datenbank und SQL auch komplexe Aufgaben lösen kann. Im Internet gibt es zahlreiche gute Einführungen, die Ihnen einen Überblick über relationale Datenbanken und SQL geben können.

Auch wenn WebDB nicht länger weiterverfolgt wird, bin ich sicher, dass es zukünftig eine ähnliche Lösung geben wird – eventuell als Erweiterung von IndexedDB. Deshalb möchte ich dennoch kurz auf WebDB eingehen, auch wenn Sie sich den Einsatz in zukünftigen Projekten genau überlegen sollten.

17.4.3   Eine Datenbank öffnen und eine Tabelle erstellen

Wir wollen ein Skript für die Verwaltung einer CD-Sammlung schreiben. Dabei beschränken wir uns hier auf die Erfassung des Interprets und des Titels einzelner CDs. Außerdem soll eine fortlaufende Nummer den einzelnen Einträgen in der Datenbank zugeordnet werden. Der Anwender soll über Formulare neue CDs hinzufügen sowie Abfragen nach Interpreten durchführen können.

Zunächst müssen wir die Datenbank öffnen. Dazu verwenden wir openDatabase(), egal ob die Datenbank bereits auf dem Client existiert oder erst noch erzeugt werden muss. Als Resultat erhalten wir ein Database-Objekt. Da wir diesen Befehl zu Beginn des Skripts ausführen wollen, definieren wir wie üblich eine init()-Methode, die wir über den Event-Handler onload ausführen:

```
function init() {
    db = openDatabase("CDSammlung", "1.0",
        "Meine CD-Sammlung", 1 * 1024 * 1024);
    db.transaction( function (tx) {
        tx.executeSql("CREATE TABLE IF NOT EXISTS musik " +
                    "(id unique, interpret, titel)");
    });
}
```

webDB.html

(Auszug)

Das erste Argument beim Aufruf von openDatabase() gibt den Namen der Datenbank an. Diesen Namen können Sie frei wählen. Möchten Sie später wieder auf diese Datenbank zugreifen, müssen Sie natürlich den zuvor gewählten Namen wiederverwenden.

Das zweite Argument legt die Versionsnummer der Datenbank fest. Diese definieren Sie selbst. Im Laufe der Entwicklung werden Sie möglicherweise Änderungen am Skript und an der Datenbank durchführen. Ältere Datenbanken, die Sie vorher angelegt haben, funktionieren nun eventuell nicht mehr mit dem aktualisierten Skript. Durch die Vergabe von Versionsnummern können Sie Fehler, die durch ältere Datenbankentwürfe entstehen, vermeiden.

Das dritte Argument von openDatabase() ist ein String mit einer allgemeinen Beschreibung der Datenbank. Das vierte Argument gibt die geschätzte Größe der Datenbank in Byte an. Da ein Megabyte gleich 1024 Kilobyte sind und 1 Kilobyte wiederum 1024 Byte, wird mit der Angabe 1*1024*1024 erreicht, dass die Datenbank ein Megabyte groß ist.

openDatabase() gibt als Rückgabewert eine Referenz auf die geöffnete Datenbank zurück. Diese speichern wir in der Variablen db.

Weiterhin sehen Sie in unserer init()-Funktion die Verwendung von transaction(). Mit dieser Methode erzeugen Sie eine neue Transaktion zum Durchführen einer Datenbankabfrage. Eine Transaktion wird in JavaScript durch das SQLTransaction-Objekt repräsentiert. transaction() erwartet als Argument eine Funktion, die aufgerufen wird, sobald die Transaktion zur Datenbank aufgebaut wurde. Hier verwendet man üblicherweise einfach eine anonyme Funktion, die den auszuführenden SQL-Befehl enthält.

Der SQL-Befehl wird mit executeSql() ausgeführt. Als Argument wird ein String, der den eigentlichen SQL-Befehl enthält, übergeben. Es gibt viele verschiedene SQL-Befehle, die wir auf diese Art einbauen können. Zunächst müssen wir definieren, wie unsere Tabelle zur Spei-

Eine Datenbank mit CREATE TABLE erzeugen

cherung der Daten aussehen soll. Das geschieht mit dem SQL-Befehl CREATE TABLE. Da es sein kann, dass es die Tabelle in der Datenbank schon gibt, schränken wir diesen Befehl mit IF NOT EXISTS ein und stellen so sicher, dass der SQL-Befehl nur ausgeführt wird, wenn die Tabelle noch nicht existiert.

Wir definieren in dem SQL-Befehl, dass unsere Tabelle musik heißen soll. Eine Datenbank kann aus mehreren Tabellen bestehen. In unserem einfachen Beispiel beschränken wir uns auf eine Tabelle.

Der hintere Teil des SQL-Befehls legt die Spalten unserer Tabelle fest. Jeder Eintrag soll eine Nummer haben, die wir id nennen. Da wir hier zusätzlich das Schlüsselwort unique angeben, müssen später die Einträge in dieser Spalte eindeutig sein. Es dürfen also keine Einträge für id doppelt vorkommen. Weiterhin definieren wir, dass es die Spalten interpret und titel geben soll.

Die Struktur der Daten ist in unserem Beispiel recht simpel. Je komplexer die Anforderungen sind, desto mehr Gedanken sollten Sie sich aber über die angemessene Datenstruktur machen.

Asynchrone Datenbankabfragen

Sie werden sich vielleicht über die kompliziert erscheinende Schreibweise wundern. Das liegt daran, dass es sich um eine asynchrone Datenbankabfrage handelt. Der Browser wartet also nicht, bis die Datenbank fertig ist, sondern setzt das Skript einfach fort, nachdem eine Transaktion initiiert wurde. Damit das Skript von einer erfolgten Abfrage erfährt, wird eine Callback-Funktion definiert, die aufgerufen wird, sobald die Abfrage fertig ist. WebDB kennt auch synchrone Methoden, die auf das Ende einer Abfrage warten. Das ist einfacher zu lesen, hat aber den Nachteil, dass der Browser blockiert ist, solange die Abfrage läuft. Außerdem funktionieren die synchronen WebDB-Methoden nicht in allen Browserversionen richtig, sodass ich diese hier nicht zeige.

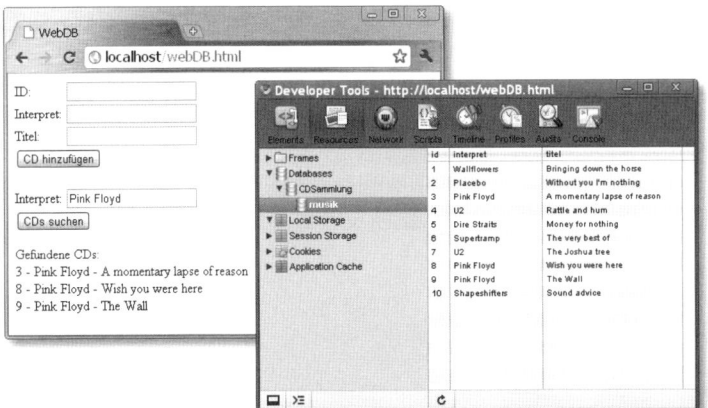

Abb. 17–5
Datenbank und
Datenbankabfrage
mit WebDB

17.4.4 Datensätze einfügen

Nachdem wir nun die Datenbank geöffnet und die benötigte Tabelle erstellt haben, können wir Datensätze einfügen. Auch dafür verwenden wir wieder eine Transaktion zusammen mit dem executeSql()-Befehl:

```
function schreiben() {
    var id = document.getElementById("id").value;
    var interpret = document.getElementById("interpret").value;
    var titel = document.getElementById("titel").value;

    db.transaction( function (tx) {
        tx.executeSql( "INSERT INTO musik (id, interpret, titel) " +
                    "VALUES (?, ?, ?)", [id, interpret, titel],
                    null, function (tx, ergebnis) {
                        alert("Fehler: " + ergebnis.code);
                    }
        );
    });
}
```

Datensätze werden in SQL mit dem Befehl INSERT INTO in eine bestehende Tabelle eingetragen. In unserem Fall ist das die Tabelle musik. Danach wird angegeben, welche Felder gefüllt werden sollen. Wir möchten einen Datensatz einfügen und alle Felder dieses Datensatzes füllen, also id, interpret und titel. Mit VALUES legen wir nun fest, welche Werte in diese Felder geschrieben werden sollen. Die Fragezeichen in dem SQL-String geben an, dass die Werte, die hier einzufügen sind, im zweiten Argument des executeSql()-Befehls folgen. Wir verwenden hierfür ein Array, das die gewünschten Werte enthält. In

Datensätze mit INSERT
INTO einfügen

unserem Fall sind dies Variablen, die den Inhalt, den der Anwender in die Formulare auf der Webseite eingetragen hat, widerspiegeln.

Das nächste Argument gibt eine Funktion an, die aufgerufen wird, wenn der SQL-Befehl erfolgreich durchgeführt wurde. Da wir dies im Moment nicht benötigen, geben wir einfach null an. Das vierte Argument ist eine Funktion, die zum Einsatz kommt, wenn der SQL-Befehl fehlgeschlagen ist. Wir begnügen uns damit, den Fehlercode, den wir erhalten, auszugeben.

17.4.5   Abfragen ausführen

Nachdem wir Datensätze in die Datenbank geschrieben haben, möchte wir diese jetzt auslesen. Hierbei kommt wieder ein SQL-Befehl zum Einsatz. Diesmal benötigen wir den SELECT-Befehl:

```
function lesen(interpret) {
    db.transaction( function (tx) {
        tx.executeSql("SELECT * FROM musik WHERE interpret=?",
                [interpret],
                function (tx, ergebnis) {
                    var ausg = document.getElementById("ausg");
                    ausg.innerHTML = "";

                    var len = ergebnis.rows.length;
                    for (var i = 0; i < len; i++) {

                        ausg.innerHTML = ausg.innerHTML +
                            ergebnis.rows.item(i).id + " - " +
                            ergebnis.rows.item(i).interpret + " - " +
                            ergebnis.rows.item(i).titel + "<br>";
                    }
                });
    });
}
```

Abfragen mit SELECT ausführen   Der Stern im SELECT-Befehl gibt an, dass wir alle Felder der gefundenen Datensätze sehen möchten, also in unserem Fall id, interpret und titel. Mit FROM legen wir fest, dass wir auf die Tabelle musik zugreifen wollen. Mit WHERE grenzen wir die Abfrage ein. Es sollen nur Datensätze zurückgegeben werden, die den folgenden Angaben entsprechen. Wir sagen, dass wir alle Datensätze eines bestimmten Interpreten sehen möchten. Mit [interpret] übergeben wir die Eingabe des Anwenders an den SQL-Befehl. Gibt der Anwender z.B. Pink Floyd ein, wird letztendlich folgender SQL-Befehl ausgeführt:

```
SELECT * FROM musik WHERE interpret='Pink Floyd'
```

Das dritte Argument des executeSql()-Befehls enthält die Funktion, die aufgerufen wird, wenn die Abfrage erfolgreich war. Hier können wir jetzt die einzelnen Datensätze auslesen und diese in einem `<div>`-Tag ausgeben. Auch hierfür verwenden wir wieder eine anonyme Funktion.

17.5 Zukünftige Datenspeicherung mit IndexedDB

Wie ich bereits erwähnt habe, sieht das W3C die Zukunft in IndexedDB und verfolgt deshalb den WebDB-Ansatz nicht weiter. Für zukünftige Projekte sollte man sich auf IndexedDB konzentrieren und WebDB außen vor lassen. Leider ist IndexedDB noch nicht so weit verfügbar, dass wir es ohne Bedenken verwenden können. Es ist zu hoffen, dass die Browserhersteller möglichst bald auf diesen Zug aufspringen, damit wir nicht allzu lange darauf warten müssen, bis sich dieser Standard etabliert hat.

Im Moment gibt es keinen Browser, der ohne Probleme mit IndexedDB umgehen kann. Bis IndexedDB auf breiter Basis verfügbar ist, wird also noch einige Zeit vergehen.

17.6 Dateizugriff

Der Zugriff auf lokale Dateien war bisher aus Sicherheitsgründen unterbunden. Im Zusammenhang mit HTML5 wagt man sich nun etwas weiter nach vorne. So gibt es die Möglichkeit, Daten von der lokalen Festplatte zu laden. Dafür gibt es einen neuen Standard vom W3C, der sich File API nennt. Der Standard sieht auch eine Möglichkeit vor, Daten auf die Festplatte speichern zu können. Dies wird jedoch bislang noch von keinem Browser ohne Einschränkungen unterstützt. Deshalb möchte ich an dieser Stelle nur den lesenden Zugriff vorstellen.

17.6.1 Auf Dateien zugreifen

In unserem ersten Beispiel hierzu soll der Anwender eine oder mehrere Dateien über ein `FileUpload`-Formular auswählen können. Hierzu verwenden wir diesen HTML-Code:

```
<input type="file" id="eingabe" multiple="multiple">
```

file1.html

(Auszug)

Damit wir auf eine Änderung der Dateiauswahl reagieren können, definieren wir einen entsprechenden Event-Handler:

```
var eing = document.getElementById("eingabe");
eing.addEventListener("change", dateiGewaehlt, false);
```

In der Funktion dateiGewaehlt(), die über den Event-Handler aufgerufen wird, können wir nun auf verschiedene Attribute der ausgewählten Dateien zugreifen:

```
function dateiGewaehlt(e) {
    var dateien = e.target.files;

    var ausgabe = document.getElementById("ausgabe");
    var str = "<ul>";

    for (var i = 0; i < dateien.length; i++) {
        var f = dateien[i];
        str += "<li>" + f.name + " - " +
                    Math.round(f.size/1024) + " KB - " +
                    f.type + "</li>";
    }

    str += "</ul>";

    ausgabe.innerHTML = str;
}
```

Abb. 17–6

Auf Dateien auf der Festplatte zugreifen

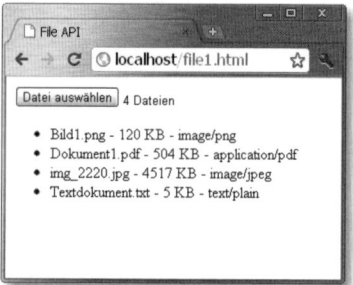

Die Funktion dateiGewaehlt() erhält als Übergabewert ein Event-Objekt, das wir mit e bennen. Jetzt können wir mit e.target.files auf eine Liste der ausgewählten Dateien zugreifen. Dies ist ein Array mit File-Objekten. Mit einer Schleife gehen wir die einzelnen Einträge dieser Liste durch und erhalten so Informationen über Name, Größe und Typ der selektierten Dateien.

17.6.2 Dateien auslesen

Das soeben gezeigte Beispiel veranschaulicht, wie man Dateien selektieren und Merkmale dieser Dateien bestimmen kann. Aber wir wollen ja nicht nur wissen, wie eine Datei heißt, sondern wir möchten diese ja auch auslesen und in unserer Webapplikation verwenden.

Als Beispiel soll eine Textdatei eingelesen und in unserem HTML-Dokument ausgegeben werden. Wir wollen dabei nicht nur reine Textdateien akzeptieren, sondern auch HTML-Dateien.

Wie im Beispiel oben definieren wir zunächst ein `FileUpload`-Objekt. Diesmal beschränken wir uns jedoch auf eine einzelne Datei. Wir verwenden also in diesem Beispiel nicht das `multiple`-Attribut im `<input>`-Tag.

Genauso definieren wir wieder die Funktion `dateiGewaehlt()`, die aufgerufen wird, sobald die Auswahl im `FileUpload`-Objekt geändert wurde:

```
function dateiGewaehlt(e) {                                              file2.html
    var datei = e.target.files[0];                                      (Auszug)

    if (datei && datei.type.match("text/*")) {
        var reader = new FileReader();

        reader.onload = function(event) {
            var ausgabe = document.getElementById("ausgabe");

            var str = event.target.result;

            // Tags codieren
            str = str.replace(/&/g,"&amp;");
            str = str.replace(/</g,"&lt;");
            str = str.replace(/>/g,"&gt;");

            ausgabe.innerHTML = "<pre>" + str + "</pre>";
        }

        reader.readAsText(datei);
    } else {
        ausgabe.innerHTML = "Keine Textdatei.";
    }
}
```

Zunächst prüfen wir, ob es sich überhaupt um eine Textdatei handelt. Dazu müssen wir mit der Eigenschaft type testen, ob der MIME-Type mit "text/" anfängt.

Abb. 17–7

Eine HTML-Datei auslesen

Wenn das der Fall ist, erzeugen wir ein `FileReader`-Objekt, das wir benötigen, um die Datei auszulesen. Ganz unten in der Funktion rufen wir die Methode `readAsText()` des `FileReader`-Objekts auf. Hierbei handelt es sich um eine asynchrone Funktion. Wir bekommen also nicht sofort das Resultat, das wir in einer Variablen speichern können, sondern wir müssen einen Event-Handler definieren, der zum Einsatz kommt, wenn der Ladevorgang beendet ist. Genau das machen wir in der Mitte der Funktion `dateiGewaehlt()`. Da wir den Event-Handler nur an dieser Stelle brauchen, können wir hierfür eine anonyme Funktion verwenden.

Das Ergebnis des Ladevorgangs findet sich in `event.target.result`. Da wir auch HTML-Dokumente laden wollen, diese aber als Quellcode angezeigt werden sollen, müssen wir dafür sorgen, dass die Tags codiert werden. Jetzt können wir den resultierenden String in der HTML-Datei mit `innerHTML` ausgeben.

17.6.3   Eine Datei mit Drag&Drop einbinden

Wir haben uns in einem vorhergehenden Kapitel ein Beispiel zu Drag& Drop angeschaut (siehe *Browserunabhängiges Drag&Drop*, S. 195). In diesem Beispiel konnten jedoch nur Elemente innerhalb einer Webseite verschoben werden.

Es wäre aber interessant, eine Datei vom Desktop eines Computers auf eine Webapplikation ziehen zu können, damit die Webapplikation diese verwenden kann. Beispielsweise könnte man so in einem E-Mail-Programm Dateianhänge hinzufügen.

Abb. 17–8

Drag&Drop mit drei
Bilddateien

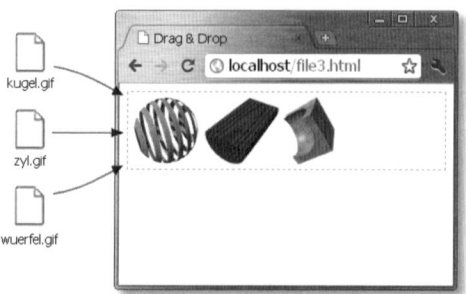

In neueren Browsern können Sie genau dies tun. Hierzu möchten wir ein einfaches Beispiel erstellen. Zunächst brauchen wir eine Stelle, an die eine Datei gezogen werden kann. Wir wollen dafür ein `<div>`-Tag verwenden:

```
<div id="div1" class="dropzone"
    ondragenter="return false;"
    ondragover="return false;"
    ondrop="drop(event)">
</div>
```

file3.html

(Auszug)

Wenn eine Datei auf die Webapplikation gezogen wird und über diesem <div>-Tag losgelassen wird, tritt das drop-Ereignis ein und es wird die drop()-Funktion aufgerufen, die wir so definieren:

```
function drop(e) {
    e.preventDefault();

    var datei = e.dataTransfer.files[0];

    if (datei && datei.type.match("image/*")) {
        var reader = new FileReader();

        reader.onload = function(event) {
            var ausg = document.getElementById("div1");

            ausg.innerHTML +=   "<img src='" + event.target.result +
                                "' class='vorschau'>";
        }

        reader.readAsDataURL(datei);
    }
}
```

Wir erfahren über e.dataTransfer.files[0], welche Datei auf den Browser gezogen wurde. Jetzt können wir wieder mit einem FileReader-Objekt die Datei laden. Wie Sie sehen, verwenden wir diesmal die Methode readAsDataURL(). Mit dieser Methode können wir ganz einfach die Daten in ein <img>-Tag einfügen. Die Browser können dies interpretieren, wenn die Bilddaten in dieser Form einfach der src-Eigenschaft zugewiesen werden.

Damit das Ganze schön formatiert wird, definieren wir zwei Stylesheet-Klassen. Mit dropzone legen wir fest, wie das <div>-Tag formatiert werden soll. Mit vorschau bestimmen wir, wie die einzelnen Bilder angezeigt werden sollen.

17.6.4 Sicherheitsaspekte

Sie werden vielleicht festgestellt haben, dass Sie dem Browser den Zugriff auf die Festplatte nicht extra genehmigen mussten. Ist dies nicht ein großes Sicherheitsrisiko? In den gezeigten Beispielen musste der Anwender immer zunächst selbst tätig werden und eine oder mehrere Dateien auswählen. Damit gibt der Anwender ja bereits implizit seine Zustimmung. Aber natürlich besteht immer ein Risiko, dass jemand einen Weg findet, diesen Mechanismus zu umgehen.

Der schreibende Zugriff ist immer kritischer als der lesende Zugriff. Deshalb wird im Internet viel darüber diskutiert. Eine Möglichkeit ist, den schreibenden Zugriff nur auf ein spezielles Verzeichnis zu erlauben. Grundsätzlich sollte der Anwender bestimmen, was wohin gespeichert wird. Aber auch hier ist die Frage, ob die Browserhersteller das wirklich wasserdicht hinbekommen.

17.7   Weitere Möglichkeiten der Datenspeicherung

Es gibt weitere Möglichkeiten der Datenspeicherung, auch wenn diese nicht unbedingt etwas mit JavaScript zu tun haben. Aber ich möchte dennoch kurz hierauf zu sprechen kommen, um Ihnen einen Überblick zu geben.

17.7.1   Speichern von Daten auf dem Server

Die Speicherung von Daten kann auf dem Server erfolgen. Dieser Ansatz ist die herkömmliche Vorgehensweise, da sie insgesamt wenig Anforderungen an den Client stellt und kaum Sicherheitsbedenken hervorruft.

Um Daten auf dem Server speichern zu können, muss dieser wissen, von wem die Daten kommen bzw. wem er die entsprechenden Daten zur Verfügung stellt. Jedoch merkt sich der Server normalerweise nicht, mit wem er kommuniziert. Wir müssen also selbst dafür sorgen, dass die Anfragen richtig zugeordnet werden. Hierfür werden gewöhnlich Session-IDs verwendet. Jeder Anwender bekommt einen eindeutigen Schlüssel zugewiesen. Dieser Schlüssel wird vom Server beim ersten Zugriff auf die Website generiert und bei jeder Anfrage mitgeschickt. Das folgende Schaubild stellt dies schematisch dar.

Abb. 17–9

Session-IDs

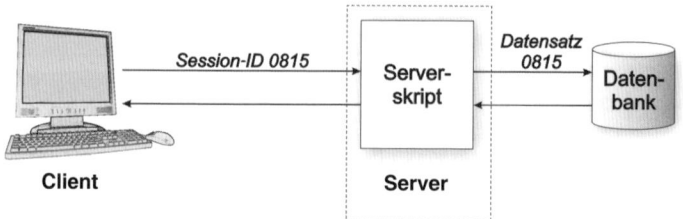

Die Session-ID wird bei jeder Anfrage über den Suchstring oder ein Cookie an den Server übergeben. Der Server weiß so, wer die Anfrage gestellt hat, und kann den entsprechenden Datensatz aus der Datenbank zuordnen.

Die Verwendung von Session-IDs schließt natürlich die clientseitige Programmierung nicht aus. Insbesondere mit Ajax lassen sich die Stärken der beiden Lösungsansätze miteinander kombinieren (siehe *Ajax*, S. 309).

17.7.2 Flash

Flash bietet die Möglichkeit, Daten auf dem Client abzulegen. Dies wird häufig als Flash-Cookies bezeichnet, was aber nicht mit den herkömmlichen Cookies zu verwechseln ist. Bis zu 100 KB können so gespeichert werden. Wird mehr Speicherplatz benötigt, muss der Anwender zustimmen.

Im Internet gibt es JavaScript-Bibliotheken, die den Zugriff auf Flash-Cookies über JavaScript ermöglichen. Beispielsweise bietet das Dojo Toolkit eine entsprechende Möglichkeit.

Ein Nachteil dieser Vorgehensweise ist natürlich, dass Flash auf dem Client verfügbar sein muss. Zwar ist Flash weitverbreitet, aber insbesondere da sich Apple gegen eine Unterstützung von Flash wehrt, gibt es doch zahlreiche Nutzer, die kein Flash verwenden.

17.7.3 Gears

Neben den hier gezeigten Möglichkeiten gibt es auch noch Gears von Google. Damit kann man u.a. Datenbanken auf dem Client speichern und darauf mit SQL zugreifen. In Anbetracht von WebDB und IndexedDB verfolgt Google diesen Ansatz jedoch nicht weiter.

Gears von Google

Gears setzt die Installation eines Plugins voraus. Die meisten Browser können dies zwar automatisch durchführen, aber die hier gezeigten Möglichkeiten sind dem vorzuziehen.

18 Ajax

Auf den meisten Websites hangelt man sich als Anwender von HTML-Dokument zu HTML-Dokument. Klickt man auf einen Link oder schickt ein Formular ab, liefert der Server gewöhnlich eine neue HTML-Seite. Für den Anwender ist dies mit Wartezeiten verbunden, da erst weitergemacht werden kann, wenn die neue Seite vorliegt.

Mit der Hilfe von Ajax kann man von dieser seitenbasierten Interaktion Abstand nehmen. Ajax steht für *Asynchronous JavaScript and XML*. Es handelt sich jedoch nicht um eine neue Technologie im engeren Sinne, sondern vielmehr um eine neue Herangehensweise für die Erstellung von Webapplikationen im Zusammenhang mit HTML bzw. XML, Stylesheets und JavaScript.

Asynchronous JavaScript and XML

Mit Ajax können einzelne Informationen nach Bedarf vom Server geholt und in die bestehende Seite integriert werden. Im besten Fall entfallen die Wartezeiten, und die Kommunikation mit dem Server tritt aus der Sicht des Anwenders in den Hintergrund. Ajax-Applikationen ermöglichen so eine Bedienung, die eher an eine Desktop-Anwendung als an eine Webapplikation erinnert. Natürlich gibt es im Zusammenhang mit Ajax immer noch Ladezeiten, aber die Applikation bleibt während des Ladens neuer Informationen weiterhin bedienbar.

Ein Beispiel für eine Ajax-Applikation ist Google Maps zum Betrachten von Satellitenbildern (*http://maps.google.com/*). Google Maps zeigt einen Ausschnitt eines Satellitenbildes, der per Maus dynamisch angepasst werden kann. So kann man sich in einer riesigen Karte hin- und herbewegen. Verändert der Anwender den angezeigten Bildausschnitt, wird keine neue HTML-Seite vom Server angefordert, sondern nur die fehlenden Bildteile. Während die Anfrage beim Server läuft, bleibt die Webapplikation bedienbar, d.h., der Anwender kann den Bildausschnitt weiter verändern. Die Bedienung ist also von der Serveranfrage losgekoppelt. Dafür steht das *Asynchronous* in Ajax.

Abb. 18–1

*Ajax-Applikation Google
Maps (Copyright Google,
GeoContent und
TeleAtlas)*

Ajax scheint zunächst vielleicht nicht besonders revolutionär, zumal die zugrunde liegenden Technologien schon viele Jahre bekannt sind. Außerdem haben sich die Anwender an die seitenbasierte Aufbereitung der Informationen gewöhnt, sodass der Nutzen dieses Ansatzes für viele nicht sofort ersichtlich ist. Jedoch gibt es mittlerweile zahlreiche Webapplikationen, die mit Erfolg auf Ajax setzen.

Wir werden in diesem Kapitel auf viele Themen, die wir in diesem Buch bereits ausführlich behandelt haben, zurückkommen. Dazu zählen insbesondere das DOM und das Ereignismodell. Da JavaScript in Ajax-Applikationen meistens eine zentrale Rolle spielt, wissen Sie an dieser Stelle also eigentlich schon sehr viel über Ajax, auch wenn Ihnen das bisher vielleicht nicht bewusst war. Jetzt müssen wir uns nur noch ein paar fehlende Dinge wie die Kommunikation mit dem Server über das XMLHttpRequest-Objekt anschauen und diese dann mit den bereits bekannten Bausteinen zu einer Ajax-Applikation zusammenfügen.

18.1 Funktionsweise von Ajax

Der Begriff Ajax wurde von Jesse James Garrett geprägt (siehe *Online-Ressourcen*, S. 441) und hat vor einigen Jahren einen wahren Boom ausgelöst. Die meisten denken, dass Jesse James Garrett Programmierer ist. Er ist jedoch Webdesigner und hat nach eigenen Aussagen nur wenig Erfahrung mit Programmierung. Dies mag zunächst überraschen, sagt jedoch viel über den wahren Charakter von Ajax-Applikationen aus. Es handelt sich eben nicht nur um eine neue Entwicklung aus technischer Sicht, sondern es geht vielmehr um die Art und Weise, wie eine Applikation im Web zu bedienen ist. Neben den technischen Aspekten behandelt dieses Kapitel deshalb auch Fragen, wie eine Applikation aus Anwendersicht zu gestalten ist.

18.1.1 Desktop-Applikationen und Webapplikationen

Eine Desktop-Applikation ist ein Programm, das auf dem Computer des Anwenders installiert wird. Beispiele hierfür sind *Word* oder *Excel*. Meistens dient eine CD oder DVD zur Installation einer Desktop-Applikation. Alternativ können Desktop-Applikationen auch aus dem Internet heruntergeladen werden, um dann auf dem Computer des Anwenders installiert zu werden.

Desktop-Applikationen sind schnell und können große Mengen von Daten unmittelbar verarbeiten. Sie sind dabei meistens für ein spezielles Betriebssystem ausgelegt und funktionieren nur dort. Desktop-Applikationen bieten heutzutage zwar häufig die Möglichkeit, eine Verbindung mit dem Internet herzustellen, die Verarbeitung der Daten findet aber primär auf dem Computer des Anwenders statt.

Webapplikationen hingegen werden nicht auf dem Computer des Anwenders installiert, sondern basieren auf der Interaktion zwischen Client und Server im Internet. Beispiele hierfür sind *Amazon* oder *Ebay*. Der Browser ist zwar generell eine Desktop-Applikation, wird aber eingesetzt, um die Inhalte einer Webapplikation anzuzeigen. Durch die ständige Kommunikation über das Internet sind Webapplikationen von Natur aus langsamer als Desktop-Applikationen. Jedoch kann eine Desktop-Applikation mit der Aktualität einer Webapplikation nicht mithalten.

Früher waren Webapplikationen durch die seitenbasierte Anzeige der Inhalte beschränkt und dadurch in der Bedienung schwerfälliger als Desktop-Applikationen. Mit Ajax verschwimmen die Grenzen zwischen Desktop- und Webapplikation, da damit im Web das Verhalten einer Desktop-Applikation nachgeahmt werden kann.

18.1.2   Asynchrone Kommunikation

Bisherige Webapplikationen basieren auf der Anzeige verschiedener HTML-Dokumente, während Ajax-Applikationen eine einzelne Seite nach und nach verändern. Die beiden folgenden Schaubilder verdeutlichen den Unterschied.

Bei der herkömmlichen Herangehensweise werden ganze HTML-Seiten vom Server zum Client geschickt. Auf Anwendereingaben wird mit einer neuen HTML-Seite reagiert, mit entsprechenden Wartezeiten für den Anwender. Muss eine neue Seite vom Server geholt werden, steht die Applikation für diesen Zeitraum nicht zur Verfügung.

Abb. 18–2
Schematischer Ablauf einer herkömmlichen Webapplikation

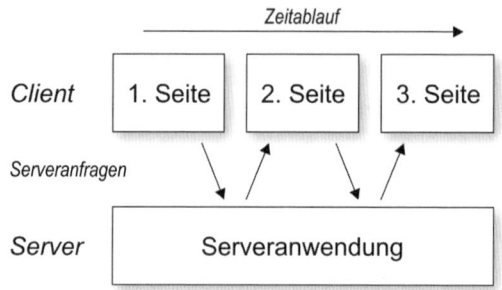

Mit Ajax wird zu Beginn auch eine HTML-Seite geladen. Werden zusätzliche Informationen benötigt, fordert der Client diese beim Server an. Sobald der Server antwortet, wird die neue Information in die bereits geladene HTML-Seite integriert. Die Ladezeit der neuen Information entfällt natürlich nicht, aber da die HTML-Seite während dieser Zeit für den Anwender bedienbar bleibt, muss der Anwender nicht tatenlos zusehen, wenn eine neue Seite vom Server geholt wird. Dies wird asynchrone Kommunikation genannt und ermöglicht dem Client, die benötigten Informationen im Hintergrund zu holen. Je nach Anwendung kann man so einen flüssigeren Ablauf erreichen.

Abb. 18–3
Schematischer Ablauf einer Ajax-Applikation

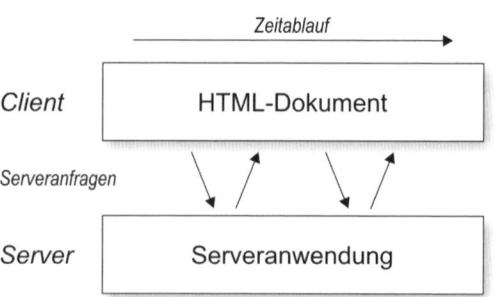

An dieser Stelle sei angemerkt, dass die Kommunikation vom Client initiiert werden muss. Der Server kann einen Client nicht selbstständig kontaktieren. Bei einem E-Mail-Dienst kann der Server dem Client von sich aus also nicht mitteilen, falls eine neue Nachricht vorliegt. Stattdessen kontaktiert der Client normalerweise in regelmäßigen Abständen den Server, um zu sehen, ob in der Zwischenzeit neue Nachrichten eingegangen sind.

18.1.3   Aufbau einer Ajax-Applikation

Auf dem Client muss ein Skript vorhanden sein, das im richtigen Zeitpunkt eine Anfrage an den Server schickt. Dies ist meistens ein Java-Script-Programm, das eine Anfrage nach Bedarf sendet, z.B. wenn der Anwender etwas in ein Formular eingibt. Bei herkömmlichen Webapplikationen steuert gewöhnlich der Browser die Kommunikation mit dem Server. Bei Ajax nehmen wir dies mithilfe von JavaScript selbst in die Hand. Die folgende Abbildung veranschaulicht dies.

Serveranfragen durch JavaScript

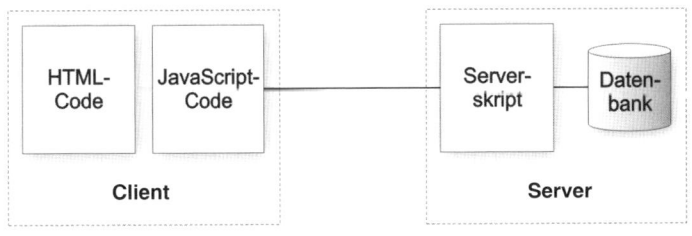

Abb. 18–4
Typischer Aufbau einer Ajax-Applikation

Die Anfrage wird über gewöhnliches HTTP an ein Skript auf dem Server geschickt, das feststellt, welche Informationen genau benötigt werden. Da die Informationen normalerweise in einer Datenbank gespeichert sind, wird der Server aus der Anfrage des Clients eine Datenbankabfrage formulieren.

Verarbeitung durch den Server

Das Ergebnis aus der Datenbankabfrage wird in geeigneter Form an den Client geschickt. Hierfür stehen unterschiedliche Datenformate zur Verfügung. Am besten wird ein Format gewählt, das wir auf dem Client gut weiterverarbeiten können. Gleichzeitig sollte der Server dieses Format ohne große Schwierigkeiten erzeugen können und dabei nicht allzu große Dateien generieren, sodass eine schnelle Versendung über das Internet ermöglicht wird.

Antwort des Servers

Häufig werden im Zusammenhang mit Ajax als Datenformate XML oder JSON eingesetzt. Für ganz einfache Zwecke kann auch eine reine Textdatei verwendet werden. Wir werden uns diese Möglichkeiten in diesem Kapitel näher anschauen. Neben den genannten Formaten gibt es noch eine ganze Reihe weiterer Formate, wie beispielsweise

XML und JSON

SOAP (Simple Object Access Protocol) oder WSDL (Web Services Description Language). Diese werden hier jedoch nicht näher behandelt. Obwohl das *X* in *Ajax* für *XML* steht, muss in einer Ajax-Applikation also nicht unbedingt auch XML zum Einsatz kommen.

Verarbeitung der Antwort auf dem Client Der Client empfängt die Daten und muss diese nun verarbeiten. Dafür gibt es zahlreiche Möglichkeiten. Beispielsweise können die Daten in ein separates `<div>`-Tag geschrieben werden, um so einen Teil des geladenen Dokuments zu aktualisieren. Alternativ könnten Methoden des DOM verwendet werden, um basierend auf den übertragenen Daten neue Objekte zu generieren und diese dann in den DOM-Baum zu integrieren (siehe *Der DOM-Baum*, S. 160). Ein weiteres Beispiel wäre die Anzeige der übertragenen Daten in einem Formularelement, wie wir es später sehen werden (siehe *Formulare mit Ajax*, S. 325).

18.1.4 Zusammenspiel zwischen Client und Server

Bei der Erstellung einer Ajax-Applikation stellt sich grundsätzlich die Frage, welche Aufgaben der Client und welche der Server übernehmen soll. Es lässt sich nur im Einzelfall entscheiden, welche Lösung am sinnvollsten ist. Hierbei sind insbesondere die Art der Applikation, die benötigten Daten und die Leistungsfähigkeit des Servers von Bedeutung.

Es geht nicht nur darum, jeweils die Programme auf dem Client und Server zu entwickeln. Vielmehr muss man sich darüber Gedanken machen, wie diese zusammenspielen und welche Last auf den Server zukommt. Etwas kann wunderbar funktionieren, wenn sich ein einzelner User einloggt. Greifen aber tausende Anwender gleichzeitig zu, kann es einen großen Unterschied machen, wie gut eine Applikation programmiert ist. Zu viele und zu umfangreiche Anfragen an den Server können sich so potenzieren, dass der Server in die Knie geht.

18.1.5 Dienste im Internet nutzen

Webservices Verschiedene Anbieter stellen über sogenannte Webservices Informationen zur Verfügung, die in einer Webapplikation verwendet werden können. Man muss also nicht jedes Mal das Rad neu erfinden. Webapplikationen, die auf mehreren verschiedenen Quellen aufbauen, *Mashups* werden auch Mashups genannt.

Es gibt zahlreiche Beispiele für Webdienste im Internet. Google ermöglicht etwa die Einbindung der Suchmaschine per Webservice. Stadtkartendienste, wie sie von Google oder Yahoo angeboten werden, können in die eigene Webseite eingebaut werden. Verschiedene Anbieter wie CNN oder die FAZ stellen aktuelle Schlagzeilen zur Verfügung.

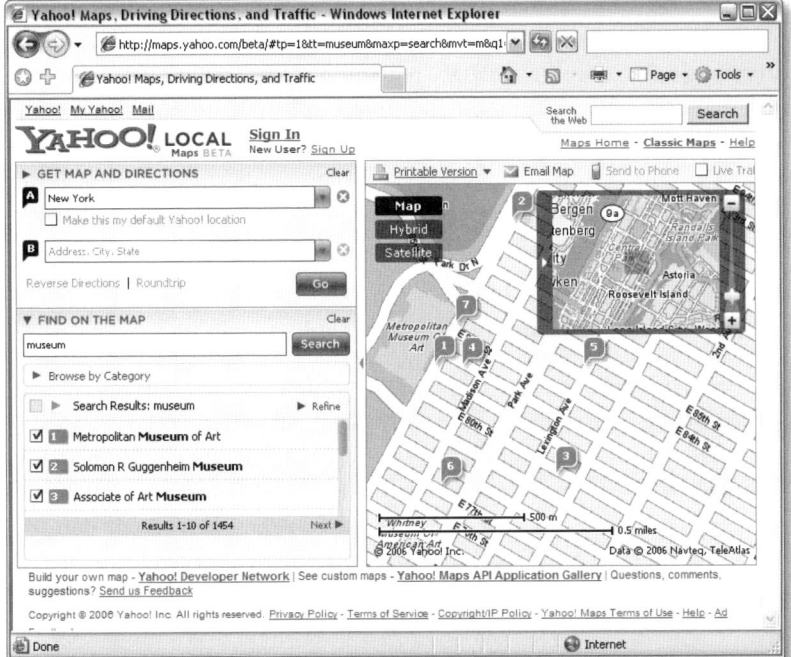

Abb. 18–5

Stadtkartendienst von Yahoo (Copyright Yahoo und Navteq)

Einige dieser Dienste sind kostenlos verfügbar, für andere muss man bezahlen – häufig nach dem Grad der Nutzung. Hierbei sind die Nutzungsrechte der Daten zu beachten. Einige Anbieter erlauben nur die Nutzung der Daten für private Zwecke.

Die meisten Dienste stellen die Daten in XML, JSON oder RSS zur Verfügung. RSS steht für *Really Simple Syndication* bzw. *RDF Site Summary*. Wir werden uns hier in diesem Kapitel jedoch nur mit XML und JSON näher beschäftigen.

Ajax und Webservices passen gut zusammen, da sich so verschiedene Dienste beliebig zusammenstellen lassen. Werden beispielsweise Börsenkurse nicht wie bisher üblich in einer HTML-Seite verpackt, sondern durch einen Webservice in XML zur Verfügung gestellt, kann eine Ajax-Applikation die benötigten Informationen herausfiltern, diese aufbereiten und in die eigene Seite integrieren.

Hierbei ist nicht nur an eine reine Zusammenstellung der Daten aus unterschiedlichen Quellen zu denken. Vielmehr können diese Daten miteinander verknüpft werden. Beispielsweise könnte man sich eine Applikation zur Planung einer Städtereise vorstellen. Basierend auf der Auswahl eines Hotels können nahe liegende Sehenswürdigkeiten in einer Karte angezeigt werden. Aus einer anderen Quelle erhält man aktuelle Veranstaltungshinweise. Diese Daten können mit der

Wettervorhersage kombiniert werden. Die Webapplikation kann auf Basis der verfügbaren Daten einen Vorschlag für den Ablauf der Reise unterbreiten. Statt alle verfügbaren Daten darzustellen, kann das System durch die Verknüpfung der Daten sinnlose Kombinationen eliminieren.

Es ist anzunehmen, dass sich der Trend zu spezialisierten Diensten in den nächsten Jahren fortsetzen wird, sodass auf dieser Basis interessante Webapplikationen erstellt werden können.

18.1.6   Sicherheitsaspekte im Zusammenhang mit Ajax

Wir haben bereits gesehen, dass die Kommunikation über das Internet einige sicherheitsrelevante Fragen aufwirft (siehe *Sicherheit*, S. 153).

Obwohl immer wieder betont wird, dass Ajax-Applikationen ähnlich wie Desktop-Applikationen zu bedienen sind, darf nicht vergessen werden, dass mit Ajax eine Kommunikation zwischen Client und Server über das Internet stattfindet. Das ist immer ein potenzielles Sicherheitsrisiko, da ein Dritter die Kommunikation abhören oder sogar manipulieren kann. Man muss sich also genau überlegen, welche Art von Informationen über das Internet geschickt werden sollen.

Im Zusammenhang mit Webservices, die von verschiedenen Anbietern zur Verfügung gestellt werden, stellt sich die Frage, wie diese in eine Applikation eingebunden werden können, wenn der Browser nur die Kommunikation zwischen Seiten vom gleichen Server zulässt (siehe *Herkunft eines Skripts*, S. 154).

Zertifikate   Eine mögliche Lösung wäre der Einsatz von Zertifikaten, um diese Sicherheitsrestriktion aufzuheben (siehe *Zertifikate*, S. 157). Der Anwender erhält ein Popup-Fenster, über das der erweiterte Zugriff gewährt werden kann. Da durch das Popup-Fenster viele Anwender verunsichert werden, wird dieser Ansatz nur selten gewählt.

Proxyserver   Zur Lösung unseres Problems bietet sich vielmehr der Einsatz eines Proxyservers an. Auf diesem Proxyserver befindet sich der Code für die Ajax-Applikation. Der Client kommuniziert nur mit dem Proxyserver. Dieser sammelt wiederum die Daten von unterschiedlichen Quellen ein. So ist gewährleistet, dass aus der Sicht des Clients die Daten aus einer Quelle stammen, aber gleichzeitig die Verwendung unterschiedlicher Webservices möglich ist.

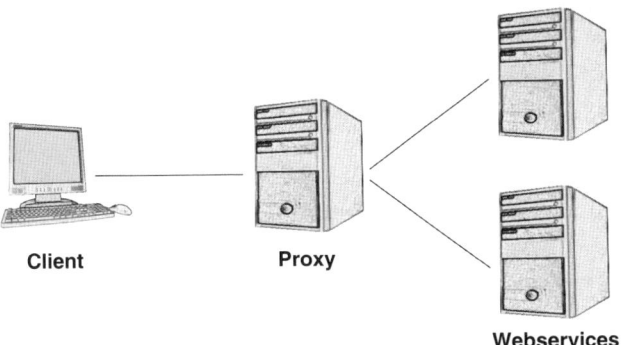

Abb. 18–6

Verwendung eines

Proxyservers

Client   **Proxy**

Webservices

18.2   Eine Ajax-Applikation erstellen und testen

Das Erstellen einer Ajax-Applikation erfordert etwas mehr Aufwand als bei einem einzelnen Skript auf dem Client. Wir wollen uns nun anschauen, wie Ajax-Applikationen entwickelt und getestet werden können. Zunächst werfen wir jedoch einen Blick auf die technischen Voraussetzungen auf dem Client und Server.

18.2.1   Technische Voraussetzungen

Da Ajax auf lange bekannten Technologien basiert, ist eine breite Unterstützung in den gängigen Browsern gewährleistet. Der Anwender muss im Browser natürlich die Ausführung von JavaScript-Code ermöglichen.

Häufig kommt das noch genauer zu untersuchende `XMLHttpRequest`-Objekt zum Einsatz. Dieses Objekt ist in leicht unterschiedlichen Ausführungen seit Microsoft Internet Explorer 5, Mozilla 1.0, Firefox 1.0, Opera 7.6 und Safari 1.2 verfügbar. Das sind Browserversionen, die schon einige Jahre auf dem Markt sind, sodass mittlerweile fast jeder Browser dieses Objekt kennt.

Verfügbarkeit des XMLHttpRequest-Objekts

Das Beste ist, dass für die Verwendung von Ajax kein Plugin benötigt wird. Plugins, die vom Anwender normalerweise selbst installiert werden müssen und meist nicht für alle Browser und Betriebssysteme verfügbar sind, hemmen häufig die Verbreitung neuer Technologien.

Auf der Serverseite können unterschiedliche Technologien zum Einsatz kommen, wie z.B. PHP oder Java. Da die Kommunikation über gewöhnliches HTTP stattfindet, muss die Serverseite keine speziellen Erfordernisse erfüllen.

Serverseite

18.2.2 Lokales Erstellen und Testen

Da Ajax-Applikationen auf dem Zusammenspiel von Client und Server aufbauen, benötigen wir eine Umgebung, in der wir das ausprobieren können. In Firmennetzen stehen häufig Server zur Verfügung, auf denen man die Applikation testen kann. Haben Sie diese Möglichkeit nicht, können Sie eine Testumgebung aufbauen, indem Sie eine Serversoftware auf Ihrem eigenen Computer installieren.

Apache Beispielsweise gibt es die Serversoftware Apache, die man kostenlos im Internet erhält (siehe *Online-Ressourcen*, S. 441) und die sich lokal auf Ihrem Computer installieren lässt. Mit einem Webbrowser auf diesem Computer kann man dann Anfragen an den Server stellen. Dass in diesem Fall Client und Server beide auf dem gleichen Compu-
http://localhost/ ter laufen, spielt keine Rolle. Der Server kann so konfiguriert werden, dass er über *http://localhost/* nur lokal sichtbar ist.

Diese Vorgehensweise hat den Vorteil, dass man alle Freiheiten hat, den Server zu konfigurieren. Durch den einfachen Aufbau kann die anfängliche Komplexität eines Projekts reduziert werden. Sie müssen dabei jedoch im Hinterkopf behalten, dass es beim späteren Einsatz der fertigen Applikation aus der Sicht des Anwenders zu Verzögerungen kommen kann, da die Daten über das Internet übertragen werden müssen. Die Applikation kann also wesentlich schwerfälliger wirken als beim Testen auf dem lokalen System.

Zur Erstellung der hier gezeigten Beispiele wurde der Apache-Server verwendet. Natürlich lassen sie sich auch auf anderen Webservern realisieren. Als Skriptsprache auf dem Server setzen wir in diesem Kapitel PHP ein. Die benötigte Software und die entsprechende Dokumentation kann im Internet kostenlos heruntergeladen werden (siehe *Online-Ressourcen*, S. 441).

18.2.3 Hilfsprogramme

Um zu sehen, welche Daten von einer Ajax-Applikation über das Internet geschickt werden, können Hilfsprogramme eingesetzt werden, die die Netzwerkkommunikation zwischen Client und Server überwachen. Dies kann bei der Entwicklung hilfreich sein, um Fehler schnell aufdecken zu können.

Es gibt verschiedene solcher Hilfsprogramme im Internet, einige davon sind kostenlos. Unter den Stichwörtern *HTTP Debugger*, *Network Monitor* und *IP Traffic* findet man eine ganze Reihe von Tools. Abbildung 18–7 zeigt ein solches Hilfsprogramm.

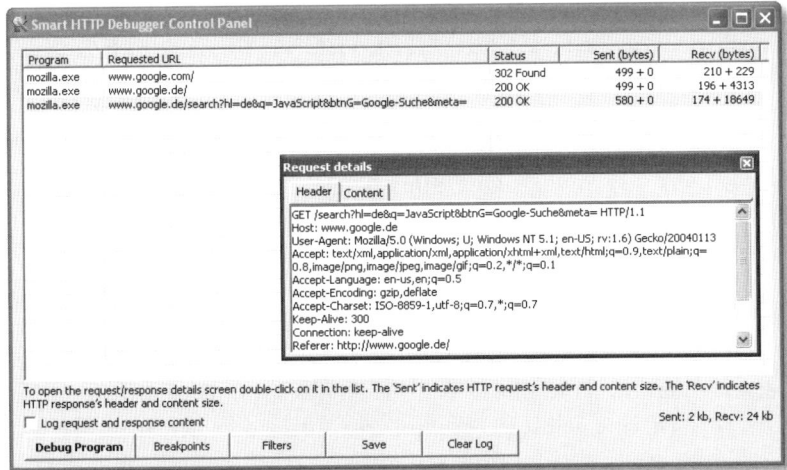

Abb. 18–7

Hilfsprogramm zum
Überwachen der
Kommunikation zwischen
Client und Server

18.3   Eine Ajax-Applikation gestalten

Bevor wir uns mit der technischen Seite einer Ajax-Applikation aus-
einandersetzen wollen, sind hier einige Aspekte im Zusammenhang
mit der Gestaltung von Ajax-Applikationen zu diskutieren, die häufig
vernachlässigt werden.

18.3.1   Visuelles Feedback

Beim herkömmlichen Ansatz mit mehreren HTML-Dokumenten, die
nacheinander geladen werden, kann der Anwender erkennen, wenn
eine neue Seite vom Server geholt wird. Die meisten Browser zeigen ein
animiertes Logo während des Ladevorgangs. Außerdem wird gewöhnlich in der Statusleiste angezeigt, was momentan passiert.

Dieses visuelle Feedback gibt es bei der asynchronen Kommunikation mit dem Server nicht. Der Anwender merkt also nicht, wenn im
Hintergrund Informationen vom Server angefordert werden. Damit
geht die Kontrolle darüber verloren, was die Applikation gerade macht.

Klickt der Anwender auf eine Schaltfläche, so wird irgendeine
Reaktion erwartet. Verknüpft man diese Schaltfläche mit einer Serveranfrage, ist es von vielen Faktoren abhängig, wann das Ergebnis vom
Server vorliegt und für den Anwender das Resultat sichtbar wird.
Wenn der Server sofort antwortet und die angeforderten Informationen unmittelbar zur Verfügung stehen, ist es normalerweise kein Problem, dass das visuelle Feedback fehlt. Kommt die Antwort vom Server aber erst nach zehn Sekunden, wird sich der Anwender in der

Verzögerungen

Zwischenzeit Gedanken darüber machen, ob alles richtig gemacht wurde oder ob die Seite fehlerhaft ist. Viele werden dann mehrfach auf die Schaltfläche klicken (und damit mehrere Serveranfragen auslösen) oder etwa die ganze Seite neu laden.

Viele Faktoren, wie die Geschwindigkeit des Internetzugangs des Anwenders, liegen nicht im Einflussbereich des Programmierers. Deshalb muss man in Ajax-Applikationen immer davon ausgehen, dass die angeforderten Informationen nicht unmittelbar zur Verfügung stehen.

Es ist natürlich von der Art der Applikation abhängig, wie dieses Problem zu lösen ist. Eine Sanduhr, wie sie auf Desktop-Anwendungen bei zeitaufwendigen Operationen angezeigt wird, möchte man meistens vermeiden, da in dieser Zeit die Applikation nicht bedienbar ist. Denkbar ist eine selbst programmierte Anzeige in der Seite, die das Verhalten des Logos des Browserfensters nachahmt und damit Anfragen an den Server signalisiert.

Unerwartete Aktionen des Browsers

Es besteht außerdem die Gefahr, dass der Anwender von Änderungen in der Seite überrascht wird, die nicht nachvollzogen werden können. Besonders wenn sich sehr große Änderungen der Seite ergeben, kann der Anwender leicht den Faden verlieren. Ärgerlich wäre auch, wenn der Anwender gerade einen Text liest und oberhalb dieses Texts etwas eingefügt wird, sodass sich die nachfolgenden Passagen verschieben.

Es ist also nicht unerheblich, wie die Daten vom Server aufbereitet werden. Die Aktionen des Browsers sollten vom Anwender nachvollziehbar sein und diesen bei der Bedienung der Applikation nicht stören.

18.3.2 Navigation und Lesezeichen

Vor und Zurück

Ein häufiger Kritikpunkt an Ajax-Applikationen ist, dass man die *Vor*- und *Zurück*-Schaltflächen nicht mehr verwenden kann. Eine Ajax-Applikation basiert ja nur auf einer Seite, die fortlaufend verändert wird. Man könnte annehmen, dass man mit *Zurück* einen Schritt in der Ajax-Applikation zurückgeht. Das ist aber nicht der Fall, vielmehr springt man zum vorhergehenden Eintrag in der History-Liste und beendet damit die Ajax-Applikation. Springt man mit *Vor* wieder zur Ajax-Applikation, wird diese neu aufgebaut. Damit sind alle nachträglichen Änderungen verloren.

Links auf Ajax-Applikationen

Auch die Verwendung von Lesezeichen ist problematisch. Der Anwender wird im Normalfall davon ausgehen, dass mit einem Lesezeichen der aktuelle Zustand der Seite festgehalten wird. Jedoch springt man mithilfe eines Lesezeichens an den Anfang einer Ajax-Applikation. Dies hat auch zur Folge, dass Links auf eine Ajax-Applikation nicht ohne Weiteres an Freunde und Bekannte geschickt werden können.

Ein interessanter Lösungsansatz ist das Verwenden von loca-
tion.hash, um den aktuellen Zustand der Applikation im Anker einer   *location.hash*
URL festzuhalten. location.hash funktioniert ähnlich wie der Suchstring. Die Ajax-Applikation muss einen Schlüssel definieren, mit dem
der Zustand der Seite kurz und knapp in einem String beschrieben
werden kann. Verändert sich der Zustand der Applikation, so muss
auch der String entsprechend angepasst und location.hash zugewiesen
werden. Setzt der Anwender ein Lesezeichen, ist die Beschreibung des
aktuellen Zustands der Seite über den Anker in der Adresse enthalten.
Wird die Seite neu geladen, kann zu Beginn die Information in loca-
tion.hash ausgelesen werden und die Applikation in den richtigen
Zustand versetzt werden.

Das Elegante an dieser Lösung ist, dass auch die *Vor-* und *Zurück-*
Schaltflächen damit funktionieren, da der Browser die Veränderung
des Ankers einer URL in der History-Liste vermerkt.

18.3.3   Suchmaschinen

Suchmaschinen suchen innerhalb einer Seite nach Anhaltspunkten, die
auf den Inhalt der Seite Rückschlüsse ziehen lassen. So werden Datenbanken aufgebaut, die spätere Suchabfragen nach bestimmten Stichwörtern ermöglichen. Dabei ist zu beachten, dass Inhalte, die durch
JavaScript generiert werden, meistens nicht beachtet werden.

Soll eine Ajax-Applikation von Suchmaschinen korrekt erfasst
werden, um bei einer Suche nach den entsprechenden Stichwörtern in
der Trefferliste zu erscheinen, muss die Seite genügend Informationen
bieten. Setzt man bei der Erstellung einer Ajax-Applikation aber fast
ausschließlich auf JavaScript, haben die Suchmaschinen keinen
Anhaltspunkt mehr für die Aufnahme in die Datenbank. Man sollte
aus diesem Grund sicherstellen, dass die Seite bereits im Ausgangszustand genügend Text bietet, der Aufschluss über den Inhalt gibt.

18.4   Das XMLHttpRequest-Objekt

Im Mittelpunkt der meisten Ajax-Applikationen steht das XMLHttp-
Request-Objekt, bei dem es nur leichte Unterschiede zwischen den
Browserversionen gibt.

Mithilfe des XMLHttpRequest-Objekts können HTTP-Anfragen an
den Server geschickt und die Antwort des Servers entgegengenommen
werden. Aufgrund des Namens des XMLHttpRequest-Objekts könnte
man annehmen, dass sich damit nur XML-Daten austauschen lassen.
Das ist jedoch nicht der Fall. Wir werden zunächst einfache Textdateien verwenden und erst später XML hinzufügen.

18.4.1   Ein XMLHttpRequest-Objekt erzeugen

In Browsern wie Mozilla/Firefox und dem Internet Explorer ab der Version 7 ist das `XMLHttpRequest`-Objekt standardmäßig verfügbar, ähnlich wie `String`- und `Array`-Objekte.

Um ein neues `XMLHttpRequest`-Objekt zu erzeugen, schreiben wir:

```
var httpReq = new XMLHttpRequest();
```

In diesen Browsern ist das `XMLHttpRequest`-Objekt dem `window`-Objekt untergeordnet, sodass wir mit

```
if (window.XMLHttpRequest) ...
```

prüfen können, ob das `XMLHttpRequest`-Objekt auf diese Weise unterstützt wird.

18.4.2   XMLHttpRequest im Internet Explorer 5 und 6

Im Internet Explorer 5 und 6 ist das `XMLHttpRequest`-Objekt eine ActiveX-Komponente. Deshalb muss in diesen Browserversionen ActiveX aktiviert sein, damit unsere Ajax-Applikationen richtig funktionieren. Wie eben gesehen, gilt dies ab dem Internet Explorer 7 nicht mehr.

Es gibt im Internet Explorer verschiedene Versionen des `XMLHttp`-`Request`-Objekts. Die einfache Version kann über

```
httpReq = new ActiveXObject("Microsoft.XMLHTTP")
```

erzeugt werden. Dies ist normalerweise völlig ausreichend, sodass man keine Unterscheidung nach der verwendeten Version machen muss.

Um zu prüfen, ob ActiveX verfügbar ist, können wir Folgendes schreiben:

```
if (typeof ActiveXObject != "undefined") ...
```

18.4.3   Genereller Ansatz zum Erzeugen eines XMLHttpRequest-Objekts

Damit wir uns nicht jedes Mal Gedanken über die verwendete Browserversion machen müssen, lohnt es sich, eine generelle Funktion zur Erzeugung eines `XMLHttpRequest`-Objekts zu definieren:

```
function getXMLHttpRequest() {
   var httpReq = null;
   if (window.XMLHttpRequest) {
      httpReq= new XMLHttpRequest();
   } else if (typeof ActiveXObject != "undefined") {
      httpReq= new ActiveXObject("Microsoft.XMLHTTP");
   }
   return httpReq;
}
```

Die Funktion liefert je nach Browserversion das richtige XMLHttp-Request-Objekt zurück.

18.4.4   Eine Anfrage an den Server schicken

Mit open() bereiten wir unser XMLHttpRequest-Objekt für die Übertragung der Daten an den Server vor. Mit send() schicken wir die Anfrage los. Wenn req eine Referenz auf unser XMLHttpRequest-Objekt ist, können wir mit folgenden Zeilen eine einfache get-Anfrage an den Server schicken:

```
req.open("get", "test.txt", true);
req.send(null);
```

Auf diese Art und Weise fordern wir die Datei test.txt vom Server an. Das dritte Argument mit dem Wert true gibt an, dass die Anfrage asynchron stattfinden soll, d.h., der Browser setzt nach dem Absenden der Anfrage die Ausführung des nachfolgenden JavaScript-Codes fort und wartet nicht, bis die Datei da ist.

18.4.5   Auf die Antwort des Servers reagieren

Wir haben nun gesehen, wie wir eine Anfrage an den Server schicken können. Da diese Anfrage asynchron geschickt wird, wartet unser JavaScript-Code nicht auf eine Antwort und setzt die Verarbeitung fort. Wie erfährt unser Skript jedoch, wenn die Antwort vom Server vorliegt?

Das XMLHttpRequest-Objekt definiert die Eigenschaft readyState, die den Stand der Datenübertragung angibt. Auf Änderungen der Eigenschaft readyState kann mit dem Event-Handler onreadystatechange reagiert werden. Wie Tabelle 18–1 zeigt, ist die Übertragung beendet, sobald readyState den Wert 4 annimmt.

readyState und onreadystatechange

Wert	Bezeichnung	Bedeutung
0	Uninitialized	Die open()-Methode wurde noch nicht aufgerufen.
1	Open	Die open()-Methode wurde aufgerufen, aber es wurde noch keine Anfrage gesendet.
2	Sent	Die Anfrage wurde gesendet.
3	Receiving	Ein Teil der Antwort des Servers wurde erhalten.
4	Loaded	Die Antwort vom Server liegt vollständig vor.

Diese Werte werden nicht von allen Browsern gleich unterstützt. Man sollte sich auf die Werte 0, 1 und 4 beschränken.

Mit dem folgenden Codeabschnitt teilen wir dem Browser mit, dass die Funktion test() aufzurufen ist, sobald sich die Eigenschaft readyState ändert:

ajax1.html
(Auszug)

```
req.onreadystatechange = test;
req.open("get", "test.txt", true);
req.send(null);
```

In der Funktion test() müssen wir prüfen, ob readyState den Wert 4 hat, um sicher zu sein, dass die Antwort vom Server komplett vorliegt. Wenn wir req als globale Variable definiert haben, können wir also Folgendes schreiben:

```
function test() {
    if (req.readyState == 4) {
        // Die Antwort des Servers liegt vor
    }
}
```

responseText

Die Antwort des Servers kann man nun mit der Eigenschaft responseText auslesen. In unserem Beispiel könnten wir also Folgendes schreiben:

```
var antwort = req.responseText;
```

18.4.6   HTTP-Statuscodes

Es kann passieren, dass der Abruf der Daten vom Server fehlschlägt. Hierfür kann es vielfältige Gründe geben. Beispielsweise kann die Internetverbindung beim Anwender unterbrochen worden sein oder der Server ist im Moment nicht erreichbar. Oder es kann natürlich auch passieren, dass unsere Ajax-Applikation ein Dokument abrufen will, das gar nicht existiert, z.B. weil sich im Dateinamen ein Tippfehler eingeschlichen hat.

Das HTTP-Protokoll definiert verschiedene Statuscodes bzw. Fehlercodes. Einige davon sind in Tabelle 18–2 dargestellt.

Wert	Bezeichnung	Bedeutung
200	OK	Die Anfrage war erfolgreich.
401	Unauthorized	Der Zugriff ohne Login und Passwort ist nicht möglich.
403	Forbidden	Login und/oder Passwort waren nicht richtig.
404	Not Found	Die angeforderte Datei ist nicht verfügbar.
500	Internal Server Error	Auf dem Server ist ein Fehler aufgetreten.

Tab. 18–2
HTTP-Statuscodes

Die Eigenschaft `status` des `XMLHttpRequest`-Objekts gibt den Statuscode wieder. Damit kann eine Applikation auf die unterschiedlichen Möglichkeiten reagieren. Beispielsweise wird mit folgender Zeile abgefragt, ob die Übertragung erfolgreich war:

```
if (req.status == 200) ...
```

18.4.7 Formulare mit Ajax

Wir wollen nun das `XMLHttpRequest`-Objekt verwenden, um ein Formular mit Serveranbindung zu erstellen. Dazu soll das Beispiel der Billigfluglinie aus dem Formular-Kapitel als Grundlage dienen. Über die Auswahl des Abflugortes sind die möglichen Zielflughäfen in einem `Select`-Objekt anzuzeigen (siehe *Formularelemente voneinander abhängig machen*, S. 232). Diesmal werden die Auswahlmöglichkeiten jedoch nicht in der HTML-Seite integriert, sondern bei Bedarf vom Server geholt.

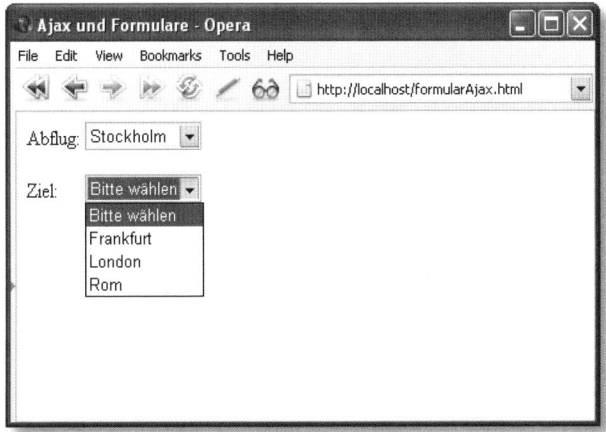

Abb. 18–8
Automatisches Füllen eines Select-Objekts mit Ajax

Zur Realisierung dieses Beispiels benötigen wir jeweils ein Skript auf dem Client und dem Server. Hier wurde für den Server ein PHP-Skript gewählt. Bitte beachten Sie, dass Sie zum Ausführen der Applikation *http://localhost/* verwenden müssen, wie es Abbildung 18–8 zeigt.

Unser PHP-Skript liefert die Zielorte als String zurück. Die verschiedenen Orte werden mit einem Pluszeichen getrennt. Man könnte auch andere Zeichen verwenden. Das Pluszeichen bietet sich an, da es nicht in den Namen unserer Zielorte vorkommt. Auf dem Client können wir auf diese Weise die split()-Methode des String-Objekts verwenden, um aus dem erhaltenen String ein Array zu erzeugen (siehe *split()*, S. 111).

Da ich hier nicht näher auf die Programmierung von PHP eingehen will, wurde das PHP-Skript so einfach wie möglich gehalten. Für die einzelnen Abflugorte werden die möglichen Zielorte als String in einem Array festgehalten. Der entsprechende String wird mit echo an den Client zurückgegeben.

ziele.php

```php
<?php
    header("Content-Type: text/plain");

    $abflug = $_GET["value"];

    $ziele["Frankfurt"] = "London+Paris+Rom+Stockholm";
    $ziele["London"] = "Frankfurt+Paris+Stockholm";
    $ziele["Paris"] = "Frankfurt+London";
    $ziele["Rom"] = "Frankfurt+Stockholm";
    $ziele["Stockholm"] = "Frankfurt+London+Rom";

    echo $ziele[$abflug];
?>
```

Das hier gezeigte PHP-Skript ist natürlich nur eine Vereinfachung. Ausgehend von diesem Skript kann man eine Datenbank anbinden und dann die entsprechenden Rückgabestrings auf Basis einer Datenbankabfrage generieren.

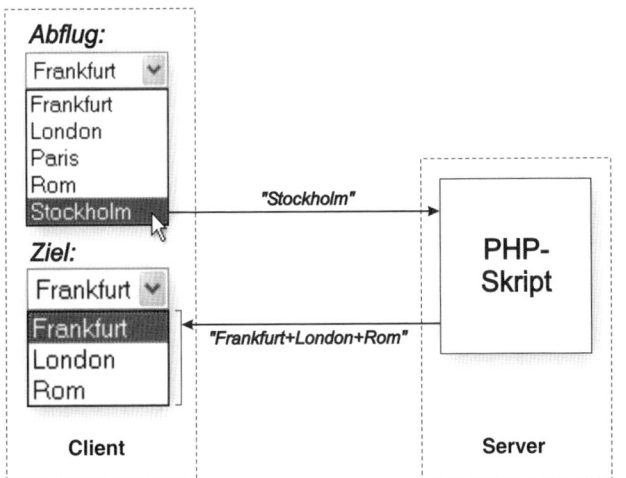

Abb. 18–9

Anbindung eines
Formulars mit Ajax

Zunächst erzeugen wir die Formularelemente mit diesem HTML-Code:

```
<form>
  <p>
  Abflug:
  <select id="abflug" onchange="zieleErmitteln()">
      <option value="ausgangswert">Bitte w&auml;hlen</option>
      <option value="Frankfurt">Frankfurt</option>
      <option value="London">London</option>
      <option value="Paris">Paris</option>
      <option value="Rom">Rom</option>
      <option value="Stockholm">Stockholm</option>
  </select>
  <br><br>
  Ziel:
  <select id="ziel">
      <option value="ausgangswert">Bitte w&auml;hlen</option>
  </select>
  </p>
</form>
```

ajax2.html
(Auszug)

Im <select>-Tag wird der Event-Handler onchange definiert, sodass die
Funktion zieleErmitteln() aufgerufen wird, sobald sich der Inhalt der
ersten Auswahlliste ändert.

   In der Funktion zieleErmitteln() wird die Anfrage mithilfe der
Funktion sendRequest() an den Server geschickt. In der Funktion sen-
dRequest() setzen wir auch unsere eingangs erstellte Funktion
getXMLHttpRequest() ein, um ein XMLHttpRequest-Objekt zu erstellen.

```
function zieleErmitteln() {
  var abflug = document.getElementById("abflug");
  if (abflug.value != "ausgangswert") {
    sendRequest("ziele.php", zieleAnzeigen, abflug.value);
  }
}
function sendRequest(url, handler, param) {
  req = getXMLHttpRequest();
  if (req) {
    req.onreadystatechange = handler;
    req.open("get", url + "?value=" + param, true);
    req.send(null);
  }
}
```

Wie Sie sehen, wird beim Aufruf von open() der Name des selektierten Abflugortes per Suchstring übergeben.

Die Antwort vom Server wird durch die Funktion zieleAnzeigen() verarbeitet. Da wir einen einfachen String erhalten, in dem die Einträge durch das Pluszeichen getrennt sind, können wir die split()-Methode verwenden.

```
function zieleAnzeigen() {
  if (req.readyState == 4) {
    var str = req.responseText;
    var liste = str.split("+");
    var ziele = document.getElementById("ziel");
    // bisherige Eintraege loeschen
    for (i = ziele.length; i > 0; i--) {
      ziele[i] = null;
    }
    // neue Eintraege
    for (i = 0; i < liste.length; i++) {
      ziele[i+1] = new Option(liste[i]);
    }
  }
}
```

Normalerweise müssten die Strings verschlüsselt werden, damit auch Umlaute übertragen werden können. Das Beispiel wurde so gewählt, dass nur Orte ohne Umlaute angeflogen werden. Falls Sie Betreiber einer Fluglinie sind, würde ich von dieser Vorgehensweise abraten und Ihnen stattdessen die Funktion encodeURIComponent() ans Herz legen ...

18.4.8   Alternativen zum XMLHttpRequest-Objekt

Zum XMLHttpRequest-Objekt gibt es Alternativen, die im Internet ab
und zu zum Einsatz kommen. Hier sollen diese Alternativen nur kurz
erwähnt werden.

Früher war es üblich, Anfragen in einem separaten iFrame durchzuführen. Damit diese IFrames vom Anwender nicht bemerkt werden,
wurden sie oft mit einer Größe von 0 definiert.

Ein weiterer Ansatz ist die Verwendung des <script>-Tags, mit
dem man js-Bibliotheksdateien laden kann. Das <script>-Tag kann
auf dem Client dynamisch angepasst werden, sodass unterschiedliche
Dokumente angefordert werden können.

Das XMLHttpRequest-Objekt bietet gegenüber diesen Ansätzen
wesentliche Vorteile und wird auch von den gängigen Browsern unterstützt, sodass der Einsatz dieses Objekts zu empfehlen ist.

18.5   XML

In diesem Kapitel haben wir bisher einfachen Text verwendet, um
Daten vom Server zum Client zu übertragen. Wie bereits erwähnt
wurde, gibt es jedoch zahlreiche andere Formate, die im Zusammenhang mit Ajax zum Einsatz kommen können. Hier sollen XML und im
nächsten Abschnitt JSON beispielhaft angesprochen werden. Diese
Datenformate bieten sich an, wenn die übertragenen Informationen
auf dem Client weiterverarbeitet werden sollen.

Wir wollen uns ein Beispiel anschauen, in dem die Einwohnerzah-
len einzelner Städte abgerufen werden können. Der Name einer Stadt
und die Einwohnerzahl werden dabei vom Server angefordert. Dieser
schickt die Antwort in Form einer XML-Datei.

Abb. 18–10

Übertragen von

Informationen mit XML

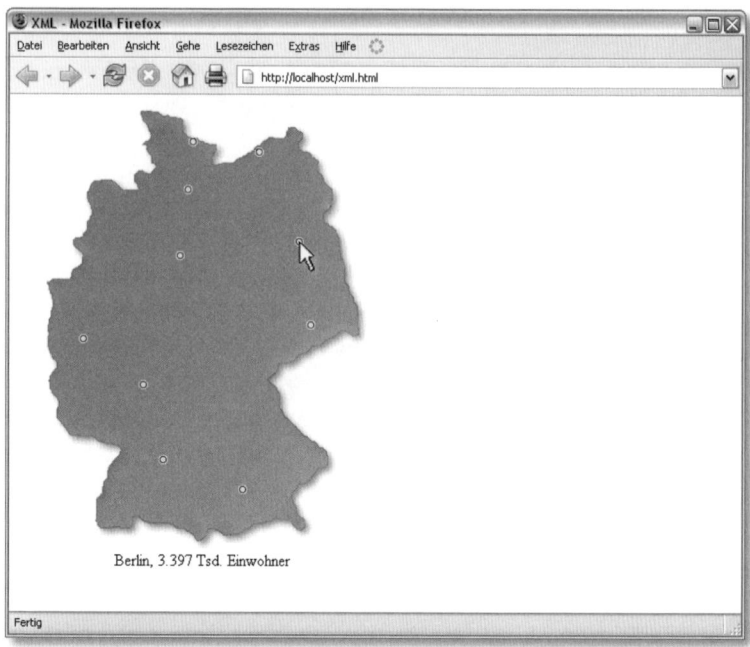

Wir wollen folgendes Format benutzen, um die notwendigen Informationen zu übertragen:

```
<?xml version="1.0" encoding="UTF-8"?>

<stadt>
   <name>Berlin</name>
   <einwohner>3.397</einwohner>
</stadt>
```

Das Serverskript in PHP wurde wieder bewusst einfach gehalten. Das Skript nimmt einen Übergabewert entgegen und generiert dann mit den entsprechenden Informationen den XML-Code. Dieser wird über echo ausgegeben und so an den Client übertragen.

staedte.php

```
<?php
    header("Content-Type: text/xml");

    $num = $_GET["value"];

    $stadt[1] = "Berlin"; $einwohner[1] = "3.397";
    $stadt[2] = "Hamburg"; $einwohner[2] = "1.774";
    $stadt[3] = "München"; $einwohner[3] = "1.330";
    $stadt[4] = "Köln"; $einwohner[4] = "998";
    $stadt[5] = "Frankfurt"; $einwohner[5] = "672";
    $stadt[6] = "Stuttgart"; $einwohner[6] = "602";
    $stadt[7] = "Hannover"; $einwohner[7] = "521";
```

```
$stadt[8] = "Dresden"; $einwohner[8] = "517";
$stadt[9] = "Kiel"; $einwohner[9] = "238";
$stadt[10] = "Rostock"; $einwohner[10] = "201";

$ausgabe = '<?xml version="1.0" encoding="UTF-8"?>' .
           '<stadt>' .
           '<name>' . $stadt[$num] . '</name>' .
           '<einwohner>' . $einwohner[$num] .
           '</einwohner></stadt>';

echo utf8_encode($ausgabe);

?>
```

Nun kommen wir zur Clientseite. Dort verwenden wir eine Imagemap nach folgendem Schema, um die einzelnen Städte mit dem onmouseover-Event-Handler zu verknüpfen:

```
<map name="staedte">
   <area shape="circle" alt="Berlin"
      coords="264,136,7" onmouseover="info(1)">
   <area shape="circle" alt="Hamburg"
      coords="151,86,7" onmouseover="info(2)">
   ...
</map>

<img src="karte.qif" alt="Karte Deutschland"
   usemap="#staedte" style="border: 0px"
   width="337" height="441">
```

ajax3.html

(Auszug)

Zur Ausgabe des Textes verwenden wir ein einfaches <div>-Tag:

```
<div id="ausgabe" style="position: absolute; left: 80px;"></div>
```

Die Serveranfragen werden wie gehabt über das XMLHttpRequest-Objekt getätigt:

```
function info(num) {
   sendRequest("staedte.php", anzeigen, num);
}

function sendRequest(url, handler, param) {
   req = getXMLHttpRequest();
   if (req) {
      req.onreadystatechange = handler;
      req.open("get", url + "?value=" + param, true);
      req.setRequestHeader("Content-Type",
         "application/x-www-form-urlencoded");
      req.send(null);
   }
}
```

Die Antwort vom Server wird von der Funktion anzeigen() verarbeitet.

```
function anzeigen() {
  if (req.readyState == 4) {

    var xml = req.responseText;
    var xmlDOM;

    if (typeof ActiveXObject != "undefined") {
      xmlDOM = new ActiveXObject("Microsoft.XmlDom");
      xmlDOM.loadXML(xml);
    } else {
      var parser = new DOMParser();
      xmlDOM = parser.parseFromString(xml,"text/xml");
    }

    var n1 = xmlDOM.getElementsByTagName("name")[0];
    var n2 = xmlDOM.getElementsByTagName("einwohner")[0];

    var stadt = n1.childNodes[0].nodeValue;
    var einwohner = n2.childNodes[0].nodeValue;

    var ausg = document.getElementById("ausgabe");
    ausg.innerHTML =
      stadt + ", " + einwohner + " Tsd. Einwohner";
  }
}
```

Wie Sie sehen, speichern wir in xmlDOM eine Referenz auf das XML-Dokument. Im Microsoft Internet Explorer verwenden wir hierzu die loadXML()-Methode des XmlDom-Objekts, das über ActiveX zur Verfügung gestellt wird. In anderen Browsern wird das DOMParser-Objekt verwendet und die parseFromString()-Methode aufgerufen.

Auf diese Art und Weise bereiten wir das XML-Dokument so auf, dass wir nun mit getElementsByTagName() auf die einzelnen Elemente zugreifen können, wie dies auch bei einem HTML-Dokument funktioniert.

18.6 JSON

Wie bereits in einem vorhergehenden Kapitel gezeigt wurde, können Objekte und Arrays mithilfe der JavaScript Object Notation (JSON) definiert werden (siehe *Die Kurzschreibweise JSON*, S. 91). Dieses Format kann auch auf dem Server generiert und dann auf dem Client weiterverarbeitet werden.

Um ein JavaScript-Objekt zu erzeugen, das den Namen und die Einwohnerzahl einer Stadt festhält, könnten wir in JSON Folgendes schreiben:

```
var stadt = {  name: "Berlin",
               einwohner: "3.379"
            }
```

Die Idee ist, den Teil in den geschweiften Klammern vom Server generieren zu lassen und diesen über das Internet an den Client zu übertragen. Die zu übertragenden Daten sind wesentlich geringer als im Falle der XML-Datei. Der Client erhält also folgenden String:

```
{ name: "Berlin", einwohner: "3.379" }
```

Mit ECMAScript 5 kann der übertragene String mit der Methode parse() des JSON Objekts in ein Objekt umgewandelt werden:

```
var stadt = JSON.parse(txt);
```

Steht kein ECMAScript 5 zur Verfügung, könnte man auf die Idee kommen, den String mithilfe der eval()-Funktion in ein Objekt umzuwandeln (siehe *eval()*, S. 80). Dies funktioniert folgendermaßen:

```
var stadt = eval("(" + txt + ")");
```

So einfach diese Vorgehensweise klingen mag, ist hier jedoch Vorsicht geboten. Mit eval() wird sämtlicher JavaScript-Code ausgeführt, ohne dass der Inhalt hinterfragt wird. Ein Dritter könnte dies ausnutzen, um böswilligen Code auf dem Client einzuschleusen. Aus diesem Grund ist von dieser Vorgehensweise abzuraten. Stattdessen sollten Sie die Funktion parse() von Douglas Crockford verwenden (siehe *Online-Ressourcen*, S. 441).

19 Web Worker

Eine Programmiersprache, die zunächst für einfache Dinge wie Formularüberprüfungen konzipiert war, stößt an gewisse Grenzen, wenn sie für komplexe Webapplikationen eingesetzt werden soll. Die Beschränkung von JavaScript auf einen einzelnen Ausführungsstrang ist solch eine Grenze.

Wird auf einem Computer ein Programm wie ein Webbrowser oder eine Textverarbeitung gestartet, bildet der Computer dies als einen sogenannten Prozess ab. Ein Prozess kann mehrere Ausführungsstränge oder Threads (engl. für *Faden*) umfassen. Innerhalb eines Threads werden die anstehenden Aufgaben hintereinander ausgeführt, also niemals gleichzeitig. Eine Aufgabe muss zuerst abgeschlossen sein, bevor die nächste Aufgabe bearbeitet werden kann. Verschiedene Threads können vom Computer jedoch gleichzeitig ausgeführt werden. Man spricht hierbei auch von Multitasking (task, engl. für *Aufgabe*). Die Aufgaben werden hierbei häufig nicht wirklich gleichzeitig ausgeführt, sondern der Computer schaltet sehr schnell zwischen den einzelnen Ausführungssträngen hin und her und erzeugt damit den Eindruck einer gleichzeitigen Ausführung.

Multitasking

JavaScript konnte bisher nur mit einem Thread umgehen und beherrscht damit ursprünglich also kein Multitasking. Dies fällt insbesondere dann auf, wenn JavaScript eine aufwendige Berechnung durchführt und in der Zwischenzeit der Browser blockiert ist.

Man könnte meinen, dass mit Timern oder Intervallen ein gewisses Multitasking erreicht werden kann. Hierbei handelt es sich jedoch nicht um Multitasking. Die anstehenden Aufgaben werden nur asynchron abgearbeitet. Aber asynchron heißt nicht unbedingt, dass die Aufgaben auch gleichzeitig ausgeführt werden können.

In welchem Zusammenhang ist die gleichzeitige Bearbeitung von verschiedenen Aufgaben überhaupt von Vorteil? Insbesondere bei rechenintensiven Prozessen oder Dingen, die im Hintergrund vorbereitet werden sollen, bevor der Anwender das Ergebnis sieht, bietet sich dies an. Man könnte sich hierbei die Analyse von Video- und Audiodaten, die Durchführung einer Rechtschreibprüfung oder die Aufbereitung von Daten eines Webservice vorstellen. Die Berechnung von Primzahlen, die bei diesem Thema häufig als Beispiel gewählt wird, ist also nicht der einzige Einsatzzweck ... Soll bei einer komplexeren Berechnung die Webseite bedienbar bleiben, d.h., die Webseite soll weiterhin auf Ereignisse reagieren können, dann sind mehrere Ausführungsstränge nützlich.

Wenn ein Computer mehrere Prozessoren oder Prozessorkerne besitzt, können die einzelnen Aufgaben auf diese verteilt werden, sodass eine höhere Bearbeitungsgeschwindigkeit möglich wird. Nicht jedes Problem ist jedoch parallelisierbar, d.h. auf mehrere Threads aufteilbar.

JavaScript bietet mit sogenannten Web Workers die Möglichkeit, mit verschiedenen Ausführungssträngen zu arbeiten. In diesem Kapitel wollen wir uns den allgemeinen Aufbau und die Funktionsweise von Web Workers genauer ansehen.

19.1   Arten und Verfügbarkeit von Web Workers

Dedicated vs. Shared Web Workers

Es gibt zwei verschiedene Arten von Web Workers. Mit den normalen Web Workers können die meisten neueren Browserversionen umgehen. Diese Web Workers werden oft auch als Dedicated Web Workers bezeichnet. Sie sind dem Skript, das den jeweiligen Web Worker gestartet hat, zugeordnet und können nur von diesem genutzt werden. Außerdem gibt es die sogenannten Shared Web Workers, die von verschiedenen Skripten einer Website verwendet werden können.

Web Workers funktionieren in Firefox 3.5+, Chrome 4+, Safari 4+ und Opera 10.5+. Im Internet Explorer funktioniert dies momentan leider nicht.

In den aktuellen Versionen des Chrome-Browsers von Google gibt es die Besonderheit, dass Web Workers nur funktionieren, wenn sie über das Internet geladen werden. Verwendet man ein Skript, das von der lokalen Festplatte mit *file:* geladen wird, weigert sich Chrome, den Web Worker zu starten. Dies geschieht ohne Fehlermeldung, sodass man leider keinen Hinweis bekommt, woran es liegen mag.

19.2   Single Threaded Environment ohne Web Worker

Um die Beschränkung auf einen Thread ohne den Einsatz von Web Workers etwas anschaulicher zu machen, sehen wir uns ein Beispiel mit zwei Intervallen an, die wie üblich gestartet werden:

```
intervall = setInterval(erstesInterval, 100);
interval2 = setInterval(zweitesInterval, 20);
```

thread1.html

(Auszug)

Die Intervalle starten in kurzen Zeitabständen recht aufwendige Rechenoperationen in Form einer Multiplikation von vielen Zahlen. Für das erste Intervall mit fünf Millionen Berechnungen sieht das so aus:

```
for (var i = 0; i < 5000000; i++) {
    var j = i * i;
}
```

Das zweite Intervall führt entsprechend eine Million solcher Berechnungen durch. Die Rechenoperationen sind so zeitintensiv und der Abstand der Intervalle so kurz, dass sich die Aufgaben unweigerlich in die Quere kommen.

Das Skript zeichnet ein Schaubild, um zu verdeutlichen, wie die verfügbare Zeit verwendet wird. Die Abarbeitung einer Aufgabe des ersten Intervalls wird durch einen Balken auf der linken Seite angezeigt. Ein Balken auf der rechten Seite zeigt die Durchführung einer Aufgabe des zweiten Intervalls. Die Zeit ist in dem Schaubild auf der vertikalen Achse dargestellt.

Wie Sie sehen, bearbeitet der Browser zu jedem Zeitpunkt maximal eine Aufgabe. Nie werden die Aufgaben der beiden Intervalle gleichzeitig ausgeführt. Wäre dies der Fall, würden in dem Schaubild einige Balken auf beiden Seiten auf derselben Höhe nebeneinander dargestellt. Der Browser führt die Befehle also hintereinander aus.

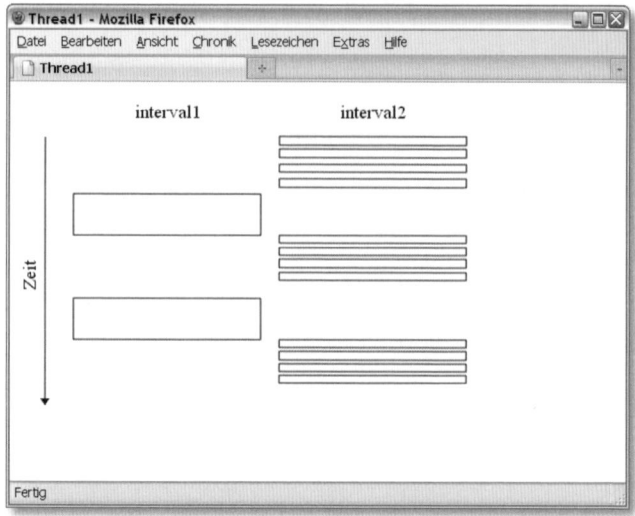

19.3   Der Grundaufbau von Web Workers

Wir wollen uns zunächst den grundlegenden Aufbau von Web Workers anschauen und gehen dabei als Erstes auf Dedicated Web Workers ein. Wie Sie später sehen werden, funktionieren Shared Web Workers ähnlich.

19.3.1   Das Worker-Objekt

Das erste Beispiel zeigt einen einfachen Web Worker und demonstriert die Kommunikation mit dem ursprünglichen Skript. In der Praxis würde man einen Web Worker nur verwenden, wenn es um eine komplexere Aufgabe geht. Sonst lohnt sich der Aufwand nicht, auch wenn die eigentliche Erzeugung eines Web Worker recht einfach ist.

Zur Verwendung von Web Workers benötigen wir das Objekt Worker. Beim Aufruf des Konstruktors gibt man eine js-Datei an, die den Code des Web Worker enthält:

```
var worker = new Worker("webworker.js");
```

Der Browser erzeugt dadurch einen Web Worker, der den in webworker.js enthaltenen Quellcode ausführt.

19.3.2 Nachrichten

Um mit dem erstellten Web Worker vom ursprünglichen Skript aus zu kommunizieren, verwenden wir Nachrichten. Wir können sowohl Nachrichten schicken als auch Nachrichten empfangen. Der Quellcode, um den Web Worker zu erstellen und mit ihm zu kommunizieren, sieht wie folgt aus:

```
var worker = new Worker("webworker.js");
worker.postMessage(2);

worker.onmessage = function (event) {
    alert(event.data);
};
```

webworker.html

(Auszug)

Um eine Nachricht zu schicken, verwenden wir die Methode postMessage() des Worker-Objekts. Hier schicken wir die Zahl 2 als Nachricht an den Web Worker. Sie können wie in JavaScript üblich sowohl sämtliche Datentypen als auch Objekte an den Web Worker schicken.

Damit der Web Worker auf die eingehenden Nachrichten reagieren kann, definieren wir wie gewohnt einen Event-Handler. Tatsächlich ist der Code für die Definition des Event-Handlers in unserem einfachen Beispiel der einzige Inhalt des Quellcodes für den Web Worker:

```
onmessage = function (event) {
    postMessage(event.data * event.data);
}
```

webworker.js

Abb. 19–2

Kommunikation mit dem Web Worker

Der Web Worker kann wie im Beispiel gezeigt auf eingehende Nachrichten über den Event-Handler onmessage reagieren. Die Nachricht wird in event.data gespeichert. In unserem Beispiel wird das Quadrat berechnet und wiederum über postMessage() an das ursprüngliche Skript zurückgeschickt. Da unser ursprüngliches Skript auch einen Event-Handler mit dem Namen onmessage definiert, kann dieses Skript auf die eingehende Nachricht reagieren und das Ergebnis der Berechnung ausgeben.

Ein üblicher Fehler ist, dass der Web Worker zu beschäftigt ist, um auf Nachrichten zu antworten. Ganz deutlich wird es, wenn Sie im Web Worker eine Endlosschleife durchführen. Sie müssen dem Web

Worker schon etwas Luft zum Atmen geben, sonst wird er keine Zeit haben, um mit Ihnen zu kommunizieren.

19.3.3   Zugriffsmöglichkeiten durch den Web Worker

Ein Web Worker hat nicht Zugriff auf alle Objekte, die Ihnen in einem normalen Skript zur Verfügung stehen. So kann ein Web Worker beispielsweise nicht auf den DOM-Baum zugreifen, also weder auf `document` oder `getElementById()` noch auf `parent` oder `window`.

Folgende Objekte können jedoch im Web Worker verwendet werden:

- `navigator`-Objekt
- `location`-Objekt (nur lesender Zugriff)
- `XMLHttpRequest`-Objekt

Sie können auch Timer und Intervalle verwenden und sogar andere Web Workers starten.

Sicherheit   Für Web Workers gelten die gleichen Sicherheitsbedingungen wie für normales JavaScript. Die js-Datei muss also die gleiche Herkunft haben wie das aufrufende Skript.

19.4   Gleichzeitiges Ausführen von Aufgaben

Das Hin- und Herschicken von Nachrichten zwischen einem Skript und einem Web Worker ist natürlich kein Selbstzweck. Auch ist die Durchführung einer Multiplikation mithilfe eines Web Worker mit Kanonen auf Spatzen geschossen. Deshalb wollen wir nun sehen, wie komplexere Aufgaben zeitgleich durchgeführt werden können.

19.4.1   Das Intervall-Beispiel mit Web Workers

Das Timer-Beispiel vom Anfang des Kapitels wollen wir nun mit Web Workers umsetzen. Der Aufbau ist ähnlich. Wir haben also wieder zwei Intervalle mit aufwendigen Berechnungen. Nur übergeben wir diesmal die Aufgaben des ersten Intervalls an einen Web Worker.

Zunächst müssen wir wie gehabt den Web Worker starten:

thread2.html
(Auszug)
```
worker = new Worker("workerThread.js");
worker.onmessage = antwortWorker;
```

Das erfolgt am besten über den Event-Handler `onload` des Skripts, damit dieser Code ausgeführt wird, sobald die Seite geladen ist. Der Web Worker enthält in diesem Beispiel folgenden Code:

```
function erstesInterval() {                                          workerThread.js
  var anfang = new Date().getTime();

  for (var i = 0; i < 5000000; i++) {
    var j = i * i;
  }

  var ende = new Date().getTime();

  postMessage([anfang, ende]);
}

// interval1 starten
var interval1 = setInterval(erstesInterval, 100);
```

Der Web Worker enthält also die Schleife zur Durchführung der Multiplikationen, die in regelmäßigen Abständen mithilfe eines Intervalls ausgeführt wird. Über postMessage() wird dem ursprünglichen Skript Bescheid gegeben, sobald die Schleife beendet ist. Dabei werden Start- und Endzeitpunkt in einem Array übergeben.

Das ursprüngliche Skript reagiert mit der folgenden Funktion auf dieses Ereignis:

```
function antwortWorker(event) {
  zeichnen(1, event.data[0], event.data[1]);
}
```

Die Funktion zeichnen() sorgt für die grafische Ausgabe und wurde auch in unserem Beispiel am Anfang dieses Kapitels eingesetzt.

Damit der Web Worker nicht endlos werkelt, sollten wir ihn irgendwann mit terminate() beenden. Das sieht in unserem Beispiel so aus:

```
worker.terminate();
```

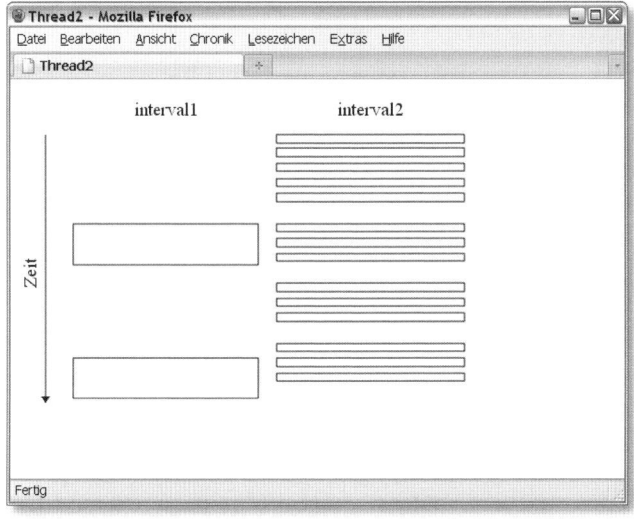

Abb. 19–3

Gleichzeitige Ausführung von Aufgaben mit Web Workers

Das Schaubild zeigt, dass jetzt die Aufgaben tatsächlich gleichzeitig bearbeitet werden. Das sieht man daran, dass jetzt Balken für beide Ausführungsstränge auf gleicher Höhe erscheinen.

19.4.2 Ein komplexeres Beispiel

Mit den bisherigen Aufgaben dürfte unser Web Worker stark unterfordert sein. Deshalb geben wir ihm jetzt etwas mehr zu tun. Als komplexeres Beispiel soll die Ziehung von Lottozahlen dienen. Unser Web Worker soll dies jedoch nicht nur einmal tun, sondern gleich eine Million Mal. Damit ist der Web Worker eine Weile beschäftigt.

Würden wir das ohne Web Worker programmieren, wäre das Browserfenster für eine ganze Weile blockiert. Mit Web Workers bleibt das Browserfenster dennoch bedienbar.

Das Skript ermöglicht zunächst die Eingabe der Lottozahlen und fragt die gewünschte Anzahl der Ziehungen ab. Den Web Worker starten wir wieder mit:

lotto.html (Auszug)

```
var worker = new Worker('lottofee.js');
```

Die Eingaben des Anwenders werden im Array `tipp` gespeichert und mit `postMessage()` an den Web Worker übergeben:

```
worker.postMessage(tipp);
```

Der Web Worker ist so programmiert, dass er gleich tausend Ziehungen der Lottozahlen durchführt und sich dann wieder beim ursprünglichen Skript meldet. Uns interessiert dabei, wie oft sechs Richtige, fünf Richtige etc. gezogen wurden. Also übergeben wir auch in diese Richtung wieder ein Array:

lottofee.js

```
onmessage = function (event) {
    tipp = event.data;
    var r = [0, 0, 0, 0, 0, 0, 0];

    var j = 0;
    for (j = 1; j <= 1000; j++) {

        var ziehung = [];
        var richtige = 0;

        for (i = 1; i <= 6; i++) {
            var eindeutig = false;
            while (!eindeutig) {
                var zufall = Math.round(Math.random() * 49 + 0.5);
                // Prüfen, ob diese Zahl bereits gezogen wurde
                if (ziehung.indexOf(zufall)==-1) {
                    ziehung.push(zufall);
                    eindeutig = true;
```

```
                if (tipp.indexOf(zufall)!=-1) richtige++;
            }
        }
    }

    r[richtige]++;
}

postMessage(r);
}
```

Das ursprüngliche Skript muss dieses Array nur noch entgegennehmen, für die grafische Ausgabe sorgen und dem Web Worker mit post-
Message() mitteilen, falls er weitermachen soll:

```
worker.onmessage = function (event) {
    var r2 = event.data;
    gesamt = gesamt + 1000;

        // Ausgabe ...

    if (gesamt < anzahl) worker.postMessage(tipp); // Weitermachen
};
```

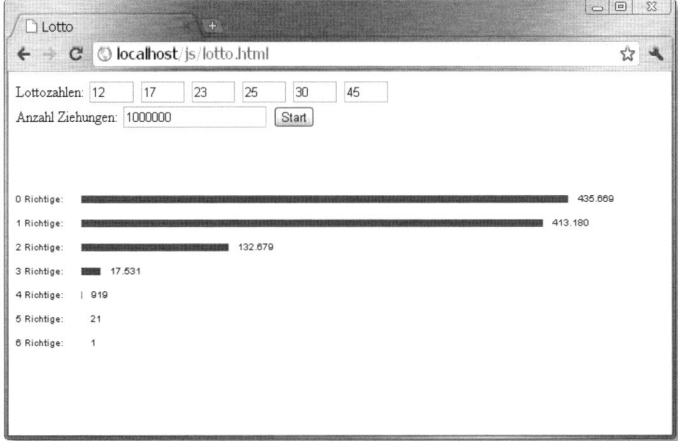

Abb. 19–4
Der Web Worker als
Lottofee

19.5 Shared Web Worker

Verschiedene Skripte einer Website können sich einen Web Worker teilen. Hierzu benötigen wir einen sogenannten Shared Web Worker. Leider funktioniert das noch nicht in allen Browsern. Auch hier soll ein
einfaches Skript die Arbeitsweise veranschaulichen.

19.5.1   Das SharedWorker-Objekt

Es gibt ein SharedWorker-Objekt, das nach dem gleichen Schema erstellt wird wie ein Worker-Objekt für einen Dedicated Web Worker:

sharedworker.html

(Auszug)

```
sw = new SharedWorker("sharedworker.js");
```

Die js-Datei enthält auch hier wieder den Quellcode für den Web Worker. Wenn Sie den gleichen Befehl von einem anderen Skript (mit gleichem Ursprung) aufrufen, wird nicht ein zweites SharedWorker-Objekt erstellt, sondern Sie bekommen eine Referenz auf den bereits bestehenden Shared Web Worker zurück. Es wird also in diesem Fall nicht ein neuer Web Worker erstellt, sondern die beiden Skripte teilen sich nun den Web Worker.

Abb. 19–5

Zugriff auf einen Shared Web Worker durch zwei Skripte

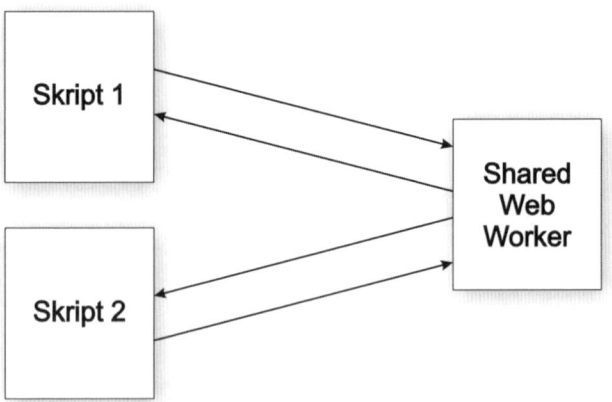

19.5.2   Nachrichten im Zusammenhang mit Shared Web Workers

Das Schicken von Nachrichten ist bei Shared Web Workers etwas aufwendiger, da diese ja mehrere Kommunikationspartner haben können. Dafür werden sogenannte Ports definiert, worüber die Kommunikation zwischen den einzelnen Skripten und dem Shared Web Worker stattfindet.

Wenn wir unseren Shared Web Worker erstellt haben, können wir auf die folgende Art und Weise einen Event-Listener erzeugen:

```
sw.port.addEventListener("message",
                         function (event) { alert(event.data) },
                         false);
sw.port.start();
```

Im Gegensatz zu vorher müssen wir hier auf port zugreifen. Außerdem müssen wir port.start() verwenden, um die Kommunikation zu starten.

```
var nr = 0;                                                          sharedworker.js
var str = "";

onconnect = function (event) {
    nr++;
    var port = event.ports[0];
    port.start();
    port.postMessage("Connect Nr. " + nr);

    port.addEventListener("message",
        function (e) { str += e.data; port.postMessage(str); },
        false);
}
```

Der Web Worker hängt den String, den er durch postMessage() erhält, an den bisher erzeugten String an und schickt diesen an das ursprüngliche Skript zurück. Wenn Sie auf den Shared Web Worker durch unterschiedliche Skripte zugreifen, indem Sie z.B. verschiedene Browserfenster öffnen und darin jeweils die Beispieldatei laden, dann sehen Sie, dass alle Skripte auf den gleichen Web Worker zugreifen.

20 Webapplikationen mit Offlinemodus

Wir haben in den letzten Kapiteln gesehen, wie insbesondere mit der Hilfe von Ajax die Grenze zwischen Web- und Desktop-Applikationen verschwimmt. Ein wesentlicher Unterschied ist aber nach wie vor, dass Webapplikationen bisher eine ständige Internetverbindung benötigen. Dieses Kapitel soll zeigen, wie sich auch diese Lücke zwischen Web- und Desktop-Applikationen schließen lässt.

Stellen Sie sich ein Textverarbeitungsprogramm vor, mit dem Briefe und dergleichen verfasst werden können und das über eine Webapplikation online zur Verfügung gestellt werden soll. Der herkömmliche Ansatz wäre, die Webapplikation vom Server zu laden und die erstellten Textdokumente auch dort zu speichern.

Was ist jedoch, wenn der Anwender nicht ständig online sein kann oder die Internetverbindung plötzlich wegbricht, etwa wenn der Anwender im Zug sitzt und die mobile Verbindung durch ein Funkloch unterbrochen wird? Funktioniert die Webapplikation dann noch? Und viel wichtiger: Sind die gerade eingegebenen Texte noch da oder darf der Anwender das alles neu eingeben? Hier ist es sinnvoll, eine Webapplikation mit Offlinemodus zu erstellen, sodass die Webapplikation funktionsfähig bleibt, auch wenn keine Internetverbindung besteht.

Über HTML5 werden die grundlegenden Bausteine zur Verfügung gestellt, um eine Webapplikation mit Offlinemodus zu realisieren. Es ist jedoch keine vorgefertigte Lösung, die Sie in Ihrer Applikation lediglich aktivieren müssen. Wie Sie im Laufe des Kapitels sehen werden, wirft ein Offlinemodus einige Fragen auf, die es zu klären gilt. Hierbei sind wichtige Entscheidungen bezüglich der Architektur der Webapplikation zu treffen.

Ist für sämtliche Webapplikationen ein Offlinemodus sinnvoll? Nein, dies hängt stark von der Art der Webapplikation ab. Während es für ein Textverarbeitungsprogramm kein Problem ist, wenn über einen gewissen Zeitraum keine Verbindung zum Server besteht, kann eine

Echtzeitinformationen Aktien-Informationsseite etwa, die jede Minute neue Börsenkurse laden muss, natürlich nicht offline gehen. Möchte man nur historische Aktienkurse zeigen, ist die ständige Internetverbindung hingegen nicht so wichtig.

Es stellt sich also die grundlegende Frage, welche Daten und Ressourcen Ihre Webapplikation benötigt. Entscheidend ist aber auch die *Große Datenmengen* benötigte Datenmenge. Grundsätzlich könnte beispielsweise eine Webapplikation, die europäische Straßenkarten anzeigt, offline betrieben werden. Eine solche Applikation benötigt jedoch sehr große Mengen an Daten. In diesem Fall ist es keine Option, vorher sämtliche Daten vom Server herunterzuladen, um dann im Offlinemodus weiterarbeiten zu können.

Vor HTML5 gab es von Google eine Technologie namens Gears, womit auch Offline-Applikationen ermöglicht wurden. Gears benötigte ein Plugin. Mit HTML5 haben wir den Vorteil, dass die Browser diese Fähigkeit bereits mitbringen und die Anwender kein Plugin herunterladen müssen.

Die in diesem Kapitel gezeigte Vorgehensweise funktioniert in Firefox 3.5+, Chrome 4+, Safari 4+ und Opera 10.5+.

20.1 Die Manifest-Datei

Soll eine Webapplikation mit Offlinemodus realisiert werden, müssen alle benötigten Dateien auf dem Client zwischengespeichert werden. Dabei sprechen wir nicht nur von Anwendungsdaten, die wir beispielsweise mit WebDB auf dem Client speichern können. Wir müssen vielmehr auch die Webapplikation mit allen benötigten Ressourcen wie HTML-Dateien und Bildern auf dem Client zwischenspeichern.

Dafür erstellen wir eine sogenannte Manifest-Datei, die angibt, welche Dateien für eine Verwendung im Offlinemodus benötigt werden und vom Client heruntergeladen werden sollen. Diese Dateien *Application Cache* werden vom Browser im Application Cache abgelegt und können so immer wieder ohne weitere Internetabfrage aufgerufen werden.

20.1.1 Prüfen, ob ein Offlinemodus unterstützt wird

Sie können feststellen, ob der Browser des Anwenders eine Zwischenspeicherung der Daten unterstützt, indem Sie prüfen, ob das Objekt `applicationCache` existiert:

```
if (window.applicationCache) {
    // ...
}
```

20.1.2 Aufbau und Einbindung

Die Manifest-Datei wird einfach über eine ganz normale HTML-Seite eingebunden. Dazu erweitern wir das <html>-Tag um die Eigenschaft manifest. Damit der Browser sieht, dass es sich um eine HTML5-Datei handelt, sollten wir auch den entsprechenden Doctype verwenden:

```
<!DOCTYPE html>
<html manifest="cache.manifest">
```

Wenn der Browser auf diese Anweisung stößt, lädt er die angegebene Manifest-Datei cache.manifest. Darin ist festgelegt, welche Dateien heruntergeladen werden sollen. Der Browser lädt diese Dateien im Hintergrund, auch wenn sie erst später benötigt werden, und legt sie im Application Cache ab. Jetzt kann der Anwender die Internetverbindung kappen und offline arbeiten.

Klickt der Anwender auf einen Link und die benötigte Datei liegt im Application Cache vor, wird diese ohne Zugriff auf den Server angezeigt. Selbst bei einem Klick auf den *Reload*-Button wird nur die Datei aus dem Application Cache geholt.

Bei der Manifest-Datei handelt es sich um eine einfache Textdatei, die mit folgender Zeile anfängt:

```
CACHE MANIFEST
```

Danach können direkt die einzelnen Dateien angegeben werden, die der Browser im Application Cache ablegen soll, z.B.:

```
CACHE MANIFEST
/index.html
/style.css
/bild1.jpg
```

Die Manifest-Datei kann auch die Unterkategorien NETWORK, CACHE und FALLBACK haben. Das sieht beispielsweise so aus:

```
CACHE MANIFEST

NETWORK:
/zaehler.cgi

FALLBACK:
/ /offline.html

CACHE:
/index.html
/style.css
/bild1.jpg
```
cache.manifest

CACHE gibt die Dateien an, die der Browser im Application Cache ablegen soll. Diese Kategoriebezeichnung muss man, wie wir im vorhergehenden Beispiel gesehen haben, nicht explizit angeben.

Unter NETWORK werden die Dateien aufgeführt, die nicht im Application Cache abgelegt werden sollen. Hier könnte man beispielsweise an ein Skript auf dem Server denken, das die Besucher zählen soll.

Mit FALLBACK definieren Sie eine Alternativseite, die verwendet werden soll, wenn es zu einem Fehler kommt. In unserem Beispiel geben wir zunächst einen einfachen Schrägstrich an. Damit legen wir fest, dass die Alternativseite für alle Seiten der Website gelten soll. Danach geben wir den Namen der Alternativseite an. Wenn der Anwender nun offline ist und über einen Link eine Seite anfordert, die nicht im Application Cache gespeichert ist, wird statt einer Fehlermeldung die Alternativseite gezeigt.

20.1.3 Den richtigen MIME-Type verwenden

Sie müssen darauf achten, dass die Manifest-Datei vom Server mit dem richtigen MIME-Type geschickt wird. Dadurch erkennt der Browser, um welche Art von Datei es sich handelt. Sie benötigen für Dateien mit der Endung `.manifest` den MIME-Type

```
text/cache-manifest
```

Dazu muss der Server richtig konfiguriert sein, sonst erkennt der Browser nicht, dass es sich um eine Manifest-Datei handelt.

20.1.4 Das applicationCache-Objekt

Ein Offlinemodus wird über das `applicationCache`-Objekt ermöglicht, auf das Sie über `window.applicationCache` zugreifen können.

Um den aktuellen Status des `applicationCache`-Objekts zu erfahren, fragt man die Eigenschaft `status` ab. Man erhält eine Zahl zwischen 0 und 4 mit der in der Tabelle angegebenen Bedeutung.

Wert	Bezeichnung	Bedeutung
0	Uncached	Das aktuelle Dokument liegt nicht im Cache vor.
1	Idle	Es wird im Moment keine Aktion durchgeführt.
2	Checking	Es wird geprüft, ob sich die Manifest-Datei geändert hat.
3	Downloading	Der Browser lädt die benötigten Dateien herunter.
4	UpdateReady	Alle Dateien wurden heruntergeladen.

Außerdem definiert das `applicationCache`-Objekt einige Event-Handler, um auf verschiedene Ereignisse zu reagieren. Beispielsweise erfahren Sie über den `onerror`-Event-Handler, ob ein Fehler aufgetreten ist. In diesem Fall schlägt der ganze Downloadprozess fehl. Eine Liste der Event-Handler finden Sie im Referenzteil.

20.1.5 Dateien aktualisieren

Über den gezeigten Weg können Dateien definiert werden, die für eine Verwendung im Offlinemodus zwischengespeichert werden. Was ist jedoch, wenn sich eine der zwischengespeicherten Dateien auf dem Server ändert? Der Browser nimmt weiterhin die Datei aus dem Cache, sodass dieser die Änderung erst einmal nicht mitbekommt. Dies kann bei der Entwicklung einer Webapplikation mit Offlinemodus nervtötend sein, da Sie Änderungen nicht sofort sehen und es nicht unmittelbar ersichtlich ist, wo der Fehler liegen könnte.

Normalerweise teilt der Server dem Browser mit, dass er statische Dateien für ein paar Stunden zwischenspeichern soll. Dies geschieht unabhängig vom Application Cache. So wird verhindert, dass Dateien, die sich sowieso nicht ändern, ständig übertragen werden. Gehört die Manifest-Datei aus der Sicht des Servers zu dieser Kategorie, fragt der Browser gar nicht erst nach, ob sich auf dem Server etwas geändert hat. Das ist für viele Fälle o.k., aber wenn Sie eine Webapplikation aufbauen, kann das zu unerwarteten Ergebnissen führen.

Ist die vom Server festgelegte Zeitspanne für die Zwischenspeicherung abgelaufen, fragt der Browser den Server, ob eine neue Manifest-Datei vorliegt. Ist dies nicht der Fall, teilt der Server dem Browser mit, dass noch alles beim Alten ist. Es kann jedoch sein, dass sich zwar die Manifest-Datei nicht geändert hat, dafür aber eine in der Manifest-Datei angegebene Datei. Das ist die zweite Hürde. Dieses Problem lässt sich lösen, wenn Sie in der Manifest-Datei mit # einen Kommentar einfügen, den Sie jedes Mal, wenn sich eine Datei geändert hat, aktualisieren. Zum Beispiel können Sie hier eine Versionsnummer angeben. Es ist nur wichtig, dass sich die Manifest-Datei ändert, sodass der Server die aktualisierte Manifest-Datei schickt und der Downloadprozess beginnen kann.

20.2 Architektur

Es sind Webapplikationen denkbar, die ausschließlich auf eine lokale Speicherung der Daten setzen. Und natürlich haben auch weiterhin Webapplikationen, die ihre Daten nur auf dem Server ablegen, ihre

Daseinsberechtigung. Für bestimmte Anwendungen kann es jedoch sinnvoll sein, sowohl eine Speicherung auf dem Client als auch auf dem Server zu ermöglichen.

Werden Daten grundsätzlich auf dem Server gespeichert, hat das natürlich den Vorteil, dass man darauf von allen Computern mit Internetverbindung zugreifen kann. Aber wie wir gesehen haben, ist eine Offlinenutzung in einigen Fällen wünschenswert. Um die Vorteile aus beiden Ansätzen nutzen können, müssen wir einen Weg finden, wie diese miteinander kombiniert werden können.

Soll eine Applikation sowohl die Speicherung auf dem Client als auch auf dem Server ermöglichen, sind zwei Fragen bezüglich der Architektur unserer Webapplikation zu klären. Zum einen stellt sich die Frage, wie die Webapplikation zwischen dem Online- und dem Offlinemodus hin- und herschalten kann. Zum anderen müssen wir uns Gedanken machen, wie die auf dem Client und dem Server abgespeicherten Daten synchronisiert werden können.

20.2.1   Zwischen Online- und Offlinemodus hin- und herschalten

Ausgangspunkt unserer Überlegungen ist die grundlegende Architektur einer Ajax-Applikation (siehe *Aufbau einer Ajax-Applikation*, S. 313). Dort wurde der JavaScript-Code auf dem Client als eine Einheit dargestellt. Zunächst wollen wir unsere Darstellung etwas verfeinern, indem der Code zur Kommunikation mit dem Server separat dargestellt wird. Analog sollte Ihre Applikation so aufgebaut sein, dass der Teil Ihres Skripts, der sich um die Kommunikation mit dem Server kümmert, vom restlichen JavaScript-Code möglichst getrennt wird. Es sollte also wenige Funktionen geben, die für den Austausch mit dem Server zuständig sind, anstatt dass hier und da im Quellcode mit dem Server kommuniziert wird. Abbildung 20–1 zeigt diese Trennung.

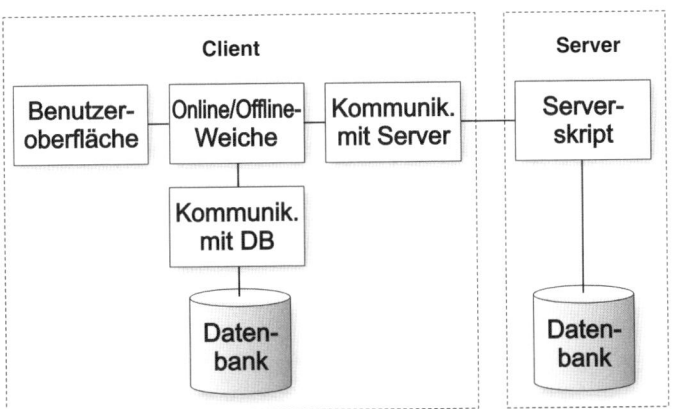

Abb. 20–1

Erster Schritt zur

Realisierung einer

Webapplikation mit

Offlinemodus

Genauso sollte es für die Speicherung von Daten auf dem Client separate Funktionen geben. Letztendlich sollte es für den Hauptteil unserer Applikation keinen Unterschied machen, ob die Daten lokal oder auf dem Server abgelegt werden. Wenn wir zwischen den einzelnen Codeteilen eine saubere Trennung machen, reduziert sich die Komplexität der gesamten Anwendung.

Um zwischen einem Online- und einem Offlinemodus hin- und herzuschalten, benötigen wir eine Funktion, die entscheidet, ob mit dem Server oder mit der lokalen Datenbank kommuniziert werden soll. Es handelt sich also um eine Weiche, die den Datenfluss steuert. Wenn die beiden Funktionen, die für die Kommunikation mit dem Server und der lokalen Datenbank zuständig sind, so programmiert sind, dass sie die gleichen Argumente erwarten, dann ist das Hin- und Herschalten relativ einfach.

Die Weiche kann so funktionieren, dass der Anwender entscheidet, ob er online oder offline arbeiten möchte. Man kann sich aber auch vorstellen, dass der Browser prüft, ob der Anwender online ist, und dann den entsprechenden Modus setzt. Das lässt sich über das navigator-Objekt prüfen:

```
if (navigator.onLine) {
  alert("Online");
} else {
  alert("Offline");
}
```

Leider funktioniert das im Moment noch nicht in allen Browsern korrekt. Alternativ kann man auf Fehlermeldungen bei Internetabfragen reagieren und bei Bedarf auf den Offlinemodus schalten.

20.2.2 Synchronisierung

Wir haben nun einen Online- und einen Offlinemodus. Jedoch sind die Daten in den jeweiligen Datenbanken noch völlig unabhängig voneinander. Damit eine Applikation sowohl online als auch offline arbeiten kann, benötigen wir einen Mechanismus, der die Daten der beiden Datenbanken synchronisiert, wie Abbildung 20–2 zeigt.

Abb. 20–2

Synchronisierung der Daten zwischen Client und Server

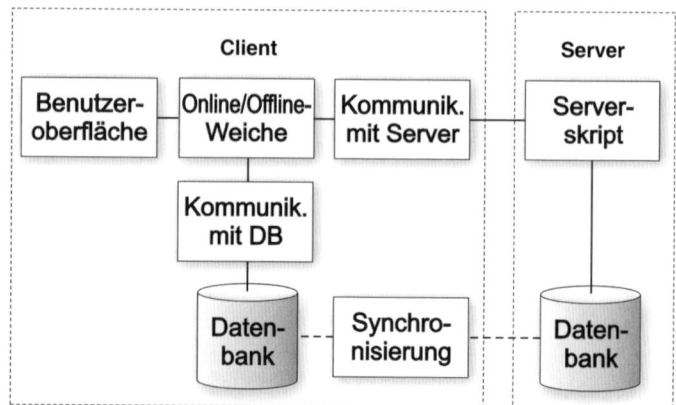

Um den Abgleich einfach zu gestalten, sollte die Datenstruktur in beiden Datenbanken gleich sein. Weiterhin muss klar sein, welche Datenbank auf dem aktuellen Stand ist, sonst riskieren wir, den aktuellen Stand mit einer alten Version zu überschreiben. Hierzu kann in der Datenbank gespeichert werden, zu welchem Zeitpunkt die letzten Daten verändert wurden. So kann die Applikation feststellen, welche Daten neuer sind. Die neueren Daten müssen dann die älteren überschreiben, sodass die beiden Datenbanken auf dem gleichen Stand sind.

Dies funktioniert in den meisten Fällen gut, kann bei komplexen Anwendungen jedoch zu Problemen führen. Was ist, wenn der Anwender an zwei verschiedenen Computern arbeitet und sich beide Computer im Offlinemodus befinden? Die Synchronisierung nach dem beschriebenen Schema kann in diesem Fall dazu führen, dass es zu Datenverlusten kommt, wenn beide Computer wieder online gehen. Möchten Sie solche Fälle abdecken, muss der Synchronisierungsprozess überdacht werden, beispielsweise indem die einzelnen Datensätze mit einem Zeitstempel versehen werden und nicht die gesamte Datenbank.

20.2.3   Manuelle oder automatische Synchronisierung

Es stellt sich die Frage, wann und wie der Wechsel zwischen Online-
und Offlinemodus stattfinden soll und wie die Synchronisierung angestoßen wird.

Hier gibt es grundsätzlich zwei Vorgehensweisen. Beim ersten
Ansatz schaltet der Anwender bewusst zwischen Online- und Offlinemodus hin und her. In diesem Zusammenhang wird auch der Abgleich
der Daten mit dem Server angestoßen. Beispielsweise könnte man sich
ein E-Mail-Programm vorstellen, in dem der Anwender manuell in
einen Offlinemodus schalten kann, damit aktuelle E-Mails auf den Client heruntergeladen und unterwegs bearbeitet werden können.

Beim zweiten Ansatz wird davon ausgegangen, dass die Applikation offline ist, d.h., sämtliche Daten werden zunächst lokal abgelegt.
Die Applikation prüft im Hintergrund, ob eine Internetverbindung
besteht, und synchronisiert die Daten und Ressourcen von Zeit zu Zeit
automatisch. Dieser Ansatz unterscheidet aus Anwendersicht also
nicht mehr direkt zwischen den Zuständen online und offline.

Der erste Ansatz ist mit den gezeigten Mitteln recht einfach umzu-
setzen. Der zweite Ansatz ist für den Programmierer aufwendiger, bietet für den Anwender jedoch mehr Komfort. Schwierig hieran ist, dass
die Daten im Hintergrund fortlaufend mit dem Server abgeglichen
werden müssen, dies aber die Bedienung der Applikation möglichst
nicht einschränken soll. Hierbei kann ein Web Worker zum Einsatz
kommen, der die Ausführung von JavaScript-Code im Hintergrund
ermöglicht (siehe *Web Worker*, S. 335).

21 Mobile Anwendungen

Smartphones erfreuen sich einer großen Beliebtheit. Diese Geräte bieten die Möglichkeit, kleine Programme – sogenannte Apps – auszuführen. Außerdem verfügen diese Geräte normalerweise auch über einen Browser, der mit HTML, Stylesheets und JavaScript umgehen kann. Dies eröffnet ganz neue Möglichkeiten für den Webprogrammierer.

Dieses Kapitel stellt die verschiedenen Ansätze dar und zeigt, worauf Sie bei der Entwicklung von Webapplikationen für mobile Geräte besonders achten sollten. Insgesamt ist dies ein hochinteressantes Gebiet, auf dem sich in den nächsten Jahren noch viel tun wird.

21.1 Grundsätze des W3C für das mobile Web

Um den Herausforderungen des mobilen Webs zu begegnen, hat das W3C zehn Grundsätze bzw. Empfehlungen für die Gestaltung von Webapplikationen aufgestellt. Das sind die sogenannten Mobile Web Best Practices, die wir im Folgenden besprechen wollen.

Mobile Web Best Practices

21.1.1 Webseiten für das eine Web gestalten

Die grundlegende Idee ist, dass es nur *ein Web* gibt (One Web). Das heißt, dass eine Website mit verschiedenen Geräten aufgerufen und bedient werden kann. Dabei können die besonderen Eigenschaften einzelner Geräte genutzt werden, aber das sollte nicht so weit führen, dass andere Geräte komplett außen vor sind und eine Website nur mit bestimmten Geräten funktioniert.

Wir sind heute sicherlich noch weit von der Realisierung dieser Idee entfernt. Dennoch halte ich dies für absolut erstrebenswert, da eine Zersplitterung des Marktes langfristig die Weiterentwicklung lähmt.

Es gibt immer wieder Tendenzen, diese Idee infrage zu stellen. Beispielsweise wurde auf Initiative einiger Unternehmen die Top-Level-

Domain *.mobi* eingeführt (ähnlich wie es *.com* und *.de* gibt). Websites, die diese Top-Level-Domain nutzen, sollen signalisieren, dass es sich um spezielle Webseiten für mobile Anwendungen handelt. Tim Berners-Lee, der Vater des World Wide Web, hat sich sehr deutlich dagegen ausgesprochen, da es der Idee des einen Webs widerspricht. Er sagt, dass ein und dieselbe Website vielmehr für verschiedene Dinge genutzt wird, je nachdem, ob wir darauf zu Hause oder unterwegs zugreifen. Während ich mich zu Hause etwa über ein Restaurant informieren will und die Speisekarte anschaue, möchte ich vielleicht unterwegs dort einen Tisch reservieren. Es wäre nicht sinnvoll, daraus separate Dienste zu machen, auch wenn ich je nach Situation und Anwendungszweck andere Informationen benötige.

21.1.2   Webstandards einhalten

Das Einhalten von Webstandards fördert die Möglichkeit, die Website auf unterschiedlichen Geräten und Browsern einsetzen zu können. Wer die Entwicklung des Webs und die Programmierung mit JavaScript seit den Anfängen verfolgt hat, weiß, welchen großen Nutzen eine Standardisierung der Webtechnologien hat. Dazu zählen solche Dinge wie HTML, das DOM und Stylesheets.

Es sind jedoch nicht nur die Webprogrammierer, die sich nicht immer an die Standards halten, sondern auch die Browserhersteller, wie wir anhand zahlreicher Beispiele wissen. Beispielsweise hat Microsoft lange Zeit nicht das Ereignismodell des W3C unterstützt. Erst mit der Version 9 des Internet Explorers hatte Microsoft ein Einsehen, sodass die Webprogrammierung an dieser Stelle etwas einfacher geworden ist.

21.1.3   Bekannte Probleme vermeiden

Am Anfang der Webentwicklung war es üblich, Tabellen für das Gestalten von Webseiten und das Positionieren von Bildern zu verwenden. So konnte man genau festlegen, wie eine Seite aussehen soll. Je unterschiedlicher die Geräte zum Aufrufen dieser Seiten sind, desto mehr Probleme verursacht jedoch solch eine starre Vorgabe. Auch wenn es allgemein bekannt ist, dass die Formatierung unter Zuhilfenahme von Tabellen zu Problemen führt, gibt es immer noch Websites, die darauf setzen. Genauso ist hier die Verwendung von Frames oder von Popup-Fenstern zu nennen.

Im Sinne einer breiten Unterstützung durch unterschiedliche Geräte und Browser ist jedoch die Vermeidung von bekannten Problemen angeraten.

21.1.4   Gerätelimits beachten

Nicht jedes Gerät beherrscht alle momentan verfügbaren Technologien. Das heißt nicht, dass Sie komplett auf diese und andere Technologien verzichten müssen. Sie sollten sich jedoch vor Augen führen, wie eine Seite aussieht und ob diese noch bedienbar ist, auch wenn die benötigten Technologien nicht verfügbar sind. Es sollte eine alternative Lösung für die Geräte geben, die nicht mit den benötigten Technologien umgehen können.

Wie einschränkend dies sein kann, weiß jeder, der mit dem iPad von Apple schon auf Websites mit Flash gestoßen ist, die das iPad momentan nicht anzeigen kann.

21.1.5   Die Navigation optimieren

Es erscheint selbstverständlich, dass Informationen so präsentiert werden sollten, dass der Anwender diese leicht finden kann und nicht unnötig durch die Seiten navigieren muss. Dass dies nicht ganz selbstverständlich ist, zeigen zahlreiche Beispiele im Web.

Die Organisation der Informationen legt fest, wie der Anwender durch die Seiten navigieren kann und wie viele Klicks man benötigt, um zum Ergebnis zu kommen.

Sie werden sicherlich selbst einige Beispiele von unsinniger Navigation kennen. Möchte man etwa in einer Stadt mit den öffentlichen Verkehrsmitteln vom *Hauptbahnhof* zum *Flughafen* fahren und vergißt dabei, die Stadt explizit anzugeben, kann es durchaus vorkommen, dass man durch halb Deutschland geschickt wird, statt dass die naheliegende Lösung angeboten wird.

21.1.6   Grafiken & Farben prüfen

Sie sollten überprüfen, ob Ihre Website auch auf anderen Geräten sinnvoll dargestellt wird. Dies hängt stark mit den verwendeten Grafiken und Farben zusammen. Hier ist es wichtig, Grafikformate zu nutzen, die alle Geräte darstellen können, und die Bilder mit alternativem Text zu belegen.

21.1.7   Die Größe minimieren

Hiermit ist gemeint, dass die benötigten Daten zur Darstellung einer Website auf ein Mindestmaß zu reduzieren sind. Es ist z.B. nicht ratsam, gleich zu Beginn ein riesiges Video darzustellen. Je nach Internetverbindung kann das Herunterladen dieser Datenmassen einige Minuten in Anspruch nehmen.

Eine Seite, die schnell reagiert, kommt bei den Anwendern meistens gut an. Ist es etwa nicht toll, wie sich die Startseite von Google auf das Wesentliche konzentriert und immer sehr schnell da ist?

21.1.8 Am Datentransfer sparen

Der Webprogrammierer hat einen großen Einfluss darauf, welche Datentransfers durchgeführt werden müssen und wie häufig. Ziel sollte es sein, diese Datentransfers zu minimieren und den Anwender bei größeren Transaktionen zu informieren.

Hierbei muss man natürlich abwägen, ob der Komfort für den Anwender im Vordergrund steht oder die zu übertragende Datenmenge reduziert werden soll. Google hat früher beispielsweise immer nur dann eine Suche durchgeführt und die Ergebnisse angezeigt, wenn der Anwender seine Suchanfrage eingetippt und bestätigt hat. Mittlerweile kann Google die Ergebnisse – je nach Einstellung – bereits anzeigen, während der Anwender die Suchanfrage formuliert. Das hat zur Folge, dass das Ergebnis der Abfrage häufig mehrfach aktualisiert wird und somit wesentlich mehr Daten über das Internet transportiert werden müssen. Google akzeptiert hier also bewusst den höheren Datentransfer, um dem Anwender einen Zusatznutzen zu bieten.

21.1.9 Bei Nutzereingaben helfen

Wie wir im Zusammenhang mit Formularen gesehen haben, gibt es zahlreiche Möglichkeiten, die Eingabe für den Anwender zu vereinfachen. Sie sollten davon Gebrauch machen und sich überlegen, welche Unterstützung der Anwender benötigt.

21.1.10 An den mobilen Anwender denken

Mobile Anwender suchen meistens gezielt nach Informationen, die kurz und prägnant darzustellen sind. Nicht jede Anwendung, die auf dem Desktop benötigt wird, wird im gleichen Maß auch mobil eingesetzt.

Die Seite eines Reiseanbieters könnte für mobile Geräte den Schwerpunkt auf das Anzeigen der Informationen einer gebuchten Reise legen, da dies mit großer Wahrscheinlichkeit der Wunsch des Anwenders ist. Gut ist es natürlich, wenn man sich auch mobil über neue Reisen informieren kann, aber das werden die meisten Leute wahrscheinlich eher zu Hause auf einem großen Computer machen. Es geht also darum, wie man die Schwerpunkte setzt, um den Wünschen des mobilen Anwenders gerecht zu werden.

21.2 Herausforderungen

Es gibt eine Vielzahl an unterschiedlichen Geräten und Systemen für mobile Anwendungen. Damit sind nicht nur Smartphones oder Handys gemeint, sondern auch die immer beliebter werdenden Tablet-Computer. Die Vielzahl der Geräte stellt den Entwickler vor gewisse Herausforderungen.

21.2.1 Geräte und Systeme

Wenn Sie sich an die Anfangszeit der Webentwicklung und die vielfältigen Browserunterschiede erinnern können, werden Ihnen die Probleme bei der Entwicklung bekannt vorkommen. Man steht unweigerlich vor der Frage, für welches Gerät bzw. System man eine Applikation erstellen will. Während es schon kompliziert genug war, die wichtigsten Browser in Einklang zu bringen, vervielfältigt sich jetzt das Problem, da es wesentlich mehr verschiedene Geräte gibt.

Es gibt im Web zwar für die meisten Geräte Emulatoren, mit denen *Emulatoren* Sie auf Ihrem PC die einzelnen Geräte ausprobieren können, sodass Sie eine App auf verschiedenen Systemen testen können, ohne diese selbst besitzen zu müssen. Dennoch wird der Aufwand für viele zu groß sein, um eine Applikation für verschiedene Geräte zu entwickeln und diese auch zu testen.

Insofern beschränken sich viele Entwickler auf die Unterstützung einzelner Systeme. Das ist natürlich ein pragmatischer Ansatz, entspricht aber nicht dem Gedanken der Plattformunabhängigkeit. Da die Unterschiede im Moment zahlreich sind, ist diese Vorgehensweise noch verständlich. Es ist zu hoffen, dass eine Standardisierung in den nächsten Jahren dafür sorgt, dass die Programmierung für verschiedene Geräte und Systeme einfacher wird.

Die wesentlichen Plattformen bzw. Betriebssysteme, auf denen die meisten mobilen Geräte beruhen, sind im Moment:

- Android von Google
- iOS von Apple
- Symbian von Nokia
- Windows Phone von Microsoft

Nokia hat sich entschieden, langfristig auf Windows Phone zu setzen, sodass Symbian in Zukunft wohl an Bedeutung verlieren wird.

21.2.2 Native Applikationen

Es können für die genannten Plattformen spezielle Anwendungen erstellt werden, die dann aber nur dort funktionieren. Man spricht in diesem Fall von nativen Applikationen, die im Gegensatz zu Webapplikationen nicht auf Webstandards setzen. Genauso wie man nicht ohne Weiteres ein Textverarbeitungsprogramm, das für Windows geschrieben wurde, auf dem Mac einsetzen kann, können auch native Applikationen nicht einfach so auf einer anderen Plattform verwendet werden.

Zudem müssen native Applikationen häufig in einer speziellen Sprache geschrieben werden, was natürlich die Entwicklung für verschiedene Plattformen deutlich verkompliziert. Für native Applikationen für das iPhone oder den iPad von Apple müssen Sie beispielsweise Objective-C lernen.

21.3 Mobile Webapplikationen

Da mobile Geräte auch über einen Browser verfügen, der normalerweise mit HTML, Stylesheets und JavaScript umgehen kann, können wir auch auf dem Handy Webapplikationen anbieten.

21.3.1 Webtechnologien auf mobilen Geräten nutzen

Die Nutzung von Webtechnologien auf dem Handy hat den entscheidenden Vorteil, dass hier Standards zum Einsatz kommen, die weitverbreitet sind, und wir keine weitere Programmiersprache lernen müssen.

Im Gegensatz zu nativen Applikationen können wir mit dieser Vorgehensweise für verschiedene Plattformen die gleichen Webtechnologien verwenden. Damit können wir die Komplexität bei der Entwicklung von Applikationen für mobile Geräte erheblich reduzieren.

Die Webtechnologien und Standards, die wir im Laufe des Buches kennengelernt haben, können auch in mobilen Webapplikationen zum Einsatz kommen. Hierzu zählen insbesondere:

- DOM
- Ajax
- Web Storage
- Cookies
- Offline-Applikationen
- Canvas/SVG

Natürlich sollten wir dennoch die so erstellte Applikation auf unterschiedlichen Geräten testen.

21.3.2 Webapplikationen als native Applikationen verpacken

Es gibt die Möglichkeit, Webapplikationen als native Applikationen zu verpacken. Der Anwender erkennt dann nicht mehr, dass es sich in Wahrheit um eine Webapplikation handelt. Das funktioniert so, dass eine spezielle native Applikation installiert wird, die unauffällig den Browser startet und darin die Webapplikation ausführt.

Ein Tool, mit dem Sie dies erreichen können, heißt PhoneGap (*http://www.phonegap.com/*). Das hat den Vorteil, dass Sie mit bekannten Webtechnologien arbeiten können und nicht spezielle Sprachen wie Objective-C im Falle des iPhones erlernen müssen. Außerdem können so viele verschiedene Plattformen bedient werden, ohne dass Sie alle möglichen Versionen programmieren müssen. PhoneGap ist jedoch nicht kostenlos.

PhoneGap

Applikationen, die auf diese Art und Weise erstellt wurden, können auch über die offiziellen Seiten der Hersteller veröffentlicht werden, beispielsweise über den App Store von Apple.

Es gibt eine Reihe von weiteren Tools, wie Rho Mobile (*http://rhomobile.com/*) und Titanium Mobile (*http://www.appcelerator.com/*), die zwar die Erstellung von Apps für verschiedene Plattformen ermöglichen, dabei aber nicht auf Webtechnologien setzen.

21.3.3 Auf besondere Eigenschaften eines Geräts zugreifen

Handys bieten einige zusätzliche Eigenschaften im Vergleich zu herkömmlichen Computern. Es wäre natürlich interessant, diese Eigenschaften auch aus einer mobilen Webapplikation heraus verwenden zu können. Über spezielle Programmierschnittstellen können Sie viele dieser Features in Ihrer Applikation einsetzen. Dazu zählen:

- Kamera
- Vibrationsalarm
- Kalender
- Telefon
- Telefonbuch
- SMS
- Beschleunigungssensor
- Geolocation

Es ist abhängig vom jeweiligen System und Browser, ob und wie Sie auf diese Dinge in Ihrer Webapplikation zugreifen können. Hier gibt es im Moment noch große Unterschiede.

Um dieses Problem auf lange Sicht zu lösen, gibt es auch in diesem Zusammenhang Standardisierungsbemühungen. Beispielsweise kümmert sich das W3C um eine Standardisierung des Themas Geolocation. Mit Geolocation kann der aktuelle Standort des Anwenders bestimmt werden. So lassen sich sogenannte Location Based Services realisieren, also Dienste, die vom Standort des Anwenders abhängig sind. Ein klassisches Beispiel ist die Anzeige von Restaurants in der Nähe. Interessant wird dies, wenn man das Ganze mit einem Kartendienst wie Google Maps verbindet.

Anhang

A Referenz

Diese Referenz zeigt die wichtigsten Objekte, wie sie in den gängigen Browsern zur Verfügung stehen (siehe *Ziel dieses Buches*, S. 2).

Statt wie üblich alle Objekte und deren sämtliche Eigenschaften und Methoden aufzulisten, wird hier die Schnittmenge der verfügbaren Elemente gezeigt. Dies sind die Objekte, Eigenschaften und Methoden, die in den gängigen Browsern grundsätzlich zur Verfügung stehen und damit die Basis für eine browserunabhängige Programmierung bilden. Es wird also bewusst auf eine komplette Darstellung der einzelnen Browserversionen verzichtet. Falls Sie sich für alle verfügbaren Objekte, Eigenschaften und Methoden einer speziellen Browserversion interessieren, finden Sie weiter gehende Informationen beim jeweiligen Anbieter.

Befehle, die sich auf ECMAScript 5 oder HTML5 beziehen und damit erst in neueren Browserversionen zur Verfügung stehen, werden separat gekennzeichnet.

HTML5 definiert eine Reihe von neuen Formularelementen, die wie die grundlegenden Formularelemente aufgebaut sind (siehe *Input*, S. 408, und *Element*, S. 388). Sie finden eine Liste der neuen Formularelemente auf S. 222.

A.1   Anchor

Ein Anchor-Objekt repräsentiert einen Anker. Das Anchor-Objekt ist ein spezielles Link-Objekt (siehe *Link*, S. 410).

A.1.1   HTML-Code

```
<a [href="URL"]
    name="ankerName">
    Text
</a>
```

A.2   applicationCache

Das applicationCache-Objekt ermöglicht das Zwischenspeichern von Ressourcen auf dem Client. *HTML5*.

A.2.1   Eigenschaften

length
Die Anzahl der Ressourcen im Application Cache.

status
Der Status des Application Cache. Folgende Tabelle zeigt die möglichen Werte.

Wert	Bezeichnung	Bedeutung
0	Uncached	Das aktuelle Dokument liegt nicht im Cache vor.
1	Idle	Es wird im Moment keine Aktion durchgeführt.
2	Checking	Es wird geprüft, ob sich die Manifest-Datei geändert hat.
3	Downloading	Der Browser lädt die benötigten Dateien herunter.
4	UpdateReady	Alle Dateien wurden heruntergeladen.

A.2.2   Methoden

add(url)
Fügt die Ressource unter der angegebenen Adresse zum Application Cache hinzu.

item(index)

Gibt den Eintrag des Application Cache mit der angegebenen Position zurück.

remove(url)

Entfernt den entsprechenden Eintrag aus dem Application Cache.

swapCache()

Sorgt dafür, dass neue Ressourcen, die mit update() heruntergeladen wurden, verwendet werden.

update()

Aktualisiert die Dateien, die im Application Cache gespeichert sind. Um die neuen Daten zu verwenden, muss zusätzlich die Methode swapCache() verwendet werden.

A.2.3 Event-Handler

onchecking

Gibt an, was passieren soll, wenn geprüft wird, ob eine neue Manifest-Datei vorliegt.

onerror

Gibt an, was passieren soll, wenn ein Fehler aufgetreten ist.

onnoupdate

Gibt an, was passieren soll, wenn kein Update durchgeführt wurde.

ondownloading

Gibt an, was passieren soll, wenn der Downloadprozess gestartet wird.

onprogress

Gibt an, was passieren soll, wenn der Downloadprozess im Gange ist.

onupdateready

Gibt an, was passieren soll, wenn der Downloadprozess abschlossen wurde.

oncached

Gibt an, was passieren soll, wenn die Ressourcen im Application Cache gespeichert wurden.

A.3   Area

Ein Area-Objekt repräsentiert einen Bereich in einer Imagemap. Das Area-Objekt ist ein spezielles Link-Objekt (siehe *Link*, S. 410).

A.3.1   HTML-Code

```
<map name="mapName">
  <area
     [id="areaID"]
     coords="x1,y1,x2,y2..."|"x-mitte,y-mitte,radius"
     [href="URL"]
     [nohref="nohref"]
     [shape="rect"|"poly"|"circle"|"default"]
     [target="fensterName"]
     [onclick="aktion"]
     [onmouseout="aktion"]
     [onmouseover="aktion"]>
</map>
```

A.4   Argument

Ein Argument-Objekt repräsentiert einen Übergabewert an eine Funktion. Ein Array der Übergabewerte ist innerhalb einer Funktion über

```
fktsname.arguments[x]
```

zugänglich.

A.4.1   Eigenschaften

callee
> Die aktuelle Funktion.

caller
> Gibt an, von welcher Funktion aus diese Funktion aufgerufen wurde.

length
> Anzahl der übergebenen Parameter.

A.4.2   Methoden

valueOf()
> Liefert den Übergabewert zurück.

A.5 Array

Ein Array-Objekt repräsentiert ein Datenfeld. Die Größe eines Arrays kann durch das Hinzufügen neuer Elemente dynamisch verändert werden.

A.5.1 Konstruktoren

Array()
> Erzeugt ein leeres Array.

Array(n)
> Erzeugt ein Array mit n Elementen.

Array(element1, element2, ...)
> Erzeugt ein Array und füllt dieses mit den angegebenen Werten.

A.5.2 Kurzschreibweise

Ein Array kann mit folgender Kurzschreibweise erzeugt werden:

```
var einArray = [element1, element2, element3];
```

A.5.3 Eigenschaften

length
> Die Anzahl der Elemente in dem Array.

A.5.4 Methoden

concat(element1 [, element2, ...])
> Fügt die übergebenen Elemente an das Array an und liefert dieses zurück.

every(callback)
> Für jedes Element des Arrays wird die Funktion callback aufgerufen. Diese Funktion bekommt den Wert des Elements, die Indexnummer und eine Referenz auf das Array übergeben. Liefert diese Funktion für jedes Element true zurück, dann liefert auch every() den Wert true zurück. *ECMAScript 5.*

filter(callback)
> Für jedes Element des Arrays wird die Funktion callback aufgerufen. Diese Funktion bekommt den Wert des Elements, die Indexnummer und eine Referenz auf das Array übergeben. Es wird ein Array zurückgeliefert, das alle Elemente enthält, bei denen die Callback-Funktion true zurückgeliefert hat. *ECMAScript 5.*

forEach(callback)

Für jedes Element des Arrays wird die Funktion callback aufgerufen. Diese Funktion bekommt den Wert des Elements, die Indexnummer und eine Referenz auf das Array übergeben. *ECMAScript 5.*

indexOf(wert [, startPosition])

Gibt die Position an, an der das Element mit dem Wert wert innerhalb des Arrays das erste Mal vorkommt. Wird der Wert nicht gefunden, wird -1 zurückgeliefert. Als zweites Argument kann eine Zahl angegeben werden, die angibt, ab welcher Position in dem Array gesucht werden soll. *ECMAScript 5.*

join([str])

Fügt die Elemente aus dem Array zu einem String zusammen. Die einzelnen Elemente werden dabei jeweils durch den angegebenen String getrennt. Wird kein Übergabewert angegeben, werden die Elemente durch Kommata getrennt.

lastIndexOf(wert [, startPosition])

Diese Methode entspricht indexOf(). Allerdings wird bei lastIndexOf() die Suche von hinten begonnen. *ECMAScript 5.*

map(callback)

Für jedes Element des Arrays wird die Funktion callback aufgerufen. Diese Funktion bekommt den Wert des Elements, die Indexnummer und eine Referenz auf das Array übergeben. Es wird ein Array zurückgeliefert, das die Rückgabewerte der Callback-Funktion enthält. *ECMAScript 5.*

pop()

Liefert das letzte Element des Arrays zurück. Dieses Element wird dabei aus dem Array entfernt.

push(element1 [, element2, ...])

Fügt die angegebenen Elemente an das Ende des Arrays an. Es wird das letzte Element, das hinzugefügt wurde, zurückgeliefert.

reverse()

Dreht die Reihenfolge der Elemente in dem Array um.

shift()
> Liefert das erste Element des Arrays zurück. Dieses Element wird
> dabei aus dem Array entfernt.

slice(anfang [, ende])
> Liefert einen Teil des Arrays zurück. anfang und ende geben dabei
> an, welcher Teil des Arrays zurückgeliefert werden soll.

some(callback)
> Für jedes Element des Arrays wird die Funktion callback aufgeru-
> fen. Diese Funktion bekommt den Wert des Elements, die Index-
> nummer und eine Referenz auf das Array übergeben. Liefert diese
> Funktion für mindestens ein Element true zurück, dann liefert auch
> some() den Wert true zurück. *ECMAScript 5.*

sort([vergleichsFunktion])
> Sortiert die Elemente in dem Array. Wird vergleichsFunktion nicht an-
> gegeben, werden die Elemente in alphabetischer Reihenfolge sortiert.
>
> Als vergleichsFunktion kann der Name einer Funktion (ohne
> Klammern) angegeben werden, die die Sortierung steuern soll.
> Diese Funktion besitzt zwei Parameter. Liefert die Funktion einen
> negativen Wert zurück, wird der zweite Übergabewert vor dem
> ersten sortiert. Bei einem positiven Rückgabewert erfolgt die Sor-
> tierung umgekehrt.

splice(index, anzahl [, element1, element2, ...])
> Entfernt ab der Position index in dem Array so viele Elemente, wie
> in anzahl angegeben. Die optionalen Parameter element1, element2
> usw. geben Elemente an, die an dieser Stelle eingefügt werden sollen.

toString()
> Liefert einen String zurück, in dem sämtliche Elemente des Arrays
> aneinandergereiht sind. Die Elemente werden dabei durch Kom-
> mata getrennt.

unshift(element1 [, element2, ...])
> Fügt die angegebenen Elemente an den Anfang des Arrays an. Es
> wird die neue Größe des Arrays zurückgeliefert.

valueOf()
> Siehe toString().

A.6   Boolean

Ein `Boolean`-Objekt repräsentiert einen booleschen Wert und enthält damit entweder `true` oder `false`.

A.6.1   Konstruktor

Boolean(wert)
   Erzeugt ein `Boolean`-Objekt mit dem Ausgangswert wert.

A.6.2   Methoden

toString()
   Gibt je nach Zustand des `Boolean`-Objekts entweder den String "true" oder "false" zurück.

valueOf()
   Gibt den booleschen Wert des `Boolean`-Objekts zurück.

A.7   Button

Ein `Button`-Objekt repräsentiert eine Schaltfläche (siehe auch *Input*, S. 408, und *Element*, S. 388).

A.7.1   HTML-Code

```
<input
   type="button"
   value="aufschrift"
   [id="buttonID"]
   [name="buttonName"]
   [onclick="aktion"]>
```

A.7.2   Eigenschaften

value
   Die Beschriftung der Schaltfläche.

A.8   Canvas

Ein Canvas-Objekt repräsentiert eine Zeichenfläche. *HTML5*.

A.8.1   HTML-Code

```
<canvas
  id="canvasID"
  width="breite"
  height="hoehe">
  [Alternativer HTML-Code]
</canvas>
```

A.8.2   Methoden

getContext(str)
> Liefert das zugehörige Context-Objekt zurück (siehe *Context*,
> S. 377). Als Argument erwartet die Methode den String "2d".

A.9   CanvasGradient

Das CanvasGradient-Objekt repräsentiert einen Farbverlauf (siehe *Context*, S. 377). *HTML5*.

A.9.1   Methoden

addColorStop(offset, farbe)
> Fügt den Farbwert farbe in den Farbverlauf ein. offset ist ein Wert
> zwischen 0 und 1.

A.10   CanvasPattern

Das CanvasPattern-Objekt repräsentiert ein Füllmuster (siehe *Context*,
S. 377). *HTML5*.

A.11   CanvasPixelArray

Das CanvasPixelArray-Objekt stellt ein Array dar, das die Pixel eines ImageData-Objekts enthält (siehe *ImageData*, S. 408). Jedes Pixel wird dabei durch vier Werte repräsentiert, die den jeweiligen RGB-Wert sowie den Wert des Alphakanals angeben. *HTML5.*

A.11.1   Eigenschaften

length
Die Anzahl der Einträge des Arrays.

A.12   Checkbox

Ein Checkbox-Objekt repräsentiert ein Auswahlfeld (siehe auch *Input*, S. 408, und *Element*, S. 388).

A.12.1   HTML-Code

```
<input
   type="checkbox"
   value="checkboxWert"
   [checked="checked"]
   [id="checkboxID"]
   [name="checkboxName"]
   [onclick="aktion"]>
   Text
```

A.12.2   Eigenschaften

checked
Repräsentiert den Zustand der Checkbox.

defaultChecked
Gibt die Ausgangsstellung der Checkbox wieder.

A.13   Context

Das Context-Objekt bietet zusammen mit dem Canvas-Objekt die Möglichkeit, mit JavaScript zu zeichnen. *HTML5*.

A.13.1   Eigenschaften

canvas

Referenz auf das Canvas-Objekt (siehe *Canvas*, S. 375).

fillStyle

Gibt den Stil zum Ausfüllen der Figur an. Dies ist entweder ein String, der eine Farbe wie im Zusammenhang mit Stylesheets definiert, ein CanvasGradient-Objekt oder ein CanvasPattern-Objekt.

font

Gibt die Schriftart an. Dies ist ein String, der genauso aufgebaut ist wie im Zusammenhang mit Stylesheets.

globalAlpha

Gibt einen Wert zwischen 0 (transparent) und 1 für den aktuellen Zustand des Alphakanals (zur Darstellung von Halbtransparenz) zurück.

globalCompositeOperation

Legt fest, wie Figuren auf die Zeichenfläche gezeichnet werden, wenn sich diese mit anderen Figuren überlappen. Mögliche Werte sind: "source-atop", "source-in", "source-out", "source-over", "destination-atop", "destination-in", "destination-out", "destination-over", "lighter", "copy" und "xor".

lineCap

Gibt an, wie das Ende von Linien aussehen soll. Mögliche Werte sind: "butt", "round" und "square".

lineJoin

Gibt an, wie Ecken eines Pfads dargestellt werden. Mögliche Werte sind: "bevel", "round" und "miter".

lineWidth

Gibt die Breite der Linie an.

miterLimit

Begrenzt die Größe der Spitze zweier zusammenlaufender Linien.

shadowBlur
Gibt an, wie stark der Schatten verschwimmen soll. Mögliche Werte sind Zahlen größer als 0.

shadowColor
Gibt die Farbe des Schattens an. Dies ist ein String, der eine Farbe wie im Zusammenhang mit Stylesheets definiert.

shadowOffsetX
Gibt an, wie weit der Schatten horizontal im Vergleich zur urspünglichen Figur verschoben ist.

shadowOffsetY
Gibt an, wie weit der Schatten vertikal im Vergleich zur urspünglichen Figur verschoben ist.

strokeStyle
Gibt den Stil für die Umrandung einer Figur an. Dies ist entweder ein String, der eine Farbe wie im Zusammenhang mit Stylesheets definiert, ein `CanvasGradient`-Objekt oder ein `CanvasPattern`-Objekt.

textAlign
Gibt die Ausrichtung von Texten wieder. Mögliche Werte sind: `"start"`, `"end"`, `"left"`, `"right"` und `"center"`.

textBaseline
Gibt die Baseline von Texten an. Mögliche Werte sind: `"top"`, `"hanging"`, `"middle"`, `"alphabetic"`, `"ideographic"` und `"bottom"`.

A.13.2 Methoden

arc(x, y, radius, winkelAnfang, winkelEnde [, gegenUhrzeigersinn])
Zeichnet ein Kreissegment. `winkelAnfang` und `winkelEnde` sind dabei im Bogenmaß anzugeben. Das letzte Argument ist ein boolescher Wert und gibt die Richtung an, in der das Kreissegment gezeichnet werden soll.

arcTo(x1, y1, x2, y2, radius)
Fügt in den aktuellen Pfad einen Bogen mit den angegebenen Kontrollpunkten ein.

beginPath()
Beginnt einen Pfad.

bezierCurveTo(cp1x, cp1y, cp2x, cp2y, x, y)

Ergänzt den aktuellen Pfad um eine Bézierkurve mit dem Endpunkt (x/y) unter Zuhilfenahme der Kontrollpunkte (cp1x/cp1y) und (cp2x/cp2y).

clearRect(x, y, breite, hoehe)

Löscht die angegebene rechteckige Fläche.

clip()

Setzt den Clipping-Bereich auf den aktuellen Pfad.

closePath()

Beendet den aktuellen Pfad.

createImageData(breite, hoehe)

Erzeugt ein neues ImageData-Objekt mit der angegebenen Größe.

createImageData(imageData)

Erzeugt ein neues ImageData-Objekt mit der gleichen Größe wie das übergebene ImageData-Objekt.

createLinearGradient(x1, y1, x2, y2)

Gibt ein CanvasGradient-Objekt zurück, das einen linearen Farbverlauf zwischen den beiden angegebenen Punkten repräsentiert.

createPattern(img, wdh)

Gibt ein CanvasPattern-Objekt zurück, das ein Muster mit dem angegebenen Image-Objekt img repräsentiert. Das zweite Argument gibt an, in welcher Form das Image-Objekt wiederholt werden soll. Mögliche Werte sind: "repeat", "repeat-x", "repeat-y" und "no-repeat".

createRadialGradient(x1, y1, radius1, x2, y2, radius2)

Gibt ein CanvasGradient-Objekt zurück, das einen radialen Farbverlauf gemäß der zwei angegebenen Kreise repräsentiert.

drawImage(img, [, quelleX, quelleY, quelleBreite, quelleHoehe], x, y
        [, breite, hoehe])

Fügt das Image-Objekt img an der angegebenen Stelle ein. Werden die optionalen Parameter quelleX, quelleY, quelleBreite und quelleHoehe verwendet, wird nur der entsprechende Bildausschnitt des Image-Objekts eingefügt. Werden die optionalen Parameter breite und hoehe verwendet, wird das Image-Objekt entsprechend skaliert, damit es die angegebene Größe hat.

fill()
Füllt die Figur gemäß dem in `fillStyle` festgelegten Stil.

fillRect(x, y, breite, hoehe)
Zeichnet ein gefülltes Rechteck gemäß dem in `fillStyle` festgelegten Stil.

fillText(str, x, y [, maxBreite])
Fügt den Text `str` an der angegebenen Position ein und füllt den Text gemäß dem in `fillStyle` festgelegten Stil. Wird mit `maxBreite` die maximale Breite festgelegt und ist der Text breiter als angegeben, wird der Text entsprechend skaliert.

getImageData(x, y, breite, hoehe)
Gibt ein `ImageData`-Objekt zurück, das einen Ausschnitt der Zeichenfläche darstellt.

isPointInPath(x, y)
Gibt an, ob sich der angegebene Punkt innerhalb des Pfads befindet.

lineTo(x, y)
Zeichnet eine gerade Linie zum angegebenen Punkt.

measureText(str)
Gibt ein `TextMetrics`-Objekt zurück, das die Breite des Strings `str` bei der Verwendung der aktuellen Parameter enthält.

moveTo(x, y)
Bewegt den Zeichenstift zum angegebenen Punkt, ohne eine Line zu zeichnen.

putImageData(imageData, x, y [, x2, y2, breite2, hoehe2])
Fügt ein `ImageData`-Objekt an der angegebenen Stelle ein. Werden die optionalen Parameter verwendet, werden nur die Pixel innerhalb des angegebenen Rechtecks berücksichtigt.

quadraticCurveTo(cpx, cpy, x, y)
Ergänzt den aktuellen Pfad um eine quadratische Bézierkurve mit dem Endpunkt (x/y) unter Zuhilfenahme des Kontrollpunkts (`cpx`/`cpy`).

rect(x, y, breite, hoehe)
Fügt ein Rechteck in den aktuellen Pfad ein.

restore()
Stellt den letzten mit `save()` gesicherten Zustand wieder her.

rotate(winkel)
Dreht die Zeichenfläche um den angegebenen Winkel (im Bogenmaß).

save()
Sichert den aktuellen Zustand der Zeichenfläche. Neben den Eigenschaften des `Context`-Objekts wird die Transformationsmatrix und der Clipping-Bereich festgehalten.

scale(x, y)
Skaliert die Zeichenfläche gemäß den übergebenen Parametern in horizontaler und vertikaler Richtung.

setTransform(a, b, c, d, e, f)
Setzt die Transformationsmatrix zurück und ruft die Methode `transform()` mit den angegebenen Parametern auf.

stroke()
Zeichnet den aktuellen Pfad.

strokeRect(x, y, breite, hoehe)
Zeichnet ein nicht gefülltes Rechteck.

strokeText(str, x, y [, maxBreite])
Fügt den Text `str` an der angegebenen Position ein. Der Text wird dabei nicht ausgefüllt. Wird mit `maxBreite` die maximale Breite festgelegt und ist der Text breiter als angegeben, wird der Text entsprechend skaliert.

transform(a, b, c, d, e, f)
Verändert die Transformationsmatrix unter Verwendung der angegebenen Parameter.

translate(x, y)
Verschiebt die Zeichenfläche gemäß den übergebenen Parameten in horizontaler und vertikaler Richtung.

A.14   Database

Ein Database-Objekt repräsentiert im Zusammenhang mit WebDB eine Datenbank. Eine Transaktion wird durch das SQLTransaction-Objekt repräsentiert (siehe *SQLTransaction*, S. 426). *HTML5.*

A.14.1   Eigenschaften

version
   Gibt die aktuelle Version der Datenbank wieder.

A.14.2   Methoden

changeVersion(alteVersion, neueVersion [, transactionCallback, fehlerCallback, erfolgsCallback])
   Ändert die Version der Datenbank. Die optionale Funktion transactionCallback wird asynchron aufgerufen. Tritt ein Fehler auf, wird die Funktion fehlerCallback aufgerufen, ansonsten die Funktion erfolgsCallback.

openDatabase(name, version, beschreibung, groesse [, erfolgsCallback])
   Öffnet die Datenbank mit den angegebenen Parametern für einen asynchronen Zugriff auf die Datenbank. Die Funktion erfolgsCallback wird aufgerufen, wenn die Datenbank problemlos geöffnet werden konnte.

openDatabaseSync(name, version, beschreibung, groesse [, erfolgsCallback])
   Öffnet die Datenbank mit den angegebenen Parametern für einen synchronen Zugriff auf die Datenbank. Die Funktion erfolgsCallback wird aufgerufen, wenn die Datenbank problemlos geöffnet werden konnte.

readTransaction(transactionCallback [, fehlerCallback, erfolgsCallback])
   Öffnet eine Transaktion für einen Lesezugriff und ruft die Funktion auf, die als transactionCallback angegeben wird. Diese Funktion erhält als Übergabewert ein SQLTransaction-Objekt. Tritt ein Fehler auf, wird die Funktion fehlerCallback aufgerufen, ansonsten die Funktion erfolgsCallback.

transaction(transactionCallback [, fehlerCallback, erfolgsCallback])
   Öffnet eine Transaktion für einen Lese- und Schreibzugriff und ruft die Funktion auf, die als transactionCallback angegeben wird. Diese Funktion erhält als Übergabewert ein SQLTransaction-Objekt. Tritt ein Fehler auf, wird die Funktion fehlerCallback aufgerufen, ansonsten die Funktion erfolgsCallback.

A.15 Date

Ein Date-Objekt repräsentiert ein Datum und eine Uhrzeit.

A.15.1 Konstruktoren

Es gibt mehrere Möglichkeiten, ein Date-Objekt zu erzeugen. Die folgenden Konstruktoren sind möglich:

```
Date()
Date("monat tag, jahr std:min:sek")
Date(jahr, monat, tag)
Date(jahr, monat, tag, std, min, sek)
Date(jahr, monat, tag, std, min, sek, msek)
```

A.15.2 Methoden

getDate()
Liefert den Tag innerhalb des Monats (Ortszeit).

getDay()
Liefert den Wochentag (Ortszeit). 0 steht für Sonntag, 1 für Montag usw.

getFullYear()
Liefert die vierstellige Jahreszahl (Ortszeit).

getHours()
Liefert die Anzahl der Stunden (Ortszeit).

getMilliseconds()
Liefert die Anzahl der Millisekunden (Ortszeit).

getMinutes()
Liefert die Anzahl der Minuten (Ortszeit).

getMonth()
Liefert die Nummer des Monats (Ortszeit). 0 steht für Januar, 1 für Februar usw.

getSeconds()
Liefert die Anzahl der Sekunden (Ortszeit).

getTime()
Liefert die Anzahl der Millisekunden seit dem 1. Januar 1970 um 0:00 Uhr.

getTimezoneOffset()
Liefert die Zeitverschiebung in Minuten von der lokalen Zeitzone im Vergleich zu UTC (Coordinated Universal Time).

getUTCDate()

> Liefert die Nummer des Tags innerhalb eines bestimmten Monats (Universalzeit).

getUTCDay()

> Liefert den Tag innerhalb der Woche (Universalzeit). 0 steht für Sonntag, 1 für Montag usw.

getUTCFullYear()

> Liefert die vierstellige Jahreszahl (Universalzeit).

getUTCHours()

> Liefert die Anzahl der Stunden (Universalzeit).

getUTCMilliseconds()

> Liefert die Anzahl der Millisekunden (Universalzeit).

getUTCMinutes()

> Liefert die Anzahl der Minuten (Universalzeit).

getUTCMonth()

> Liefert die Nummer des Monats (Universalzeit). 0 steht für Januar, 1 für Februar usw.

getUTCSeconds()

> Liefert die Anzahl der Sekunden (Universalzeit).

getYear()

> Liefert je nach Browser entweder die vierstellige Jahreszahl oder die Anzahl der Jahre seit 1900 (Ortszeit). Statt dieser Methode sollte `getFullYear()` verwendet werden.

parse(str)

> Konvertiert den übergebenen String in ein `Date`-Objekt und liefert die Anzahl der Millisekunden seit dem 1. Januar 1970 um 0:00 Uhr zurück. `parse()` ist eine statische Methode.

setDate(tag)

> Setzt den Tag innerhalb eines Monats (Ortszeit).

setFullYear(jahr [, monat [, tag]])

> Setzt die vierstellige Jahreszahl (Ortszeit).

setHours(stunden [, min [, sek [, msek]]])

> Setzt die Anzahl der Stunden (Ortszeit).

setMilliseconds(msek)

> Setzt die Anzahl der Millisekunden (Ortszeit).

setMinutes(minuten [, sek [, msek]])

> Setzt die Anzahl der Minuten (Ortszeit).

setMonth(monat [, tag])
Setzt die Nummer des Monats (Ortszeit). 0 steht für Januar, 1 für Februar usw.

setSeconds(sek [, msek])
Setzt die Anzahl der Sekunden (Ortszeit).

setTime(msek)
Setzt ein neues Datum mithilfe einer Zeitangabe in Millisekunden.

setUTCDate(tag)
Setzt den Tag innerhalb eines Monats (Universalzeit).

setUTCFullYear(jahr [, monat [, tag]])
Setzt die vierstellige Jahreszahl (Universalzeit).

setUTCHours(stunden, [, min [, sek [, msek]]])
Setzt die Anzahl der Stunden (Universalzeit).

setUTCMilliseconds(msek)
Setzt die Anzahl der Millisekunden (Universalzeit).

setUTCMinutes(min [, sek [, msek]])
Setzt die Anzahl der Minuten (Universalzeit).

setUTCMonth(monat [, tag])
Setzt die Nummer des Monats (Universalzeit). 0 steht für Januar, 1 für Februar usw.

setUTCSeconds(sek [, msek])
Setzt die Anzahl der Sekunden (Universalzeit).

setYear(jahr)
Setzt die Anzahl der Jahre seit 1900 (Ortszeit). Statt dieser Methode sollte setFullYear() verwendet werden.

toLocaleString()
Liefert das Datum und die Uhrzeit in der ortsüblichen Schreibweise als String zurück. Dies funktioniert nicht in allen Browsern.

toUTCString()
Liefert einen String zurück, der das Datum und die Uhrzeit repräsentiert. Die Angaben werden dabei vorher in die Universalzeit umgerechnet.

UTC(jahr, monat, tag [, std, min, sek])
Liefert die Anzahl der Millisekunden seit dem 1. Januar 1970 0:00 Uhr für die GMT-Zeitzone. UTC() ist eine statische Methode.

A.16   document

Das document-Objekt repräsentiert ein HTML-Dokument (siehe auch *Element*, S. 388).

A.16.1   Eigenschaften

anchors[]

> Ein Array der auf einer Seite definierten Anker (siehe *Anchor*, S. 368).

applets[]

> Ein Array der mit dem <applet>-Tag eingebetteten Applets.

cookie

> Repräsentiert die von einer Seite gesetzten Cookies.

domain

> Gibt den Domainnamen des Servers, von dem die HTML-Seite heruntergeladen wurde, an.

embeds[]

> Ein Array der mit <embed> eingebetteten Objekte.

forms[]

> Ein Array der in dem Dokument enthaltenen Formulare (siehe *Form*, S. 401).

images[]

> Ein Array der in dem Dokument enthaltenen Bilder (siehe *Image*, S. 406).

lastModified

> Ein String, der den Zeitpunkt, an dem ein Dokument das letzte Mal geändert wurde, angibt.

links[]

> Ein Array der in einem HTML-Dokument definierten Links (siehe *Link*, S. 410).

plugins[]

> Ein Array der mit <embed> eingebetteten Objekte.

referrer

> Gibt die URL der Seite an, von der ein Besucher kommt. Dies funktioniert jedoch nur, wenn der Besucher durch Anwählen eines Links auf die bestimmte Seite gekommen ist.

title
Der Titel des HTML-Dokuments.

URL
Beinhaltet die komplette URL der geladenen HTML-Seite.

A.16.2 Methoden

clear()
Löscht ein HTML-Dokument in einem Frame oder Fenster.

close()
Schließt die Erstellung eines Dokuments ab. Diese Methode ist nicht zu verwechseln mit der close()-Methode des window-Objekts.

createEvent(str)
Erzeugt ein Event-Objekt vom Typ str (W3C-Ereignismodell).

getElementById(str)
Gibt das Objekt mit der angegebenen ID zurück.

getElementsByTagName(str)
Gibt ein Array aller Objekte zurück, die mit dem angegebenen Tag erzeugt wurden.

open([mimeType])
Bereitet ein Dokument für die Ausgabe mit document.write() vor. Wird kein Argument angegeben, werden die folgenden Daten, die an das Dokument mit document.write() geschickt werden, als HTML interpretiert. Als Argument kann ein bestimmter MIME-Type festgelegt werden.

write(ausgabe1 [, ausgabe2, ...])
Gibt die angegebenen Strings in dem Dokument aus.

writeln(ausgabe1 [, ausgabe2, ...])
Wie write(), jedoch wird am Ende zusätzlich ein Zeilenumbruch ausgegeben.

A.16.3 Event-Handler

onclick
Definiert, was passieren soll, wenn auf dieses Objekt mit der Maus geklickt wird.

ondblclick
Definiert, was passieren soll, wenn der Anwender auf diesem Objekt einen Doppelklick ausführt.

onkeydown

> Gibt an, was passieren soll, wenn eine Taste gedrückt wird. Das keydown-Ereignis tritt immer vor dem keypress-Ereignis ein.

onkeypress

> Gibt an, was passieren soll, wenn eine Taste gedrückt wird. Wird die Taste längere Zeit gedrückt gehalten, tritt das keypress-Ereignis mehrmals ein. Das keypress-Ereignis tritt sofort nach dem keydown-Ereignis ein.

onkeyup

> Gibt an, was passieren soll, wenn eine Taste losgelassen wird.

onmousedown

> Gibt an, was passieren soll, wenn die Maustaste gedrückt wird.

onmouseup

> Gibt an, was passieren soll, wenn die Maustaste losgelassen wird.

A.17   Element

Hier werden Eigenschaften, Methoden und Event-Handler aufgelistet, die allgemein im Zusammenhang mit Elementen im DOM-Baum zur Verfügung stehen.

A.17.1   Eigenschaften

accessKey

> Gibt an, mit welcher Tastenkombination dieses Objekt erreicht werden kann.

attributes[]

> Liste der definierten Attribute.

childNodes[]

> Liste der direkten Kindobjekte.

className

> Gibt an, zu welcher Stylesheet-Klasse dieses Objekt gehört.

firstChild

> Das erste Element im childNodes-Array.

id

> Die eindeutige Bezeichnung des Elements.

innerHTML

Der HTML-Code innerhalb dieses Objekts.

lang

Die verwendete Sprache.

lastChild

Das letzte Element im `childNodes`-Array.

name

Der Name des Elements. Im Normalfall sollte stattdessen das Attribut `id` verwendet werden.

nextSibling

Das nachfolgende Element im `childNodes`-Array des übergeordneten Objekts.

nodeName

Der Name des Knotens.

nodeType

Der Typ des Knotens. Die folgende Tabelle zeigt die möglichen Werte:

Konstante	Wert
Node.ELEMENT_NODE	1
Node.ATTRIBUTE_NODE	2
Node.TEXT_NODE	3
Node.CDATA_SECTION_NODE	4
Node.ENTITY_REFERENCE_NODE	5
Node.ENTITY_NODE	6
Node.PROCESSING_INSTRUCTION_NODE	7
Node.COMMENT_NODE	8
Node.DOCUMENT_NODE	9
Node.DOCUMENT_TYPE_NODE	10
Node.DOCUMENT_FRAGMENT_NODE	11
Node.NOTATION_NODE	12

nodeValue

Der Inhalt des Knotens.

ownerDocument

Gibt an, in welchem `document`-Objekt dieses Element enthalten ist.

parentNode

Das übergeordnete Objekt.

previousSibling

    Das vorhergehende Element im `childNodes`-Array des übergeordneten Objekts.

style

    Die verwendete Stylesheet-Vorlage für dieses Objekt (siehe *style*, S. 429).

tabIndex

    Gibt die Aktivierungsreihenfolge im Zusammenhang mit anderen Elementen des DOM-Baums an.

tagName

    Der Name des Tags.

title

    Text, der als Tooltip neben dem Objekt erscheint, wenn der Mauszeiger darüber positioniert wird.

A.17.2   Methoden

addEventListener(typ, fkt, bool)

    Fügt einen Event-Listener hinzu (W3C-Ereignismodell). Bei Eintritt des Ereignisses, das durch den String `typ` angegeben wird, wird die Funktion `fkt` aufgerufen. Wenn der boolesche Wert `bool` gleich `true` ist, wird Event-Capturing verwendet, ansonsten Event-Bubbling. Im Microsoft Internet Explorer ist statt dieser Methode `attachEvent()` zu verwenden.

appendChild(obj)

    Fügt am Ende des `childNodes`-Arrays das Kindobjekt `obj` ein.

attachEvent(typ, fkt)

    Fügt einen Event-Listener hinzu. Bei Eintritt des Ereignisses, das durch den String `typ` angegeben wird, wird die Funktion `fkt` aufgerufen (Event-Bubbling). Nur Microsoft Internet Explorer.

cloneNode(bool)

    Liefert eine Kopie des Knotens zurück. Der Übergabewert gibt an, ob die untergeordneten Objekte mitkopiert werden sollen (`true`) oder nicht (`false`).

detachEvent(typ, fkt)

    Entfernt einen Event-Listener, der mit `attachEvent()` gesetzt wurde. Nur Microsoft Internet Explorer.

dispatchEvent(evt)

Löst das Ereignis evt im Zusammenhang mit diesem Objekt aus (W3C-Ereignismodell).

getAttribute(str)

Liefert den Wert des Attributs mit dem angegebenen Namen zurück.

getAttributeNode(str)

Liefert ein Objekt des Attributs mit dem angegebenen Namen zurück.

getElementsByTagName(str)

Liefert ein Array mit allen untergeordneten Elementen eines bestimmten Typs zurück. Der Typ wird als String angegeben, z.B. `"img"`.

hasAttribute(str)

Gibt an, ob ein bestimmtes Attribut verfügbar ist.

hasChildNodes()

Gibt an, ob dem Knoten andere Objekte untergeordnet sind.

insertBefore(objNeu, objAlt)

Fügt im `childNodes`-Array das Objekt `objNeu` vor dem Objekt `objAlt` ein.

releaseCapture()

Schaltet das Event-Capturing ab. Nur Microsoft Internet Explorer.

removeAttribute(str)

Entfernt das Attribut mit dem angegebenen Namen `str`.

removeAttributeNode(obj)

Entfernt das Attribut, das durch `obj` referenziert wird.

removeChild(obj)

Entfernt das angegebene Kindobjekt.

removeEventListener(typ, fkt, bool)

Entfernt einen Event-Listener, der mit `addEventListener()` gesetzt wurde (W3C-Ereignismodell). Im Microsoft Internet Explorer ist statt dieser Methode `detachEvent()` zu verwenden.

replaceChild(objNeu, objAlt)

Ersetzt im `childNodes`-Array das Objekt `objAlt` durch das Objekt `objNeu`.

setAttribute(str, wert)

Setzt das Attribut mit dem Namen `str` auf den angegebenen Wert.

setCapture()

Schaltet das Event-Capturing ein. Nur Microsoft Internet Explorer.

A.17.3   Event-Handler

onblur

Definiert, was passieren soll, wenn dieses Objekt den Fokus verliert.

onclick

Definiert, was passieren soll, wenn auf dieses Objekt mit der Maus geklickt wird.

ondblclick

Definiert, was passieren soll, wenn der Anwender auf diesem Objekt einen Doppelklick ausführt.

onfocus

Definiert, was passieren soll, wenn dieses Objekt den Fokus bekommt.

onkeydown

Gibt an, was passieren soll, wenn eine Taste heruntergedrückt wird.

onkeypress

Gibt an, was passieren soll, wenn eine Taste gedrückt wird. Wird die Taste längere Zeit gedrückt gehalten, tritt das keypress-Ereignis mehrmals ein.

onkeyup

Gibt an, was passieren soll, wenn eine Taste losgelassen wird.

onmousedown

Gibt an, was passieren soll, wenn die Maustaste losgelassen wird.

onmousemove

Gibt an, was passieren soll, wenn die Maus bewegt wird.

onmouseout

Gibt an, was passieren soll, wenn die Maus sich von diesem Objekt wegbewegt.

onmouseover

Gibt an, was passieren soll, wenn die Maus über diesem Objekt positioniert wird.

onmouseup

Gibt an, was passieren soll, wenn die Maustaste losgelassen wird.

A.18   Error

Ein Error-Objekt repräsentiert einen eingetretenen Fehler und wird im Zusammenhang mit try und catch verwendet. Folgende Fehlertypen sind in ECMAScript vordefiniert:

Fehlertyp	Bedeutung
EvalError	Gibt an, dass ein Fehler im Zusammenhang mit der Funktion eval() aufgetreten ist.
RangeError	Gibt im Zusammenhang mit Zahlenwerten an, dass der Wertebereich überschritten wurde.
ReferenceError	Weist auf eine ungültige Referenz hin.
SyntaxError	Gibt an, dass ein Fehler beim Parsen des Quellcodes aufgetreten ist.
TypeError	Gibt an, dass der Typ eines Operanden bei der Ausführung eines Befehls falsch ist.
URIError	Gibt an, dass ein Fehler im Zusammenhang mit einer Webadresse aufgetreten ist.

A.18.1   Konstruktor

Error(message)
　　Erzeugt ein neues Error-Objekt.

A.18.2   Eigenschaften

name
　　Die Bezeichnung des eingetretenen Fehlers.

message
　　Eine Beschreibung des eingetretenen Fehlers.

A.19 Event

Ein Event-Objekt repräsentiert ein Ereignis im W3C-Ereignismodell.

A.19.1 Eigenschaften

altKey

Gibt an, ob die *Alt*-Taste beim Eintritt des Ereignisses gedrückt wurde.

bubbles

Gibt an, ob das Event-Objekt in der Objekthierarchie nach oben weitergegeben wird (Event-Bubbling).

button

Gibt an, welche Maustaste gedrückt wurde.

cancelable

Gibt an, ob man die Standardaktionen des Browsers unterbinden kann.

charCode

Gibt den Unicode an, der der Taste, die vom Benutzer gedrückt wurde, zugeordnet ist.

clientX

Gibt die x-Koordinate von Mausereignissen relativ zum Browserfenster (ohne Menüleisten und Scrollbalken usw.) an.

clientY

Gibt die y-Koordinate von Mausereignissen relativ zum Browserfenster (ohne Menüleisten und Scrollbalken usw.) an.

ctrlKey

Gibt an, ob die *Steuerungs*-Taste (*Strg*-Taste) beim Eintritt des Ereignisses gedrückt wurde.

currentTarget

Gibt an, welches Objekt momentan das Event-Objekt behandelt.

detail

Enthält Details zum eingetretenen Ereignis. Bei Mausereignissen wird hierin z.B. angegeben, wie oft die Maustaste gedrückt wurde.

eventPhase

Gibt an, in welcher Phase sich die Ereignisbehandlung befindet:

1 (=Event.CAPTURING_PHASE): Capturing-Phase
2 (=Event.AT_TARGET): beim Zielobjekt
3 (=Event.BUBBLING_PHASE): Bubbling-Phase

isChar

Gibt an, ob eine Taste gedrückt wurde.

keyCode

Gibt den Unicode an, der der Taste, die vom Benutzer gedrückt wurde, zugeordnet ist.

metaKey

Gibt an, ob die *Meta*-Taste beim Eintritt des Ereignisses gedrückt wurde.

pageX

Gibt die x-Koordinate von Mausereignissen relativ zum Dokument an.

pageY

Gibt die y-Koordinate von Mausereignissen relativ zum Dokument an.

screenX

Gibt die x-Koordinate von Mausereignissen relativ zum Bildschirm an.

screenY

Gibt die y-Koordinate von Mausereignissen relativ zum Bildschirm an.

shiftKey

Gibt an, ob die *Umschalten*-Taste beim Eintritt des Ereignisses gedrückt wurde.

target

Gibt das Zielobjekt an.

timeStamp

Gibt den Zeitpunkt des Ereignisses an (Date-Objekt).

type

Gibt den Ereignistyp an.

view

Eine Referenz auf das window-Objekt, in dem das Ereignis eingetreten ist.

which

Gibt den Unicode an, der der Taste, die vom Benutzer gedrückt wurde, zugeordnet ist.

A.19.2   Methoden

initEvent(typ, bubble, cancelable)

Dient der Erzeugung eigener Event-Objekte. Das erste Argument gibt den Ereignistyp als String an. Das zweite und dritte Argument sind boolesche Werte, die angeben, ob Event-Bubbling durchgeführt werden soll und ob die Standardaktionen des Browsers unterbunden werden können.

initMouseEvent(typ, bubble, cancelable, view, detail, screenX, screenY, clientX, clientY, ctrlKey, altKey, shiftKey, metaKey, button, relatedTarget)

Dient der Erzeugung eigener Event-Objekte in Bezug auf Mausereignisse. Die ersten drei Argumente entsprechen den Argumenten der Methode initEvent(). Als view wird normalerweise eine Referenz auf das window-Objekt übergeben. detail gibt die Anzahl der Mausklicks an. screenX, screenY, clientX und clientY geben die Koordinaten des Mausereignisses auf dem Bildschirm bzw. im Browserfenster an. ctrlKey, altKey, shiftKey, metaKey zeigen an, ob beim Mausereignis die Tasten *Strg*, *Alt*, *Umschalten* bzw. *Meta* gedrückt sein sollen. button gibt an, welche Maustaste betroffen ist. relatedTarget gibt an, im Zusammenhang mit welchem weiteren Objekt das Mausereignis eintreten soll. Dies gilt nur für einige Ereignistypen wie mouseover und mouseout.

preventDefault()

Unterbindet die Standardaktionen des Browsers.

stopPropagation()

Verhindert, dass das Event-Objekt an andere Objekte weitergegeben wird.

A.20   event

Ein event-Objekt repräsentiert ein Ereignis im Microsoft Internet Explorer (bis Version 8.0).

A.20.1   Eigenschaften

altKey

Gibt an, ob die *Alt*-Taste beim Eintritt des Ereignisses gedrückt wurde.

button

Gibt an, welche Maustaste gedrückt wurde.

cancelBubble

Gibt an, ob das event-Objekt an übergeordnete Objekte weitergegeben werden soll.

clientX

Gibt die x-Koordinate von Mausereignissen relativ zum Browserfenster (ohne Menüleisten und Scrollbalken usw.) an.

clientY

Gibt die y-Koordinate von Mausereignissen relativ zum Browserfenster (ohne Menüleisten und Scrollbalken usw.) an.

ctrlKey

Gibt an, ob die *Steuerungs*-Taste (*Strg*-Taste) beim Eintritt des Ereignisses gedrückt wurde.

fromElement

Gibt im Zusammenhang mit mouseover- und mouseout-Ereignissen an, von welchem Objekt sich der Mauszeiger wegbewegt hat.

keyCode

Gibt den Unicode an, der der Taste, die vom Benutzer gedrückt wurde, zugeordnet ist.

offsetX

Gibt die x-Koordinate von Mausereignissen relativ zu dem Objekt, das das Ereignis ausgelöst hat, an.

offsetY

Gibt die y-Koordinate von Mausereignissen relativ zu dem Objekt, das das Ereignis ausgelöst hat, an.

returnValue

Gibt den Rückgabewert des Event-Handlers an.

shiftKey

Gibt an, ob die *Umschalten*-Taste beim Eintritt des Ereignisses gedrückt wurde.

srcElement

Gibt das Objekt an, das das Ereignis ausgelöst hat.

toElement

Gibt im Zusammenhang mit mouseover- und mouseout-Ereignissen an, zu welchem Objekt sich der Mauszeiger hinbewegt hat.

type

Gibt den Typ des Ereignisses an.

x

Gibt die x-Koordinate des Ereignisses relativ zum übergeordneten Objekt an.

y

Gibt die y-Koordinate des Ereignisses relativ zum übergeordneten Objekt an.

A.21   File

Ein File-Objekt repräsentiert eine Datei. *HTML5*.

A.21.1   Eigenschaften

lastModifiedDate

Der Zeitpunkt der letzten Änderung der Datei.

name

Der Name der Datei.

size

Die Größe der Datei.

type

Der MIME-Type der Datei.

A.22 FileReader

Ein FileReader-Objekt ermöglich das Auslesen einer Datei. *HTML5*.

A.22.1 Konstruktor

FileReader()
  Erzeugt ein neues FileReader-Objekt.

A.22.2 Eigenschaften

readyState
  Gibt den Status des FileReader-Objekts wieder.

Wert	Bezeichnung	Bedeutung
0	Empty	Der Ladevorgang wurde noch nicht gestartet.
1	Loading	Der Ladevorgang läuft gerade.
2	Done	Der Ladevorgang ist abgeschlossen.

result
  Der Inhalt der Datei.

error
  Ein Error-Objekt vom Typ FileError, das im Falle eines Fehlers gesetzt wird (siehe *Error*, S. 393).

A.22.3 Methoden

abort()
  Bricht den Ladevorgang ab.

readAsArrayBuffer(datei)
  Liest das File-Objekt datei in Form eines Arrays ein.

readAsBinaryString(datei)
  Liest das File-Objekt datei als Binärdatei ein.

readAsDataURL(datei)
  Liest das File-Objekt datei so ein, als ob die Datei über das Web geladen worden wäre.

readAsText(datei [, codierung])
  Liest das File-Objekt datei als Textdatei ein. Der zweite Parameter gibt das Format der Textdatei als String an. Der Standardwert ist "UTF-8".

A.22.4 Event-Handler

onabort

> Gibt an, was passieren soll, wenn der Ladevorgang unterbrochen wurde.

onerror

> Gibt an, was passieren soll, wenn ein Fehler eingetreten ist.

onload

> Gibt an, was passieren soll, wenn der Ladevorgang erfolgreich beendet wurde.

onloadend

> Gibt an, was passieren soll, wenn der Ladevorgang beendet wurde, unabhängig davon, ob dieser erfolgreich war.

onloadstart

> Gibt an, was passieren soll, wenn der Ladevorgang begonnen wurde.

onprogress

> Gibt an, was passieren soll, wenn der Ladevorgang läuft.

A.23 FileUpload

Ein FileUpload-Objekt repräsentiert ein Formularelement, das die Selektion einer oder mehrerer Dateien ermöglicht (siehe auch *Input*, S. 408, und *Element*, S. 388).

A.23.1 HTML-Code

```
<input
  type="file"
  [id="fileUploadID"]
  [name="fileUploadName"]
  [multiple="multiple"]
  [onchange="aktion"]>
```

A.23.2 Eigenschaften

files[]

> Ein Array mit File-Objekten, die die selektierten Dateien repräsentieren. *HTML5*.

value

> Der in dem FileUpload-Objekt angegebene Pfad.

A.23.3 Event-Handler

onchange

> Gibt an, was passieren soll, wenn sich der Inhalt des FileUpload-Objekts verändert. *HTML5*.

A.24 Form

Das Form-Objekt repräsentiert ein Formular (siehe auch *Element*, S. 388).

A.24.1 HTML-Code

```
<form
    action="URL"
    method="get|post"
    enctype="mimetype"
    target="fensterName"
    [id="formID"]
    [name="formName"]
    [onsubmit="aktion"]
    [onreset="aktion"]>
    ...
</form>
```

A.24.2 Eigenschaften

action

> Gibt die Adresse des Serverskripts an, an das das Formular verschickt werden soll.

elements[]

> Ein Array, das die einzelnen Elemente eines Formulars beinhaltet.

elements.length

> Anzahl der in dem Formular beinhalteten Elemente.

encoding

> Gibt den MIME-Type an, der für die zu versendenden Daten verwendet werden soll.

length

> Entspricht `elements.length`.

method

> Gibt an, ob beim Versenden des Formulars `get` oder `post` verwendet wird.

target

> Gibt das Fenster oder den Frame an, in dem die Antwort des Servers beim Versenden des Formulars angezeigt werden soll.

A.24.3   Methoden

reset()

> Setzt die in einem Formular getätigten Eingaben auf die Ausgangswerte zurück.

submit()

> Verschickt den Formularinhalt, ohne dass die *Submit*-Schaltfläche gedrückt wurde.

A.24.4   Event-Handler

onreset

> Gibt an, was passieren soll, wenn ein Formular zurückgesetzt werden soll. Dieser Event-Handler wird *vor* der Zurücksetzung des Formulars beachtet. Wird `false` an den Event-Handler zurückgegeben, wird der *Reset*-Vorgang abgebrochen.

onsubmit

> Gibt an, was passieren soll, wenn ein Formular verschickt werden soll. Dieser Event-Handler wird *vor* der Versendung des Formulars beachtet. Wird `false` an den Event-Handler zurückgegeben, wird der *Submit*-Vorgang abgebrochen.

A.25   Function

Ein Function-Objekt repräsentiert eine Funktion.

A.25.1   Konstruktor

Function (arg1, arg2, ... argN, code)
  Erzeugt eine neue Funktion. arg1, arg2 ... argN geben die Übergabe-
  werte der neuen Funktion an. Der String code enthält den Java-
  Script-Code, der in der Funktion enthalten sein soll.

A.25.2   Eigenschaften

arguments[]
  Enthält die Übergabewerte der Funktion (siehe *Argument*, S. 370).

caller
  Die Funktion, die diese Funktion aufgerufen hat.

length
  Die Anzahl der übergebenen Parameter.

A.25.3   Methoden

apply(thisArg, argArray)
  Ruft die Funktion mit den angegebenen Parametern auf.

call(arg1, arg2, ... argN)
  Ruft die Funktion mit den angegebenen Parametern auf.

A.26   Global

Das Global-Objekt stellt einige grundlegende Eigenschaften und
Methoden zur Verfügung und muss nicht explizit genannt werden.

A.26.1   Eigenschaften

Infinity
  Der Wert unendlich.

NaN
  Gibt an, dass kein Zahlenwert vorliegt (*Not a Number*).

undefined
  Gibt an, dass ein Element nicht definiert ist.

A.26.2   Methoden

decodeURI(str)

> Decodiert eine komplette Adresse, die mit encodeURI() codiert wurde.

decodeURIComponent(str)

> Decodiert einen Teil einer Adresse, die mit encodeURIComponent() codiert wurde.

encodeURI(str)

> Codiert eine komplette Adresse, sodass keine unerlaubten Zeichen mehr verwendet werden.

encodeURIComponent(str)

> Codiert einen Teil einer Adresse, sodass keine unerlaubten Zeichen mehr verwendet werden.

eval(str)

> Führt den JavaScript-Code aus, der in dem String angegeben ist.

isFinite(x)

> Liefert false, wenn das Argument NaN bzw. plus oder minus unendlich ist, ansonsten true.

isNaN(x)

> Prüft, ob eine Variable den Wert NaN beinhaltet.

parseFloat(str)

> Wandelt den String in eine Kommazahl um. Schlägt die Konvertierung fehl, wird NaN zurückgeliefert.

parseInt(str [,radix])

> Wandelt den String in eine Ganzzahl um. Das zweite Argument gibt das zu verwendende Zahlensystem an. Schlägt die Konvertierung fehl, wird NaN zurückgeliefert.

A.27   Hidden

Ein Hidden-Objekt repräsentiert ein nicht sichtbares Formularelement (siehe auch *Input*, S. 408, und *Element*, S. 388).

A.27.1   HTML-Code

```
<input
    type="hidden"
    [id="hiddenID"]
    [name="hiddenName"]
    [value="ausgangswert"]>
```

A.28   history

Das history-Objekt enthält eine Liste der zuletzt besuchten Seiten.

A.28.1   Eigenschaften

length
:   Die Anzahl der Elemente in dem history-Objekt.

A.28.2   Methoden

back()
:   Veranlasst den Browser, einen Schritt in der History-Liste zurück-zugehen.

forward()
:   Veranlasst den Browser, einen Schritt in der History-Liste vorwärts zu gehen.

go(schritte)
:   Veranlasst den Browser, eine bestimmte Anzahl an Schritten in der History-Liste zu gehen. Es sind sowohl positive als auch negative Werte möglich.

go(URL)
:   Der Browser springt zu dem nächsten Eintrag in der History-Liste, der den String URL als Teilstring enthält.

A.29 IFrame

Ein IFrame-Objekt repräsentiert einen Frame, der in ein Dokument eingebettet ist. Ein IFrame-Objekt ist ein spezielles window-Objekt (siehe *window*, S. 432).

A.29.1 HTML-Code

```
<iframe
  src="URL"
  width="pixel"
  height="pixel"
  [id="iframeID"]
  [scrolling="yes|no|auto"]>
</iframe>
```

oder

```
<object
  data="URL"
  width="pixel"
  height="pixel"
  [id="iframeID"]>
</object>
```

A.30 Image

Ein Image-Objekt repräsentiert ein Bild (siehe auch *Element*, S. 388).

A.30.1 HTML-Code

```
<img
  src="URL"
  alt="Text"
  [id="imageID"]
  [lowsrc="URL"]
  [height="pixel"]
  [width="pixel"]
  [ismap="ismap"]
  [usemap="#mapName"]
  [onabort="aktion"]
  [onerror="aktion"]
  [onload="aktion"]>
```

A.30.2   Konstruktor

Image([URL])

Erzeugt ein Image-Objekt und lädt das Bild unter der angegebenen Adresse.

A.30.3   Eigenschaften

alt

Gibt den Text wieder, der alternativ zu dem Bild angezeigt wird.

complete

Gibt an, ob das Bild vollständig geladen wurde.

height

Die Höhe des Bildes.

isMap

Gibt an, ob das Bild im Zusammenhang mit einer Server-side Imagemap verwendet wird.

lowsrc

Die Adresse des Alternativbildes.

src

Die Adresse des Bildes.

useMap

Gibt den Namen einer Client-side Imagemap an.

width

Die Breite des Bildes.

A.30.4   Event-Handler

onabort

Gibt an, was passieren soll, wenn der Ladevorgang des Bildes abgebrochen wird.

onerror

Gibt an, was passieren soll, wenn ein Fehler beim Laden des Bildes auftritt.

onload

Gibt an, was passieren soll, wenn der Ladevorgang des Bildes abgeschlossen wurde.

A.31   ImageData

Das ImageData-Objekt kommt im Zusammenhang mit dem Context-Objekt zum Einsatz und repräsentiert ein Bild bzw. einen Bildausschnitt (siehe *Context*, S. 377). *HTML5.*

A.31.1   Eigenschaften

data
> Ein CanvasPixelArray-Objekt, das die einzelnen Pixel des ImageData-Objekts enthält (siehe *CanvasPixelArray*, S. 376).

height
> Die Höhe des Bildes.

width
> Die Breite des Bildes.

A.32   Input

Hier werden Eigenschaften, Methoden und Event-Handler aufgelistet, die im Zusammenhang mit Formularelementen zur Verfügung stehen.

A.32.1   Eigenschaften

defaultValue
> Der Ausgangswert dieses Objekts.

disabled
> Gibt an, ob das Objekt deaktiviert ist.

id
> Die ID des Objekts.

form
> Das Form-Objekt, in dem dieses Formularobjekt enthalten ist (siehe *Form*, S. 401).

name
> Der Name der Objekts.

readonly
: Gibt an, ob der Anwender den Inhalt des Formularelements ändern kann.

size
: Die Größe des Objekts.

type
: Der Typ des Objekts.

value
: Der Wert des Objekts.

A.32.2   Methoden

blur()
: Entfernt den Fokus von diesem Objekt.

click()
: Simuliert einen Mausklick auf dieses Objekt.

focus()
: Setzt den Fokus auf dieses Objekt.

select()
: Selektiert den Inhalt dieses Objekts.

A.32.3   Event-Handler

onblur
: Definiert, was passieren soll, wenn dieses Objekt den Fokus verliert.

onchange
: Definiert, was passieren soll, wenn der Inhalt dieses Objekts geändert wurde.

onclick
: Definiert, was passieren soll, wenn der Anwender auf dieses Objekt klickt.

onfocus
: Definiert, was passieren soll, wenn dieses Objekt den Fokus erhält.

A.33   JSON

Das JSON-Objekt ermöglicht die Arbeit mit Objekten in der JavaScript Object Notation. *ECMAScript 5.*

A.33.1   Methoden

parse(str [, fkt])

Wandelt den String str in der JavaScript Object Notation in ein Objekt um. Für jede Eigenschaft wird die Funktion fkt aufgerufen. Der Rückgabewert dieser Funktion ersetzt den Wert der Eigenschaft.

stringify(obj [, fkt])

Wandelt das Objekt obj in einen String in der JavaScript Object Notation um. Für jede Eigenschaft wird die Funktion fkt aufgerufen. Der Rückgabewert dieser Funktion ersetzt den Wert der Eigenschaft.

A.34   Link

Ein Link-Objekt repräsentiert eine Verknüpfung zu einem anderen Dokument (siehe auch *Element*, S. 388). Der allgemeine Aufbau einer URL ist wie folgt:

```
protocol // hostname: port pathname search hash
```

A.34.1   HTML-Code

```
<a href="URL"
   [name="ankerName"]
   [target="fensterName"]
   [onclick="aktion"]
   [onmouseover="aktion"]
   [onmouseout="aktion"]>
   Text
</a>
```

A.34.2   Eigenschaften

hash

Gibt den Anker eines Links an. Das erste Zeichen eines Ankers in einer URL ist ein #.

host

Der Teil hostname:port der URL.

hostname

hostname gibt den Namen des Servers an.

href

Gibt die gesamte URL mit allen Elementen an.

pathname
: Beinhaltet den Pfad und den Dateinamen einer URL.

port
: Beinhaltet die Portnummer einer URL.

protocol
: Gibt das Protokoll an, das für die Verbindung benutzt werden soll.

search
: Gibt den Suchstring einer URL an. Das erste Zeichen eines Suchstrings in einer URL ist ein Fragezeichen.

target
: Gibt den Frame oder das Fenster an, in dem die neue Seite geladen werden soll.

A.35   localStorage

Das localStorage-Objekt ermöglicht die Speicherung von Daten auf dem Computer des Anwenders. Im Gegensatz zum sessionStorage-Objekt bleiben die Daten erhalten, auch wenn der Browser geschlossen wird. *HTML5.*

A.35.1   Methoden

clear()
: Löscht alle Einträge.

getItem(name)
: Gibt den Inhalt des Eintrags mit dem angegebenen Namen wieder.

key(n)
: Gibt den Namen des Eintrags an der Position n wieder.

removeItem(name)
: Entfernt den angegebenen Eintrag.

setItem(name, wert)
: Setzt den Eintrag mit der Bezeichnung name auf den entsprechenden Wert.

A.35.2   Event-Handler

onstorage
: Gibt an, was passieren soll, wenn ein neuer Wert hinzugefügt wird oder wenn sich ein gespeicherter Wert ändert.

A.36   location

Das location-Objekt gibt Auskunft über die Adresse des aktuellen Dokuments. Der allgemeine Aufbau einer URL ist wie folgt:

```
protocol // hostname: port pathname search hash
```

A.36.1   Eigenschaften

hash

> Gibt den Anker eines Links an. Das erste Zeichen eines Ankers in einer URL ist ein #.

host

> Der Teil hostname:port der URL.

hostname

> hostname gibt den Namen des Servers an.

href

> Gibt die gesamte URL mit allen Elementen an. Wird diesem Element eine neue Adresse zugewiesen, lädt der Browser die entsprechende Seite.

pathname

> Beinhaltet den Pfad und den Dateinamen einer URL.

port

> Beinhaltet die Portnummer einer URL.

protocol

> Gibt das Protokoll an, das für die Verbindung benutzt werden soll.

search

> Gibt den Suchstring einer URL an. Das erste Zeichen eines Suchstrings in einer URL ist ein Fragezeichen.

A.36.2   Methoden

assign(URL)

> Lädt das Dokument mit der angegebenen Adresse.

reload([erzwingen])

> Zwingt den Browser, eine Seite nochmals zu laden. Diese Methode hat den gleichen Effekt wie das Betätigen der *Aktualisieren*- bzw. *Reload*-Schaltfläche im Browserfenster. Das optionale Argument erzwingen ist ein boolescher Wert. Ist erzwingen gleich true, wird ein Reload vom Server erzwungen, auch wenn die Seite bereits im Browser-Cache vorliegt.

replace(URL)

Lädt die Datei, auf die die URL zeigt, und ersetzt dabei den aktuellen History-Eintrag. Das bedeutet, dass der Anwender die vorher betrachtete Seite mit der *Zurück*-Schaltfläche nicht mehr zurückholen kann.

A.37   Math

Das Math-Objekt stellt verschiedene mathematische Konstanten und Funktionen zur Verfügung. Alle Eigenschaften und Methoden eines Math-Objekts sind statisch definiert.

A.37.1   Eigenschaften

E

Die Euler'sche Konstante e == 2.7182818284590451.

LN10

Der natürliche Logarithmus von 10 == 2.3025850929940459.

LN2

Der natürliche Logarithmus von 2 == 0.69314718055994529.

LOG10E

Der Zehnerlogarithmus von e == 0.43429448190325182.

LOG2E

Der Logarithmus dualis von e == 1.4426950408889634.

PI

Die Kreiszahl pi == 3.1415926535897931.

SQRT1_2

Wurzel von 1/2 == 0.70710678118654757.

SQRT2

Wurzel von 2 == 1.4142135623730951.

A.37.2   Methoden

abs(x)

Liefert den Absolutwert von x, d.h. den Zahlenwert von x ohne Vorzeichen.

acos(x)

Liefert den Arcus-Cosinus von x. Der Funktionswert ist im Bogenmaß.

asin(x)

     Liefert den Arcus-Sinus von x. Der Funktionswert ist im Bogenmaß.

atan(x)

     Liefert den Arcus-Tangens von x. Der Funktionswert ist im Bogenmaß.

atan2(gk, ak)

     Liefert den Arcus-Tangens. Die Parameter gk und ak stehen dabei für die Länge der Gegen- bzw. Ankathete. Der Funktionswert ist im Bogenmaß.

ceil(x)

     Rundet x auf den nächsthöheren Ganzzahlwert.

cos(x)

     Liefert den Cosinus von x. Der Parameter x ist im Bogenmaß.

exp(x)

     Liefert den Wert e hoch x.

floor(x)

     Rundet x auf den nächstniedrigeren Ganzzahlenwert (auch bei negativen Zahlen).

log(x)

     Liefert den Logarithmus von x zur Basis e.

max(x, y)

     Liefert das Maximum von x und y.

min(x, y)

     Liefert das Minimum von x und y.

pow(x, y)

     Liefert das Ergebnis aus x hoch y.

random()

     Liefert eine Zufallszahl zwischen 0 und 1.

round(x)

     Rundet eine Zahl nach der mathematischen Art und Weise.

sin(x)

     Liefert den Sinus von x. Der Parameter x ist im Bogenmaß.

sqrt(x)

     Liefert die Wurzel aus x.

tan(x)

     Liefert den Tangens von x. Der Parameter x ist im Bogenmaß.

A.38   MessagePort

Das MessagePort-Objekt wird im Zusammenhang mit dem SharedWorker-Objekt verwendet (siehe *SharedWorker*, S. 425) und stellt einen Kommunikationskanal dar. *HTML5*.

A.38.1   Methode

addEventListener(typ, fkt, bool)

Fügt einen Event-Listener hinzu. Bei Eintritt des Ereignisses, das durch den String typ angegeben wird, wird die Funktion fkt aufgerufen. Wenn der boolesche Wert bool gleich true ist, wird Event-Capturing verwendet, ansonsten Event-Bubbling.

close()

Schließt den Kommunikationskanal.

dispatchEvent(evt)

Löst das Ereignis evt im Zusammenhang mit diesem Objekt aus.

postMessage(x)

Sendet den angegebenen Wert an den Web Worker.

removeEventListener(typ, fkt, bool)

Entfernt einen Event-Listener, der mit addEventListener() gesetzt wurde.

start()

Öffnet den Kommunikationskanal.

A.38.2   Event-Handler

onmessage

Gibt an, was passieren soll, wenn der Web Worker eine Nachricht sendet.

A.39   MimeType

Ein `MIMEType`-Objekt enthält Informationen über einen verfügbaren MIME-Type und ist über `navigator.mimetypes[]` zugänglich. Nicht verfügbar im Microsoft Internet Explorer.

A.39.1   Eigenschaften

description
>   Eine Beschreibung des MIME-Types.

enabledPlugin
>   Eine Referenz zu dem Plugin, das den bestimmten MIME-Type unterstützt.

suffixes
>   Mögliche Endungen des Dateinamens für den bestimmten MIME-Type.

type
>   Der Name des MIME-Types.

A.40   navigator

Das `navigator`-Objekt stellt Informationen über den verwendeten Browser zur Verfügung.

A.40.1   Eigenschaften

appCodeName
>   Beinhaltet den Codenamen des Browsers.

appName
>   Beinhaltet den gängigen Namen des Browsers.

appVersion
>   Gibt Versionsinformationen des Browsers an.

mimeTypes[]
>   Array, das Informationen über die unterstützten MIME-Types enthält (siehe *MimeType*, S. 416).

platform
>   Gibt die Plattform an, für die der verwendete Browser erstellt wurde.

plugins[]

   Array, das Informationen über die verwendeten Plugins enthält
   (siehe *Plugin*, S. 421). plugins ist zwar im Microsoft Internet Explorer definiert, hat dort jedoch keine Bedeutung.

userAgent

   userAgent stellt eine Kombination aus appCodeName und appVersion dar.

A.41   Number

Ein Number-Objekt repräsentiert einen Zahlenwert.

A.41.1   Konstruktor

Number(x)

   Erzeugt ein Number-Objekt mit dem Ausgangswert x.

A.41.2   Eigenschaften

MAX_VALUE

   Die größte Zahl, die in JavaScript verwendet werden kann, ungefähr 1.79E+308.

MIN_VALUE

   Die kleinste positive Zahl, die in JavaScript verwendet werden
   kann, ungefähr 2.22E-308.

NaN

   NaN (Not a Number) gibt an, dass keine Zahl vorliegt.

NEGATIVE_INFINITY

   Negativ unendlich.

POSITIVE_INFINITY

   Positiv unendlich.

A.41.3   Methoden

toString([radix])

   Liefert den Zahlenwert als String zurück. Als Argument kann
   zusätzlich 2, 8, 10 oder 16 angegeben werden, um festzulegen, in
   welchem Zahlensystem die Ausgabe erfolgen soll (d.h. Dual-,
   Oktal-, Dezimal- oder Hexadezimalsystem).

valueOf()

   Liefert den Wert des Number-Objekts als Zahl zurück.

A.42   Object

Das Object-Objekt liegt allen JavaScript-Objekten zugrunde. Die hier gezeigten Eigenschaften und Methoden stehen in allen JavaScript-Objekten zur Verfügung und werden in dieser Referenz bei den einzelnen Objekten nur aufgeführt, falls Besonderheiten bestehen.

A.42.1   Eigenschaften

constructor
   Der Konstruktor eines Objekts.

prototype
   Ermöglicht das Hinzufügen von Eigenschaften und Methoden.

A.42.2   Methoden

create(p, eigenschaften)
   Erzeugt ein Objekt und verwendet dabei das Objekt p als Prototyp. eigenschaften ist ein Objekt, das wie in defineProperties() die gewünschten Eigenschaften festlegt. *ECMAScript 5.*

defineProperties(obj, eigenschaften)
   Legt die Eigenschaften des Objekts obj fest. Dabei werden die Attribute des Objekts eigenschaften übernommen, das wiederum für jedes einzelne Attribut wie bei defineProperty() ein Objekt mit den gewünschten Parametern enthält. *ECMAScript 5.*

defineProperty(obj, eigenschaft, werte)
   Legt die Eigenschaft eigenschaft des Objekts obj fest. eigenschaft wird hier als String angegeben. Das Argument werte ist entweder ein Objekt, das die Attribute value, writable, enumerable und configurable enthält, oder ein Objekt mit den Attributen get und set, das die Zugriffsmethoden definiert. *ECMAScript 5.*

freeze(obj)
   Friert das Objekt obj ein, sodass das Objekt nicht mehr verändert werden kann. *ECMAScript 5.*

getOwnPropertyDescriptor(obj, eigenschaft)

Liefert ein Objekt, das die Werte für value, writable, enumerable und configurable bzw. get und set für die angegebene Eigenschaft des Objekts obj enthält. eigenschaft wird dabei als String angegeben. *ECMAScript 5.*

getOwnPropertyNames(obj)

Liefert ein Array aller Eigenschaften des Objekts obj. Eigenschaften, die über die Prototypkette definiert werden, werden dabei nicht berücksichtigt. *ECMAScript 5.*

isExtensible(obj)

Prüft, ob das Objekt obj erweiterbar ist. *ECMAScript 5.*

isFrozen(obj)

Prüft, ob das angegebene Objekt eingefroren ist. *ECMAScript 5.*

isSealed(obj)

Prüft, ob das angegebene Objekt versiegelt ist. *ECMAScript 5.*

keys(obj)

Liefert ein Array der Eigenschaften des Objekts obj, bei denen das Attribut enumerable true ist. Eigenschaften, die über die Prototypkette definiert werden, werden dabei im Gegensatz zur for..in-Schleife nicht berücksichtigt. *ECMAScript 5.*

preventExtensions(obj)

Verhindert zukünftige Ergänzungen des Objekts obj. *ECMAScript 5.*

seal(obj)

Versiegelt das Objekt obj, sodass die Struktur nicht mehr verändert werden kann. Die Werte der Eigenschaften lassen sich jedoch weiterhin verändern. *ECMAScript 5.*

toString()

Liefert einen String, der das Objekt repräsentiert.

valueOf()

Liefert den elementaren Wert eines Objekts.

A.43 Option

Ein `Option`-Objekt repräsentiert einen Eintrag in einer Auswahlliste (siehe *Select*, S. 424).

A.43.1 Konstruktor

Option(text, value)

Erzeugt ein `Option`-Objekt, das in eine Auswahlliste eingefügt werden kann.

A.43.2 Eigenschaften

text

Gibt den Text des Eintrags an, der in der Auswahlliste angezeigt wird.

value

Gibt den Wert des Eintrags an.

A.44 Password

Ein `Password`-Objekt repräsentiert ein spezielles Textfeld, in dem sämtliche Eingaben durch ein besonderes Zeichen ersetzt werden (siehe auch *Input*, S. 408, und *Element*, S. 388).

A.44.1 HTML-Code

```
<input
    type="password"
    [id="passwordID"]
    [name="passwordName"]
    [value="ausgangswert"]
    [size="anzahl"]
    [onblur="aktion"]
    [onfocus="aktion"]>
```

A.44.2 Eigenschaften

value

Der eingegebene String.

A.45 Plugin

Ein Plugin-Objekt enthält Informationen über ein installiertes Plugin und ist über navigator.plugins[] zugänglich. Nicht verfügbar im Microsoft Internet Explorer.

A.45.1 Eigenschaften

description
Beschreibung des Plugins.

filename
Dateiname des Plugins.

length
Anzahl der unterstützten MIME-Types dieses Plugins.

name
Name des Plugins.

A.46 Radio

Ein Radio-Objekt repräsentiert einen Radiobutton (siehe auch *Input*, S. 408, und *Element*, S. 388).

A.46.1 HTML-Code

```
<input
   type="radio"
   [id="radioID"]
   [name="radioName"]
   [value="Wert"]
   [checked="checked"]
   [onclick="aktion"]>
```

A.46.2 Eigenschaften

checked
Gibt den Zustand eines Radiobuttons an.

A.47   RegExp

Das RegExp-Objekt ermöglicht den Umgang mit regulären Ausdrücken zum Auffinden von bestimmten Mustern in Strings.

A.47.1 Konstruktor

RegExp(regexp [, mod])

    Erzeugt einen regulären Ausdruck anhand der übergebenen Strings.

A.47.2 Kurzschreibweise

Ein regulärer Ausdruck kann mit folgender Kurzschreibweise erzeugt werden:

```
var x = /regexp/gi
```

A.47.3 Eigenschaften

global

    Gibt an, ob der Modifikator g verwendet wurde.

ignoreCase

    Gibt an, ob der Modifikator i verwendet wurde.

lastIndex

    Gibt an, an welcher Stelle der reguläre Ausdruck das letzte Mal gepasst hat.

multiline

    Gibt an, ob der Modifikator m verwendet wurde.

source

    Der Inhalt des regulären Ausdrucks.

A.47.4 Methoden

exec(str)

    Wendet den regulären Ausdruck auf den String str an. Wird keine Übereinstimmung gefunden, wird null zurückgeliefert. Ansonsten wird ein Array zurückgegeben, das die gefundenen Teilstrings enthält.

test(str)

    Prüft, ob der reguläre Ausdruck auf eine Stelle im String str passt. Liefert entweder true oder false.

A.48   Reset

Ein Reset-Objekt repräsentiert eine *Reset*-Schaltfläche, mit der die Formulareingaben zurückgesetzt werden können (siehe auch *Input*, S. 408, und *Element*, S. 388).

A.48.1   HTML-Code

```
<input
   type="reset"
   [id="resetID"]
   [name="resetName"]
   [value="aufschrift"]
   [onclick="aktion"]>
```

A.49   screen

Das screen-Objekt repräsentiert den Bildschirm.

A.49.1   Eigenschaften

availHeight
   Höhe des Bildschirms in Pixel – abzüglich Taskleisten u.Ä., die durch das Betriebssystem angezeigt werden.

availWidth
   Breite des Bildschirms in Pixel – abzüglich Taskleisten u.Ä., die durch das Betriebssystem angezeigt werden.

colorDepth
   Die Farbtiefe der Farbpalette des Browsers (in Bit).

height
   Höhe des Bildschirms.

width
   Breite des Bildschirms.

A.50   Select

Ein Select-Objekt repräsentiert eine Auswahlliste (siehe auch *Input*, S. 408, und *Element*, S. 388). Die einzelnen Einträge in einer Auswahlliste sind Option-Objekte (siehe *Option*, S. 420).

A.50.1   HTML-Code

```
<select
   [id="selectID"]
   [name="selectName"]
   [size="anzahl"]
   [multiple="multiple"]
   [onblur="aktion"]
   [onchange="aktion"]
   [onfocus="aktion"]>
      [<option value="value"
         selected="selected">Text</option>]
</select>
```

A.50.2   Eigenschaften

length
> Anzahl der Elemente in der Auswahlliste.

options[]
> Ein Array, das die einzelnen Elemente der Auswahlliste beinhaltet (siehe *Option*, S. 420).

selectedIndex
> Gibt die Nummer des ausgewählten Elements an. Sind mehrere Elemente ausgewählt, dann gibt selectedIndex die Nummer des ersten ausgewählten Elements an.

A.51   sessionStorage

Das sessionStorage-Objekt ermöglicht die Speicherung von Daten auf dem Computer des Anwenders und ist genauso wie das localStorage-Objekt aufgebaut (siehe *localStorage*, S. 411). Im Gegensatz zum localStorage-Objekt bleiben die Daten nicht erhalten, wenn der Browser geschlossen wird. *HTML5.*

A.52   SharedWorker

Das SharedWorker-Objekt ermöglicht die Ausführung von JavaScript-Code in einem separaten Thread. Im Gegensatz zum Worker-Objekt können sich verschiedene Skripte ein SharedWorker-Objekt teilen (siehe *Worker*, S. 437). *HTML5*.

A.52.1   Konstruktor

SharedWorker(jsdatei)

>Erzeugt einen neuen Shared Web Worker, der den unter dem Pfad jsdatei gespeicherten JavaScript-Code ausführt.

A.52.2   Eigenschaften

port[]

>Ein Array von MessagePort-Objekten, die Zugriff auf die einzelnen Kommunikationskanäle geben (siehe *MessagePort*, S. 415).

A.52.3   Methoden

addEventListener(typ, fkt, bool)

>Fügt einen Event-Listener hinzu. Bei Eintritt des Ereignisses, das durch den String typ angegeben wird, wird die Funktion fkt aufgerufen. Wenn der boolesche Wert bool gleich true ist, wird Event-Capturing verwendet, ansonsten Event-Bubbling.

dispatchEvent(evt)

>Löst das Ereignis evt im Zusammenhang mit diesem Objekt aus.

removeEventListener(typ, fkt, bool)

>Entfernt einen Event-Listener, der mit addEventListener() gesetzt wurde.

A.52.4   Event-Handler

onerror

>Gibt an, was passieren soll, wenn ein Fehler eintritt.

A.53   SQLTransaction

Ein SQLTransaction-Objekt repräsentiert eine Transaktion im Zusammenhang mit WebDB (siehe *Database*, S. 382). *HTML5.*

A.53.1   Methoden

executeSQL(sqlQuery [, argumente, sqlCallback, fehlerCallback])
>Führt die im String sqlQuery enthaltene SQL-Abfrage aus. argumente ist ein Array und enthält Parameter, die in der SQL-Abfrage berücksichtigt werden sollen. Zur Einbindung der Parameter fügt man an den gewünschten Stellen im String sqlQuery Fragezeichen ein. Die Funktion sqlCallback wird aufgerufen, wenn die Abfrage erfolgreich durchgeführt wurde und erhält als Übergabewert eine Referenz auf die Transaktion sowie ein Array mit den Resultaten der Abfrage. Tritt bei der Abfrage ein Fehler auf, wird die Funktion fehlerCallback aufgerufen.

A.54   String

Ein String-Objekt repräsentiert eine Zeichenkette.

A.54.1   Konstruktor

String([str])
>Erzeugt einen String mit dem Inhalt str. Wird das Argument weggelassen, wird ein leerer String erzeugt.

A.54.2   Kurzschreibweise

Ein String kann mit folgender Kurzschreibweise erzeugt werden:

```
var x = "String";
```

A.54.3   Eigenschaften

length
>Gibt die Länge der Zeichenkette an.

A.54.4   Methoden

charAt(x)
>Liefert das Zeichen an der Position x des Strings. Die Nummerierung der Buchstaben fängt bei 0 an.

charCodeAt(x)

Liefert den Unicode-Zeichencode des Zeichens an der Position x des Strings zurück.

concat(str2)

Fügt den String str2 an das aktuelle String-Objekt an und liefert den kompletten String zurück. Sowohl str2 als auch das aktuelle String-Objekt bleiben dabei unverändert.

fromCharCode(num1 [, num2, ...])

Erzeugt anhand der übergebenen Unicode-Zeichencodes einen String und liefert diesen zurück.

indexOf(zeichenkette [, startPosition])

Gibt die Position an, an der der String zeichenkette innerhalb des Strings das erste Mal vorkommt. Wird die Zeichenkette in dem String nicht gefunden, wird -1 zurückgeliefert. Als zweites Argument kann eine Zahl angegeben werden, die festlegt, ab welcher Position in dem String nach der Zeichenkette gesucht werden soll.

lastIndexOf(zeichenkette [, startPosition])

Diese Methode entspricht indexOf(). Allerdings wird bei lastIndexOf() die Suche von hinten begonnen und der String von rechts nach links durchsucht.

match(regexp)

Verwendet den regulären Ausdruck regexp im Zusammenhang mit dem String-Objekt. Gleichbedeutend mit regexp.exec(str), wenn str das String-Objekt angibt.

replace(regexp, str)

Ersetzt die mit dem regulären Ausdruck regexp gefundene Stelle im aktuellen String-Objekt mit dem String str. Wenn der Modifikator g im regulären Ausdruck regexp verwendet wird (mit /.../g), werden alle Teilstrings im String-Objekt, auf die der reguläre Ausdruck passt, mit str ersetzt.

Diese Methode verändert das String-Objekt nicht. Es wird lediglich der neue String zurückgegeben.

search(regexp)

Liefert die Position des ersten Zeichens, auf das der reguläre Ausdruck gepasst hat. Wird keine Übereinstimmung gefunden, wird -1 zurückgegeben.

slice(position1 [, position2])

Liefert einen Teil des Strings zurück. Der Teilstring entspricht dem String von der Position position1 bis zu der Position position2. Das Zeichen an der Position position2 wird dabei nicht berücksichtigt. Wird position2 nicht angegeben, enthält der zurückgelieferte Teilstring alle Zeichen von position1 bis zum Ende des String-Objekts. Mit einem negativen Wert für position2 lässt sich die Position relativ zum Ende des Strings angeben.

split(trennzeichen)

Trennt einen String in mehrere Teile auf. Dabei wird der String an allen Stellen geteilt, an denen das Zeichen trennzeichen vorkommt. Es wird ein Array zurückgeliefert, das sämtliche Teilstrings enthält.

substr(start [, laenge])

Liefert einen Teil des Strings zurück. Der Teilstring entspricht dem ganzen String von der Position start bis zu der Position start+laenge. Mit einem negativen Wert für start kann die Position relativ zum Ende des Strings angegeben werden. Wird laenge weggelassen, enthält der Teilstring alle Zeichen von start bis zum Ende des Strings.

substring(position1 [, position2])

Liefert einen Teil des Strings zurück. Der Teilstring entspricht dem String von der Position position1 bis zu der Position position2. Das Zeichen an der Position position2 wird dabei nicht berücksichtigt. Wird position2 nicht angegeben, enthält der zurückgelieferte Teilstring alle Zeichen von position1 bis zum Ende des String-Objekts.

toLowerCase()

Setzt jeden Buchstaben in dem String auf den entsprechenden Kleinbuchstaben.

toUpperCase()

Setzt jeden Buchstaben in dem String auf den entsprechenden Großbuchstaben.

A.55   style

Ein style-Objekt repräsentiert eine Stylesheet-Vorlage. Hier werden nur einige Eigenschaften des style-Objekts aufgeführt.

A.55.1   Eigenschaften

backgroundColor
  Die Hintergrundfarbe.

backgroundImage
  Das Hintergrundbild.

clip
  Legt den Clipping-Bereich mit einem String im Format "rect(*top right bottom left*)" fest.

color
  Die Textfarbe innerhalb des Objekts.

cursor
  Legt die Art des verwendeten Mauszeigers fest. cursor kann die folgenden Werte annehmen: "auto", "crosshair", "default", "hand", "move", "e-resize", "ne-resize", "nw-resize", "n-resize", "se-resize", "sw-resize", "s-resize", "w-resize", "text", "wait", "help".

height
  Die Höhe des Objekts.

left
  Die x-Koordinate des positionierbaren Elements.

position
  Gibt die Art der Positionierung an. Mögliche Werte für position sind: "static", "absolute", "relative".

top
  Die y-Koordinate des positionierbaren Elements.

visibility
  Gibt an, ob das positionierbare Element sichtbar ist oder nicht. visibility kann die folgenden Werte annehmen: "inherit", "visible", "hidden".

width
  Die Breite des Objekts.

zIndex
  Gibt die Stapelreihenfolge im Verhältnis zu anderen positionierbaren Elementen an.

A.56   Submit

Ein Submit-Objekt repräsentiert eine *Submit*-Schaltfläche, mit der die Formulareingaben verschickt werden können (siehe auch *Input*, S. 408, und *Element*, S. 388).

A.56.1   HTML-Code

```
<input
   type="submit"
   [id="submitID"]
   [name="submitName"]
   [value="aufschrift"]
   [onclick="aktion"]>
```

A.57   SVG

Ein SVG-Objekt repräsentiert ein Element einer Vektorgrafik. Eine Vektorgrafik ist ähnlich wie der DOM-Baum aufgebaut. Wie im DOM-Baum definiert jedes Element einer Vektorgrafik allgemeine Eigenschaften und Methoden (siehe *Element*, S. 388). Nicht in allen gängigen Browsern verfügbar.

A.58   Text

Ein Text-Objekt repräsentiert ein einzeiliges Textfeld (siehe auch *Input*, S. 408, und *Element*, S. 388).

A.58.1   HTML-Code

```
<input
   type="text"
   [id="textID"]
   [name="textName"]
   [value="ausgangswert"]
   [size="anzahl"]
   [maxlength="anzahl"]
   [onblur="aktion"]
   [onchange="aktion"]
   [onfocus="aktion"]
   [onselect="aktion"]>
```

A.58.2 Eigenschaften

maxLength
  Gibt die maximale Länge der Eingabe an.

value
  Der eingegebene String.

A.59 Textarea

Ein Textarea-Objekt repräsentiert ein mehrzeiliges Textfeld (siehe auch *Input*, S. 408, und *Element*, S. 388).

A.59.1 HTML-Code

```
<textarea
    [id="textareaID"]
    [name="textareaName"]
    [rows="anzahl"]
    [cols="anzahl"]
    [wrap="off|virtual|physical"]
    [onblur="aktion"]
    [onchange="aktion"]
    [onfocus="aktion"]
    [onselect="aktion"]>
    Text
</textarea>
```

A.59.2 Eigenschaften

value
  Der eingegebene String.

A.60 TextMetrics

Das TextMetrics-Objekt wird im Zusammenhang mit Texten im Context-Objekt verwendet (siehe *Context*, S. 377). *HTML5.*

A.60.1 Eigenschaften

width
  Die Breite des Textes.

A.61   window

Das window-Objekt repräsentiert ein Browserfenster oder einen Frame.

A.61.1   Eigenschaften

closed
> Gibt an, ob ein Fenster geschlossen ist.

defaultStatus
> Gibt den Text an, der standardmäßig in der Statusleiste des Fensters angezeigt wird.

document
> Das document-Objekt, das das in dem Fenster dargestellte Dokument repräsentiert (siehe *document*, S. 386).

event
> Das event-Objekt im Microsoft Internet Explorer und Opera (siehe *event*, S. 397).

frames[]
> Ein Array, das die Frames in einem Fenster repräsentiert.

history
> Das history-Objekt (siehe *history*, S. 405).

length
> Die Anzahl der Frames in einem Fenster.

localStorage
> Das localStorage-Objekt (siehe *localStorage*, S. 411). *HTML5.*

location
> Das location-Objekt (siehe *location*, S. 412).

name
> Der Name des Fensters.

navigator
> Das navigator-Objekt (siehe *navigator*, S. 416).

opener

Referenz auf das Fenster, das das aktuelle Fenster geöffnet hat.

parent

Referenz auf das übergeordnete window-Objekt, wenn das window-Objekt einen Frame repräsentiert.

screen

Das screen-Objekt (siehe *screen*, S. 423).

screenLeft

Die x-Koordinate des Browserfensters auf dem Bildschirm. In Mozilla-basierten Browsern ist stattdessen screenX zu verwenden.

screenTop

Die y-Koordinate des Browserfensters auf dem Bildschirm. In Mozilla-basierten Browsern ist stattdessen screenY zu verwenden.

screenX

Siehe screenLeft.

screenY

Siehe screenTop.

self

Referenz auf das aktuelle Fenster oder den aktuellen Frame.

sessionStorage

Das sessionStorage-Objekt (siehe *sessionStorage*, S. 424). *HTML5.*

status

Der Text, der auf der Statusleiste erscheint.

top

Referenz auf das Browserfenster.

window

Referenz auf das aktuelle Fenster oder den aktuellen Frame.

XMLHttpRequest

Das XMLHttpRequest-Objekt (siehe *XMLHttpRequest*, S. 438). Nicht verfügbar im Microsoft Internet Explorer 5 und 6. Dort ist das XMLHttpRequest-Objekt eine ActiveX-Komponente.

A.61.2　Methoden

alert(str)

Zeigt den String `str` in einem Popup-Fenster.

blur()

Deaktiviert das Fenster.

clearInterval(ref)

Löscht einen Intervall-Timer, der mit `setInterval()` gestartet wurde. Der Übergabewert ist gleich dem Rückgabewert der Methode `setInterval()`.

clearTimeout(ref)

Löscht einen Timer, der mit `setTimeout()` gesetzt wurde. Der Übergabewert ist gleich dem Rückgabewert der Methode `setTimeout()`.

close()

Schließt das Fenster. Wurde ein Fenster nicht durch JavaScript erstellt, wird der Anwender normalerweise gefragt, ob das Fenster geschlossen werden darf. `close()` hat keine Auswirkung, wenn das `window`-Objekt einen Frame repräsentiert.

confirm(str)

Zeigt ein Popup-Fenster, in dem der String `str` erscheint. Dem Anwender werden zwei Schaltflächen (*OK* und *Abbrechen*) zur Auswahl gestellt. Wird die *OK*-Schaltfläche gedrückt, liefert `confirm()` true zurück, ansonsten `false`.

focus()

Aktiviert das Fenster. In den meisten Browsern hat dies zur Folge, dass das Fenster in den Vordergrund geholt wird.

moveBy(dx, dy)

Verschiebt das Browserfenster relativ zu der aktuellen Position.

moveTo(x, y)

Verschiebt das Browserfenster zu der absoluten Position (x/y).

open(url [, fensterName [, fensterAttribute]])

Öffnet ein neues Fenster. Es wird die Seite mit der Adresse `url` in das neue Fenster geladen. `fensterName` legt den Namen des Fensters fest.

Die Angabe `fensterAttribute` ist ein String, in dem definiert wird, welche Elemente ein Fenster haben soll. Es können die folgenden Attribute, die durch Kommata getrennt werden, angegeben werden. In älteren Browsern darf dieser String keine Leerzeichen enthalten.

`directories=yes|no`	Buttonleiste an/aus
`height=pixel`	Höhe in Pixel
`left=pixel`	x-Position des Fensters – in Mozilla-Browsern ist `screenX` zu verwenden
`location=yes|no`	Anzeige der URL an/aus
`menubar=yes|no`	Menüleiste an/aus
`resizable=yes|no`	Größe veränderbar ja/nein
`screenX=pixel`	Siehe `left`
`screenY=pixel`	Siehe `top`
`scrollbars=yes|no`	Scrollbalken an/aus
`status=yes|no`	Statusleiste an/aus
`toolbar=yes|no`	Werkzeugleiste an/aus
`top=pixel`	y-Position des Fensters – in Mozilla-Browsern ist `screenY` zu verwenden
`width=pixel`	Breite in Pixel

print()

Öffnet das Dialogfenster zum Drucken des Dokuments.

prompt(str [, standardEingabe])

Erzeugt ein Popup-Fenster, in dem der Anwender einen Text eingeben kann. Der Übergabewert `str` ist der Text, der in dem Fenster erscheinen soll. Der Übergabewert `standardEingabe` ist ein String, der den Text enthält, der in der Eingabezeile als Vorgabe erscheinen soll.

Wird nach der Eingabe die *OK*-Schaltfläche gedrückt, liefert `prompt()` den eingegebenen Text zurück, ansonsten `false`.

resizeBy(dx, dy)

Verändert die Größe des Browserfensters relativ zu der aktuellen Größe.

resizeTo(breite, hoehe)

Setzt die Größe des Browserfensters. Einige Browser definieren aus Sicherheitsgründen eine Mindestgröße, die nicht unterschritten werden kann.

scrollBy(dx, dy)

Scrollt das Dokument in dem Fenster oder Frame relativ zu der aktuellen Position.

scrollTo(x, y)

Scrollt das Dokument in dem Fenster oder Frame zu der angegebenen Position.

setInterval(aktion, msek)

Gibt an, dass der mit `aktion` angegebene JavaScript-Code im Zeitintervall `msek` ausgeführt werden soll. Damit wird ein immer wiederkehrender Prozess gestartet, der sich durch `clearInterval()` stoppen lässt.

setTimeout(aktion, msek)

Gibt an, dass der mit `aktion` angegebene JavaScript-Code mit Zeitverzögerung ausgeführt werden soll. `msek` gibt die Anzahl der Millisekunden an, nach denen der Befehl in dem String `aktion` ausgeführt werden soll. Ist ein Timer abgelaufen, wird er nicht wieder automatisch gestartet. Ein Timeout lässt sich durch `clearTimeout()` stoppen.

A.61.3 Event-Handler

onblur

Gibt an, was passieren soll, wenn das Fenster deaktiviert wird.

onfocus

Gibt an, was passieren soll, wenn das Fenster aktiviert wird.

onload

Gibt an, was passieren soll, wenn eine neue Seite geladen wird. Das Ereignis `load` tritt erst ein, wenn die Seite komplett geladen ist.

onresize

Gibt an, was passieren soll, wenn die Größe des Fensters verändert wird.

onunload

Gibt an, was passieren soll, wenn eine Seite vom Benutzer verlassen wird.

A.62   Worker

Das Worker-Objekt ermöglicht die Ausführung von JavaScript-Code in einem separaten Thread. *HTML5*.

A.62.1   Konstruktor

Worker(jsdatei)

Erzeugt einen neuen Web Worker, der den unter dem Pfad jsdatei gespeicherten JavaScript-Code ausführt.

A.62.2   Methode

addEventListener(typ, fkt, bool)

Fügt einen Event-Listener hinzu. Bei Eintritt des Ereignisses, das durch den String typ angegeben wird, wird die Funktion fkt aufgerufen. Wenn der boolesche Wert bool gleich true ist, wird Event-Capturing verwendet, ansonsten Event-Bubbling.

dispatchEvent(evt)

Löst das Ereignis evt im Zusammenhang mit diesem Objekt aus.

postMessage(x)

Sendet den angegebenen Wert an den Web Worker.

removeEventListener(typ, fkt, bool)

Entfernt einen Event-Listener, der mit addEventListener() gesetzt wurde.

terminate()

Beendet den Web Worker.

A.62.3   Event-Handler

onmessage

Gibt an, was passieren soll, wenn der Web Worker eine Nachricht sendet.

onerror

Gibt an, was passieren soll, wenn ein Fehler eintritt.

A.63 XMLHttpRequest

Ein XMLHttpRequest-Objekt ermöglicht die Kommunikation mit dem Server.

A.63.1 Konstruktor

XMLHttpRequest()

Erzeugt ein neues XMLHttpRequest-Objekt. Im Microsoft Internet Explorer 5 und 6 ist dieses Objekt eine ActiveX-Komponente und wird folgendermaßen erzeugt:

```
var req = new ActiveXObject("Microsoft.XMLHTTP")
```

A.63.2 Eigenschaften

readyState

Gibt den Status der Übertragung wieder. Folgende Tabelle zeigt die möglichen Werte. Nur die Werte 0, 1 und 4 werden von allen Browsern unterstützt.

Wert	Bezeichnung	Bedeutung
0	Uninitialized	Die open()-Methode wurde noch nicht aufgerufen.
1	Open	Die open()-Methode wurde aufgerufen, aber es wurde noch keine Anfrage gesendet.
2	Sent	Die Anfrage wurde gesendet.
3	Receiving	Ein Teil der Antwort des Servers wurde erhalten.
4	Loaded	Die Antwort vom Server liegt vollständig vor.

responseText

Die Antwort des Servers.

responseXML

Die Antwort des Servers als XML-Dokument.

status

Gibt den HTTP-Statuscode wieder. Die folgende Tabelle zeigt einige der möglichen Statuscodes:

Wert	Bezeichnung	Bedeutung
200	OK	Die Anfrage war erfolgreich.
401	Unauthorized	Der Zugriff ohne Login und Passwort ist nicht möglich.
403	Forbidden	Login und/oder Passwort waren nicht richtig.
404	Not Found	Die angeforderte Datei ist nicht verfügbar.
500	Internal Server Error	Auf dem Server ist ein Fehler aufgetreten.

statusText

Die Bezeichnung des HTTP-Statuscodes.

A.63.3   Methoden

abort()

Bricht die Anfrage ab.

getAllResponseHeaders()

Liefert sämtliche HTTP-Header als String.

getResponseHeader(headerName)

Liefert den angegebenen HTTP-Header als String.

open(methode, URL [, async [, userName [, passwort]]])

Bereitet das Objekt für eine Serveranfrage vor. Das erste Argument ist normalerweise entweder "get" oder "post". Das zweite Argument gibt die Adresse des Serverskripts an. async ist ein boolescher Wert, der angibt, ob eine asynchrone Anfrage an den Server geschickt werden soll. Weiterhin können eventuell notwendige Login-Daten übergeben werden.

send(str)

Sendet eine Anfrage mit dem angegebenen Inhalt an den Server.

setRequestHeader(label, wert)

Setzt den HTTP-Header der Anfrage auf einen bestimmten Wert.

A.63.4   Event-Handler

onreadystatechange

Gibt an, was passieren soll, wenn sich die Eigenschaft readyState ändert.

B Online-Ressourcen

- ECMA – *http://www.ecma-international.org/*
- Web Hypertext Application Technology Working Group – *http://www.whatwg.org/*
- World Wide Web Consortium – *http://www.w3.org/*

- Apache – *http://www.apache.org/*
- Chrome – *http://www.google.com/chrome/*
- Flash – *http://www.adobe.com/products/flashplayer/*
- Microsoft – *http://msdn.microsoft.com/ie/*
- Mozilla Firefox – *http://www.mozilla.com/* bzw. *http://developer.mozilla.org/*
- Opera – *http://www.opera.com/*
- Safari – *http://www.apple.com/safari/*

- Douglas Crockford – JSON-Parser – *http://www.json.org/js.html*
- Jesse James Garrett – Ajax: A New Approach to Web Applications – *http://www.adaptivepath.com/ideas/e000385*
- Paul Johnston – JavaScript-Bibliothek zur Verschlüsselung mit MD5 – *http://pajhome.org.uk/crypt/md5/index.html*
- Stefan Münz – Selfhtml – *http://de.selfhtml.org/*

- Deutsche JavaScript-Newsgroup – *de.comp.lang.javascript*
- Englische JavaScript-Newsgroup – *comp.lang.javascript*
- Homepage zum Buch – *http://www.dpunkt.de/javascript/*

Stichwortverzeichnis

Sonderzeichen

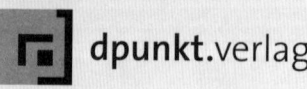

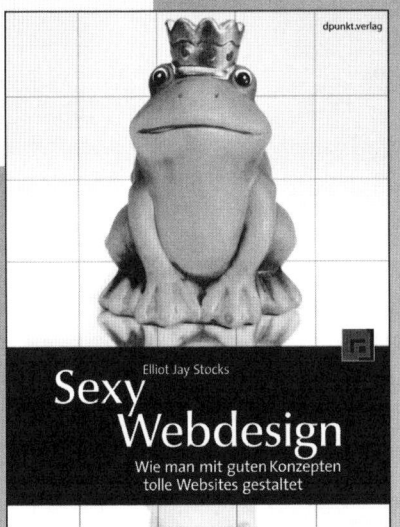

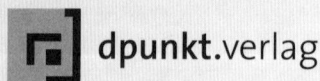